# PENSÉES

# PASCAL

# *Pensées*

**PRÉFACE ET INTRODUCTION
DE LÉON BRUNSCHVICG**

**LE LIVRE DE POCHE**

# PRÉFACE

## LE DIALOGUE PASCALIEN

LA plupart des fragments qui composent le Manuscrit des *Pensées* étaient destinés à une *Apologie pour la Vérité de la Religion Chrétienne*. Il est naturel qu'on s'attende à les voir présentés suivant le plan que nous prêtons à Pascal. Et cependant, si ingénieuses et méritoires qu'aient été les tentatives en ce sens, elles se heurtent à une difficulté qui nous semble péremptoire, car elle vient de Pascal lui-même. Ses notes posthumes montrent à quel point son secret, la marque du génie sur l'œuvre, devaient être ailleurs que dans une suite régulière d'arguments en forme. Le secret consiste dans un *ordre* que « Saint Thomas n'a pas gardé, que possède la mathématique, tout inutile qu'elle est dans sa profondeur ». Et Pascal ajoute : « Je sais un peu ce que c'est et combien peu de gens l'entendent. »

Au Miracle de la Sainte-Épine que Dieu a fait « éclater » pour venger Port-Royal de ses persécuteurs, Pascal

rattachait le devoir de reconnaissance qui lui a inspiré
le projet de l'*Apologie*. Et il regarde plus loin encore :
les expériences diverses de son passé, son ardeur pour
les études profanes, sa curiosité de la vie mondaine, il les
interprète comme des signes d'élection qui présagent et
prédisent le succès de l'entreprise à laquelle il se consacre désormais.

La jeunesse de Pascal avait mis en évidence une vocation de polémiste tout autant que de géomètre. Les
controverses suscitées par les *Expériences du Vide* pré-
ludent à son intervention triomphante dans les Affaires
de Sorbonne. Et que l'on relise les premières des *Lettres
Provinciales :* Pascal y impose silence à son indignation de
chrétien devant les intrigues de cour et d'Église qui
blessent la pureté de la conscience religieuse, la rigueur
de la discipline évangélique. Il n'y veut paraître qu'à
titre d'*honnête homme,* amusé par les *Docteurs graves* qui
ont à leur service plus de mots que d'idées, plus de
*moines* que de *raisons;* il tire d'une querelle de théologie
un spectacle de comédie.

Voici donc quel sera le dessein de l'*Apologie :* tourner
cet *Art de Persuader* qui valut à Pascal un brusque et una-
nime applaudissement contre ceux-là mêmes qu'il avait
pris pour arbitres dans les phases précédentes de sa
carrière. Un savant qui n'ajoute foi qu'à la clarté du
raisonnement ou à l'évidence du fait, un libertin doucement ironique à l'égard de ce qui passe l'expérience du
plaisir immédiat, ne seront pas touchés par un discours
d'une ordonnance sèche et froide, avec des divisions
« qui attristent et ennuient » comme il arrive chez Charron. Le seul moyen de les conquérir sera de les faire
vivre devant eux-mêmes, de les obliger à reconnaître
leur personnage par la ressemblance des paroles et du
caractère, de les enrôler ainsi dans le drame destiné à
se dénouer par le verdict de l'élection éternelle ou de

la damnation. Avant d'écrire, Pascal les écoute; il reprend et développe leurs objections, afin précisément de contraindre les répliques à se faire elles-mêmes plus pressantes et plus fortes. Nous pouvons être assurés que nous aurions retrouvé dans l'*Apologie* cette même diversité d'interlocuteurs, cette même vérité de ton, cette même puissance de persuasion, qui ont fait l'enchantement des *Provinciales*.

« Dans la Lettre *de l'Injustice* peut venir la plaisanterie des aînés qui ont tout... *Pourquoi me tuez-vous?* — Eh quoi! ne demeurez-vous pas de l'autre côté de l'eau?... Une lettre d'exhortation à un ami pour le porter à chercher. Et il répondra : *Mais à quoi me servira de chercher? rien ne paraît.* — Et lui répondre : Ne désespérez pas... *Toutes choses changent et se succèdent.* — Vous vous trompez, il y a... »

Ces notes du manuscrit des *Pensées* suffisent à nous défendre contre la tentation de nous substituer à Pascal pour achever son œuvre suivant les lignes convenues de l'architecture classique. Elles ne sont pas, non plus, sans embarrasser le lecteur qui, par-derrière l' « auteur », cherche l' « homme ». Il sera surtout frappé par les fragments où le *moi* lui-même s'exprime : « Ce n'est pas dans Montaigne, mais dans *moi,* que je trouve tout ce que j'y vois... Je ne puis approuver que ceux qui cherchent en gémissant... Je porte envie à ceux que je vois dans la foi vivre avec tant de négligence, et qui usent si mal d'un don duquel il me semble que je ferais un usage si différent... Le silence éternel de ces espaces infinis m'effraie. » Cependant une autre parole figure encore dans le Manuscrit : « Le *moi* est haïssable »; et cette parole est elle-même une partie de dialogue : « Vous, Miton, le couvrez, vous ne l'ôtez pas pour cela; vous êtes donc toujours haïssable. »

Comment, dès lors, faire le départ des lignes que

Pascal a écrites en « homme », et de celles qu'il a tracées
en « auteur », j'entends en auteur dramatique, sympathi-
sant avec ses héros jusqu'à leur prêter l'accent du sentiment le plus intime et le plus direct, bien plus, sympa-
thisant à travers eux avec son passé, mais qui, pour son
propre compte, après la nuit de novembre 1654, où il a
contemplé le « feu » de « certitude » et de « joie », après
l'« éclair » du miracle en mars 1656, a définitivement
surmonté le doute dont il voudrait maintenant affran-
chir ses lecteurs pour les associer à la sérénité de sa foi
dogmatique, à son espérance d'immortalité bienheu-
reuse ?

La psychologie que les *Pensées* révèlent correspondrait
moins à l'état d'âme qui a été celui de Pascal dans l'éla-
boration de l'*Apologie* qu'aux divers plans de sa carrière, désormais hiérarchisés et coordonnés dans l'aper-
ception de leur perspective commune : « Il faut avoir
(remarque-t-il) ces trois qualités : pyrrhonien, géomètre,
chrétien soumis, et elles s'accordent et se tempèrent en
doutant où... » Sur quoi il s'arrête pour reprendre son
développement sous une forme nouvelle : « Il faut savoir
douter où il faut, assurer où il faut, en se soumettant où
il faut. Qui ne fait ainsi n'entend pas la force de la raison. Il y en a qui faillent contre ces trois principes, ou
en assurant tout comme démonstratif, manque de se connaître en démonstration ; ou en doutant de tout, manque
de savoir où il faut se soumettre ; ou en se soumettant en
tout, manque de savoir où il faut juger. »

Rien de plus caractéristique et de plus fondamental
pour l'interprétation des *Pensées*. Les personnages du
savant, du sceptique, du fidèle, semblent se dédoubler
pour dialoguer avec eux-mêmes. « Manque de se connaître en démonstration », Saint Thomas était dupe
d'Aristote : les valeurs de la raison se dégradent par l'autorité d'une physique imaginaire. Avec Descartes la

vérité des géomètres, méconnue depuis Archimède, succède au verbalisme des Scolastiques. La civilisation reprend son cours lorsque l'esprit humain, guéri d'une
nostalgie puérile, s'est replacé dans son attitude naturelle, face à la lumière et à l'avenir.

Mais à cette humanité, qu'elle a rendue capable de
« bien penser », la pratique d'une méthode certaine
apporte-t-elle satisfaction pleine et totale? Pascal interroge le savant; plus exactement, il réfléchit sur son expérience de savant. En s'ouvrant les doubles portes de l'infiniment grand et de l'infiniment petit, la physique moderne a ruiné le dogmatisme séculaire. « Combien les
lunettes nous ont-elles découvert d'astres qui n'étaient
point pour nos philosophes d'auparavant? » Et voici le
dialogue qui s'engage : *« Il y a des herbes sur la terre,
nous les voyons. — De la lune on ne les verrait pas. —
Et sur ces herbes des poils; et dans ces poils de petits animaux; mais après cela, plus rien. — Ô* présomptueux! »

Or, au moment même où elle confond heureusement
la témérité du dogmatique, la science humaine risque
de se perdre tout ensemble dans l'élargissement illimité
comme dans le rétrécissement sans fin des horizons
qu'elle a découverts, également hors d'état et de saisir
les principes qui président à la composition des choses
et de comprendre le tout qu'elles constituent par leur
enchaînement réciproque. L'humanité, concentrée dans
l'unité de son espèce, est, grâce à la science positive,
assurée d'un progrès continu. Mais il manque à ce progrès l'étendue et la profondeur. Non seulement la sphère
de communication se resserre entre les rares privilégiés
de la mathématique et de la physique; mais nous les
voyons, pour masquer la vanité de leurs recherches, y
introduire un futile intérêt d'amour-propre : « Le plus
souvent on ne veut savoir que pour en parler. »

La grandeur de la pensée inspirait jadis à Pascal un tel

sentiment que, « parvenu au suprême degré de la connaissance », il se donnait le droit de traiter en égale une souveraine « parvenue au suprême degré de la puissance ». Il lui paraît maintenant que cette grandeur ne sert, en réalité, qu'à déterminer le niveau où théoriquement l'humanité aurait dû s'élever, où pratiquement elle est incapable de se maintenir : « L'homme n'agit point par la raison qui fait son être. » Il serait donc contre la raison de s'attarder à une norme idéale du vouloir qui est dépourvue de tout pouvoir véritable. L'orgueil des prétendus sages qui ferment systématiquement les yeux à l'expérience de leur misère, est ce qui justifie le mieux l'attitude détachée, insouciante, du libertin : « Une lettre *de la folie de la science humaine et de la philosophie.* Cette lettre avant le *Divertissement.* »

A suivre ainsi le projet de Pascal, nous nous apercevons que la difficulté principale à ses yeux aurait été, non pas d'éliminer le pseudo-rationalisme des dogmatiques, mais de répondre aux objections des mondains, de faire fléchir chez eux le double endurcissement d'une lucidité impitoyable et d'une sereine incrédulité : « Miton voit bien que la nature est corrompue, et que les hommes sont contraires à l'honnêteté; mais il ne sait pas pourquoi ils ne peuvent voler plus haut... Reprocher à Miton de ne pas se remuer, quand Dieu le reprochera. » Pour l'*Art* pascalien *de Persuader,* le *Dialogue avec Miton* aurait été l'épreuve décisive. Les Apologistes vulgaires, à l'exemple du P. Garasse, s'emportent contre ceux qu'ils travaillent vainement à convaincre; Pascal s'interdit le sarcasme et le mépris : « Commencer par plaindre les incrédules; ils sont assez malheureux, par leur condition. Il ne les faudrait injurier qu'en cas où cela servît; mais cela leur nuit... Il faut, en tout dialogue ou discours, qu'on puisse dire à ceux qui s'en offensent : De quoi vous plaignez-vous? » Non seulement Pascal n'oublie pas qu'il a vécu tout près d'un Miton et d'un Méré, sinon tout à fait comme eux, mais après sa retraite, moins que jamais, il récuse l'expérience morale qu'ils ont héritée de Montaigne et sur laquelle la société précieuse du XVIIᵉ siècle a encore raffiné. N'est-ce pas cette expérience qu'il invoquera, en présence de M. de Sacy, pour découvrir en sa racine la « superbe diabolique » d'une morale strictement humaine et rationnelle ? L'attitude offre au moins cet avantage qu'elle écarte le Dieu dont Pascal dit qu'il « est la part des païens et des épicuriens », un Dieu qui serait simplement « auteur des vérités géométriques et de l'ordre des éléments ». Elle nous empêche de nous en tenir au règne de l'« esprit », que nous nous contenterions d'opposer, sur le plan de la nature, aux puissances de la « chair ». L'*homo duplex,* tant qu'il est abandonné à lui-même, se neutralise et se paralyse dans le sentiment contradictoire d'une grandeur à laquelle son instinct ne lui permet pas de renoncer, d'une misère que sa raison elle-même ne cesse de lui démontrer. Si la vérité à laquelle nous aspirons doit nous apparaître salutaire et efficace, il faudra la chercher au-delà de l'alternative banale entre la « chair » et l'« esprit », dans l'avènement d'un troisième ordre qui sera le renversement de l'ordre proprement spirituel. Jésus abaisse Archimède comme Archimède abaisse Alexandre. Voilà précisément à quoi le pyrrhonisme nous engage : « La dernière démarche de la raison est de reconnaître qu'il y a une infinité de choses qui la surpassent ; elle n'est que faible si elle ne va jusqu'à connaître cela. Que si les choses naturelles la surpassent, que dira-t-on des choses surnaturelles ? »

Avec une modestie que bien des Chrétiens pourraient lui envier, l'honnête homme selon le monde se laissera donc conduire jusqu'au seuil de la foi. Mais d'où viendra la force qui est nécessaire pour le franchir ? Tout moyen humain est insuffisant à secouer la masse d'inertie que la profession de scepticisme universel semble rendre invincible. La religion n'aura même pas à faire fond sur une supériorité de vertu pour attendrir le cœur que les dogmes spéculatifs laissent indifférent. Pascal n'a aucune hésitation à reconnaître, après Montaigne, que « l'expérience nous fait voir une différence énorme entre la dévotion et la bonté ». De la bouche des « impies » il recueillera l'objection : *« Ne voyons-nous pas mourir et vivre les bêtes comme les hommes, et les Turcs comme les Chrétiens ? Ils ont* (ajoutent-ils en parlant des Turcs) *leurs cérémonies, leurs prophètes, leurs docteurs, leurs saints, leurs religieux, comme nous. »*

Sans doute l'Écriture a-t-elle réponse ; mais c'est à cette condition, dira Pascal, qu'elle soit lue, « avec les yeux du cœur et qui voient la sagesse ». On n'est point affranchi de l'erreur si l'on n'est pas d'abord délivré du péché, délivrance mystérieuse autant que la malédiction fatale qui a enveloppé l'humanité tout entière dans le péché du premier homme. A l'époque d'Hérode, le Messie, dont la promesse avait été faite aux Juifs, est apparu sur la terre ; fils unique du Créateur, il a donné sa vie pour le rachat du genre humain. Mais c'est ici que l'intrusion de la raison dans les choses de la foi risque d'en altérer à sa source le caractère surnaturel. Elle est responsable d'une fausse théologie qui aboutit à concevoir comme logiquement symétriques, comme spatialement inverses, le mouvement de la chute en Adam, le mouvement de la rédemption en Jésus-Christ. La volonté de salut universel, qui a été celle de Jésus-Christ au calvaire, devrait alors s'accomplir sans acception de personne, sans élection particulière. Une fois que le Verbe fait chair est remonté au ciel, toutes choses auront repris leur cours normal dans le temps et dans l'éternité ; à nouveau l'homme naît « en l'état de sa création ». Le

Second Testament aurait ainsi effacé la trace du Premier ; ce qui revient à dire que la Croix de Jésus serait rendue inutile par une victoire trop complète sur la défaillance d'Adam.

De cette interprétation, qui lui paraît mettre en péril la valeur religieuse comme la portée morale du christianisme, c'est devant Miton et Méré que Pascal fait appel. Il leur demandera d'attester la vérité psychologique de son *Apologie,* comme il veut que les Juifs en attestent, malgré eux, la vérité historique. Mais cela ne suffit pas. L'œuvre de l'*Apologie* ne se borne pas à la justification purement spéculative de la religion. Elle est une charité en acte. Se tourner vers les libertins, c'est déjà commencer à les ramener. Et, en effet, lorsqu'ils se retranchent derrière la faute du premier homme pour s'excuser de vivre comme ils font, restant là où ils ont été mis par l'ordre général des choses, il n'est pas impossible de leur faire entendre que cette monstrueuse indifférence au salut est une des preuves les plus fortes en faveur d'une religion qu'ils blasphèment sans la connaître. Non seulement leur nonchalance affectée est une pièce nécessaire du drame qui se joue entre ciel et terre à travers les deux Testaments ; mais leur critique et leur ironie achèvent de faire comprendre ce qu'il y avait d'illogique comme d'impie dans l'effort de la raison pour subordonner le cours de la miséricorde divine à une prétendue règle de justice que l'homme tirerait de ses propres institutions.

Le scepticisme à l'égard des lois purement humaines sera donc un bienfait s'il donne accès au double mystère qui ne cesse de se renouveler en Adam et en Jésus-Christ. Aucune créature, par son seul mérite ou sur la seule profession de sa foi, n'a l'assurance d'échapper à la colère dont le Fils lui-même devait sentir le poids dans la nuit de l'agonie. Mais il n'y a point non plus de créature qui soit autorisée à s'excepter elle-même du royaume de la grâce : « *Incroyable que Dieu s'unisse à nous* », objectera humblement, trop humblement, le libertin. A quoi Pascal répondra suivant sa méthode, qui triomphera du scepticisme en le poussant jusqu'au bout : « Cette considération n'est tirée que de la vue de notre bassesse. Mais, si vous l'avez bien sincère, suivez-la aussi bien que moi et reconnaissez que nous sommes en effet si bas que nous sommes par nous-mêmes incapables de connaître si sa miséricorde ne peut pas nous rendre capables de lui. »

Et c'est par là sans doute que se relie au dessein de l'*Apologie* le *Dialogue du Pari*. On aurait tort d'y chercher un théorème de géométrie pure. Pascal sait mieux que personne comme il se heurterait à la question préalable de l'honnête homme : « *Je n'ai que faire de mathématiques, il me prendrait pour une proposition.* » Mais, sur les ruines de toute vérité qui se réclamerait de la raison humaine comme d'un absolu, le géomètre, lui-même pyrrhonien, a le droit de s'adresser à cet incrédule déjà introduit dans l'Église par le baptême. Lorsqu'il invoque les règles du jeu profane afin de le rendre attentif à la loi du jeu sacré, Pascal a conscience, assurément, que ces règles ne trouvent leur application que dans la mesure où son interlocuteur, *pessimiste autant que sceptique,* a la conviction de n'avoir rien à risquer sinon son propre néant.

Comment alors, du fond de sa misère, l'athée pourra-t-il se refuser à souhaiter que naisse en lui la « soif de justice, béatitude huitième », appétit d'un ordre où « l'homme passe l'homme », l'homme *surnaturel* contredisant l'homme *spirituel,* l'influx de la charité renversant l' « idole » de la vérité, ne souffrant même pas que les « vertus » se distinguent des « vices » sinon à travers la méditation et la grâce de Jésus-Christ? Plus tard, sans doute, devant la volonté convertie, il sera possible d'étaler « le dessous du jeu », d'opérer, par « l'Écriture et le reste » un discernement décisif des religions. Mais, pour le christianisme, la première marque de divinité, celle dont il importe le plus au succès de l'*Apologie* qu'il sache se prévaloir auprès des pyrrhoniens impénitents, c'est le « renversement » de pensée qu'il accomplit, en demandant que les vérités sacrées, au rebours des vérités profanes, soient établies dans le cœur avant d'éclater à l'esprit. Aussi le *Dialogue du Pari,* s'achève-t-il en prière : « *Oh! ce discours me transporte, me ravit.* — Si ce discours vous plaît et vous semble fort, sachez qu'il est fait par un homme qui s'est mis à genoux, auparavant et après, pour prier cet Être Infini et sans parties, auquel il soumet tout le sien, de se soumettre aussi le vôtre pour votre bien et pour sa gloire; et qu'ainsi la force s'accorde avec cette bassesse. »

Le chrétien soumis n'a fait disparaître ni le géomètre ni le pyrrhonien, loin de là; mais il les a préservés du péril auquel ils étaient exposés, l'un par la tentation d'un dogmatisme sans nuance et sans restriction, l'autre par celle d'un doute également universel. Il a été ainsi à la limite de ce qu'un homme peut faire pour les autres hommes, en les maintenant à mi-chemin de l'orgueil tout à la fois et du désespoir. Même pour soi il n'est pas permis davantage. En prétendant dispenser la foi par le raisonnement, conférer à une *Apologie pour la Vérité de la Religion Chrétienne* l'infaillibilité de démonstration régulière qui caractérise un traité de mathématique, on risquerait de commettre, en faveur de la lumière spirituelle, le péché contre cet ordre incomparablement supérieur où règne une charité surnaturelle, tournée vers Dieu parce qu'elle est avant tout, fondée en lui.

L' « obscure clarté » qui correspond à l'ambiguïté radicale du décret divin, si le génie de l'auteur est de l'avoir communiquée à son œuvre, il reste qu'elle se reflète, par-delà l' « auteur », chez l' « homme » lui-même, dans

cette « incertitude du jugement » qui fait que « toute condition et même les martyrs ont à craindre, par l'Écriture ». Une dernière question se pose alors, qui trans-
cendera les cadres de l'*Apologie* : ne peut-il arriver que
l'intercesseur, auquel il aura été accordé d'entraîner quelques impies dans le rayon de la grâce céleste, se trouve
à son tour dépourvu du don qu'à l'occasion de son
propre effort ces autres auront reçu? Il s'explique par
là que nous rencontrions dans le Manuscrit de Pascal
le dialogue secret qu'il a institué, au plus profond de son
être, avec le « Sauveur du genre humain ». L'heure où
Pascal ose l'aborder est celle où « Jésus cherche quelque
consolation au moins dans ses trois plus chers amis, et
ils dorment... Délaissé seul à la colère de Dieu... il souffre
les tourments qu'il se donne à lui-même... supplice d'une
main non humaine, mais toute-puissante, car il faut être
tout-puissant pour le soutenir ». Pour sa part, Pascal a,
sinon rompu comme le divin Maître les liens de la parenté
naturelle, du moins travaillé pour les relâcher autant
qu'il était en son pouvoir. Il s'est étudié à vivre seul,
comme seul on mourra. Il est nécessaire, en effet, que
le *moi* de l'homme ait poussé jusqu'à la « haine de soi »
la renonciation de la « volonté propre » pour que la
parole de Pascal à Jésus prenne son sens plein : « Seigneur, je vous donne tout. » Mais c'est par là aussi que
ce même *moi* humain reconquerra la dignité de l'absolu :
l'espérance lui est rendue que la colère céleste s'apaise
à son égard par la vertu d'une grâce qui lui est person-
nellement adressée. Et de la sorte la réponse de Jésus à
Pascal sera enfin accueillie dans sa signification historique, dans son acception littérale : *« Je pensais à toi dans
mon agonie. J'ai versé telles gouttes de sang pour toi. »*

LÉON BRUNSCHVICG.

# INTRODUCTION

## SUITE LOGIQUE DES PENSÉES

Le département des manuscrits de la Bibliothèque nationale à Paris contient (*Fonds français* n° 9202) un recueil en tête duquel figure une attestation de l'abbé Périer, prêtre-chanoine de l'église de Clermont, certifiant que le présent volume est composé des originaux du livre des *Pensées,* et qu'il est écrit de la main de Pascal, son oncle « hormis quelques-uns qu'il a dictés aux personnes qui se sont trouvées auprès de lui », et qu'il le dépose dans la Bibliothèque de Saint-Germain-des-Prés, d'où il fut versé en 1790, avec les autres volumes de cette bibliothèque, à la Bibliothèque nationale. Le dépôt ne fut effectué par l'abbé Périer que le 25 septembre 1711, près de cinquante ans après la mort de Pascal, et il s'en faut que nous possédions intégralement les papiers de Pascal. Quelques pages avaient été égarées avant qu'on eût songé à les relier; quelques autres prêtées à différentes personnes, en particulier à Mme Périer et à Étienne Périer pour la rédaction des préfaces qu'ils écrivirent aux livres de *Pensées,* car les passages qui y sont utilisés (*Ils blas-phèment ce qu'ils ignorent,* etc. *Nous ne connaissons Dieu que par Jésus-Christ,* etc. *Qu'ils apprennent au moins,* etc.), ne figurent pas dans l'original. D'ailleurs, en les faisant relier, on n'eut aucun souci de l'ordre des pensées, pas même des renvois indiqués par Pascal. Le manuscrit de Pascal n'a absolument rien qui ressemble à un livre, ce sont des papiers sans suite, tels qu'ils ont pu être trouvés dans la chambre d'un mort; en outre de cette confusion générale, l'écriture en est irrégulière, précipitée; plus d'une fois Pascal qui passait des journées au lit, devait écrire étant couché; les abréviations et les incorrections abondent, comme cela est naturel dans des notes intimes; quelquefois c'est un domestique qui a tenu la plume pour lui, et l'incertitude de l'orthographe remplace alors l'incertitude de l'écriture. Mais la lecture de ce manus-crit qui, sans offrir les insurmontables difficultés dont on a quelquefois parlé, ne laisserait pas d'être très labo-rieuse, a été rendue aisée pour les éditeurs modernes par une excellente *Copie* faite par Port-Royal (n° 9203), plus complète que l'autographe et à laquelle nous emprun-tons un certain nombre des pensées. Cette copie est elle-même confirmée par une *Seconde copie,* (n° 12449) qui contient un petit nombre de fragments nouveaux; à quoi il faut ajouter encore diverses pensées que fournissent différents recueils jansénistes, notamment le second *Recueil* du Père Guerrier étudié par P. Faugère, ou différentes éditions, à commencer par celle de Port-Royal, et qui ne peuvent être ni négligées ni considérées comme absolument authentiques.

De quelle manière convient-il de publier ces fragments? Le plus simple, et pourtant cela n'a été fait que tout récemment par M. Michaut, c'est d'imprimer le manus-crit lui-même dans l'ordre de son désordre. Nulle inter-position ici de l'éditeur entre Pascal et le lecteur; ou plutôt le lecteur deviendra lui-même son propre éditeur; il reconstituera sur ce texte objectif le livre des *Pensées* tel qu'il le conçoit, il se fera un Pascal à son usage. Mais le nombre de ceux qui auront le loisir ou le goût de cette longue étude critique demeure forcément restreint, et les autres doivent se résigner à lire Pascal dans une édition où le travail préparatoire aura été fait pour eux. La plus grande trahison qu'on puisse commettre avec Pascal, ce serait, en effet, de considérer le désordre des fragments comme définitif, de ne point rapprocher les réflexions qui s'appellent et s'éclairent, de renoncer à comprendre, ou ce qui serait pis peut-être, d'interpréter comme pensée isolée ce qui suivant Pascal est la conséquence d'un principe indiqué ailleurs, de transformer en auteur de maximes un écrivain essentiellement systématique et qui introduisait, comme M. de Saci le lui fait remarquer, un ordre et une doctrine suivis jusque dans les *Essais* de Montaigne.

La plupart des éditeurs de Pascal ont suivi une voie opposée; ils ont cherché à reconstituer l'*Apologie* que projetait Pascal. Mais leur désaccord a prouvé combien l'entreprise était vaine. En effet, les indications de Pascal sur l'ordre général de l'*Apologie* sont vagues et insuffisantes; il a fallu recourir aux témoignages extérieurs, ceux d'Étienne Périer, de Mme Périer, de Filleau de la Chaise, qui ne concordent pas entre eux. De plus, plusieurs fragments attestent que Pascal a modifié le plan de son ouvrage, et il est probable qu'il ne l'avait pas encore arrêté définitivement au moment où il est mort. La conférence de 1658 que rapporte Étienne Périer ne signifie rien pour les fragments postérieurs; elle est même incomplète, puisqu'elle ne mentionne pas l'argument du pari. Enfin une difficulté domine toutes les autres : rien ne prouve que les notes recueillies dans le manuscrit aient été toutes destinées à l'*Apologie,* et il est impossible à l'éditeur de se mettre à la place de l'auteur, d'accueillir ou d'exclure en son nom tel ou tel fragment : les réflexions sur l'*Esprit* ou celles sur l'*Église*, pour ne parler que de celles-là, ne sont ni essentielles ni cependant étrangères au but que Pascal poursuivait; quelque parti qu'on prenne à ce sujet, il sera forcément arbitraire et la prétendue reconstitution historique ne peut rien avoir d'objectif.

*Pendent opera interrupta,* suivant l'épigraphe que Port-Royal avait mise aux *Pensées;* nous n'avons pas le droit, surtout nous ne saurions sans impertinence nous attribuer le pouvoir, d'achever le temple que Pascal a laissé inachevé; d'autre part nous avons le devoir de ne pas abandonner à eux-mêmes les matériaux de l'œuvre, de ne pas les laisser à l'état de chaos inaccessible et inintelligible. Il ne nous restait qu'un parti à prendre, puisqu'il en fallait prendre un; c'était de procéder avec les *Pensées* de Pascal comme on fait dans un musée de ruines, où, sans restauration ni addition, on se préoccupe uniquement de restituer à chaque pierre sa signification et sa valeur en en indiquant la provenance, en la rapprochant des autres par un groupement méthodique. Ni désordre, ni reconstitution : un simple classement. Tel avait été le principe adopté par Port-Royal d'abord, et ensuite par Bossut, dont E. Havet a reproduit l'ordre, en y ajoutant dans un nouveau chapitre les fragments découverts par Victor Cousin et Faugère. Et peut-être, malgré les irrégularités et les défectuosités de ce dernier classement, au risque de créer en sa faveur une prescription artificielle, eût-il mieux valu s'y tenir afin de ne pas déranger les habitudes reçues, si matériellement la chose eût été possible. Mais l'étude du manuscrit (et sur ce point nous sommes particulièrement redevables aux travaux de Molinier et de M. Michaut) révèle que l'édition Bossut-Havet a pratiqué tant de réunions et surtout tant de séparations arbitraires entre les fragments, qu'à moins d'y sacrifier l'autorité incontestable du manuscrit autographe, nous étions obligés d'en remanier tous les chapitres, et que nous perdions ainsi les bénéfices de l'ordre traditionnel.

Dès lors nous avons été amenés, non par notre propre mouvement encore une fois, mais par la nécessité même des choses, à tenter un groupement nouveau. Faisant table rase de tout document extérieur, de tout travail antérieur, écartant toute idée préconçue sur ce qu'aurait pû être l'*Apologie* de Pascal, nous avons étudié les fragments en eux-mêmes, nous avons cherché comment, en ne tenant compte que des indications que Pascal lui-même nous a laissées et de leur signification intrinsèque, il était possible de les grouper de façon, sinon à en faire un tout cohérent, du moins à ne jamais laisser échapper le fil de la pensée qui les relie; et nous soumettons immédiatement au lecteur les résultats que nous avons obtenus, afin de ne plus avoir à les faire intervenir dans le corps même de l'édition. Mais, pour prévenir toute confusion dans l'esprit du lecteur, nous nous permettons d'insister encore sur le caractère de ce classement : nous n'avons aucune prétention à l'objectivité historique, nous serions même sûr que Pascal n'aurait pas développé son *Apologie* suivant l'ordre que nous indiquons; nous ne croyons pas avoir échappé à tout arbitraire : nous savons, par exemple, qu'il n'y a pas de distinction expresse entre certains fragments de la section II qui visent à établir par la psychologie la misère de l'homme et certains fragments de la section VI qui tirent des oppositions entre les philosophes la preuve de sa double nature, ou encore entre ceux de la section VII sur Jésus-Christ rédempteur, et ceux de la section XII sur Jésus-Christ personnage historique; que la place de la digression sur la Justice (section V) ne peut être déterminée avec précision. Nous sommes les premiers à signaler ces incertitudes parce qu'elles mettent mieux en lumière le caractère de notre tentative. Notre unique, mais légitime ambition, c'est de présenter les fragments de Pascal de telle manière qu'ils puissent être compris par le lecteur moderne; c'est, sans leur ôter leur caractère de fragments, sans prétendre deviner le secret du plan que Pascal a emporté dans la tombe, d'en faire suffisamment voir la continuité logique pour que la pensée du lecteur puisse suivre celle de l'auteur, s'y attacher, et en tirer le profit qu'il convient.

LÉON BRUNSCHVICG.

# APERÇU BIBLIOGRAPHIQUE

La *Bibliographie générale des Œuvres de Blaise Pascal,* publiée
par M. Albert Maire, et dont le quatrième volume, consacré aux Pensées, paru en 1926, chez Giraud-Badin, comporte 1446 titres, montre comme il est difficile de déli-
miter utilement le champ des indications bibliographiques.

Nous nous bornerons à des mentions très brèves.

Deux ouvrages demeurent essentiels pour l'intelligence
de Pascal : le *Port-Royal,* de Sainte Beuve (7 vol., *Hachette*);
le *Pascal,* d'Émile Boutroux *(ibid.).*

D'importants compléments sont fournis par le *Pèleri-
nage de Port-Royal,* de M. André Hallays *(Perrin),* par
l'*Histoire générale du mouvement janséniste depuis ses origines
jusqu'à nos jours,* d'Augustin Gazier (2 vol., *Champion*), par
les huit volumes d'*Études pascaliennes* d'Ernest Jovy *(Vrin).*

Les plus récentes monographies sont dues à M. G. Mi-
chaut : les *Époques de la pensée de Pascal (Fontemoing)*; à
M. F. Strowski : *Pascal et son temps* (3 vol., *Plon*); à M. J. Che-
valier : *Pascal (Plon),* et *Pascal* (dans la collection *Les Grands
Cœurs,* de *Flammarion*); à M. V. Giraud : *La vie héroïque de
Blaise Pascal (Crès)*; à M. J. Segond, *La vie de Blaise Pascal
(Piazza)*; à Léon Brunschvicg, *Pascal (Rieder).*

Pour les conceptions proprement religieuses de Pascal,

on consultera surtout *Pascal, sa vie religieuse et son apologie du christianisme,* par M. Petitot *(Beauchesne)*; *La sainteté de Pascal,* par M. H. F. Stewart (trad. G. Roth, *Bloud et Gay*); *Pascal et le problème de la croyance,* par M. Antoine Malvy, S. J. *(Beauchesne)*; *Pascal et la Bible,* par J. Lhermet *(Vrin).* Quant à la variété des points de vue contemporains sur Pascal, on en trouvera l'expression dans deux numéros « exceptionnels » publiés, lors du tricentenaire de Pascal : l'un par la *Revue de Métaphysique et de Morale (Étude sur Pascal,* avril-juin 1923, *Colin)*; l'autre par la *Revue hebdomadaire* (juillet 1923, *Plon*). Depuis ont paru deux études particulièrement originales : Nedelzgovitch : *La pensée philosophique créatrice de Pascal (Alcan)*; Henri Petit : *Images. Descartes et Pascal (Rieder).*

Les détails concernant tel ou tel opuscule sont rassemblés dans l'édition des *Œuvres de Blaise Pascal* (14 vol., Hachette), qui fait partie de la *Collection des Grands Écrivains de la France,* et qui comprend aussi les écrits d'Étienne Pascal, de Gilberte Périer, de Jacqueline Pascal. Nous rappellerons seulement, à propos de l'argument du *Pari,* l'article célèbre de Jules Lachelier, qui a paru dans la *Revue Philosophique,* de juin 1901, et qui depuis a été réimprimé à la suite du *Fondement de l'Induction (Alcan)*; un travail substantiel de Léon Blanchet : *L'attitude religieuse des Jésuites et les sources du Pari de Pascal (Revue de Métaphysique et de Morale,* nos de juillet et de septembre 1919); une note pénétrante de M. Robert Aron *(ibid.* janvier 1926). Enfin nous signalons trois articles de la *Revue Bleue* (3 et 17 février, 3 mars 1923) : *Pascal et le problème du Discours sur les Passions de l'Amour,* où M. G. Michaut a excellemment mis au point l'état de la question agitée tour à tour par Brunetière, Augustin Gazier, Faguet, M. Giraud, M. Lanson (dans une étude décisive publiée par *The French Quaterly,* janvier-mars 1920 : *le Discours sur les Passions de l'Amour est-il de Pascal?*), par M. F. Strowski.

L'authenticité a été remise en question par MM. G. Brunet (*Revue d'histoire littéraire de la France*, février 1925), Boudhors (*ibid.*, 1933) et Busnelli (*Mercure de France*, septembre 1934).

Parmi les ouvrages récents sur Pascal signalons, outre le dernier ouvrage de L. Brunschvicg (*Descartes et Pascal lecteurs de Montaigne*, Neuchâtel, *La Baconnière*, 1945) et son recueil d'articles, *Blaise Pascal* (*Vrin*, 1953); Z. Tourneur, *Une vie avec B. Pascal* (*Vrin*, 1943; E. Baudin, *Études historiques et critiques sur la philosophie de Pascal* (Neuchâtel, *La Baconnière*, 3 vol., 1946-1947); Chinard, *En lisant Pascal* (Lausanne, *Droz*, 1948); J. Russier, *La foi selon Pascal* (*P.U.F.*, 2 vol., 1949); L. Lafuma, *Recherches pascaliennes* (*Delmas*, 1949); H. Lefebvre, *Pascal* (*Nagel*, t. I, 1949); J. Mesnard, *Pascal, l'homme et l'œuvre* (*Boivin*, 1950); R. Guardini, *Pascal* (*Seuil*, 1951); A. Béguin, *Pascal par lui-même* (*Seuil*, 1953 et 1964); Steinman, *Pascal* (*Cerf*, 1954); Lucien Goldmann, *Le Dieu caché* (*Gallimard*, 1955); J. Mesnard, *Pascal et les Roannez* (*Desclée de Brouwer*, 1955); Cahiers de Royaumont n° 1 : *Blaise Pascal, l'homme et l'œuvre* (*Éditions de Minuit*, 1956); R. Lacombe, *L'Apologétique pascalienne* (*P. U. F.*, 1958); Numéro spécial de *La Table Ronde* (avril 1962); Pascal, *Textes du Tricentenaire* (*Fayard*, 1963); J. Mesnard, *Pascal*, collection « Les Écrivains devant Dieu »; Ph. Sellier, *Pascal et Saint Augustin* (*Colin*, 1970); H. Gouhier, *Blaise Pascal, Commentaires* (*Vrin*, 2e édit., 1971).

# AVERTISSEMENT

Nous donnons ici le texte de la dernière édition des
PENSÉES établie par Léon Brunschvicg pour la Collection des « Classiques Hachette ». Rappelons que par
fidélité à la mémoire de Léon Brunschvicg qui avait toujours tenu compte des nouveaux travaux sur Pascal lors
des rééditions successives des PENSÉES, la Librairie
Hachette avait demandé à Mademoiselle Geneviève Lewis,
ancienne élève de l'E. N. S., agrégée de philosophie, de
mettre à jour cette édition. Elle comporte ainsi maintes
corrections, adoptées lorsque certaines lectures nouvelles
proposées par Z. Tourneur et L. Lafuma paraissaient
s'imposer.

Nous avons conservé la présentation typographique de
l'édition Hachette.

Les passages rayés par Pascal sont entre crochets ; les
mots ajoutés ou rectifiés sont également entre crochets,
mais en italique. Les fragments des PENSÉES sont pré-
cédés de deux chiffres : celui du milieu est le numéro
d'ordre dans la présente édition ; celui de gauche désigne,
sauf indication spéciale, le numéro de la page du manuscrit où se trouve le fragment reproduit. Ce dernier
chiffre est accompagné d'un astérisque quand le fragment
n'est pas écrit de la main de Pascal, de deux astérisques
quand il contient aussi des corrections ou des additions

autographes. Pour permettre au lecteur de juger des difficultés de certaines lectures, nous avons signalé en note
quelques-unes des interprétations divergentes entre
Brunschvicg, Tourneur et L. Lafuma.

En revanche il nous est apparu difficile de retenir
l'intégralité des notes et commentaires de Léon Brunschvicg lorsqu'ils n'étaient pas absolument nécessaires à la
compréhension du texte de Pascal.

Les lecteurs pourront donc utilement se reporter au
texte de l'Édition des Classiques Hachette, dont celle-ci
n'est que la version abrégée.

L'ÉDITEUR.

# SECTION I

## PENSÉES SUR L'ESPRIT ET SUR LE STYLE

**405]**                              1

*Différence entre l'esprit de géométrie et l'esprit de finesse.*
— En l'un, les principes sont palpables, mais éloignés de
l'usage commun; de sorte qu'on a peine à tourner la
tête de ce côté-là, manque d'habitude : mais pour peu
qu'on l'y tourne, on voit les principes à plein; et il
faudrait avoir tout à fait l'esprit faux pour mal raisonner
sur des principes si gros qu'il est presque impossible
qu'ils échappent.

Mais dans l'esprit de finesse, les principes sont dans
l'usage commun et devant les yeux de tout le monde. On
n'a que faire de tourner la tête, ni de se faire violence; il
n'est question que d'avoir bonne vue, mais il faut
l'avoir bonne; car les principes sont si déliés et en si
grand nombre, qu'il est presque impossible qu'il n'en
échappe. Or, l'omission d'un principe mène à l'erreur;
ainsi, il faut avoir la vue bien nette pour voir tous les
principes, et ensuite l'esprit juste pour ne pas raisonner
faussement sur des principes connus.

Tous les géomètres seraient donc fins s'ils avaient la vue bonne, car ils ne raisonnent pas faux sur les principes qu'ils connaissent; et les esprits fins seraient géomètres s'ils pouvaient plier leur vue vers les principes inaccoutumés de géométrie.

406] Ce qui fait donc que de certains esprits fins ne sont pas géomètres, c'est qu'ils ne peuvent du tout se tourner vers les principes de géométrie; mais ce qui fait que des géomètres ne sont pas fins, c'est qu'ils ne voient pas ce qui est devant eux, et qu'étant accoutumés aux principes nets et grossiers de géométrie, et à ne raisonner qu'après avoir bien vu et manié leurs principes, ils se perdent dans les choses de finesse, où les principes ne se laissent pas ainsi manier. On les voit à peine, on les sent plutôt qu'on ne les voit; on a des peines infinies à les faire sentir à ceux qui ne les sentent pas d'eux-mêmes : ce sont choses tellement délicates et si nombreuses, qu'il faut un sens bien délicat et bien net pour les sentir, et juger droit et juste selon ce sentiment, sans pouvoir le plus souvent les démontrer par ordre comme en géométrie, parce qu'on n'en possède pas ainsi les principes, et que ce serait une chose infinie de l'entreprendre. Il faut tout d'un coup voir la chose d'un seul regard, et non pas par progrès de raisonnement, au moins jusqu'à un certain degré. Et ainsi il est rare que les géomètres soient fins et que les fins soient géomètres, à cause que les géomètres veulent traiter géométriquement ces choses fines, et se rendent ridicules, voulant commencer par les définitions et ensuite par les principes, ce qui n'est pas la manière d'agir en cette sorte de raisonnement. Ce n'est pas que l'esprit ne le fasse; mais il le fait tacitement, naturellement et sans art, car l'expression en passe tous les hommes, et le sentiment n'en appartient qu'à peu d'hommes.

Et les esprits fins, au contraire, ayant ainsi accoutumé

à juger d'une seule vue, sont si étonnés — quand on leur présente des propositions où ils ne comprennent rien, et où pour entrer il faut passer par des définitions et des principes si stériles, qu'ils n'ont point accoutumé de voir ainsi en détail, — qu'ils s'en rebutent et s'en dégoûtent.

Mais les esprits faux ne sont jamais ni fins ni géomètres.

Les géomètres qui ne sont que géomètres ont donc l'esprit droit, mais pourvu qu'on leur explique bien toutes choses par définitions et principes; autrement ils sont faux et insupportables, car ils ne sont droits que sur les principes bien éclaircis.

Et les fins qui ne sont que fins ne peuvent avoir la patience de descendre jusque dans les premiers principes des choses spéculatives et d'imagination, qu'ils n'ont jamais vues dans le monde, et tout à fait hors d'usage[1].

*213]                    2

Diverses sortes de sens droit; les uns dans un certain ordre de choses, et non dans les autres ordres, où ils extravaguent.

Les uns tirent bien les conséquences de peu de principes, et c'est une droiture de sens.

Les autres tirent bien les conséquences des choses où il y a beaucoup de principes.

Par exemple, les uns comprennent bien les effets de l'eau, en quoi il y a peu de principes; mais les conséquences en sont si fines, qu'il n'y a qu'une extrême droiture qui y puisse aller.

---

1. Pascal distingue ainsi deux familles d'esprits : les « logiciens », dont les géomètres offrent le type le plus parfait, pour qui tout doit être clair, pour qui tout se déduit suivant un ordre rigoureux; et puis les « intuitifs », qui se laissent guider par leur tact, par leur goût, par leur cœur.

Et ceux-là ne seraient peut-être pas pour cela grands géomètres, parce que la géométrie comprend un grand nombre de principes, et qu'une nature d'esprit peut être telle qu'elle puisse bien pénétrer peu de principes jusqu'au fond, et qu'elle ne puisse pénétrer le moins du monde les choses où il y a beaucoup de principes.

Il y a donc deux sortes d'esprits : l'une, de pénétrer vivement et profondément les conséquences des principes, et c'est là l'esprit de justesse; l'autre de comprendre un grand nombre de principes sans les confondre, et c'est là l'esprit de géométrie. L'un est force et droiture d'esprit, l'autre est amplitude d'esprit. Or l'un peut bien être sans l'autre, l'esprit pouvant être fort et étroit, et pouvant être aussi ample et faible.

229]                              3

Ceux qui sont accoutumés à juger par le sentiment ne comprennent rien aux choses de raisonnement, car ils veulent d'abord pénétrer d'une vue et ne sont point accoutumés à chercher les principes. Et les autres, au contraire, qui sont accoutumés à raisonner par principes, ne comprennent rien aux choses de sentiment, y cherchant des principes et ne pouvant voir d'une vue.

169]                              4

*Géométrie, finesse.* — La vraie éloquence se moque de l'éloquence, la vraie morale se moque de la morale; c'est-à-dire que la morale du jugement se moque de la morale de l'esprit — qui[1] est sans règles.

Car le jugement est celui à qui appartient le sentiment, comme les sciences appartiennent à l'esprit. La finesse est la part du jugement, la géométrie est celle de l'esprit.

---

1. *Qui* se rapporte vraisemblablement *à la morale du jugement*.

Se moquer de la philosophie, c'est vraiment philosopher.

137]                    5

Ceux qui jugent d'un ouvrage sans règle sont, à regard des autres, comme ceux qui [*n'ont pas de*] montre à l'égard des autres. L'un dit : « Il y a deux heures » ; l'autre dit : « Il n'y a que trois quarts d'heure ». Je regarde ma montre, et je dis à l'un : « Vous vous ennuyez » ; et à l'autre : « Le temps ne vous dure guère » ; car il y a une heure et demie, et je me moque de ceux qui disent que le temps me dure à moi, et que j'en juge par fantaisie : ils ne savent pas que je juge par ma montre.

51]                    6

Comme on se gâte l'esprit, on se gâte aussi le sentiment.

On se forme l'esprit et le sentiment par les conversations. On se gâte l'esprit et le sentiment par les conversations. Ainsi les bonnes ou les mauvaises le forment ou le gâtent. Il importe donc de tout de les savoir choisir, pour se le former et ne le point gâter ; et on ne peut faire ce choix, si on ne l'a déjà formé et point gâté. Ainsi cela fait un cercle, d'où sont bienheureux ceux qui sortent.

213]                    7

A mesure qu'on a plus d'esprit, on trouve qu'il y a plus d'hommes originaux. Les gens du commun ne trouvent pas de différence entre les hommes.

*273]                    8

Il y a beaucoup de personnes qui entendent le sermon de la même manière qu'ils entendent vêpres.

401]                          9

Quand on veut reprendre avec utilité, et montrer à un
autre qu'il se trompe, il faut observer par quel côté il envisage la chose, car elle est vraie ordinairement de ce
côté-là, et lui avouer cette vérité, mais lui découvrir le
côté par où elle est fausse. Il se contente de cela, car il
voit qu'il ne se trompait pas, et qu'il manquait seulement à voir tous les côtés; or on se fâche pas de ne pas
tout voir, mais on ne veut pas [s']être trompé; et peut-
être que cela vient de ce que naturellement l'homme ne
peut tout voir, et de ce que naturellement il ne se peut
tromper dans le côté qu'il envisage; comme les appréhensions des sens sont toujours vraies[1].

201]                          10

On se persuade mieux, pour l'ordinaire, par les raisons qu'on a soi-même trouvées, que par celles qui sont
venues dans l'esprit des autres.

*Copie* 396]                    11

Tous les grands divertissements sont dangereux pour
la vie chrétienne; mais entre tous ceux que le monde a
inventés, il n'y en a point qui soit plus à craindre que la
comédie[2]. C'est une représentation si naturelle et si délicate des passions, qu'elle les émeut et les fait naître dans
notre cœur, et surtout celle de l'amour; principalement

---

1. *Comme* a le sens de *ainsi, par exemple.*
2. Nicole écrira en 1665 : « Un faiseur de romans et un poète de
théâtre est un empoisonneur public. » On sait que cette phrase des
*Visionnaires* valut à Nicole une réponse hautaine de Corneille dans la
préface d'*Attila*, et provoqua aussi la *Lettre* de Racine *à l'auteur des
Hérésies imaginaires*, où l'ancien élève de Port-Royal dut plus d'une
fois rappeler à ses maîtres l'auteur des *Provinciales*.

lorsqu'on [*le*] représente fort chaste et fort honnête. Car plus il paraît innocent aux âmes innocentes, plus elles sont capables d'en être touchées; sa violence plaît à notre amour-propre, qui forme aussitôt un désir de causer les mêmes effets, que l'on voit si bien représentés; et l'on se fait en même temps une conscience fondée sur l'honnêteté des sentiments qu'on y voit, qui ôtent la crainte des âmes pures, qui s'imaginent que ce n'est pas blesser la pureté, d'aimer d'un amour qui leur semble si sage.

Ainsi l'on s'en va de la comédie le cœur si rempli de toutes les beautés et de toutes les douceurs de l'amour, et l'âme et l'esprit si persuadés de son innocence, qu'on est tout préparé à recevoir ses premières impressions, ou plutôt à chercher l'occasion de les faire naître dans le cœur de quelqu'un, pour recevoir les mêmes plaisirs et les mêmes sacrifices que l'on a vus si bien dépeints dans la comédie.

123]                              12

Scaramouche, qui ne pense qu'à une chose.

Le docteur, qui parle un quart d'heure après avoir tout dit, tant il est plein de désir de dire.

*441]                              13

On aime à voir l'erreur, la passion de Cléobuline, parce qu'elle ne la connaît pas. Elle déplairait, si elle n'était trompée[1].

420]                              14

Quand un discours naturel peint une passion ou un effet, on trouve dans soi-même la vérité de ce qu'on

1. Cléobuline passait pour être le *portrait* de la reine Christine de Suède, et il n'est pas défendu de penser que cette particularité aurait attiré sur son personnage l'attention de Pascal.

entend, laquelle on ne savait pas qu'elle y fût, en sorte
qu'on est porté à aimer celui qui nous le fait sentir; car
il ne nous a pas fait montre de son bien, mais du nôtre;
et ainsi ce bienfait nous le rend aimable, outre que
cette communauté d'intelligence que nous avons avec lui
incline nécessairement le cœur à l'aimer.

130]                    15

Éloquence qui persuade par douceur, non par empire,
en tyran, non en roi.

*Appendice au fragment 15*

L'éloquence est un art de dire les choses de telle façon : 1° que ceux à qui l'on parle puissent les entendre
sans peine et avec plaisir; 2° qu'ils s'y sentent intéressés,
en sorte que l'amour-propre les porte plus volontiers
à y faire réflexion.

Elle consiste donc dans une correspondance qu'on
tâche d'établir entre l'esprit et le cœur de ceux à qui l'on
parle d'un côté, et de l'autre les pensées et les expressions dont on se sert; ce qui suppose qu'on aura bien
étudié le cœur de l'homme pour en savoir tous les
ressorts, et pour trouver ensuite les justes proportions
du discours qu'on veut y assortir. Il faut se mettre à la
place de ceux qui doivent nous entendre, et faire essai
sur son propre cœur du tour qu'on donne à son discours, pour voir si l'un est fait pour l'autre, et si l'on
peut s'assurer que l'auditeur sera comme forcé de se
rendre. Il faut se renfermer, le plus qu'il est possible,
dans le simple naturel; ne pas faire grand ce qui est
petit, ni petit ce qui est grand. Ce n'est pas assez qu'une
chose soit belle, il faut qu'elle soit propre au sujet,
qu'il n'y ait rien de trop ni rien de manque.

439]           17

Les rivières sont des chemins qui marchent, et qui portent où l'on veut aller.

*443]           18

Lorsqu'on ne sait pas la vérité d'une chose, il est bon qu'il y ait une erreur commune qui fixe l'esprit des hommes, comme, par exemple la lune, à qui on attribue le changement des saisons, le progrès des maladies, etc.; car la maladie principale de l'homme est la curiosité inquiète des choses qu'il ne peut savoir; et il ne lui est pas si mauvais d'être dans l'erreur, que dans cette curiosité inutile.

444] La manière d'écrire d'Épictète, de Montaigne et de Salomon de Tultie[1], est la plus d'usage, qui s'insinue le mieux, qui demeure le plus dans la mémoire, et qui se fait le plus citer, parce qu'elle est toute composée de pensées nées sur les entretiens ordinaires de la vie; comme, quand on parlera de la commune erreur qui est parmi le monde, que la lune est cause de tout, on ne manquera jamais de dire que Salomon de Tultie dit que, lorsqu'on ne sait pas la vérité d'une chose, il est bon qu'il y ait une erreur commune, etc., qui est la pensée de l'autre côté.

*Ed.* 1678. *Ch.* xxxi]         19

La dernière chose qu'on trouve en faisant un ouvrage, est de savoir celle qu'il faut mettre la première.

1. *Salomon de Tultie,* anagramme de Louis de Montalte et d'Amos Dettonville, désigne Pascal lui-même; ce qui n'implique pas que ce soit Pascal qui ait écrit cet éloge de Salomon de Tultie. Le fragment 18 est de la main de Mme Périer, et, comme l'a montré M. Bédier dans un Mémoire des *Mélanges Lanson* (1922): *Pascal et Salomon de Tultie,* il est naturel de supposer que la remarque finale du fragment est due à Mme Périer, rédigée sans doute pour le projet de Préface qu'elle destinait aux *Pensées.*

433]                    20

*Ordre.* — Pourquoi prendrai-je plutôt à diviser ma morale en quatre qu'en six ? Pourquoi établirai-je plutôt la vertu en quatre, en deux, en un ? Pourquoi en *abstine et sustine*[1] plutôt qu'en « suivre nature », ou « faire ses affaires particulières sans injustice », comme Platon, ou autre chose ? — Mais voilà, direz-vous, tout renfermé en un mot. — Oui, mais cela est inutile, si on ne l'explique ; et quand on vient à l'expliquer, dès qu'on ouvre ce précepte qui contient tous les autres, ils en sortent en la première confusion que vous vouliez éviter. Ainsi, quand ils sont tous renfermés en un, ils y sont cachés et inutiles, comme en un coffre, et ne paraissent jamais qu'en leur confusion naturelle. La nature les a tous établis sans renfermer l'un en l'autre.

427]                    21

La nature a mis toutes ses vérités chacune en soi-même ; notre art les renferme les unes dans les autres, mais cela n'est pas naturel : chacune tient sa place.

431]                    22

Qu'on ne dise pas que je n'ai rien dit de nouveau : la disposition des matières est nouvelle ; quand on joue à la paume, c'est une même balle dont joue l'un et l'autre, mais l'un la place mieux.

J'aimerais autant qu'on me dît que je me suis servi des mots anciens. Et comme si les mêmes pensées ne formaient pas un autre corps de discours, par une disposition différente, aussi bien que les mêmes mots forment d'autres pensées par leur différente disposition !

1. *Abstiens-toi et supporte.*

225]                    23

Les mots diversement rangés font un divers sens, et
les sens diversement rangés font différents effets.

429]                    24

*Langage.* — Il ne faut point détourner l'esprit ailleurs,
sinon pour le délasser, mais dans le temps où cela est à
propos, le délasser quand il faut, et non autrement;
car qui délasse hors de propos, il lasse; et qui lasse hors
de propos délasse, car on quitte tout là; tant la malice
de la concupiscence se plaît à faire tout le contraire
de ce qu'on veut obtenir de nous sans nous donner du
plaisir, qui est la monnaie pour laquelle nous donnons
tout ce qu'on veut.

402]                    25

*Éloquence.* — Il faut de l'agréable et du réel; mais il
faut que cet agréable soit lui-même pris du vrai.

142]                    26

L'éloquence est une peinture de la pensée; et ainsi,
ceux qui, après avoir peint, ajoutent encore, font un
tableau au lieu d'un portrait.

127]                    27

*Miscellan. Langage.* — Ceux qui font les antithèses en
forçant les mots sont comme ceux qui font de fausses
fenêtres pour la symétrie : leur règle n'est pas de parler
juste, mais de faire des figures justes.

125]                    28

Symétrie, en ce qu'on voit d'une vue, fondée sur ce
qu'il n'y a pas de raison de faire autrement; et fondée

aussi sur la figure de l'homme, d'où il arrive qu'on ne veut la symétrie qu'en largeur, non en hauteur ni profondeur.

427]                            29

Quand on voit le style naturel, on est tout étonné et ravi, car on s'attendait de voir un auteur, et on trouve un homme. Au lieu que ceux qui ont le goût bon, et qui en voyant un livre croient trouver un homme, sont tout surpris de trouver un auteur : *Plus poetice quam humane locutus es*[1]. Ceux-là honorent bien la nature, qui lui apprennent qu'elle peut parler de tout, et même de théologie.

12]                            30

On ne consulte que l'oreille, parce qu'on manque de cœur.
La règle est l'honnêteté.
Beautés d'omission, de jugement.

439]                            31

Toutes les fausses beautés que nous blâmons en Cicéron ont des admirateurs, et en grand nombre.

*129]                           32

Il y a un certain modèle d'agrément et de beauté qui consiste en un certain rapport entre notre nature, faible ou forte, telle qu'elle est, et la chose qui nous plaît.
Tout ce qui est formé sur ce modèle nous agrée : soit maison, chanson, discours, vers, prose, femme, oiseaux, rivières, arbres, chambres, habits, etc. Tout ce qui n'est

---

1. « Tu as parlé en poète plutôt qu'en homme » (*Pétrone*, 90).

point fait sur ce modèle déplaît à ceux qui ont le goût bon.

Et, comme il y a un rapport parfait entre une chanson et une maison qui sont faites sur le bon modèle, parce qu'elles ressemblent à ce modèle unique quoique chacune selon son genre, il y a de même un rapport parfait entre les choses faites sur le mauvais modèle. Ce n'est pas que le mauvais modèle soit unique, car il y en a une infinité; mais chaque mauvais sonnet, par exemple, sur quelque faux modèle qu'il soit fait, ressemble parfaitement à une femme vêtue sur ce modèle.

Rien ne fait mieux entendre combien un faux sonnet est ridicule que d'en considérer la nature et le modèle, et de s'imaginer ensuite une femme ou une maison faite sur ce modèle-là.

*129]                    33

*Beauté poétique.* Comme on dit beauté poétique, on devrait aussi dire beauté géométrique, et beauté médicinale; mais on ne le dit pas : et la raison en est qu'on sait bien quel est l'objet de la géométrie, et qu'il consiste en preuves, et quel est l'objet de la médecine, et qu'il consiste en la guérison; mais on ne sait pas en quoi consiste l'agrément, qui est l'objet de la poésie. On ne sait ce que c'est que ce modèle naturel qu'il faut imiter; et, à faute de cette connaissance, on a inventé de certains termes bizarres : « siècle d'or, merveille de nos jours, fatal », etc.; et on appelle ce jargon beauté poétique.

Mais qui s'imaginera une femme sur ce modèle-là, qui consiste à dire de petites choses avec de grands mots, verra une jolie damoiselle toute pleine de miroirs et de chaînes, dont il rira, parce qu'on sait mieux en quoi consiste l'agrément d'une femme que l'agrément des vers. Mais ceux qui ne s'y connaîtraient pas l'admire-

raient en cet équipage; et il y a bien des villages où
on la prendrait pour la reine; et c'est pourquoi nous
appelons les sonnets faits sur ce modèle-là les reines de
village.

*129]                           34

On ne passe point dans le monde pour se connaître
en vers si l'on [n']a mis l'enseigne de poëte, de mathématicien, etc. Mais les gens universels ne veulent point
d'enseigne, et ne mettent guère de différence entre le
métier de poëte et celui de brodeur.

Les gens universels ne sont appelés ni poëtes, ni géomètres, etc.; mais ils sont tout cela, et juges de tous
ceux-là. On ne les devine point. Ils parleront de ce qu'on
parlait quand ils sont entrés. On ne s'aperçoit point en
eux d'une qualité plutôt que d'une autre, hors de la nécessité de la mettre en usage; mais alors on s'en souvient,
car il est également de ce caractère qu'on ne dise point
d'eux qu'ils parlent bien, quand il n'est pas question du
langage, et qu'on dise d'eux qu'ils parlent bien, quand
il en est question.

C'est donc une fausse louange qu'on donne à un
homme quand on dit de lui, lorsqu'il entre, qu'il est fort
habile en poésie; et c'est une mauvaise marque, quand
on n'a pas recours à un homme quand il s'agit de juger
de quelques vers.

*440]                           35

Il faut qu'on n'en puisse [*dire*], ni : « il est mathématicien », ni « prédicateur », ni « éloquent », mais « il est
honnête homme ». Cette qualité universelle me plaît
seule. Quand en voyant un homme on se souvient de
son livre, c'est mauvais signe; je voudrais qu'on ne
s'aperçût d'aucune qualité que par la rencontre et l'occa-

sion d'en user. (*Ne quid nimis*[1]), de peur qu'une qualité
ne l'emporte, et ne fasse baptiser. Qu'on ne songe point
qu'il parle bien, sinon quand il s'agit de bien parler,
mais qu'on y songe alors.

11]                    36

L'homme est plein de besoins : il n'aime que ceux qui
peuvent les remplir tous. « C'est un bon mathématicien »,
dira-t-on. — Mais je n'ai que faire de mathématiques; il
me prendrait pour une proposition. — « C'est un bon
guerrier. » — Il me prendrait pour une place assiégée.
Il faut donc un honnête homme qui puisse s'accommoder
à tous mes besoins généralement.

49]                    37

[Puisqu'on ne peut être universel en sachant tout ce
qui se peut savoir sur tout, il faut savoir peu[2] de tout. Car
il est bien plus beau de savoir quelque chose de tout que
de savoir tout d'une chose; cette universalité est la plus
belle. Si on pouvait avoir les deux, encore mieux, mais
s'il faut choisir, il faut choisir celle-là, et le monde le
sent et le fait, car le monde est un bon juge souvent.]

12]                    38

Poète et non honnête homme.

*273]                    39

Si le foudre[3] tombait sur les lieux bas, etc., les poètes

1. *Rien de trop;* traduction latine de la célèbre maxime due aux
sages de la Grèce, et qui est la formule la plus caractéristique de la
morale des honnêtes gens dans l'Antiquité.

2. *Peu,* c'est-à-dire un peu, et non trop peu.

3. Foudre au XVIIe siècle s'employait encore au masculin. Corneille
dit dans *Polyeucte* :
     Ces foudres impuissants qu'en leurs mains vous peignez.

et ceux qui ne savent raisonner que sur les choses de cette nature, manqueraient de preuves.

134]                                40

Les exemples qu'on prend pour prouver d'autres choses, si on voulait prouver les exemples, on prendrait les autres choses pour en être les exemples; car, comme on croit toujours que la difficulté est à ce qu'on veut prouver, on trouve les exemples plus clairs et aidant à le montrer.

Ainsi, quand on veut montrer une chose générale, il faut en donner la règle particulière d'un cas; mais si on veut montrer un cas particulier, il faudra commencer par la règle [*générale*]. Car on trouve toujours obscure la chose qu'on veut prouver, et claire celle qu'on emploie à la preuve; car, quand on propose une chose à prouver, d'abord on se remplit de cette imagination qu'elle est donc obscure, et, au contraire, que celle qui la doit prouver est claire, et ainsi on l'entend aisément.

163]                                41

*Épigrammes de Martial.* — L'homme aime la malignité; mais ce n'est pas contre les borgnes ou les malheureux, mais contre les heureux superbes. On se trompe autrement. Car la concupiscence est la source de tous nos mouvements, et l'humanité[1].

Il faut plaire à ceux qui ont les sentiments humains et tendres.

Celle[2] des deux borgnes ne vaut rien, car elle ne les

1. L'intention de Pascal semble être de montrer que la concupiscence et l'humanité doivent se joindre : la concupiscence entraîne la malignité, et l'humanité la restreint à ceux qui sont heureux et orgueilleux.

2. C'est-à-dire, l'*épigramme*.

console pas, et ne fait que donner une pointe à la gloire
de l'auteur. Tout ce qui n'est que pour l'auteur ne vaut
rien. *Ambitiosa recidet ornamenta*[1].

**\*441]**                    42

*Prince* à un roi plaît, pour ce qu'il diminue sa qualité[2].

**Ed. Bossut, supplément 2]       43**

Certains auteurs, parlant de leurs ouvrages, disent :
« Mon livre, mon commentaire, mon histoire, etc. » Ils
sentent leurs bourgeois qui ont pignon sur rue, et toujours un « chez moi » à la bouche. Ils feraient mieux de
dire : « Notre livre, notre commentaire, notre histoire,
etc., » vu que d'ordinaire il y a plus en cela du bien
d'autrui que du leur.

**423]**                    44

Voulez-vous qu'on croie du bien de vous ? n'en dites
pas.

**110]**                    45

Les langues sont des chiffres, où non les lettres sont
changées en lettres, mais les mots en mots, de sorte
qu'une langue inconnue est déchiffrable.

**423]**                    46

Diseur de bons mots, mauvais caractère.

1. « Il retranchera les ornements ambitieux. » (Horace, *Épître aux
Pisons*, vers 447).
2. Cette phrase elliptique doit être entendue ainsi ; le nom de prince,
donné à un roi, plaît au sujet qui le donne parce qu'il diminue la
qualité du souverain. La malignité de l'homme trouve son compte à un
langage qui diminue les distances.

145] 47

Il y en a qui parlent bien et qui n'écrivent pas bien. C'est que le lieu, l'assistance les échauffe, et tire de leur esprit plus qu'ils n'y trouvent sans cette chaleur.

109] 48

Quand dans un discours se trouvent des mots répétés, et qu'essayant de les corriger, on les trouve si propres qu'on gâterait le discours, il les faut laisser, c'en est la marque; et c'est là la part de l'envie, qui est aveugle, et qui ne sait pas que cette répétition n'est pas faute en cet endroit; car il n'y a point de règle générale.

213] 49

Masquer la nature et la déguiser. Plus de roi, de pape, d'évêque, — mais *auguste monarque*; etc.; point de Paris, — *capitale du royaume*. Il y a des lieux où il faut appeler Paris, Paris, et d'autres où il la faut appeler capitale du royaume.

225] 50

Un même sens change selon les paroles qui l'expriment. Les sens reçoivent des paroles leur dignité, au lieu de la leur donner. Il en faut chercher des exemples...

415] 51

Pyrrhonien pour opiniâtre.

415] 52

Nul ne dit cartésien que ceux qui ne le sont pas; pédant, qu'un pédant; provincial, qu'un provincial, et je gagerais que c'est l'imprimeur qui l'a mis au titre des *Lettres au Provincial*.

125]                    53

Carrosse *versé* ou *renversé,* selon l'intention.

*Répandre* ou *verser,* selon l'intention. (Plaidoyer de M. Le Maître[1] sur le cordelier par force.)

145]                    54

*Miscell.* Façon de parler : « Je m'étais voulu appliquer à cela. »

344]                    55

Vertu *apéritive* d'une clé, *attractive* d'un croc.

130]                    56

Deviner : « La part que je prends à votre déplaisir ». M. le cardinal ne voulait point être deviné.

« J'ai l'esprit plein d'inquiétude. » Je suis plein d'inquiétude vaut mieux.

134]                    57

Je me suis mal trouvé de ces compliments : « Je vous ai bien donné de la peine; Je crains de vous ennuyer; Je crains que cela soit trop long. » Ou on entraîne, ou on irrite.

251]                    58

Vous avez mauvaise grâce : « excusez-moi, s'il vous plaît. » Sans cette excuse, je n'eusse point aperçu qu'il y

---

1. Antoine Le Maistre, petit-fils par sa mère d'Antoine Arnauld, se fit au barreau la plus brillante réputation d'éloquence; à vingt-huit ans il se retira à Port-Royal où il vécut jusqu'en 1658, partageant son temps entre les travaux manuels et les publications pieuses, édifiant les solitaires qui l'appelaient leur Père par sa piété et son humilité.

eût d'injure. « Révérence parler... » Il n'y a rien de mauvais que leur excuse.

*441]                              59

« Éteindre le flambeau de la sédition », trop luxuriant. « L'inquiétude de son génie »; trop de deux mots hardis.

# SECTION II

## MISÈRE DE L'HOMME SANS DIEU

25]                    60

*Première partie* : Misère de l'homme sans Dieu.
*Seconde partie* : Félicité de l'homme avec Dieu.
Autrement :
*Première partie* : Que la nature est corrompue. Par[1] la nature même.
*Seconde partie* : Qu'il y a un réparateur. Par l'Écriture.

*Copie* 376]                    61

*Ordre.* — J'aurais bien pris ce discours d'ordre[2] comme celui-ci : pour montrer la vanité de toutes sortes de conditions, montrer la vanité des vies communes, et puis la vanité des vies philosophiques pyrrhoniennes, stoïques; mais l'ordre ne serait pas gardé. Je sais un peu

---

1. *Par* indique la méthode de démonstration dont Pascal comptait faire usage.
2. *Prendre d'ordre* comme *en exposant d'ordre* dans le fragment 283; il semble que *celui-ci* se rapporte à *ordre* malgré l'absence de l'article, suivant un usage constant dans Pascal. La phrase revient à : *j'aurais bien* traité *ce discours* dans un *ordre comme celui-ci*.

ce que c'est, et combien peu de gens l'entendent. Nulle science humaine ne le peut garder. Saint Thomas ne l'a pas gardé. La mathématique le garde, mais elle est inutile en sa profondeur[1].

**\*206]**                 62

*Préface de la première partie.* — Parler de ceux qui ont traité de la connaissance de soi-même; des divisions de Charron[2], qui attristent et ennuient; de la confusion de Montaigne; qu'il avait bien senti le défaut [*d'une droite*][3] méthode; qu'il l'évitait en sautant de sujet en sujet, qu'il cherchait le bon air.

Le sot projet qu'il a de se peindre! et cela non pas en passant et contre ses maximes, comme il arrive à tout le

---

1. Saint Thomas, né à Aquino en Italie (1225), mort en 1274, est cité par Pascal comme étant le représentant le plus autorisé de la philosophie scolastique. L'ordre scolastique consiste à diviser et à subdiviser sans fin les questions (*La Somme de Théologie* contient plus de six cents questions et de trois mille articles), à mettre en présence sur chaque question l'affirmation et la négation, à démontrer enfin chaque thèse et à réfuter chaque objection par le moyen de syllogismes rangés en bataille. Une telle argumentation n'a pas de racines dans l'esprit; elle ne fait pas voir comment une vérité s'engendre chez l'homme, elle n'a pas le pouvoir de se faire croire. C'est pourquoi Descartes, et Pascal après lui, condamnent la scolastique, et y substituent la méthode mathématique qu'ils regardent comme l'image fidèle du mouvement de l'intelligence. C'est pourquoi Pascal, au moment même où il rejette « la mathématique », « inutile en sa profondeur », ne peut s'empêcher d'y admirer la perfection de cet ordre logique dont la connaissance et l'observation assureront le succès de sa pieuse entreprise.

2. Le *Traité de la Sagesse,* qui n'est pas un gros livre, ne comprend pas moins de 117 chapitres, et chacun de ces chapitres est subdivisé à son tour; au contraire, les *Essais* de Montaigne se suivent sans aucune espèce d'ordre, et dans chaque *Essai* la pensée de l'auteur court au hasard.

3. Le manuscrit porte *du droit de méthode;* mais, la pensée étant écrite seulement sous la dictée de Pascal, il est légitime de conclure à une erreur de plume, et de suivre la leçon qui a été proposée par Faugère.

monde de faillir; mais par ses propres maximes, et par un dessein premier et principal. Car de dire des sottises par hasard et par faiblesse, c'est un mal ordinaire; mais d'en dire par dessein, c'est ce qui n'est pas supportable, et d'en dire de telles que celles-ci...

425]                    63

*Montaigne*. — Les défauts de Montaigne sont grands. Mots lascifs; cela ne vaut rien, malgré Mademoiselle de Gournay[1]. Crédule, *gens sans yeux*. Ignorant, *quadrature du cercle, monde plus grand*. Ses sentiments sur l'homicide volontaire, sur la mort. Il inspire une nonchalance du salut, *sans crainte et sans repentir*. Son livre n'étant pas fait pour porter à la piété, il n'y était pas obligé : mais on est toujours obligé de n'en point détourner. On peut excuser ses sentiments un peu libres et voluptueux en quelques rencontres de la vie (730,331); mais on ne peut excuser ses sentiments tout païens sur la mort; car il faut renoncer à toute piété, si on ne veut au moins mourir chrétiennement; or, il ne pense qu'à mourir lâchement et mollement par tout son livre.

431]                    64

Ce n'est pas dans Montaigne, mais dans moi, que je trouve tout ce que j'y vois.

1. Marie Le Jare de Gournay, née à Paris en 1565, est connue par le culte que toute jeune encore elle avait voué à l'auteur des *Essais*; elle devint *sa fille* d'alliance, et elle publia en 1595 l'édition définitive des *Essais* d'après les manuscrits que Mme de Montaigne lui avait remis après la mort de son mari. Dans une *Préface*, qu'elle ajouta plus tard, elle défend en ces termes la liberté qu'a prise son auteur « d'anatomiser » l'amour : « Ce ne sont pas les discours francs et spéculatifs sur l'amour qui sont dangereux, ce sont les mols et délicats, les récits artistes et chatouilleux des passions amoureuses qui se voient aux romans, aux poètes et en telles espèces d'écrivains. »

*440]                          65

Ce que Montaigne a de bon ne peut être acquis que
difficilement. Ce qu'il a de mauvais, j'entends hors
les mœurs, pût être corrigé en un moment, si on l'eût
averti qu'il faisait trop d'histoires, et qu'il parlait trop
de soi.

75]                            66

Il faut se connaître soi-même : quand cela ne servirait
pas à trouver le vrai, cela au moins sert à régler sa vie,
et il n'y a rien de plus juste.

81]                            67

*Vanité des sciences.* — La science des choses extérieures
ne me consolera pas de l'ignorance de la morale, au
temps d'affliction; mais la science des mœurs me consolera toujours de l'ignorance des sciences extérieures.

169]                           68

On n'apprend pas aux hommes à être honnêtes hommes, et on leur apprend tout le reste; et ils ne se piquent
jamais tant de savoir rien du reste, comme d'être honnêtes hommes. Ils ne se piquent de savoir que la seule
chose qu'ils n'apprennent point.

23, 439]                       69

*Deux infinis, milieu.* — Quand on lit trop vite ou trop
doucement, on n'entend rien.

110]                           70

*Nature ne p...* — [La nature nous a si bien mis au milieu que si nous changeons un côté de la balance, nous

changeons aussi l'autre : *Je fesons, zôa trékei*[1]. Cela me
fait croire qu'il y a des ressorts dans notre tête, qui sont
tellement disposés que qui touche l'un touche aussi le
contraire.]

23]                              71

Trop et trop peu de vin : ne lui en donnez pas, il ne
peut trouver la vérité; donnez-lui en trop, de même.

347]                              72[2]

*Disproportion*[3] *de l'homme*. — [Voilà où nous mènent les
connaissances naturelles. Si celles-là ne sont véritables
il n'y a point de vérité dans l'homme; et si elles le sont,
il y trouve un grand sujet d'humiliation, forcé à s'abaisser d'une ou d'autre manière. Et, puisqu'il ne peut
subsister sans les croire, je souhaite, avant que[4] d'entrer

1. Le papier est coupé : Le sens est que la *Nature ne peut* s'arrêter
aux extrêmes. — De cette loi d'oscillation qui semble révéler comme
un jeu de contrepoids dans notre mécanisme intellectuel, Pascal donne
le curieux exemple suivant : En français, suivant un usage qui s'est
conservé dans plus d'un patois, le sujet singulier *je* est accompagné du
verbe au pluriel, tandis qu'en grec, comme l'indique l'exemple classique : *les animaux court*, avec le sujet au pluriel neutre on met le
verbe au singulier.

2. Nous avons, à titre d'exemple, reproduit pour ce célèbre fragment, toutes les variantes qu'il nous a été possible de déchiffrer sur
l'original; la plus grande partie en avait été, d'ailleurs, publiée par
A. Molinier, en 1877. — Dans l'édition de Port-Royal, le passage barré
que nous reproduisons ci-dessus entre crochets, est remplacé par les
lignes suivantes : « La première chose qui s'offre à l'homme quand il
se regarde, c'est son corps, c'est-à-dire une certaine portion de matière qui lui est propre. Mais, pour comprendre ce qu'elle est, il faut
qu'il la compare avec tout ce qui est au-dessus de lui et tout ce qui est
au-dessous, afin de reconnaître ses justes bornes. Qu'il ne s'arrête donc
pas à regarder simplement les objets qui l'environnent. Qu'il
contemple, *etc.*

3. [Incapacité.] — 4. [De passer outre et.]

dans de plus grandes recherches de la nature, qu'il la considère une fois sérieusement et à loisir, qu'il se regarde aussi soi-même, et[1] connaissant quelle proportion il a...] Que l'homme[2] contemple donc la nature entière dans sa haute et pleine majesté, qu'il éloigne sa vue des objets bas qui l'environnent[3]. Qu'il regarde cette éclatante lumière, mise comme une lampe éternelle[4] pour éclairer l'univers, que la terre lui paraisse comme un point au prix du vaste tour[5] que cet astre décrit[6] et qu'il s'étonne de ce que ce vaste tour lui-même n'est qu'une pointe très délicate[7] à l'égard de celui que les astres qui roulent dans le firmament embrassent. Mais[8] si notre vue s'arrête là, que[9] l'imagination passe outre[10]; elle se lassera plutôt de concevoir[11], que la nature de fournir. Tout ce monde visible n'est qu'un[12] trait imperceptible dans[13] l'ample sein de la nature. Nulle idée n'en approche[14]. Nous avons beau enfler nos conceptions, au delà des espaces imaginables, nous n'enfantons que des atomes, au prix de la réalité des choses[15]. C'est une sphère[16] dont le centre est partout, la circonférence nulle

1. [Juge s'il a quelque proportion avec elle par la comparaison qu'il fera de ces deux objets.]

2. [Considère.]

3. [Qu'il l'étende à ces feux innombrables qui roulent si fièrement sur lui, que cette immense étendue de l'univers lui paraisse [lui fasse... Vaste route que le soleil décrit en son tour.]

4. [Au centre de tout] l'univers. — 5. Qu'[elle.]

6. [Lui fasse regarder la terre comme un point... et que ce vaste tour lui-même soit considéré comme un point [pour une pointe très délicate.]

7. *Délicate* a le sens de *fine,* où il est moins usité aujourd'hui.

8. Si [on n'arrête là sa vue [n'arrêtons point là notre vue.]

9. [Son.] — 10. [Des immensités d'espaces.]

11. [D'en.] — 12. [Point [atome.]

13. [Le vaste [l'immense [l'amplitude.]

14. [Nous n'imaginons.] — 15. [Cette vastitude infinie...]

16. [Infinie, étonnante]. — Havet a fait l'histoire de cette célèbre comparaison, il l'a retrouvée dans des recueils du Moyen Age où elle

part. Enfin c'est le plus grand caractère sensible de la
toute-puissance de Dieu, que notre imagination se perde
dans cette pensée.

348] Que l'homme, étant revenu à soi, considère ce qu'il
est au prix de ce qui est; qu'il se regarde comme égaré
dans ce canton[1] détourné de la nature[2]; et que de ce
petit cachot où il se trouve logé, j'entends l'univers[3], il
apprenne à estimer la terre, les royaumes, les villes[4] et
soi-même son juste prix.

Qu'est-ce qu'un homme[5] dans l'infini?

Mais pour lui[6] présenter un autre prodige aussi étonnant, qu'il recherche dans ce qu'il connaît les choses les
plus[7] délicates. Qu'un ciron lui offre dans la petitesse de
son corps des parties incomparablement plus petites, des
jambes avec des jointures, des[8] veines dans ses jambes,
du sang dans ses[9] veines, des humeurs dans ce sang, des
gouttes dans ses humeurs, des vapeurs dans ces gouttes;
que, divisant encore ces dernières[10] choses, il épuise ses
forces en ces conceptions, et que le dernier objet où il
peut arriver soit maintenant celui de notre discours; il
pensera peut-être que c'est là l'extrême petitesse de la

---

est attribuée à Empédocle, et quelquefois aussi à Hermès Trismégiste.
En tout cas Pascal avait lu la *Préface* de Mlle de Gournay aux *Essais*
de Montaigne : « Trismégiste, y est-il dit, appelle la Déité cercle dont
le centre est partout, la circonférence nulle part. »

1. *Canton* avait originellement dans la langue française le sens de
*coin*.

2. [Dans l'immense étendue des choses, et qu'il s'étonne de ce que
dans ce petit cachot où il se trouve logé [s'étonne que l'univers aperçu
de ce cachot où il se trouve logé [et logé dans ce petit cachot qui ne
lui découvre la vue que [des univers qui lui paraissent d'une grandeur
si étonnante, lui qui n'est qu'un point insensible dans l'immensité
réelle des choses. Par là il apprendra.

3. *J'entends l'univers*, en surcharge.

4. [Les maisons.] — 5. [Dans la nature.] — 6. [Faire.]

7. [Imperceptibles.] — 8. Des [nerfs.] — 9. Dans ces [nerfs.]

10. [Gouttes.]

nature[1]. Je veux lui faire voir là-dedans un abîme[2] nouveau. Je lui veux peindre non seulement l'univers visible, mais l'immensité qu'on peut concevoir de la nature, dans l'enceinte de ce raccourci d'atome. Qu'il y voie une infinité d'univers[3], dont chacun a son firmament, ses planètes, sa terre, en la même proportion que le monde visible; dans cette terre, des animaux, et enfin des cirons[4], dans lesquels il retrouvera ce que les premiers ont donné; et trouvant encore dans les autres la même chose[5] sans fin et 351] sans repos[6], qu'il se perde dans ces merveilles, aussi étonnantes dans leur petitesse que les autres par leur étendue; car qui n'admirera que notre corps, qui tantôt n'était pas perceptible dans l'univers, imperceptible lui-même dans le sein du tout, soit à présent un colosse[7], un monde, ou plutôt un tout, à l'égard du néant où l'on ne peut arriver[8]?

Qui se considérera de la sorte s'effrayera de soi-même[9], et, se considérant soutenu dans la masse que la nature lui a donnée, entre ces deux abîmes[10] de l'infini et du néant, il tremblera dans la vue de ces merveilles; et je crois que, sa curiosité changeant en admiration, il sera plus disposé à les contempler en silence qu'à les rechercher avec présomption.

1. [Je veux lui en montrer l'infinie grandeur.]
2. [De grandeur.] — 3. [De mondes, dans chacun une infinité de.]
4. [Et dans ces cirons une infinité d'univers semblables à ceux qu'il vient d'entendre, et toujours des deux profondeurs pareilles, sans fin et sans repos.] — 5. [Il se perdra.]
6. [Voilà une idée imparfaite de la vérité des choses, laquelle quiconque aura considérée aura pour la nature le respect qu'il doit [et aura un [le respect pour la nature, et pour soi le mépris à peu près qu'il doit avoir.]
7. [Mais plutôt.]
8. Pascal se souvient ici de la lettre que lui avait adressée Méré en réponse à sa démonstration de l'existence de l'infiniment petit.
9. [Il aura pour la nature.] — 10. [Du Néant.]

Car enfin qu'est-ce que l'homme dans la nature? Un néant à l'égard de l'infini, un tout à l'égard du néant, un milieu entre rien et tout. Infiniment éloigné de comprendre les extrêmes, la fin des choses et leur principe sont pour lui invinciblement cachés dans un secret impénétrable[1], également incapable de voir[2] le néant d'où il est tiré, et l'infini[3] où il est englouti.

Que fera-t-il donc? sinon[4] d'apercevoir [quelque] apparence du milieu des choses[5], dans un désespoir éternel de connaître ni leur principe ni leur fin? Toutes choses sont sorties du néant et portées jusqu'à l'infini. Qui suivra ces étonnantes démarches? L'auteur de ces merveilles les comprend. Tout autre ne le peut faire[6]. 352] Manque d'avoir contemplé ces infinis[7], les hommes se sont portés témérairement à la recherche de la nature, comme s'ils avaient quelque proportion avec elle. C'est une chose étrange qu'ils ont voulu comprendre les principes des choses, et de là arriver jusqu'à connaître tout, par une[8] présomption aussi infinie que leur objet. Car il est sans doute qu'on ne peut former ce dessein sans une présomption ou sans une capacité infinie, comme la nature[9].

Quand on est instruit, on comprend que[10] la nature

1. [Que pourra-t-il donc concevoir? Sera-ce l'infini, lui qui est borné? Sera-ce le néant? il est en être.]

2. [Le néant d'où tout est tiré.]

3. [Où tout est poussé.] — 4. [D'entrevoir.] — 5. [Sans espérance.]

6. [De ces deux infinis de nature, en grandeur et en petitesse, l'homme en conçoit plus aisément celui de grandeur que celui de petitesse.]

7. [L'homme s'est.]

8. [Témérité.]

9. Quoique Pascal parle encore, ainsi qu'on l'a vu, comme si le soleil et les astres tournaient autour de la terre, on voit assez combien le touchent les révélations de la science moderne sur l'univers extérieur.

10. [Toutes les.]

ayant gravé son image et celle de son auteur dans toutes choses, elles tiennent presque toutes de sa double infinité. C'est ainsi que nous voyons que toutes les sciences sont infinies en l'étendue de leurs recherches, car qui doute que la géométrie, par exemple, a une infinité d'infinités de propositions à exposer? Elles sont aussi[1] infinies dans la multitude et la délicatesse de leurs principes; car qui ne voit que ceux qu'on propose pour les derniers ne se soutiennent pas d'eux-mêmes, et qu'ils sont appuyés sur d'autres qui, en ayant d'autres pour appui, ne souffrent jamais de dernier? Mais[2] nous faisons des derniers qui paraissent à la raison comme on fait dans les choses matérielles, où nous appelons un point invisible celui au-delà duquel nos sens n'aperçoivent plus rien, quoique divisible infiniment et par sa nature.

De ces deux infinis de sciences, celui de grandeur est bien plus sensible, et c'est pourquoi il est arrivé à peu de personnes de prétendre à traiter toutes choses. « Je vais parler de tout », disait Démocrite.

355] Mais l'infinité en petitesse est bien moins visible. Les philosophes ont bien plutôt prétendu d'y arriver, et c'est là où tous[3] ont achoppé. C'est ce qui a donné lieu à ces titres si ordinaires, *Des principes des choses, Des principes de la philosophie*[4], et aux semblables, aussi fastueux en effet, quoique moins en apparence, que cet autre qui[5] crève les yeux, *De omni scibili*[6].

On se croit naturellement bien plus capable d'arriver[7]

1. [Étendues.]
2. [Comme nous appelons dans la physique.]
3. [Se sont achoppés avec le succès qu'on peut voir [sait.]
4. Descartes publia en 1644 ses *Principia Philosophiæ*.
5. [Blesse la vue.]
6. Titre sous lequel Pic de la Mirandole annonça l'une des neuf cents thèses qu'il se proposait de soutenir publiquement à Rome en 1486; la discussion en fut d'ailleurs interdite par le pape.
7. [Jusqu'au bout.]

au centre des choses que d'embrasser[1] leur circonférence; l'étendue visible du monde nous surpasse visiblement; mais comme c'est nous qui surpassons les petites
choses, nous nous croyons plus capables de les posséder,
et cependant[2] il ne faut pas moins de capacité pour aller
jusqu'au néant que jusqu'au tout; il la faut infinie pour
l'un et l'autre, et il me semble que qui aurait compris
les derniers principes des choses pourrait aussi arriver
jusqu'à connaître l'infini. L'un dépend de l'autre, et
l'un conduit à l'autre. Ces extrémités se touchent et se
réunissent à force de s'être éloignées, et se retrouvent
en Dieu, et en Dieu seulement.

Connaissons donc notre portée; nous[3] sommes quelque chose, et ne sommes pas tout; ce que nous avons
d'être[4] nous dérobe la connaissance des premiers principes, qui naissent[5] du néant; et le peu que nous avons
d'être nous cache la vue de l'infini.

Notre intelligence tient dans l'ordre des choses intelligibles le même rang que notre corps dans[6] l'étendue de
la nature.

Bornés en tout genre, cet état qui tient le milieu entre
deux extrêmes se trouve en[7] toutes nos puissances. Nos
sens n'aperçoivent rien d'extrême, trop de bruit nous
assourdit, trop de lumière[8] éblouit, trop de distance et
trop de proximité empêche la vue, trop de longueur et
trop de brièveté de discours l'obscurcit, trop de vérité
nous étonne[9] (j'en sais qui ne peuvent comprendre que

1. [Toutes choses.]
2. [Elle nous échappe aussi certainement que nous échappons à la
[à l'immensité].
3. [Occupons une place.] — 4. [Nous éloigne.]
5. [Sortent du néant [viennent du.]
6. [Les choses.] — 7. [L'homme.] — 8. [Obscurcit.]
9. *Étonne* a ici le sens le plus fort, nous frappe de stupeur, paralyse
l'esprit et empêche de comprendre.

qui de zéro ôte 4 reste zéro[1], les premiers principes ont
trop d'évidence pour nous, trop de plaisir incommode,
trop de consonances déplaisent dans la musique; et
trop de bienfaits[2] irritent, nous voulons avoir de quoi
surpayer la dette[3] : *Beneficia eo usque læta sunt dum viden-
tur exsolvi posse; ubi multum antevenere, pro gratia odium red-
ditur*[4]. Nous ne sentons ni[5] l'extrême chaud ni l'extrême
froid. Les qualités excessives nous[6] sont ennemies, et
non pas sensibles[7] : nous ne les sentons plus, nous les
souffrons. Trop de jeunesse et trop de vieillesse[8] empêchent l'esprit trop et trop peu d'instruction; enfin
les choses extrêmes sont pour nous[9] comme si elles
n'étaient point, et nous ne sommes point à leur égard :
elles nous échappent, ou nous à elles.

Voilà notre état véritable; c'est ce qui nous rend incapables de savoir[10] certainement et d'ignorer absolument.
Nous[11] voguons sur un milieu vaste, toujours incertains
et flottants, poussés d'un[12] bout vers l'autre. 356] Quelque[13] terme où nous pensions nous attacher et nous
affermir, il branle[14] et nous quitte; et si nous le suivons,
il échappe à nos prises, nous glisse et fuit d'une fuite
éternelle. Rien ne s'arrête pour nous. C'est l'état qui
nous est naturel, et toutefois le plus contraire à notre

1. Peut-être est-ce Méré qui refusait, comme on sait, d'admettre les
subtilités des mathématiques. La proposition de Pascal n'est d'ailleurs
vraie que si zéro est pris absolument comme synonyme de néant. En
algèbre, où l'on introduit les nombres négatifs, $0 - 4 = -4$.
2. [Nous rendent ingrats.] — 3. [Si elle nous passe, elle blesse.]
4. Tacite, *Ann.*, IV, XVIII (Mont., III, 8) : Les bienfaits sont agréables,
tant qu'on pense pouvoir les rendre : au-delà, la reconnaissance fait
place à la haine.
5. [Le grand.]
6. [Blessent plus] que nous...]
7. [Nous les souffrons, nous ne les sentons plus.]
8. [Gâter.] — 9. [Insensibles.] — 10. [Absolument].
11. [Sommes toujours.] — 12. [Côté et d'autre sans jamais.]
13. [Fin.] — 14. [Et s'éloigne et fuit d'une fuite éternelle.]

inclination; nous brûlons du désir de trouver une assiette ferme, et une dernière base constante[1] pour y édifier une tour qui s'élève à l'infini, mais tout notre fondement craque, et la terre s'ouvre jusqu'aux abîmes.

Ne cherchons donc point d'assurance et de fermeté. Notre raison[2] est toujours déçue par[3] l'inconstance des apparences, rien[4] ne peut fixer le fini entre les deux infinis, qui l'enferment et le fuient.

Cela étant bien compris, je crois qu'on se tiendra en repos, chacun dans l'état où la nature l'a placé. Ce milieu qui nous est échu en partage étant toujours distant des extrêmes, qu'importe que [*l'homme*] ait un peu plus d'intelligence des choses? S'il en a, il les prend un peu de plus haut. N'est-il pas toujours infiniment éloigné du bout et la durée de notre vie n'est-elle pas également infime dans l'éternité, pour durer dix ans davantage?

Dans la vue de ces infinis, tous les finis sont égaux; et je ne vois pas pourquoi asseoir son imagination plutôt sur un que sur l'autre. La seule comparaison que nous faisons de nous au fini nous fait peine.

Si l'homme s'étudiait le premier, il verrait combien il est incapable[5] de passer outre[6]. Comment se pourrait-il qu'une partie connût le tout? Mais il aspirera peut-être à connaître au moins les parties avec lesquelles il a de la proportion. Mais[7] les parties du monde ont toutes un tel rapport et un tel enchaînement l'une avec l'autre, que je crois impossible de connaître l'une sans l'autre et sans le tout.

---

1. [Sur quoi nous puissions.]
2. [Déçue tant de fois.] — 3. [Les promesses.] — 4. [En effet.]
5. [Dans tant de ces causes de l'impuissance où il est.]
6. [Qu'il y bornerait sa curiosité, mais il ne la voit pas. Je crois qu'on voit assez par là que l'homme n'étant qu'une...]
7. Le premier *mais* énonce une instance, et le second mais la réponse à cette instance.

L'homme, par exemple, a rapport à tout ce qu'il connaît. Il a besoin[1] de lieu pour le contenir, de temps pour durer, de mouvement pour vivre, d'éléments pour le composer[2], de chaleur et d'aliments pour se nourrir, d'air pour respirer; il voit la lumière, il sent les corps; enfin tout tombe sous[3] son alliance. Il faut donc, pour connaître l'homme, savoir d'où vient qu'il a besoin d'air pour subsister; et pour connaître l'air, savoir par où il a ce rapport à la vie de l'homme. La flamme ne subsiste point sans l'air; donc, pour connaître l'un, il faut connaître l'autre. 359] Donc toutes choses étant causées et causantes, aidées et aidantes, médiatement et immédiatement, et toutes s'entretenant par un lieu naturel et insensible qui lie les[5] plus éloignées et les plus différentes, je tiens impossible[6] de connaître les parties sans connaître le tout; non plus que de connaître le tout sans connaître particulièrement les parties.

[L'éternité des choses en elle-même ou en Dieu doit encore étonner notre petite durée. L'immobilité fixe et constante de la nature, comparaison au changement continuel qui se passe en nous, doit faire le même effet.]

Et ce qui achève notre impuissance à connaître les choses, est qu'elles sont simples elles-mêmes et que nous sommes composés de deux[7] natures opposées et de divers genre, d'âme et de corps. Car il est impossible que la partie qui raisonne en nous soit autre que spirituelle; et quand on[8] prétendrait que nous serions simplement corporels, cela nous exclurait bien davantage de la connaissance des choses, n'y ayant rien de si inconcevable

1. [D'aliments pour se nourrir, d'air pour respirer.]
2. [De lumière.] — 3. Ses recherches] sa dépendance.]
4. [La flamme.] — 5. [Extrêmes.]
6. [D'en connaître aucune seule sans toutes les autres, c'est-à-dire impossible, purement et absolument.]
7. [Choses.] — 8. [Voudrait.]

que de dire que la matière se connaît soi-même; il ne nous est pas possible de connaître comment elle se connaîtrait.

Et ainsi[1], si nous [*sommes*] simplement matériels, nous ne pouvons rien du tout connaître, et, si nous sommes composés d'esprit et de matière, nous ne pouvons connaître parfaitement les choses simples, spirituelles ou corporelles[2].

360] De là vient que presque tous les philosophes confondent les idées des choses, et parlent des choses corporelles spirituellement et des spirituelles corporellement. Car ils disent hardiment que les corps tendent en bas, qu'ils aspirent à leur centre, qu'ils fuient leur destruction, qu'ils craignent le vide, qu'elle[3] a des inclinations, des sympathies, des antipathies, qui sont toutes choses qui n'appartiennent qu'aux esprits. Et en parlant des esprits[4], ils les considèrent comme en un

1. [Soit que] nous soyons : Pascal en barrant *soit que,* avait laissé le subjonctif *nous soyons.*

2. Voici une autre rédaction de ce passage : Et ce qui achève notre impuissance [est la simplicité des choses comparée avec notre état double et composé. Il y a des absurdités invincibles à combattre ce point, car il est aussi absurde qu'impie de nier que l'homme est composé de deux parties de différente nature, d'âme et de corps. Cela nous rend impuissants à connaître toutes choses. Que si on nie cette composition et qu'on prétende que nous sommes tout corporels, je laisse à juger combien la matière est incapable de connaître la matière [et ce que peut de la boue pour connaître] Rien n'est plus impossible que cela.

Concevons donc que ce mélange d'esprit et de boue nous disproportionne [et ainsi un être tout matériel ne pourrait se connaître, car comment connaîtrions-nous distinctement la matière, puisque notre suppôt qui agit en cette connaissance est en partie spirituel, et comment connaîtrions-nous nettement les substances spirituelles, ayant un corps qui nous aggrave et nous baisse vers la terre, l'âme empêchant que le suppôt entier ne...?]

3. *Elle,* c'est-à-dire la nature.

4. [Ils leur attribuent le mouvement local.]

lieu, et leur attribuent le mouvement[1] d'une place à une autre, qui sont choses qui n'appartiennent qu'aux corps.

Au lieu de recevoir les idées de ces choses pures, nous les teignons de nos qualités, et empreignons [de] notre être composé toutes les choses simples[2] que nous contemplons.

Qui ne croirait, à nous[3] voir composer toutes choses d'esprit et de corps[4], que ce mélange-là nous serait très compréhensible? C'est néanmoins la chose qu'on comprend le moins. L'homme est à lui-même le plus prodigieux objet de la nature; car il ne peut concevoir ce que c'est que corps, et encore moins ce que c'est qu'esprit, et moins qu'aucune chose comme un corps peut être uni avec un esprit. C'est là le comble de ses difficultés[5], et cependant c'est son propre être : *Modus quo corporibus adhærent spiritus comprehendi ab hominibus non potest, et hoc tamen homo est*[6].

Enfin, pour consommer la preuve de notre faiblesse, je finirai par ces deux considérations[7]...

---

1. [D'un lieu.]

2. [Qu'il contemple, c'est ainsi qu'il borne l'univers [parce qu'étant borné, il borne l'univers et.]

3. *Nous,* en surcharge. — 4. [Pour les comprendre.]

5. [Quoique ce soit.]

6. « La façon dont l'esprit est uni au corps ne peut pas être comprise par l'homme, et cependant c'est l'homme. » St Aug., *De Civ. Dei* XXI, 10, *ap.* Mont., *Apol.*)

7. [Voilà une partie des causes qui rendent l'homme si imbécile à connaître la nature. Elle est infinie en deux manières, il est fini et limité. Elle dure et se maintient perpétuellement en son être; il passe et est mortel. Les choses en particulier se corrompent et se changent à chaque instant, il ne les voit qu'en passant. Elles ont leur principe et leur fin, il ne conçoit ni l'un ni l'autre. Elles sont simples et il est composé de deux natures différentes. Et pour consommer la preuve de notre faiblesse, je finirai par cette réflexion sur l'état de notre nature.]

[Mais peut-être que ce sujet passe la portée de la raison. Examinons donc ses inventions sur les choses de sa force. S'il y a quelque chose où son intérêt propre ait dû la faire appliquer[1] de son plus sérieux[2], c'est à la recherche de son souverain bien. Voyons donc où ces âmes fortes et clairvoyantes l'ont placé, et si elles en sont d'accord.

L'un dit que le souverain bien est en la vertu, l'autre le met en la volupté; l'un en suivre la nature, l'autre en la vérité[3] : *Felix qui potuit rerum cognoscere causas,* l'autre en l'ignorance totale, l'autre, en l'indolence, d'autres à résister aux apparences, l'autre à n'admirer rien, *nihil mirari prope res una quæ possit facere et servare beatum*[4], et les vrais pyrrhoniens en leur ataraxie, doute et suspension perpétuelle; et d'autres, plus sages, qu'on ne le peut trouver, même par souhait. Nous voilà bien payés.

*Transposer après les lois au titre suivant*[5].

Si faut-il voir[6] si cette belle philosophie n'a rien acquis de certain par un travail si long et si tendu, peut-être

1. *La faire appliquer* pour *la faire s'appliquer.* Le pronom n'est pas répété, conformément à l'usage du XVIIe siècle :
    Les mauvais traitements qu'il me faut endurer
    Pour jamais de la cour me feraient retirer.
                            (Mol. *Fâcheux,* III, 2.)
  2. *Sérieux* est pris ici au neutre comme dans l'expression *de son mieux.*
  3. « Heureux qui a pu connaître les causes des choses. » (Virg. *Géorg.,* II, 489.)
  4. « Ne s'étonner de rien, à peu près la seule chose qui puisse donner et conserver le bonheur. » (D'après Horace, *Épîtres,* I, VI, 1, Montaigne, *Apol.*)
  5. En marge, cf. p. 294. Les indications de ce genre, qu'on trouve dans le manuscrit de Pascal, suffisent pour démontrer que Pascal était loin d'avoir arrêté d'une façon définitive l'ordre de l'*Apologie* et combien il serait téméraire d'en prétendre donner une reconstitution.
  6. *Et toutefois il faut.* Cf. Malherbe :
    Si faut-il qu'à la fin j'acquitte ma promesse.

qu'au moins l'âme se connaîtra soi-même. Écoutons les
régents du monde sur ce sujet. Qu'ont-ils pensé de sa
substance? 394[1]. Ont-ils été plus heureux à la loger?
395[2]. Qu'ont-ils trouvé de son origine, de sa durée, et
de son départ? 399[3].

366] Est-ce donc que l'âme est encore un sujet trop
noble pour ses faibles lumières? Abaissons-la donc à la
matière, voyons si elle sait de quoi est fait le propre
corps qu'elle anime et les autres qu'elle contemple et
qu'elle remue à son gré. Qu'en ont-ils connu, ces grands
dogmatistes qui n'ignorent rien? *Harum sententiarum,*
393[4].

　　Cela suffirait sans doute si la raison était raisonnable.
Elle l'est bien assez pour avouer qu'elle n'a encore pu
trouver rien de ferme; mais elle ne désespère pas encore
d'y arriver, au contraire elle est aussi ardente que jamais
dans cette recherche, et s'assure d'avoir en soi les forces
nécessaires pour cette conquête. Il faut donc l'achever,
et après avoir examiné ses puissances dans leurs effets,
reconnaissons-les en elles-mêmes; voyons si elle a
quelques formes[5] et quelques prises capables de saisir la
vérité.]

---

　　1. Renvoi à Montaigne *(Apologie)* : « Or, veoyeons ce que l'humaine
raison nous a apprins de soy et de l'ame... »

　　2. « Il n'y a pas moins de dissention ni de debat à la loger. »
*(Ibid.)*.

　　3. Renvoi à la suite de l'*Apologie*.

　　4. Le chiffre indique sans doute que Pascal se proposait de compléter la citation : *Harum sententiarum quæ vera sit, Deus aliquis
viderit.* « De ces opinions quelle est la vraie? un Dieu le verra. »
(Cic., *Tusc.* I, 11.)

　　5. Nous lisons *formes*. A. Molinier donne *forces* qui n'est pas moins
satisfaisant pour le sens.

487]                          74

Une lettre *de la folie de la science humaine et de la phi-*
*losophie.*
Cette lettre avant *le divertissement.*
*Felix qui potuit... Nihil admirari.*
280 sortes de souverains biens dans Montaigne.

393]                          75

Part. I, l. 2, c. 1, Section 4[1].
[*Conjecture.* Il ne sera pas difficile de faire descendre
encore un degré et de la faire paraître ridicule. Car
pour commencer en elle-même,] qu'y a-t-il de plus absurde que de dire que des corps inanimés ont des
passions, des craintes, des horreurs? que des corps
insensibles, sans vie et même incapables de vie aient des
passions, qui présupposent une âme au moins sensitive
pour les ressentir? de plus, que l'objet de cette horreur
fût le vide? Qu'y a-t-il dans le vide qui puisse leur faire
peur? Qu'y a-t-il de plus bas et de plus ridicule? Ce
n'est pas tout[2] : qu'ils aient en eux-mêmes un principe
de mouvement pour éviter le vide, ont-ils des bras, des
jambes, des muscles, des nerfs?

*Copie* 335]                    76

Écrire contre ceux qui approfondissent trop les
sciences Descartes.

---

1. Ces indications se rapportent au *Traité du Vide* auquel Pascal a
travaillé de 1647 à 1651.
2. Pascal avait écrit d'abord : « Ce n'est pas tout; leur horreur serait
sans effet s'ils manquent de forces pour l'éxécuter; aussi on leur en
assigne et de très puissantes. On dit que non-seulement ils ont peur du
vide, mais qu'ils ont faculté de se mouvoir pour l'éviter. »

77

2° *Man. Guerrier*] Je ne puis pardonner à Descartes; il aurait bien voulu, dans toute sa philosophie, se pouvoir passer de Dieu; mais il n'a pu s'empêcher de lui faire donner une chiquenaude, pour mettre le monde en mouvement; après cela, il n'a plus que faire de Dieu[1].

415]                                   78

Descartes inutile et incertain.

152]                                   79

[*Descartes*. — Il faut dire en gros : « Cela se fait par figure et mouvement », car cela est vrai. Mais de dire quels, et composer la machine, cela est ridicule. Car cela est inutile, et incertain et pénible. Et quand cela serait vrai, nous n'estimons pas que toute la philosophie vaille une heure de peine.]

232]                                   80

D'où vient qu'un boiteux ne nous irrite pas, et un esprit boiteux nous irrite? A cause qu'un boiteux reconnaît que nous allons droit, et qu'un esprit boiteux dit que c'est nous qui boitons; sans cela nous en aurions pitié et non colère.

Épictète demande bien plus fortement : « Pourquoi ne nous fâchons-nous pas si on dit que nous avons mal à

1. « M. Pascal, dit Marguerite Périer, parlait peu de sciences; cependant, quand l'occasion s'en présentait, il disait son sentiment sur les choses dont on lui parlait. Par exemple, sur la philosophie de M. Descartes, il disait assez ce qu'il pensait. Il était de son sentiment sur l'automate, et n'en était point sur la matière subtile, dont il se moquait fort. Mais il ne pouvait souffrir sa manière d'expliquer la formation de toutes choses, et il disait très souvent : Je ne puis, etc. »

la tête, et que nous nous fâchons de ce qu'on dit que nous raisonnons mal, ou que nous choisissons mal. » Ce qui cause cela est que nous sommes bien certains que nous n'avons pas mal à la tête, et que nous ne sommes pas boiteux; mais nous ne sommes pas si assurés que nous choisissons le vrai. De sorte que, n'en ayant d'assurance qu'à cause que nous le voyons de toute notre vue, quand un autre voit de toute sa vue le contraire, cela nous met en suspens et nous étonne, et encore plus quand mille autres se moquent de notre choix; car il faut préférer nos lumières à celles de tant d'autres, et cela est hardi et difficile. Il n'y a jamais cette contradiction dans les sens touchant un boiteux.

423]                    81

L'esprit croit naturellement, et la volonté aime naturellement; de sorte que, faute de vrais objets, il faut qu'ils s'attachent aux faux.

361]                    82

*Imagination*. — C'est cette partie dominante dans l'homme, cette maîtresse d'erreur et de fausseté, et d'autant plus fourbe qu'elle ne l'est pas toujours; car elle serait règle infaillible de vérité, si elle l'était infaillible du mensonge. Mais, étant le plus souvent fausse, elle ne donne aucune marque de sa qualité, marquant du même caractère le vrai et le faux.

Je ne parle pas des fous, je parle des plus sages; et c'est parmi eux que l'imagination a le grand don de persuader les hommes. La raison a beau crier, elle ne peut mettre le prix aux choses.

Cette superbe puissance, ennemie de la raison, qui se plaît à la contrôler et à la dominer, pour montrer combien elle peut en toutes choses, a établi dans l'homme une seconde nature. Elle a ses heureux, ses malheureux, ses sains, ses malades, ses riches, ses pauvres; elle fait croire, douter, nier la raison; elle suspend les sens, elle les fait sentir; elle a ses fous et ses sages : et rien ne nous dépite davantage que de voir qu'elle remplit ses hôtes d'une satisfaction bien autrement pleine et entière que la raison. Les habiles par imagination se plaisent tout autrement à eux-mêmes que les prudents ne se peuvent raisonnablement plaire. Ils regardent les gens avec empire; ils disputent avec hardiesse et confiance; les autres, avec crainte et défiance : et cette gaîté de visage leur donne souvent l'avantage dans l'opinion des écoutants, tant les sages imaginaires ont de faveur auprès des juges de même nature. Elle ne peut rendre sages les fous; mais elle les rend heureux, à l'envi de la raison qui ne peut rendre ses amis que misérables, l'une les couvrant de gloire, l'autre de honte.

Qui dispense la réputation? qui donne le respect et la vénération aux personnes, aux ouvrages, aux lois, aux grands, sinon cette faculté imaginante[1]? Combien toutes les richesses de la terre insuffisantes sans son consentement[2]!

Ne diriez-vous pas que ce magistrat, dont la vieillesse vénérable impose le respect à tout un peuple, se gouverne par une raison pure et sublime, et qu'il juge des choses dans leur [362] nature sans s'arrêter à ces vaines circonstances qui ne blessent que l'imagination des faibles? Voyez-le entrer dans un sermon[3] où il apporte

1. Pascal avait d'abord écrit cette phrase intéressante : « Quel pouvoir exerce-t-elle sur les âmes, sur les corps! Combien de maladies guéries! combien de santé altérées! »

2. Première rédaction qui explique la seconde : « Combien de richesses inutiles à celui qui s'imagine n'en avoir pas assez! »

3. Pascal avait d'abord écrit *dans une église*; c'est peut-être ce qui explique l'emploi de *dans,* qui d'ailleurs au XVIIe siècle était encore usité là où nous mettons aujourd'hui *à.*

un zèle tout dévot, renforçant la solidité de sa raison
par l'ardeur de sa charité. Le voilà prêt à l'ouïr avec
un respect exemplaire. Que le prédicateur vienne à
paraître, que la nature lui ait donné une voix
enrouée et un tour de visage bizarre, que son barbier
l'ait mal rasé, si le hasard l'a encore barbouillé de sur-
croît, quelque grandes vérités qu'il annonce, je parie
la perte de la gravité de notre sénateur.

Le plus grand philosophe du monde, sur une planche
plus large qu'il ne faut, s'il y a au-dessous un précipice,
quoique sa raison le convainque de sa sûreté, son imagination prévaudra. Plusieurs n'en sauraient soutenir la
pensée sans pâlir et suer.

Je ne veux pas rapporter tous ses effets.

Qui ne sait que la vue de chats, de rats, l'écrasement
d'un charbon, etc., emportent la raison hors des gonds?
Le ton de voix impose aux plus sages, et change un discours et un poème de force.

L'affection ou la haine change la justice de face. Et
combien un avocat bien payé par avance trouve-t-il plus
juste la cause qu'il plaide! combien son geste hardi la
fait-il paraître meilleure aux juges, dupés par cette apparence! Plaisante raison qu'un vent manie, et à tout sens!

Je rapporterais presque toutes les actions des hommes
qui ne branlent presque que par ses secousses. Car la
raison a été obligée de céder, et la plus sage prend pour
ses principes ceux que l'imagination des hommes a témérairement introduits en chaque lieu.

[Qui voudrait ne suivre que la raison serait fou... au
jugement de la plus grande partie du monde. Il faut,
puisqu'il y a plu, travailler tout le jour pour des biens
reconnus pour imaginaires, et quand le sommeil nous a
délassés des fatigues de notre raison, il faut incontinent
se lever en sursaut pour aller courir après les fumées et
essuyer les impressions de cette maîtresse du monde.

Voilà un des principes d'erreur, mais ce n'est pas le seul.]

369] Nos magistrats ont bien connu ce mystère. Leurs robes rouges, leurs hermines, dont ils s'emmaillotent en chats fourrés[1], les palais où ils jugent, les fleurs de lis, tout cet appareil auguste était fort nécessaire; et si les médecins n'avaient des soutanes et des mules, et que les docteurs n'eussent des bonnets carrés et des robes trop amples de quatre parties, jamais ils n'auraient dupé le monde qui ne peut résister à cette montre si authentique. S'ils avaient la vérité et la justice et si les médecins avaient le vrai art de guérir, ils n'auraient que faire de bonnets carrés; la majesté de ces sciences serait assez vénérable d'elle-même. Mais n'ayant que des sciences imaginaires, il faut qu'ils prennent ces vains instruments qui frappent l'imagination à laquelle ils ont affaire; et par là, en effet, ils s'attirent le respect. Les seuls gens de guerre ne se sont pas déguisés de la sorte, parce qu'en effet leur part est plus essentielle, ils s'établissent par la force, les autres par grimace.

C'est ainsi que nos rois n'ont pas recherché ces déguisements. Ils ne se sont pas masqués d'habits extraordinaires pour paraître tels; mais ils se sont accompagnés de gardes, de hallebardes, de troupes armées qui n'ont de mains et de force que pour eux. Les trompettes et les tambours qui marchent au-devant, et ces légions qui les environnent, font trembler les plus fermes. Ils n'ont pas l'habit seulement, ils ont la force. Il faudrait avoir une raison bien épurée pour regarder comme un autre homme le Grand Seigneur environné, dans son superbe sérail, de quarante mille janissaires.

1. Pascal avait écrit d'abord : « ... font trembler le peuple en qui l'imagination abonde; ils ne peuvent pas croire qu'un homme qui n'a pas de soutane soit grand médecin; les crocheteurs sont en habit court; mais la pompe des rois est encore plus étonnante. »

Nous ne pouvons pas seulement voir un avocat en soutane et le bonnet en tête, sans une opinion avantageuse de sa suffisance[1].

L'imagination dispose de tout; elle fait la beauté, la justice, et le bonheur, qui est le tout du monde. Je voudrais de bon cœur voir le livre italien, dont je ne connais que le titre, qui vaut lui seul bien des livres : *Della opinione regina del mondo*[2]. J'y souscris sans le connaître, sauf le mal, s'il y en a.

Voilà à peu près les effets de cette faculté trompeuse qui semble nous être donnée exprès pour nous induire à une erreur nécessaire. Nous en avons bien d'autres principes.

Les impressions anciennes ne sont pas seules capables de nous abuser : les charmes de la nouveauté ont le même pouvoir. De là viennent toutes les disputes des hommes, qui se reprochent ou de suivre leurs fausses impressions de l'enfance, ou de courir témérairement après les nouvelles. Qui tient le juste milieu? Qu'il paraisse, et qu'il le prouve. Il n'y a principe, quelque naturel qu'il puisse être, même depuis l'enfance, qu'on ne fasse passer pour une fausse impression, soit de l'instruction, soit des sens.

370] « Parce, dit-on, que vous avez cru dès l'enfance qu'un coffre était vide lorsque vous n'y voyez rien, vous avez cru le vide possible. C'est une illusion de vos sens, fortifiée par la coutume, qu'il faut que la science corrige. » Et les autres disent : « Parce qu'on vous a dit dans l'école qu'il n'y a point de vide, on a corrompu votre

---

1. *Suffisance* avait au XVIIe siècle un sens favorable qu'il n'a plus aujourd'hui. Cf. Mol. : *Mariage forcé*, 6 : « Homme de suffisance, homme de capacité. »

2. On ne sait à quel ouvrage Pascal fait allusion : on a seulement signalé un traité de Carlo Flosi qui a un titre à peu près semblable; mais la date, sinon de l'ouvrage, du moins des exemplaires connus, est de plusieurs années postérieure à la mort de Pascal.

sens commun, qui le comprenait si nettement avant cette mauvaise impression, qu'il faut corriger en recourant à votre première nature. » Qui a donc trompé? les sens ou l'instruction[1]?

Nous avons un autre principe d'erreur, les maladies. Elles nous gâtent le jugement et le sens; et si les grandes l'altèrent sensiblement, je ne doute point que les petites n'y fassent impression à leur proportion.

Notre propre intérêt est encore un merveilleux instrument pour nous crever les yeux agréablement. Il n'est pas permis au plus équitable homme du monde d'être juge en sa cause; j'en sais qui, pour ne pas tomber dans cet amour-propre, ont été les plus injustes du monde à contrebiais : le moyen sûr de perdre une affaire toute juste était de la leur faire recommander par leurs proches parents.

La justice et la vérité sont deux pointes si subtiles, que nos instruments sont trop mousses pour y toucher exactement[2]. S'ils y arrivent, ils en écachent la pointe, et appuient tout autour, plus sur le faux que sur le vrai.

[L'homme est donc si heureusement fabriqué qu'il n'a aucun principe juste du vrai et plusieurs excellents du faux. Voyons maintenant combien... Mais la plus plaisante cause de ces erreurs est la guerre qui est entre les sens et la raison.]

1. Pascal se souvient de ses recherches et de ses polémiques sur le vide. La première thèse est commune à la scolastique et à Descartes qui, invoquant, l'une le sens commun des physiciens, l'autre l'évidence rationnelle, croient pouvoir établir *a priori* l'impossibilité du vide. L'autre thèse a été celle de Pascal : la négation des vues artificielles et le retour à l'observation directe de la nature nous conduisent à admettre le vide, sinon comme réel, du moins comme possible.

2. La troisième *Provinciale* contient une application de cette pensée à la censure d'Arnauld : « La vérité est si délicate que, pour peu qu'on s'en retire, on tombe dans l'erreur; mais cette erreur est si déliée que, pour peu qu'on s'en éloigne, on se trouve dans la vérité. Il n'y a qu'un point imperceptible entre cette proposition et la foi. »

370]                    83

Il faut commencer par là le chapitre des puissances
trompeuses[1]. L'homme n'est qu'un sujet plein d'erreur,
naturelle et ineffaçable sans la grâce. Rien ne lui montre
la vérité. Tout l'abuse; ces deux principes de vérités, la
raison et les sens, outre qu'ils manquent chacun de sincérité, s'abusent réciproquement l'un l'autre. Les sens
abusent la raison par de fausses apparences; et cette
même piperie qu'ils apportent à la raison[2], ils la reçoivent d'elle à leur tour : elle s'en revanche. Les passions
de l'âme troublent les sens, et leur font des impressions
fausses. Ils mentent et se trompent à l'envi.

Mais outre ces erreurs qui viennent par accident et par
le manque d'intelligence, outre ces facultés hétérogènes...


127]                    84

L'imagination grossit les petits objets jusqu'à en remplir notre âme, par une estimation fantastique; et, par
une insolence téméraire, elle amoindrit les grands jusqu'à sa mesure, comme en parlant de Dieu[3].


142]                    85

Les choses qui nous tiennent le plus, comme de cacher


1. En marge. — Ce fragment suit immédiatement dans le manuscrit
le fragment qui précède. Pascal est amené par le cours de son développement à des conclusions importantes qu'il se proposait de mieux
mettre en lumière, en en faisant le début de son chapitre.
2. Copie : *l'autre*. Tourneur propose : *l'âme*.
3. C'est une grande règle de piété suivant Port-Royal de parler de
Dieu divinement, et non humainement. « Il est bien difficile, écrit Jacqueline Pascal dans une lettre à sa sœur, de parler de Dieu comme de
Dieu. » Pascal tire de la façon dont les Évangiles ont parlé de Dieu
une preuve de leur authenticité. (Cf. fragments 798 et 799.)

son peu de bien, ce n'est souvent presque rien. C'est un néant que notre imagination grossit en montagne. Un autre tour d'imagination nous le fait découvrir sans peine.

49]                              86

[Ma fantaisie me fait haïr un coasseur et un qui souffle en mangeant. La fantaisie a grand poids. Que profiterons-nous de là? Que nous suivrons ce poids à cause qu'il est naturel? Non. Mais que nous y résisterons[1]...]

*Copie* 269]                    87

*Quasi quidquam infelicius sit homine cui sua figmenta dominantur[2].* (Plin.)

169]                            88

Les enfants qui s'effrayent du visage qu'ils ont barbouillé. Ce sont des enfants; mais le moyen que ce qui est si faible, étant enfant, soit bien fort étant plus âgé? On ne fait que changer de fantaisie. Tout ce qui se perfectionne par progrès périt aussi par progrès; tout ce qui a été faible ne peut jamais être absolument fort. On a beau dire, *il est crû, il est changé*; il est aussi le même.

8]                              89

La coutume est notre nature. Qui s'accoutume à la foi, la croit, et ne peut plus ne pas craindre l'enfer, et ne

1. Ajoutons : *à cause qu'il est de fantaisie.* La fantaisie, comme le sentiment, se manifeste en nous par une impulsion irréfléchie, d'apparence instinctive; mais elle correspond à une association artificielle et c'est pourquoi, loin de la suivre comme une loi fondée en nature, il convient de savoir y résister.

2. « Comme s'il y avait quelque chose de plus malheureux qu'un homme dominé par son imagination. » (Plin. II, 7.)

croit autre chose. Qui s'accoutume à croire que le roi est terrible..., etc. Qui doute donc que, notre âme étant accoutumée à voir nombre, espace, mouvement, croie cela et rien que cela?

269]                    90

*Quod crebro videt non miratur, etiamsi cur fiat nescit; quod ante non viderit, id si evenerit, ostentum esse censet.* (Cic. 583[1].)

*Nœ iste magno conatu magnas nugas dixerit[2].*

423]                    91

*Spongia solis*[3]. — Quand nous voyons un effet arriver toujours de même, nous en concluons une nécessité naturelle, comme qu'il sera demain jour, etc. Mais souvent la nature nous dément, et ne s'assujettit pas à ses propres règles.

163]                    92

Qu'est-ce que nos principes naturels, sinon nos principes accoutumés? Et dans les enfants, ceux qu'ils ont reçus de la coutume de leurs pères, comme la chasse dans les animaux?

Une différente coutume nous donnera d'autres principes naturels, cela se voit par expérience; et s'il y en a

---

1. *De Divin.*, II, 49 : « Un événement fréquent, on ne s'en étonne pas, même si on en ignore la cause; un événement, tel qu'on n'en a jamais vu auparavant, passe pour un prodige. »

2. Térence, *Heaut.*, IV, l, 8. « Le voilà qui va dire avec grand effort de grandes niaiseries. »

3. Comme l'a expliqué E. Havet, les *spongia solis* sont les taches du soleil. Pascal y voit un commencement d'obscurcissement pour le soleil, et en tire cette conclusion que le soleil pourrait s'éteindre, malgré la confiance que l'habitude nous a donnée dans la perpétuité de sa lumière.

d'ineffaçables à la coutume, il y en a aussi de la coutume contre la nature, ineffaçables à la nature, et à une seconde coutume. Cela dépend de la disposition.

195]                              93

Les pères craignent que l'amour naturel des enfants ne s'efface. Quelle est donc cette nature, sujette à être effacée? La coutume est une seconde nature, qui détruit la première. Mais qu'est-ce que nature? Pourquoi la coutume n'est-elle pas naturelle? J'ai grand peur que cette nature ne soit elle-même qu'une première coutume, comme la coutume est une seconde nature[1].

47]                              94

La nature de l'homme est tout nature, *omne animal*[2].

Il n'y a rien qu'on ne rende naturel; il n'y a naturel qu'on ne fasse perdre.

*441]                              95

La mémoire, la joie, sont des sentiments; et même les propositions géométriques deviennent sentiments, car la

---

1. Lamarck a établi, dans sa *Philosophie zoologique* (1809), ce principe qui maintenant est définitivement introduit dans la science, de considérer l'habitude, non pas dans l'histoire de l'individu, mais dans la succession des générations, de telle sorte que la nature, telle qu'elle est déterminée à la naissance, peut être le produit d'habitudes ancestrales. L'expérience est à l'origine de l'innéité. La formule de Pascal, qui renverse, pour la compléter, les termes de la fameuse formule d'Aristote (*De la Mémoire*), apparaît ainsi comme le résumé lumineux des doctrines évolutionnistes qui ne devaient se produire et se développer que deux siècles plus tard.

2. La copie donne une variante de cette pensée : « L'homme est proprement *omne animal* ».

raison rend les sentiments naturels et les sentiments naturels s'effacent par la raison[1].

*201]                              96

    Lorsqu'on est accoutumé à se servir de mauvaises rai-
sons pour prouver des effets de la nature, on ne veut
plus recevoir les bonnes lorsqu'elles sont découvertes.
L'exemple qu'on en donna fut sur la circulation du sang,
pour rendre raison pourquoi la veine enfle au-dessous
de la ligature.

3]                                 97

    La chose la plus importante à toute la vie est le choix
du métier : le hasard en dispose. La coutume fait les maçons, soldats, couvreurs[2]. « C'est un excellent couvreur »,
dit-on; et, en parlant des soldats : « Ils sont bien fous »,
dit-on; et les autres au contraire : « Il n'y a rien de
grand que la guerre; le reste des hommes sont des co-
quins[3]. » A force d'ouïr louer en l'enfance ces métiers, et

1. Cette proposition ne s'entend que si l'on se souvient du sens très
spécial que Pascal donnait aux expressions qu'il emploie ici. La raison,
c'est la culture de l'intelligence, ce qu'il appelle ailleurs l'*instruction*;
le sentiment, c'est ce qui nous paraît être l'objet d'une intuition
immédiate. Or tout ce qui nous fait plaisir, tout ce qui nous revient
dans la mémoire, jusqu'aux propositions géométriques, tout cela nous
croyons le sentir immédiatement, et nous le regardons comme fondé
en nature; mais, comme cela est évident pour les propositions géométriques, ce prétendu sentiment naturel a une origine rationnelle
et artificielle; et, inversement, la raison peut faire disparaître les
sentiments naturels.
2. L'omission de l'article est une particularité de la syntaxe de
Pascal. « Cela passe le dogmatisme et pyrrhonisme... Nos prières et nos
vertus sont abominables si elles ne sont les prières et vertus de Jésus-
Christ. »
3. C'est-à-dire des gueux, des mendiants. Suivant l'étymologie la
plus probable, *coquin* viendrait du latin *coquus,* et pourrait se traduire
par *marmiton.*

mépriser tous les autres, on choisit; car naturellement on
aime la vertu, et on hait la folie; ces mots nous émeu-
vent[1] : on ne pèche qu'en l'application. Tant est grande
la force de la coutume, que, de ceux que la nature n'a
faits qu'hommes, on fait toutes les conditions des
hommes; car des pays sont tout de maçons, d'autres tout
de soldats, etc. Sans doute que la nature n'est pas si
uniforme. C'est la coutume qui fait donc cela, car elle
contraint la nature; et quelquefois la nature la surmonte,
et retient l'homme dans son instinct, malgré toute coutume, bonne ou mauvaise.

61]                          98

   *La prévention induisant en erreur.* — C'est une chose
déplorable de voir tous les hommes ne délibérer que des
moyens, et point de la fin. Chacun songe comme il s'ac-
quittera de sa condition; mais pour le choix de la condition, et de la patrie, le sort nous le donne.
   C'est une chose pitoyable, de voir tant de Turcs, d'hérétiques, d'infidèles, suivre le train de leurs pères, par
cette seule raison qu'ils ont été prévenus[2] chacun que
c'est le meilleur. Et c'est ce qui détermine chacun à
chaque condition, de serrurier, soldat, etc.
   C'est par là que les sauvages n'ont que faire de la Pro-
vence[3].

   1. Ces mots *mêmes décideront* (Lafuma).
   2. Le verbe a ici le sens fort, qui ne s'est conservé que pour le
substantif *prévention* : ils ont été imbus de ce préjugé.
   3. Cette dernière phrase s'explique comme un souvenir de Montaigne : « C'est par l'entremise de la coustume que chascun est content
du lieu où nature l'a planté; et les sauvages d'Escosse n'ont que
faire de la Touraine, ny les Scythes, de la Thessalie. » (*Essais,* liv. I,
ch. XXII.)

141]                    99

Il y a une différence universelle et essentielle entre les
actions de la volonté et toutes les autres.

La volonté est un des principaux organes de la créance;
non qu'elle forme la créance, mais parce que les choses
sont vraies, ou fausses, selon la face par où on les regarde.
La volonté qui se plaît à l'une plus qu'à l'autre, détourne
l'esprit de considérer les qualités de celles qu'elle n'aime
pas à voir; et ainsi l'esprit, marchant d'une pièce avec
la volonté, s'arrête à regarder la face qu'elle aime; et
ainsi il en juge par ce qu'il y voit[1].

*Manuscrit de l'abbé Périer*]     100

*Amour-propre.* — La nature de l'amour-propre et de
ce *moi* humain est de n'aimer que soi et de ne considérer
que soi. Mais que fera-t-il? Il ne saurait empêcher que
cet objet qu'il aime ne soit plein de défauts et de misères : il veut être grand, et il se voit petit; il veut être
heureux, et il se voit misérable; il veut être parfait, et il
se voit plein d'imperfections; il veut être l'objet de
l'amour et de l'estime des hommes, et il voit que ses
défauts ne méritent que leur aversion et leur mépris. Cet
embarras où il se trouve produit en lui la plus injuste
et la plus criminelle passion qu'il soit possible de s'imaginer; car il conçoit une haine mortelle contre cette
vérité qui le reprend, et qui le convainc de ses défauts.
Il désirerait de l'anéantir, et, ne pouvant la détruire

1. La volonté s'oppose à l'esprit, c'est-à-dire à l'intelligence proprement dite; le sens où Pascal prend ce mot est assez différent de l'usage
ordinaire, comme de l'usage de Descartes qui attribuait le jugement
à la volonté. La volonté n'est pas une faculté abstraite de choix; elle
est déterminée par son contenu, elle est un intérêt pratique, un désir.
Or l'intérêt et le désir ne se prononcent pas directement sur la question de vérité; mais ils décident de la direction de l'attention, qui, à
son tour entraîne le jugement.

en elle-même, il la détruit, autant qu'il peut, dans sa connaissance et dans celle des autres; c'est-à-dire qu'il met tout son soin à couvrir ses défauts et aux autres et à soi-même, et qu'il ne peut souffrir qu'on les lui fasse voir, ni qu'on les voie.

C'est sans doute un mal que d'être plein de défauts : mais c'est encore un plus grand mal que d'en être plein et de ne les vouloir pas reconnaître, puisque c'est y ajouter encore celui d'une illusion volontaire. Nous ne voulons pas que les autres nous trompent; nous ne trouvons pas juste qu'ils veuillent être estimés de nous plus qu'ils ne méritent : il n'est donc pas juste aussi que nous les trompions et que nous voulions qu'ils nous estiment plus que nous ne méritons.

Ainsi, lorsqu'ils ne découvrent que des imperfections et des vices que nous avons en effet, il est visible qu'ils ne nous font point de tort, puisque ce ne sont pas eux qui en sont cause; et qu'ils nous font un bien, puisqu'ils nous aident à nous délivrer d'un mal, qui est l'ignorance de ces imperfections. Nous ne devons pas être fâchés qu'ils les connaissent, et qu'ils nous méprisent : étant juste et qu'ils nous connaissent pour ce que nous sommes, et qu'ils nous méprisent, si nous sommes méprisables.

Voilà les sentiments qui naîtraient d'un cœur qui serait plein d'équité et de justice. Que devons-nous donc dire du nôtre, en y voyant une disposition toute contraire? Car n'est-il pas vrai que nous haïssons la vérité et ceux qui nous la disent, et que nous aimons qu'ils se trompent à notre avantage, et que nous voulons être estimés d'eux autres que nous ne sommes en effet?

En voici une preuve qui me fait horreur. La religion catholique n'oblige pas à découvrir ses péchés indifféremment à tout le monde : elle souffre qu'on demeure caché à tous les autres hommes; mais elle en excepte un seul, à qui elle commande de découvrir le fond de son cœur, et de se faire voir tel qu'on est. Il n'y a que ce seul homme au monde qu'elle nous ordonne de désabuser, et elle l'oblige à un secret inviolable, qui fait que cette connaissance est dans lui comme si elle n'y était pas. Peut-on s'imaginer rien de plus charitable et de plus doux? Et néanmoins la corruption de l'homme est telle, qu'il trouve encore de la dureté dans cette loi; et c'est une des principales raisons qui a fait révolter contre l'Église une grande partie de l'Europe[1].

Que le cœur de l'homme est injuste et déraisonnable, pour trouver mauvais qu'on l'oblige de faire à l'égard d'un homme ce qu'il serait juste, en quelque sorte, qu'il fît à l'égard de tous les hommes! Car est-il juste que nous les trompions?

Il y a différents degrés dans cette aversion pour la vérité; mais on peut dire qu'elle est dans tous en quelque degré, parce qu'elle est inséparable de l'amour-propre. C'est cette mauvaise délicatesse qui oblige ceux qui sont dans la nécessité de reprendre les autres, de choisir tant de détours et de tempéraments pour éviter de les choquer. Il faut qu'ils diminuent nos défauts, qu'ils fassent semblant de les excuser, qu'ils y mêlent des louanges et des témoignages d'affection et d'estime. Avec tout cela, cette médecine ne laisse pas d'être amère à l'amour-propre. Il en prend le moins qu'il peut, et toujours avec dégoût, et souvent même avec un secret dépit contre ceux qui la lui présentent.

Il arrive de là que, si on a quelque intérêt d'être aimé de nous, on s'éloigne de nous rendre un office qu'on sait nous être désagréable; on nous traite comme nous voulons être traités : nous haïssons la vérité, on

---

1. Allusion à la Réforme.

nous la cache; nous voulons être flattés, on nous flatte;
nous aimons à être trompés, on nous trompe.

C'est ce qui fait que chaque degré de bonne fortune
qui nous élève dans le monde nous éloigne davantage
de la vérité, parce qu'on appréhende plus de blesser
ceux dont l'affection est plus utile et l'aversion plus
dangereuse. Un prince sera la fable de toute l'Europe, et
lui seul n'en saura rien. Je ne m'en étonne pas : dire la
vérité est utile à celui à qui on la dit, mais désavanta-
geux à ceux qui la disent, parce qu'ils se font haïr. Or,
ceux qui vivent avec les princes aiment mieux leurs
intérêts que celui du prince qu'ils servent; et ainsi, ils
n'ont garde de lui procurer un avantage en se nuisant
à eux-mêmes.

Ce malheur est sans doute plus grand et plus ordinaire
dans les plus grandes fortunes; mais les moindres n'en
sont pas exemptes, parce qu'il y a toujours quelque
intérêt à se faire aimer des hommes. Ainsi la vie humaine n'est qu'une illusion perpétuelle; on ne fait que
s'entre-tromper et s'entre-flatter. Personne ne parle de
nous en notre présence comme il en parle en notre
absence. L'union qui est entre les hommes n'est fondée
que sur cette mutuelle tromperie; et peu d'amitiés subsisteraient, si chacun savait ce que son ami dit de lui
lorsqu'il n'y est pas, quoiqu'il en parle alors sincèrement
et sans passion.

L'homme n'est donc que déguisement, que mensonge
et hypocrisie, et en soi-même et à l'égard des autres. Il
ne veut pas qu'on lui dise la vérité, il évite de la dire
aux autres; et toutes ces dispositions, si éloignées de la
justice et de la raison, ont une racine naturelle dans son
cœur.

103]                              101

Je mets en fait que, si tous les hommes savaient ce

qu'ils disent les uns des autres, il n'y aurait pas quatre amis dans le monde. Cela paraît par les querelles que causent les rapports indiscrets qu'on en[1] fait quelquefois. [Je dis bien plus, tous les hommes seraient...].

137] 102

Il y a des vices qui ne tiennent à nous que par d'autres et qui, en ôtant le tronc, s'emportent comme des branches.

227] 103

L'exemple de la chasteté d'Alexandre n'a pas tant fait de continents que celui de son ivrognerie a fait d'intempérants[2]. Il n'est pas honteux de n'être pas aussi vertueux que lui, et il semble excusable de n'être pas plus vicieux que lui. On croit n'être pas tout à fait dans les vices du commun des hommes, quand on se voit dans les vices de ces grands hommes; et cependant on ne prend pas garde qu'ils sont en cela du commun des hommes. On tient à eux par le bout par où ils tiennent au peuple[3]; car quelque élevés qu'ils soient, si sont-ils unis aux moindres des hommes par quelque endroit. Ils ne sont pas suspendus en l'air, tout abstraits de notre société. Non, non; s'ils sont plus grands que nous, c'est qu'ils ont la tête plus élevée; mais ils ont les pieds aussi bas que les nôtres. Ils y sont tous à même niveau, et s'appuient sur la même terre; et par cette extrémité ils sont aussi abaissés que nous, que les plus petits, que les enfants, que les bêtes.

1. *En,* de ce qu'ils disent les uns des autres.
2. Pascal oppose la délicatesse avec laquelle Alexandre traita la femme et les filles de Darius, et les accès de fureur causés chez lui par l'ivresse, qui l'entraînèrent à tuer Clitus et furent sans doute la cause de sa mort.
3. Au peuple, c'est-à-dire au commun des hommes.

103]                         104

Quand notre passion nous porte à faire quelque chose,
nous oublions notre devoir : comme[1] on aime un livre,
on le lit, lorsqu'on devrait faire autre chose. Mais, pour
s'en souvenir[2], il faut se proposer de faire quelque chose
qu'on hait; et lors on s'excuse sur ce qu'on a autre chose
à faire, et on se souvient de son devoir par ce moyen.

134]                         105

Qu'il est difficile de proposer une chose au jugement
d'un autre, sans corrompre son jugement par la manière
de la lui proposer! Si on dit : « je le trouve beau; je le
trouve obscur[3], » ou autre chose semblable, on entraîne
l'imagination à ce jugement, ou on l'irrite au contraire[4].
Il vaut mieux ne rien dire; et alors il juge selon ce qu'il
est, c'est-à-dire selon ce qu'il est alors, et selon que les
autres circonstances dont on n'est pas auteur y auront
mis. Mais au moins on n'y aura rien mis; si ce n'est que
ce silence n'y fasse aussi son effet, selon le tour et l'interprétation qu'il sera en humeur de lui donner, ou selon
qu'il le conjecturera des mouvements et air du visage, ou
du ton de voix, selon qu'il sera physionomiste : tant il est
difficile de ne point démonter un jugement de son assiette
naturelle, ou plutôt, tant il en a peu de ferme et stable!

381]                         106

En sachant la passion dominante de chacun, on est sûr
de lui plaire; et néanmoins chacun a ses fantaisies,

---

1. *Comme* a le sens de *ainsi, par exemple,* que nous lui avons déjà
trouvé chez Pascal.
- 2. *S'en souvenir,* se souvenir de son devoir.
3. *Le* est pris au neutre.
4. En l'entraînant *au* jugement *contraire.* Cf. fr. 57.

contraires à son propre bien, dans l'idée même qu'il a du bien; et c'est une bizarrerie qui met hors de gamme.

127] 107

*Lustravit lampade terras.* Le temps et mon humeur ont peu de liaison; j'ai mes brouillards et mon beau temps au-dedans de moi; le bien, et le mal de mes affaires même, y fait peu. Je m'efforce quelquefois de moi-même contre la fortune; la gloire de la dompter me la fait dompter gaîment; au lieu que je fais quelquefois le dégoûté dans la bonne fortune.

\*202] 108

Quoique les personnes n'aient point d'intérêt à ce qu'elles disent, il ne faut pas conclure de là absolument qu'ils[1] ne mentent point; car il y a des gens qui mentent simplement pour mentir.

\*441] 109

Quand on se porte bien, on admire comment on pourrait faire si on était malade; quand on l'est, on prend médecine gaîment : le mal y résout. On n'a plus les passions et les désirs de divertissements et de promenades, que la santé donnait, et qui sont incompatibles avec les nécessités de la maladie. La nature donne alors des passions et des désirs conformes à l'état présent. Il n'y a que les craintes, que nous nous donnons nous-mêmes, et non pas la nature, qui nous troublent, parce qu'elles joignent à l'état où nous sommes les passions de l'état où nous ne sommes pas.

La nature nous rendant toujours malheureux en tous

---

1. *Ils* se rapportant à *personnes,* tour fréquent chez Pascal, et conforme à l'usage du xviie siècle.

états, nos désirs nous figurent un état heureux, parce qu'ils joignent à l'état où nous sommes les plaisirs de l'état où nous ne sommes pas; et, quand nous arriverions à ces plaisirs, nous ne serions pas heureux pour cela, parce que nous aurions d'autres désirs conformes à ce nouvel état.

Il faut particulariser cette proposition générale...

69]                               110

Le sentiment de la fausseté des plaisirs présents, et l'ignorance de la vanité des plaisirs absents causent l'inconstance.

65]                               111

*Inconstance*. — On croit toucher des orgues ordinaires, en touchant l'homme. Ce sont des orgues, à la vérité, mais bizarres, changeantes, variables [dont les tuyaux ne se suivent pas par degrés conjoints]. Ceux qui ne savent toucher que les ordinaires ne feraient pas d'accords sur celles-là. Il faut savoir où sont les [*touches*][1].

67]                               112

*Inconstance*. — Les choses ont diverses qualités, et l'âme diverses inclinations; car rien n'est simple de ce qui s'offre à l'âme, et l'âme ne s'offre jamais simple à aucun sujet. De là vient qu'on pleure et qu'on rit d'une même chose.

1. Avec M. Michaut nous croyons *touche* (ou *marche*) nécessaire pour compléter l'idée de Pascal : dans un orgue les tuyaux se suivent dans un ordre régulier, de telle sorte que nous savons exactement la note qui correspond à une touche déterminée. Quand nous touchons le cœur humain, il n'en est plus de même; il n'y a pas de loi régulière, et n'importe quelle note peut nous répondre selon le moment et les circonstances.

79]                     113

*Inconstance et bizarrerie*. — Ne vivre que de son travail, et régner sur le plus puissant État du monde, sont choses très opposées. Elles sont unies dans la personne du Grand Seigneur des Turcs.

110]                    114

La diversité est si ample, que tous les tons de voix, tous les marchers, toussers, mouchers, éternuers... On distingue des fruits les raisins, et entre eux tous les muscats, et puis Condrieu, et puis Desargues[1], et puis cette ente[2]. Est-ce tout? en a-t-elle jamais produit deux grappes pareilles? et une grappe a-t-elle deux grains pareils? etc.

Je n'ai jamais jugé d'une même chose exactement de même. Je ne puis juger de mon ouvrage en le faisant; il faut que je fasse comme les peintres, et que je m'en éloigne; mais non pas trop. De combien donc? Devinez.

73]                     115

*Diversité*. — La théologie est une science, mais en même temps combien est-ce de sciences! Un homme est un suppôt[3]; mais si on l'anatomise, sera-ce la tête, le cœur, l'estomac, les veines, chaque veine, chaque portion de veine, le sang, chaque humeur du sang?

Une ville, une campagne, de loin est une ville et une campagne; mais, à mesure qu'on s'approche, ce sont des maisons, des arbres, des tuiles, des feuilles, des herbes, des fourmis, des jambes de fourmis, à l'infini. Tout cela s'enveloppe sous le nom de campagne.

1. Le géomètre Desargues, qui était Lyonnais, avait sa maison de campagne à Condrieux.
2. Greffe; arbre greffé.
3. C'est-à-dire une substance, un être *un*.

394]                    116

*Pensées*. — Tout est un, tout est divers. Que de natures en celle de l'homme! que de vacations! Et par quel hasard? Chacun prend d'ordinaire ce qu'il a ouï estimer! Talon bien tourné.

81]                     117

*Talon de soulier.* — « Oh! que cela est bien tourné! que voilà un habile ouvrier! que ce soldat est hardi! » Voilà la source de nos inclinations, et du choix des conditions. « Que celui-là boit bien! que celui-là boit peu! » Voilà ce qui fait les gens sobres et ivrognes, soldats, poltrons, etc.

423]                    118

Talent principal, qui règle tous les autres.

433]                    119

La nature s'imite : une graine, jetée en bonne terre, produit; un principe, jeté dans un bon esprit, produit; les nombres imitent l'espace, qui sont de nature si différente.
Tout est fait et conduit par un même maître : la racine, les branches, les fruits; les principes, les conséquences.

142]                    120

[Nature diversifie et imite, artifice imite et diversifie.]

423]                    121

La nature recommence toujours les mêmes choses, les ans, les jours, les heures; les espaces, de même, et les nombres sont bout à bout à la suite l'un de l'autre. Ainsi se fait une espèce d'infini et d'éternel. Ce n'est pas qu'il y ait rien de tout cela qui soit infini et éternel, mais ces êtres terminés se multiplient infiniment. Ainsi il n'y a, ce me semble, que le nombre qui les multiplie qui soit infini[1].

381]                    122

Le temps guérit les douleurs et les querelles, parce qu'on change, on n'est plus la même personne. Ni l'offensant, ni l'offensé, ne sont plus eux-mêmes. C'est comme un peuple qu'on a irrité, et qu'on reverrait après deux générations. Ce sont encore les Français, mais non les mêmes.

427]                    123

Il n'aime plus cette personne qu'il aimait il y a dix ans. Je crois bien : elle n'est plus la même, ni lui non plus. Il était jeune et elle aussi; elle est tout autre. Il l'aimerait peut-être encore, telle qu'elle était alors.

420]                    124

Non seulement nous regardons les choses par d'autres côtés, mais avec d'autres yeux; nous n'avons garde de les trouver pareilles.

393]                    125

*Contrariétés*. — L'homme est naturellement crédule, incrédule, timide, téméraire.

1. La question posée ici par Pascal est celle-ci : y a-t-il un espace infini ou un temps éternel? Or l'espace infini résulte d'une addition infinie d'espaces finis, comme le temps éternel de l'addition de temps finis. Ce qui est infini, c'est donc le nombre. L'infini n'a pas d'existence objective, extérieure à nous : il repose sur le concept du nombre infini que Pascal admet comme parfaitement légitime. (Cf. *De l'Esprit géométrique*.)

81]                              126

Description de l'homme : dépendance, désir d'indépendance, besoin.

79]                              127

Condition de l'homme : inconstance, ennui, inquiétude.

469]                             128

L'ennui qu'on a de quitter les occupations où l'on
s'est attaché. Un homme vit avec plaisir en son ménage :
qu'il voie une femme qui lui plaise, qu'il joue cinq ou
six jours avec plaisir; le voilà misérable s'il retourne
à sa première occupation. Rien n'est plus ordinaire que
cela.

*440]                            129

Notre nature est dans le mouvement; le repos entier
est la mort.

*485]                            130

*Agitation*. — Quand un soldat se plaint de la peine qu'il
a, ou un laboureur, etc., qu'on les mette sans rien faire.

47]                              131

*Ennui*. — Rien n'est si insupportable à l'homme que
d'être dans un plein repos, sans passions, sans affaire,
sans divertissement, sans application. Il sent alors son
néant, son abandon, son insuffisance, sa dépendance,
son impuissance, son vide. Incontinent il sortira du fond
de son âme l'ennui, la noirceur, la tristesse, le chagrin,
le dépit, le désespoir.

*21] 132

César était trop vieil, ce me semble, pour s'aller amuser à conquérir le monde. Cet amusement était bon à Auguste ou à Alexandre; c'étaient des jeunes gens, qu'il est difficile d'arrêter; mais César devait être plus mûr[1].

83] 133

Deux visages semblables, dont aucun ne fait rire en particulier, font rire ensemble par leur ressemblance.

21] 134

Quelle vanité que la peinture, qui attire l'admiration par la ressemblance des choses dont on n'admire point les originaux!

249] 135

Rien ne nous plaît que le combat, mais non pas la victoire : on aime à voir les combats des animaux, non le vainqueur acharné sur le vaincu; que voulait-on voir, sinon la fin de la victoire? Et dès qu'elle arrive, on en est saoul. Ainsi dans le jeu. Ainsi, dans la recherche de la vérité, on aime à voir, dans les disputes, le combat des opinions; mais, de contempler la vérité trouvée, point du tout; pour la faire remarquer avec plaisir, il faut la faire voir naître de la dispute. De même, dans les passions, il y a du plaisir à voir deux contraires se heurter; mais, quand l'une est maîtresse, ce n'est plus que brutalité. Nous ne cherchons jamais les choses, mais la recherche des choses. Ainsi, dans les comédies, les scènes

---

1. Alexandre est mort à trente-six ans, et César à cinquante-six, tous deux au moment où ils s'apprêtaient à jouir enfin de leurs conquêtes.

contentes[1] sans crainte ne valent rien, ni les extrêmes
misères sans espérance, ni les amours brutaux, ni les
sévérités âpres.

\*25]                  136

Peu de chose nous console parce que peu de chose
nous afflige.

*Copie* 257]            137

Sans examiner toutes les occupations particulières, il
suffit de les comprendre sous le divertissement.

402]                 138

Hommes naturellement couvreurs[2] et de toutes vacations, hormis en chambre[3].

139]                 139

*Divertissement.* — Quand je m'y suis mis quelquefois, à
considérer les diverses agitations des hommes, et les périls et les peines où ils s'exposent, dans la cour, dans la
guerre, d'où naissent tant de querelles, de passions, d'entreprises hardies et souvent mauvaises, etc., j'ai découvert que tout le malheur des hommes vient d'une seule
chose, qui est de ne savoir pas demeurer en repos, dans
une chambre. Un homme qui a assez de bien pour vivre,
s'il savait demeurer chez soi avec plaisir, n'en sortirait pas
pour aller sur la mer ou au siège d'une place. On n'achè-
tera une charge à l'armée si cher, que parce qu'on trou-
verait insupportable de ne bouger de la ville; et on ne

1. Pascal transporte à la scène elle-même le sentiment des personnages et des spectateurs.
2. Allusion qui s'explique par le fragment 97.
3. Cette réflexion est développée dans le fragment suivant.

recherche les conversations et les divertissements des jeux que parce qu'on ne peut demeurer chez soi avec plaisir.

Mais quand j'ai pensé de plus près, et qu'après avoir trouvé la cause de tous nos malheurs, j'ai voulu en découvrir la raison[1], j'ai trouvé qu'il y en a une bien effective, qui consiste dans le malheur naturel de notre condition faible et mortelle, et si misérable, que rien ne peut nous consoler, lorsque nous y pensons de près.

Quelque condition qu'on se figure, si l'on assemble tous les biens qui peuvent nous appartenir, la royauté est le plus beau poste du monde, et cependant qu'on s'en[2] imagine, accompagné de toutes les satisfactions qui peuvent le toucher. S'il est sans divertissement, et qu'on le laisse considérer et faire réflexion sur ce qu'il est, cette félicité languissante ne le soutiendra point, il tombera par nécessité dans les vues qui le menacent, des révoltes qui peuvent arriver, et enfin de la mort et des maladies qui sont inévitables; de sorte que, s'il est sans ce qu'on appelle divertissement, le voilà malheureux, et plus malheureux que le moindre de ses sujets, qui joue et se divertit. 210] De là vient que le jeu et la conversation des femmes, la guerre, les grands emplois sont si recherchés. Ce n'est pas qu'il y ait en effet du bonheur, ni qu'on s'imagine que la vraie béatitude soit d'avoir l'argent qu'on peut gagner au jeu, ou dans le lièvre qu'on court : on n'en voudrait pas s'il était offert. Ce n'est pas cet usage mol et paisible, et qui nous laisse penser à notre malheureuse condition, qu'on recherche, ni les dangers de la guerre, ni la peine des emplois, mais c'est le tracas qui nous détourne d'y penser et nous divertit.

Raison pourquoi on aime mieux la chasse que la prise[3].

De là vient que les hommes aiment tant le bruit et le

1. La raison de cette cause même.
2. *S'en* se rapporte grammaticalement à *royauté*, logiquement à *roi*.
3. Cette phrase est en marge dans le manuscrit.

remuement; de là vient que la prison est un supplice si horrible; de là vient que le plaisir de la solitude est une chose incompréhensible. Et c'est enfin le plus grand sujet de félicité de la condition des rois, de [ce] qu'on essaie sans cesse à les divertir et à leur procurer toutes sortes de plaisirs.

Le roi est environné de gens qui ne pensent qu'à divertir le roi, et à l'empêcher de penser à lui. Car il est malheureux, tout roi qu'il est, s'il y pense.

Voilà tout ce que les hommes ont pu inventer pour se rendre heureux. Et ceux qui font sur cela les philosophes, et qui croient que le monde est bien peu raisonnable de passer tout le jour à courir après un lièvre qu'ils ne voudraient pas avoir acheté, ne connaissent guère notre nature. Ce lièvre ne nous garantirait pas de la vue de la mort et des misères, mais la chasse – qui nous en détourne – nous en garantit.

Le conseil qu'on donnait à Pyrrhus, de prendre le repos qu'il allait chercher par tant de fatigues, recevait bien des difficultés.

[Dire à un homme qu'il vive en repos, c'est lui dire qu'il 209] vive heureux; c'est lui conseiller d'avoir une condition tout heureuse et laquelle il puisse considérer à loisir, sans y trouver sujet d'affliction. Ce n'est donc pas entendre la nature.

[Aussi les hommes qui sentent naturellement leur condition n'évitent rien tant que le repos, il n'y a rien qu'ils ne fassent pour chercher le trouble. Ce n'est pas qu'ils n'aient un instinct qui leur fait connaître la vraie béatitude... La vanité, le plaisir de la montrer aux autres.

Ainsi on se prend mal pour les blâmer; leur faute n'est pas en ce qu'ils cherchent le tumulte, s'ils ne le cherchaient que comme un divertissement; mais le mal est qu'ils le recherchent comme si la possession des choses qu'ils recherchent les devait rendre véritablement heureux, et c'est en quoi on a raison d'accuser leur recherche de vanité; de sorte qu'en tout cela et ceux qui blâment et ceux qui sont blâmés n'entendent la véritable nature de l'homme.]

Et ainsi, quand on leur reproche que ce qu'ils recherchent avec tant d'ardeur ne saurait les satisfaire, s'ils répondaient, comme ils devraient le faire s'ils y pensaient bien, qu'ils ne recherchent en cela qu'une occupation violente et impétueuse qui les détourne de penser à soi, et que c'est pour cela qu'ils se proposent un objet attirant qui les charme et les attire avec ardeur, ils laisseraient leurs adversaires sans repartie. Mais ils ne répondent pas cela, parce qu'ils ne se connaissent pas eux-mêmes. Ils ne savent pas que ce n'est que la chasse, et non pas la prise, qu'ils recherchent.

(La danse : il faut bien penser où l'on mettra ses pieds. — Le gentilhomme croit sincèrement que la chasse est un plaisir grand et un plaisir royal; mais son piqueur n'est pas de ce sentiment-là[1].)

Ils s'imaginent que, s'ils avaient obtenu cette charge, ils se reposeraient ensuite avec plaisir, et ne sentent pas la nature insatiable de leur cupidité. Ils croient chercher sincèrement le repos, et ne cherchent en effet que l'agitation.

Ils ont un instinct secret qui les porte à chercher le divertissement et l'occupation au dehors, qui vient du ressentiment de leurs misères continuelles; et ils ont un autre instinct secret, qui reste de la grandeur de notre première nature, qui leur fait connaître que le bonheur n'est en effet que dans le repos, et non pas dans le tumulte; et de ces deux instincts contraires, il se forme en eux un projet confus, qui se cache à leur vue dans le fond de leur âme, qui les porte à tendre au repos par

---

1. La parenthèse est en marge.

l'agitation, et à se figurer toujours que la satisfaction qu'ils n'ont point leur arrivera, si, en surmontant quelques difficultés qu'ils envisagent, ils peuvent s'ouvrir par là la porte au repos.

Ainsi s'écoule toute la vie. On cherche le repos en combattant quelques obstacles; et si on les a surmontés, le repos devient insupportable[1]; car, ou l'on pense aux misères qu'on a, ou à celles qui nous menacent. Et quand on se verrait même assez à l'abri de toutes parts, l'ennui, de son autorité privée, ne laisserait pas de sortir au fond du cœur, où il a des racines naturelles, et de remplir l'esprit de son venin.

217] Ainsi l'homme est si malheureux, qu'il s'ennuierait même sans aucune cause d'ennui, par l'état propre de sa complexion; et il est si vain, qu'étant plein de mille causes essentielles d'ennui, la moindre chose, comme un billard et une balle qu'il pousse, suffisent pour le divertir[2].

133] Mais, direz-vous, quel objet a-t-il en tout cela? Celui de se vanter demain entre ses amis de ce qu'il a mieux joué qu'un autre. Ainsi, les autres suent dans leur cabinet pour montrer aux savants qu'ils ont résolu une question d'algèbre qu'on n'aurait pu trouver jusques ici; et tant d'autres s'exposent aux derniers périls pour se vanter ensuite d'une place qu'ils auront prise, et aussi

1. Dans la première rédaction, la pensée continuait ainsi : « insupportable par l'ennui qu'il engendre. Il en faut sortir et mendier le tumulte. Nulle condition n'est heureuse sans bruit et sans divertissement, et toute condition est heureuse quand on jouit de quelque divertissement. Mais qu'on juge quel est ce bonheur qui consiste à être diverti de penser à soi! »

2. Voici entre autres variantes une réflexion qui a été rayée par Pascal : « Il n'en faut pas davantage pour chasser tant de pensées importantes. Voilà l'esprit de ce maître du monde tout rempli de ce seul souci. » (*Importantes* n'est écrit qu'à moitié, et on pourrait également compléter le mot par *importunes,* qui offrirait encore un sens satisfaisant, moins adapté cependant à l'allure de la phrase.)

sottement, à mon gré; et enfin les autres se tuent pour remarquer toutes ces choses, non pas pour en devenir plus sages, mais seulement pour montrer qu'ils les savent, et ceux-là sont les plus sots de la bande, puisqu'ils le sont avec connaissance, au lieu qu'on peut penser des autres qu'ils ne le seraient plus, s'ils avaient cette connaissance.

Tel homme passe sa vie sans ennui, en jouant tous les jours peu de chose. Donnez-lui tous les matins l'argent qu'il peut gagner chaque jour, à la charge qu'il ne joue point : vous le rendez malheureux. On dira peut-être que c'est qu'il recherche l'amusement du jeu, et non pas le gain. Faites-le donc jouer pour rien, il ne s'y échauffera pas et s'y ennuira. Ce n'est donc pas l'amusement seul qu'il recherche : un amusement languissant et sans passion l'ennuira. Il faut qu'il s'y échauffe et qu'il se pipe lui-même, en s'imaginant qu'il serait heureux de gagner ce qu'il ne voudrait pas qu'on lui donnât à condition de ne point jouer, afin qu'il se forme un sujet de passion, et qu'il excite sur cela son désir, sa colère, sa crainte, pour l'objet qu'il s'est formé, comme les enfants qui s'effrayent du visage qu'ils ont barbouillé.

D'où vient que cet homme, qui a perdu depuis peu de mois son fils unique, et qui, accablé de procès et de querelles, était ce matin si troublé, n'y pense plus maintenant? Ne vous en étonnez point : il est tout occupé à voir par où passera ce sanglier que ses chiens poursuivent avec tant d'ardeur depuis six heures. Il n'en faut pas davantage. L'homme, quelque plein de tristesse qu'il soit, si on peut gagner sur lui de le faire entrer en quelque divertissement, le voilà heureux pendant ce temps-là; et l'homme, quelque heureux qu'il soit, s'il n'est diverti et occupé par quelque passion ou quelque amusement qui empêche l'ennui de se répandre, sera bientôt chagrin et malheureux. Sans divertissement il n'y a point de joie, avec le divertissement il n'y a point de tristesse.

[217] Et c'est aussi ce qui forme le bonheur des personnes de grande condition, qu'ils ont un nombre de
personnes qui les divertissent, et qu'ils ont le pouvoir
de se maintenir en cet état.

Prenez-y garde. Qu'est-ce autre chose d'être surinten-
dant, chancelier, premier président, sinon d'être en une
condition où l'on a dès le matin un grand nombre de
gens qui viennent de tous côtés pour ne leur laisser pas
une heure en la journée où ils puissent penser à eux-
mêmes? Et quand ils sont dans la disgrâce et qu'on les
renvoie à leurs maisons des champs, où ils ne manquent
ni de biens, ni de domestiques pour les assister dans leur
besoin, ils ne laissent pas d'être misérables et abandonnés, parce que personne ne les empêche de songer à eux.

110]                                140

[Cet homme si affligé de la mort de sa femme et de
son fils unique, qui a cette grande querelle qui le tour-
mente, d'où vient qu'à ce moment il n'est pas triste, et
qu'on le voit si exempt de toutes ces pensées pénibles et
inquiétantes? Il ne faut pas s'en étonner; on vient de lui
servir une balle, et il faut qu'il la rejette à son compagnon, il est occupé à la prendre à la chute du toit, pour
gagner une chasse; comment voulez-vous qu'il pense à
ses affaires, ayant cette autre affaire à manier? Voilà un
soin digne d'occuper cette grande âme, et de lui ôter
toute autre pensée de l'esprit. Cet homme, né pour connaître l'univers, pour juger de toutes choses, pour régir
tout un État, le voilà occupé et tout rempli du soin de
prendre un lièvre. Et s'il ne s'abaisse à cela et veuille
toujours être tendu, il n'en sera que plus sot, parce qu'il
voudra s'élever au-dessus de l'humanité, et il n'est qu'un
homme, au bout du compte, c'est-à-dire capable de peu
et de beaucoup, de tout et de rien : il est ni ange ni bête,
mais homme.]

23]                              141

Les hommes s'occupent à suivre une balle et un lièvre;
c'est le plaisir même des rois.

\*146]                            142

*Divertissement.* — La dignité royale n'est-elle pas assez
grande d'elle-même pour celui qui la possède, pour le
rendre heureux par la seule vue de ce qu'il est? Faudra-
t-il le divertir de cette pensée, comme les gens du commun? Je vois bien que c'est rendre un homme heureux,
de le divertir de la vue de ses misères domestiques pour
remplir toutes ses pensées du soin de bien danser. Mais
en sera-t-il de même d'un roi, et sera-t-il plus heureux
en s'attachant à ces vains amusements qu'à la vue de sa
grandeur? Et quel objet plus satisfaisant pourrait-on
donner à son esprit? Ne serait-ce donc pas faire tort à
sa joie, d'occuper son âme à penser à ajuster ses pas à
la cadence d'un air, ou à placer adroitement une [*balle*],
au lieu de le laisser jouir en repos de la contemplation
de la gloire majestueuse qui l'environne? Qu'on en
fasse l'épreuve : qu'on laisse un roi tout seul, sans
aucune satisfaction des sens, sans aucun soin dans
l'esprit, sans compagnie, penser à lui tout à loisir; et
l'on verra qu'un roi sans divertissement est un homme
plein de misères. Aussi on évite cela soigneusement, et
il ne manque jamais d'y avoir auprès des personnes des
rois un grand nombre de gens qui veillent à faire succé-
der le divertissement à leurs affaires, et qui observent
tout le temps de leur loisir pour leur fournir des plaisirs
et des jeux, en sorte qu'il n'y ait point de vide; c'est-à-
dire qu'ils sont environnés de personnes qui ont un soin
merveilleux de prendre garde que le roi ne soit seul et
en état de penser à soi, sachant bien qu'il sera misérable,
tout roi qu'il est, s'il y pense.

Je ne parle point en tout cela des rois chrétiens comme chrétiens, mais seulement comme rois.

**217]**                          143

*Divertissement.* — On charge les hommes, dès l'enfance, du soin de leur bonheur, de leur bien, de leurs amis, et encore du bien et de l'honneur de leurs amis. On les accable d'affaires, de l'apprentissage des langues et d'exercices, et on leur fait entendre qu'ils ne sauraient être heureux sans que leur santé, leur honneur, leur fortune et celle de leurs amis soient en bon état, et qu'une seule chose qui manque les rendrait malheureux. Ainsi on leur donne des charges et des affaires qui les font tracasser dès la pointe du jour. — Voilà, direz-vous, une étrange manière de les rendre heureux! Que pourrait-on faire de mieux pour les rendre malheureux? — Comment! ce qu'on pourrait faire? Il ne faudrait que leur ôter tous ces soins; car alors ils se verraient, ils penseraient à ce qu'ils sont, d'où ils viennent, où ils vont; et ainsi on ne peut trop les occuper et les détourner. Et c'est pourquoi, après leur avoir tant préparé d'affaires, s'ils ont quelque temps de relâche, on leur conseille de l'employer à se divertir, à jouer, et à s'occuper toujours tout entiers.

Que le cœur de l'homme est creux et plein d'ordure[1].

**429]**                          144

J'avais passé longtemps dans l'étude des sciences abstraites; et le peu de communication qu'on en peut avoir m'en avait dégoûté[2]. Quand j'ai commencé l'étude

1. En marge.
2. C'est-à-dire le trop petit nombre de personnes avec lesquelles les savants peuvent communiquer. Vers 1652 et dans la compagnie de Méré, Pascal eut la révélation de cette humanité vivante et profonde à laquelle les sciences exactes ne touchaient point. Vers cette époque il entreprit *l'étude de l'homme* en lisant Montaigne et en vivant dans le monde.

de l'homme, j'ai vu que ces sciences abstraites ne sont pas propres à l'homme, et que je m'égarais plus de ma condition en y pénétrant que les autres en les ignorant. J'ai pardonné aux autres d'y peu savoir. Mais j'ai cru trouver au moins bien des compagnons en l'étude de l'homme, et que c'est la vraie étude qui lui est propre. J'ai été trompé; il y en a encore moins qui l'étudient que la géométrie. Ce n'est que manque de savoir étudier cela qu'on cherche le reste; mais n'est-ce pas que ce n'est pas encore là la science que l'homme doit avoir, et qu'il lui est meilleur de s'ignorer pour être heureux?

110]                    145

[Une seule pensée nous occupe, nous ne pouvons penser à deux choses à la fois; dont bien nous prend, selon le monde, non selon Dieu.]

4]                    146

L'homme est visiblement fait pour penser; c'est toute sa dignité et tout son mérite; et tout son devoir est de penser comme il faut. Or l'ordre de la pensée est de commencer par soi, et par son auteur et sa fin.

Or à quoi pense le monde? Jamais à cela; mais à danser, à jouer du luth, à chanter, à faire des vers, à courir la bague, etc., à se battre, à se faire roi, sans penser à ce que c'est qu'être roi, et qu'être homme.

382]                    147

Nous ne nous contentons pas de la vie que nous avons en nous et en notre propre être : nous voulons vivre dans l'idée des autres d'une vie imaginaire, et nous nous efforçons pour cela de paraître. Nous travaillons incessamment à embellir et conserver notre être imaginaire,

et négligeons le véritable. Et si nous avons ou la tran-
quillité, ou la générosité, ou la fidélité, nous nous em-
pressons de le faire savoir, afin d'attacher ces vertus-là
à notre autre être, et les détacherions plutôt de nous
pour les joindre à l'autre; et nous serions de bon cœur
poltrons pour en acquérir la réputation d'être vaillants.
Grande marque du néant de notre propre être, de n'être
pas satisfait de l'un sans l'autre, et d'échanger souvent
l'un pour l'autre! Car qui ne mourrait pour conserver
son honneur, celui-là serait infâme.

416]                       148

Nous sommes si présomptueux, que nous voudrions
être connus de toute la terre, et même des gens qui viendront quand nous ne serons plus; et nous sommes si
vains, que l'estime de cinq ou six personnes qui nous
environnent, nous amuse et nous contente.

83]                       149

Les villes par où on passe, on ne se soucie pas d'y
être estimé. Mais, quand on y doit demeurer un peu de
temps, on s'en soucie. Combien de temps faut-il? Un
temps proportionné à notre durée vaine et chétive.

49]                       150

La vanité est si ancrée dans le cœur de l'homme,
qu'un soldat, un goujat, un cuisinier, un crocheteur se
vante et veut avoir ses admirateurs; et les philosophes
mêmes en veulent; et ceux qui écrivent contre veulent
avoir la gloire d'avoir bien écrit; et ceux qui les lisent
veulent avoir la gloire de les avoir lus; et moi qui écris
ceci, ai peut-être cette envie; et peut-être que ceux qui le
liront...

69]                    151

*La gloire.* — L'admiration gâte tout dès l'enfance : Oh!
que cela est bien dit! oh! qu'il a bien fait! qu'il est
sage! etc.

Les enfants de Port-Royal, auxquels on ne donne
point cet aiguillon d'envie et de gloire, tombent dans
la nonchalance.

75]                    152

*Orgueil.* — Curiosité n'est que vanité. Le plus souvent
on ne veut savoir que pour en parler. Autrement on ne
voyagerait pas sur la mer, pour ne jamais en rien dire, et
pour le seul plaisir de voir, sans espérance d'en jamais
communiquer.

*49]                    153

*Du désir d'être estimé de ceux avec qui on est.* — L'orgueil nous tient d'une possession si naturelle au milieu
de nos misères, erreurs, etc. Nous perdons encore la vie
avec joie, pourvu qu'on en parle.

Vanité, jeu, chasse, visite, comédies, fausse perpétuité
de nom.

23]                    154

[Je n'ai point d'amis] à votre avantage][1].

11]                    155

Un vrai ami est une chose si avantageuse, même pour
les plus grands seigneurs, afin qu'il dise du bien d'eux,
et qu'il les soutienne en leur absence même, qu'ils

---

1. Cette réflexion, barrée dans le manuscrit, s'explique par le *Fragment* qui suit; voir l'application que Pascal en fait aux Apôtres (*Fragment* 798).

doivent tout faire pour en avoir. Mais qu'ils choisissent bien; car, s'ils font tous leurs efforts pour des sots, cela leur sera inutile, quelque bien qu'ils disent d'eux; et même ils n'en diront pas du bien, s'ils se trouvent les plus faibles, car ils n'ont pas d'autorité; et ainsi ils en médiront par compagnie.

83]                          156

*Ferox gens, nullam esse vitam sine armis rati*[1]. Ils aiment mieux la mort que la paix; les autres aiment mieux la mort que la guerre.

Toute opinion peut être préférable à la vie, dont l'amour paraît si fort et si naturel.

442]                          157

Contradiction : mépris de notre être, mourir pour rien, haine de notre être.

21]                          158

*Métiers.* — La douceur de la gloire est si grande, qu'à quelque objet qu'on l'attache, même à la mort, on l'aime.

*440]                          159

Les belles actions cachées sont les plus estimables. Quand j'en vois quelques-unes dans l'histoire (comme p. 184), elles me plaisent fort. Mais enfin elles n'ont pas été tout à fait cachées, puisqu'elles ont été sues; et quoiqu'on ait fait ce qu'on a pu pour les cacher, ce peu par où elles ont paru gâte tout; car c'est là le plus beau, de les avoir voulu cacher.

---

1. « Peuple brutal, pour qui, dès qu'il n'y a plus d'armes, il n'y a plus d'existence » (Tite-Live, xxxiv - 17).

159]                        160

L'éternuement absorbe toutes les fonctions de l'âme, aussi bien que la besogne; mais on n'en tire pas les mêmes conséquences contre la grandeur de l'homme, parce que c'est contre son gré. Et quoiqu'on se le procure, néanmoins c'est contre son gré qu'on se le procure; ce n'est pas en vue de la chose même, c'est pour une autre fin : et ainsi ce n'est pas une marque de la faiblesse de l'homme, et de sa servitude sous cette action.

Il n'est pas honteux à l'homme de succomber sous la douleur, et il lui est honteux de succomber sous le plaisir. Ce qui ne vient pas de ce que la douleur nous vient d'ailleurs, et que nous recherchons le plaisir; car on peut rechercher la douleur, et y succomber à dessein, sans ce genre de bassesse. D'où vient donc qu'il est glorieux à la raison de succomber sous l'effort de la douleur, et qu'il lui est honteux de succomber sous l'effort du plaisir? C'est que ce n'est pas la douleur qui nous tente et nous attire; c'est nous-mêmes qui volontairement la choisissons et voulons la faire dominer sur nous; de sorte que nous sommes maîtres de la chose; et en cela c'est l'homme qui succombe à soi-même; mais, dans le plaisir, c'est l'homme qui succombe au plaisir. Or il n'y a que la maîtrise et l'empire qui fasse la gloire, et que la servitude qui fasse la honte.

79]                        161

*Vanité.*— Qu'une chose aussi visible qu'est la vanité du monde soit si peu connue que ce soit une chose étrange et surprenante de dire que c'est une sottise de chercher les grandeurs, cela est admirable!

487]                        162

Qui voudra connaître à plein la vanité de l'homme

n'a qu'à considérer les causes et les effets de l'amour. La cause en est *un je ne sais quoi* (CORNEILLE), et les effets en sont effroyables. Ce *je ne sais quoi,* si peu de chose qu'on ne peut le reconnaître, remue toute la terre, les princes, les armes, le monde entier.

Le nez de Cléopâtre : s'il eût été plus court, toute la face de la terre aurait changé.

79]            163

*Vanité.* — La cause et les effets de l'amour : Cléopâtre[1].

23]            164

Qui ne voit pas la vanité du monde est bien vain lui-même. Aussi qui ne la voit, excepté de jeunes gens qui sont tous dans le bruit, dans le divertissement, et dans la pensée de l'avenir? Mais, ôtez leur divertissement, vous les verrez se sécher d'ennui; ils sentent alors leur néant sans le connaître : car c'est bien être malheureux que d'être dans une tristesse insupportable, aussitôt qu'on est réduit à se considérer, et à n'en être point diverti.

415]            165

*Pensées.* — *In omnibus requiem quaesivi*[2]. Si notre condition était véritablement heureuse, il ne nous faudrait pas divertir d'y penser[3] pour nous rendre heureux.

1. On trouve dans une copie (p. 90 la rédaction suivante qui a été barrée « Rien ne montre mieux la vanité des hommes que de considérer quelle cause et quels effets de l'amour; car tout l'univers en est changé : le nez de Cléopâtre. »
2. *Ecclésiastique,* XXIV, 11 : « En toutes choses, j'ai cherché le repos. »
3. Cette proposition se retrouve isolée à la page 73 du manuscrit.

142]                    166

*Divertissement.* — La mort est plus aisée à supporter sans y penser, que la pensée de la mort sans
péril[1].

27]                    167

Les misères de la vie humaine ont fondé tout cela :
comme ils ont vu cela, ils ont pris le divertissement.

121]                    168

*Divertissement.* — Les hommes n'ayant pu guérir la
mort, la misère, l'ignorance, ils se sont avisés, pour se
rendre heureux, de n'y point penser[2].

1. *Sans y penser,* à la mort : la mort sans pensée s'oppose à la pensée
sans péril. La même idée se trouve exprimée par Méré : « La crainte de
la mort est plus sensible que la mort même ». (*Max.* 76).
2. Port-Royal fait suivre cette phrase du développement suivant, qui
est peut-être de Pascal, mais qui plus vraisemblablement a été ajouté
pour donner une conclusion pieuse aux différents chapitres des *Pensées
sur l'homme* : « C'est tout ce qu'ils ont pu inventer pour se consoler de
tant de maux. Mais c'est une consolation bien misérable, puisqu'elle va
non pas à guérir le mal, mais à le cacher simplement pour un peu de
temps, et qu'en le cachant elle fait qu'on ne pense pas à le guérir
véritablement. Ainsi, par un étrange renversement de la nature de
l'homme, il se trouve que l'ennui, qui est son mal le plus sensible,
est en quelque sorte son plus grand bien, parce qu'il peut contribuer
plus que toutes choses à lui faire chercher sa véritable guérison, et
que le divertissement, qu'il regarde comme son plus grand bien, est
en effet son plus grand mal, parce qu'il l'éloigne plus que toute chose
de chercher le remède à ses maux. Et l'un et l'autre sont une preuve
admirable de la misère et de la corruption de l'homme, et en même
temps de sa grandeur; puisque l'homme ne s'ennuie de tout, et ne
cherche cette multitude d'occupations, que parce qu'il a l'idée du
bonheur qu'il a perdu : lequel, ne trouvant point en soi, il le cherche
inutilement dans les choses extérieures, sans se pouvoir jamais conten-
ter, parce qu'il n'est ni dans nous, ni dans les créatures, mais le
Dieu seul. » (XXVI, 4).

121]                    169

Nonobstant ces misères, il veut être heureux, et ne veut être qu'heureux, et ne peut ne vouloir pas l'être; mais comment s'y prendra-t-il? Il faudrait, pour bien faire, qu'il se rendît immortel; mais, ne le pouvant, il s'est avisé de s'empêcher d'y[1] penser.

*Copie* 53]                    170

*Divertissement.* — Si l'homme était heureux, il le serait d'autant plus qu'il serait moins diverti, comme les saints et Dieu. — Oui; mais n'est-ce pas être heureux, que de pouvoir être réjoui par le divertissement? — Non; car il vient d'ailleurs et de dehors; et ainsi il est dépendant, et partant, sujet à être troublé par mille accidents, qui font les afflictions inévitables.

79]                    171

*Misère.* — La seule chose qui nous console de nos misères est le divertissement, et cependant c'est la plus grande de nos misères. Car c'est cela qui nous empêche principalement de songer à nous, et qui nous fait perdre[2] insensiblement. Sans cela, nous serions dans l'ennui, et cet ennui nous pousserait à chercher un moyen plus solide d'en sortir. Mais le divertissement nous amuse, et nous fait arriver insensiblement à la mort[3].

1. *y* se rapporte à la mort dont l'idée est contenue dans immortel.
2. Nous dirions aujourd'hui *nous fait nous perdre.*
3. On trouve dans l'édition de Port-Royal, en tête du chapitre XXVI, le développement suivant, qui a peut-être été fait d'après les indications laissées par Pascal : « Rien n'est plus capable de nous faire entrer dans la connaissance de la misère des hommes que de considérer la cause véritable de l'agitation perpétuelle dans laquelle ils passent toute leur vie.

« L'âme est jetée dans le corps pour y faire un séjour de peu de durée. Elle sait que ce n'est qu'un passage à un voyage éternel, et qu'elle n'a

Nous ne nous tenons jamais au temps présent. Nous anticipons l'avenir comme trop lent à venir, comme pour hâter son cours; ou nous rappelons le passé, pour l'arrêter comme trop prompt : si imprudents, que nous errons dans des temps qui ne sont pas nôtres, et ne pensons point au seul qui nous appartient; et si vains, que nous songeons à ceux qui ne sont rien, et échappons[1] sans réflexion le seul qui subsiste. C'est que le présent, d'ordinaire, nous blesse. Nous le cachons à notre vue, parce qu'il nous afflige; et s'il nous est agréable, nous regrettons de le voir échapper. Nous tâchons de le soutenir par l'avenir, et pensons à disposer les choses qui ne sont pas en notre puissance, pour un temps où nous n'avons aucune assurance d'arriver.

Que chacun examine ses pensées, il les trouvera toutes occupées au passé et à l'avenir. Nous ne pensons presque

que le peu de temps que dure la vie pour s'y préparer. Les nécessités de la nature lui ont ravissent une très grande partie. Il ne lui en reste que très peu dont elle puisse disposer. Mais ce peu qui lui reste l'incommode si fort et l'embarrasse si étrangement qu'elle ne songe qu'à le perdre. Ce lui est une peine insupportable d'être obligée de vivre avec soi et de penser à soi. Ainsi tout son soin est de s'oublier soi-même, et de laisser couler ce temps si court et si précieux sans réflexion, en s'occupant de choses qui l'empêchent d'y penser.

« C'est l'origine de toutes les occupations tumultuaires des hommes, et de tout ce qu'on appelle divertissement ou passe-temps, dans lesquels on n'a en effet pour but que d'y laisser passer le temps sans le sentir, ou plutôt sans se sentir soi-même, et d'éviter en perdant cette partie de la vie l'amertume et le dégoût intérieur qui accompagnerait nécessairement l'attention que l'on ferait sur soi-même durant ce temps-là. L'âme ne trouve rien en elle qui la contente; elle n'y voit rien qui ne l'afflige, quand elle y pense. C'est ce qui la contraint de se répandre au dehors, et de chercher dans l'application aux choses extérieures à perdre le souvenir de son état véritable. Sa joie consiste dans cet oubli; et il suffit, pour la rendre misérable, de l'obliger de se voir, et d'être avec soi. »

1. *Échapper*, employé comme actif.

point au présent; et, si nous y pensons, ce n'est que
pour en prendre la lumière pour disposer de l'avenir. Le
présent n'est jamais notre fin : le passé et le présent sont
nos moyens; le seul avenir est notre fin. Ainsi nous ne
vivons jamais, mais nous espérons de vivre; et, nous disposant toujours à être heureux, il est inévitable que
nous ne le soyons jamais.

127]                          173

Ils disent que les éclipses présagent malheur, parce
que les malheurs sont ordinaires, de sorte qu'il arrive si
souvent du mal, qu'ils devinent souvent; au lieu que s'ils
disaient qu'elles présagent bonheur, ils mentiraient souvent. Ils ne donnent le bonheur qu'à des rencontres du
ciel rares; ainsi ils manquent peu souvent à deviner.

*77]                          174

*Misère*. — Salomon[1] et Job ont le mieux connu et le
mieux parlé de la misère de l'homme[2] : l'un le plus heureux, et l'autre le plus malheureux; l'un connaissait la
vanité des plaisirs par expérience, l'autre la réalité des
maux.

431]                          175

Nous nous connaissons si peu que plusieurs pensent
aller mourir quand ils se portent bien; et plusieurs
pensent se porter bien quans ils sont proches de mourir,
ne sentant pas la fièvre prochaine, ou l'abcès prêt à se
former.

1. Considéré par Pascal comme l'auteur de l'*Ecclésiaste*.
2. *Connu* demanderait un complément direct; d'ailleurs la phrase
n'a pas été écrite par Pascal lui-même. Dans le manuscrit on retrouve
de la main de Pascal le titre et une autre fois les trois premiers mots
de ce fragment qu'il a fini par dicter.

229]                    176

Cromwell allait ravager toute la chrétienté; la famille
royale était perdue, et la sienne à jamais puissante, sans
un petit grain de sable qui se mit dans son uretère.
Rome même allait trembler sous lui; mais ce petit gra-
vier s'étant mis là, il est mort, sa famille abaissée, tout
en paix, et le roi rétabli[1].

73]                    177

[Trois hôtes.] Qui aurait eu l'amitié du roi d'Angle-
terre[2], du roi de Pologne et de la reine de Suède, aurait-il
cru manquer de retraite et d'asile au monde?

49]                    178

Macrobe[3] : des innocents tués par Hérode.

*Copie* 394]                    179

Quand Auguste eut appris qu'entre les enfants qu'Hérode avait fait mourir, au-dessous de l'âge de deux ans,

1. Olivier Cromwell est mort en 1658 (d'une fièvre et non de la
gravelle, fait remarquer E. Havet). Son fils Richard lui succéda comme
protecteur, mais il ne garda le pouvoir que quelques mois; en 1660
Monk fit rendre le trône au fils de Charles Ier. Le fragment a été écrit
au plus tôt en 1660.
2. Charles Ier fut décapité, comme on sait, en 1649; la reine Christine abdiqua en 1654. Quant au roi de Pologne, Jean Casimir, il fut
dépossédé de son royaume en 1656, mais il le reprit dans le cours
même de l'année; c'est donc, comme le remarque E. Havet, en 1656
que ce fragment a été écrit. Pascal inaugure le thème des *Rois en exil*
que Voltaire a développé d'une façon si brillante et qui est un lieu
commun de la littérature contemporaine. Tourneur lit : *Trois têtes.*
3. II, 4. Macrobe, écrivain latin du ve siècle, attaché à la cour de
Théodose et philosophe de l'école néo-platonicienne a laissé sous le
nom de *Saturnales* une compilation qui est une mine précieuse de
renseignements sur l'Antiquité.

était son propre fils, il dit qu'il était meilleur d'être le
pourceau d'Hérode, que son fils. Macrobe, livre II, *Sat.*,
chap. IV.

*442]                    180

Les grands et les petits ont mêmes accidents, et mêmes
fâcheries, et mêmes passions; mais l'un est au haut de la
roue, et l'autre près du centre, et ainsi moins agité par
les mêmes mouvements.

67]                    181

Nous sommes si malheureux que nous ne pouvons
prendre plaisir à une chose qu'à condition de nous
fâcher si elle réussit mal[1]; ce que mille choses peuvent
faire, et font, à toute heure. [*Qui*] aurait trouvé le secret
de se réjouir du bien sans se fâcher du mal contraire,
aurait trouvé le point; c'est le mouvement perpétuel[2].

*440]                    182

Ceux qui, dans de fâcheuses affaires, ont toujours
bonne espérance, et se réjouissent des aventures heu-
reuses, s'ils ne s'affligent également des mauvaises, sont
suspects d'être bien aises de la perte de l'affaire; et sont
ravis de trouver ces prétextes d'espérance pour montrer

1. Dans une lettre de 1661 à Domat, Pascal se plaint, comme on l'a
vu, que ses amis de Port-Royal prennent trop d'intérêt au succès des
luttes qu'ils soutiennent pour la vérité, comme s'il s'agissait de leur
intérêt propre, et non de la volonté de Dieu.
2. C'est-à-dire que l'idéal proposé ici est aussi incompatible avec les
conditions de l'activité humaine que l'idéal de la perpétuité est incompatible avec les conditions du mouvement terrestre.

qu'ils s'y intéressent, et couvrir par la joie qu'ils feignent d'en concevoir celle qu'ils ont de voir l'affaire perdue[1].

27]                         183

Nous courons sans souci dans le précipice, après que nous avons mis quelque chose devant nous pour nous empêcher de le voir.

---

1. Cette pensée subtile semble destinée à compléter la précédente. Quand on paraît pratiquer cette maxime de ne considérer que le bon côté des événements humains sans s'affliger des mauvais, ce n'est point par désintéressement et par philosophie, c'est qu'on a intérêt à l'événement contraire et qu'on cherche à le dissimuler.

# SECTION III

## DE LA NÉCESSITÉ DU PARI

29] 184

Lettre pour porter à rechercher Dieu.

Et puis le faire chercher chez les philosophes, pyrrhoniens et dogmatistes, qui travaillent[1] celui qui les[2] recherche[3].

409] 185

La conduite de Dieu, qui dispose toutes choses avec

1. Qui *agitent,* qui *inquiètent,* sens assez fréquent de *laborare*.
2. *Le* serait attendu ici plutôt que *les*; il s'agit de l'homme qui
recherche Dieu, et qui recherche les philosophes parce qu'il recherche
Dieu.
3. Suivant cette indication, c'est par lettre que Pascal s'était, au
moins provisoirement, proposé de traiter ce sujet : tourner la pensée
des libertins vers la religion, lui faire désirer qu'elle soit vraie. Or,
telle est exactement, à notre sens, la portée de l'argument du pari, qui
tourne la volonté, mais qui ne convainc pas l'intelligence. Il est à
remarquer que l'argument est développé sous forme de dialogue : le
dialogue faisait-il suite à la lettre? y était-il incorporé, comme il arrive
dans les premières *Provinciales*? où encore Pascal s'était-il ravisé?

douceur, est de mettre la religion dans l'esprit par les raisons, et dans le cœur par la grâce. Mais de la vouloir mettre dans l'esprit et dans le cœur par la force et par les menaces, ce n'est pas y mettre la religion, mais la terreur, *terrorem potius quam religionem*[1].

142]                                  186

*Nesi terrerentur et non docerentur, improba quasi dominatio videretur* (Aug. Ep. 48 ou 49) — IV tom : *Contra mendacium ad Consentium*[2].

27]                                   187

*Ordre.* — Les hommes ont mépris pour la religion; ils en ont haine, et pour qu'elle soit vraie. Pour guérir cela, il faut commencer par montrer que la religion n'est point contraire à la raison; vénérable, en donner respect; la rendre ensuite aimable, faire souhaiter aux bons qu'elle fût vraie; et puis montrer qu'elle est vraie.

Vénérable, parce qu'elle a bien connu l'homme; aimable, parce qu'elle promet le vrai bien.

427]                                  188

Il faut, en tout dialogue et discours, qu'on puisse dire à ceux qui s'en offensent : « De quoi vous plaignez-vous ? »

25]                                   189

Commencer par plaindre les incrédules; ils sont assez

1. La conception fondamentale du christianisme, suivant les maîtres du Jansénisme, c'est qu'il a substitué le règne de l'amour à la loi de terreur qui était la loi des Juifs.
2. « De crainte que s'ils sont menés par la terreur, sans être instruits, la domination paraisse tyrannique. » Ép. 48 (*ancien ordre*).

malheureux, par leur condition. Il ne les faudrait injurier qu'au cas que cela servît; mais cela leur nuit.

63]　　　　　　　　　　　190

　　Plaindre les athées qui cherchent, car ne sont-ils pas
assez malheureux? Inventiver contre ceux qui en font
vanité.

104]　　　　　　　　　　　191

　　Et celui-là se moquera de l'autre? Qui se doit moquer? Et cependant, celui-ci ne se moque pas de l'autre,
mais en a pitié.

461]　　　　　　　　　　　192

　　Reprocher à Miton de ne pas se remuer, quand Dieu
le reprochera[1].

39]　　　　　　　　　　　193

　　*Quid fiet hominibus qui minima contemnunt, majora non
credunt*[2].

*Copie* 209.]　　　　　　　　　　　194

　　... Qu'ils apprennent au moins quelle est la religion
qu'ils combattent, avant que de la combattre. Si cette
religion se vantait d'avoir une vue claire de Dieu, et de la
posséder à découvert et sans voile, ce serait la combattre
que de dire qu'on ne voit rien dans le monde qui le
montre avec cette évidence. Mais puisqu'elle dit au

　　1. C'est-à-dire *puisque.* Puisque Dieu le reprochera plus tard, il
est bon, dans l'intérêt de Miton lui-même, de le reprocher dès maintenant.
　　2. « Que fera-t-on des hommes qui méprisent les plus petites choses,
qui ne croient pas aux plus grandes? »

contraire que les hommes sont dans les ténèbres et dans
l'éloignement de Dieu, qu'il s'est caché à leur connaissance, que c'est même le nom qu'il se donne dans les
Écritures, *Deus absconditus*[1] ; et enfin, si elle travaille également à établir ces deux choses : que Dieu a établi des
marques sensibles dans l'Église pour se faire reconnaître à ceux qui le chercheraient sincèrement ; et qu'il
les a couvertes néanmoins de telle sorte qu'il ne sera
aperçu que de ceux qui le cherchent de tout leur cœur,
quel avantage peuvent-ils tirer, lorsque dans la négligence où ils font profession d'être de chercher la vérité,
ils crient que rien ne la leur montre, puisque cette
obscurité où ils sont, et qu'ils objectent à l'Église, ne
fait qu'établir une des choses qu'elle soutient, sans
toucher à l'autre, et établit sa doctrine, bien loin de
la ruiner ?

Il faudrait, pour la combattre, qu'ils criassent qu'ils
ont fait tous leurs efforts pour la chercher partout, et
même dans ce que l'Église propose pour s'en instruire,
mais sans aucune satisfaction. S'ils parlaient de la sorte,
ils combattraient à la vérité une de ses prétentions. Mais
j'espère montrer ici qu'il n'y a personne raisonnable qui
puisse parler de la sorte, et j'ose même dire que jamais
personne ne l'a fait. On sait assez de quelle manière
agissent ceux qui sont dans cet esprit. Ils croient avoir fait
de grands efforts pour s'instruire, lorsqu'ils ont employé
quelques heures à la lecture de quelque livre de l'Écriture,
et qu'ils ont interrogé quelque ecclésiastique sur les vérités
de la foi. [210] Après cela, ils se vantent d'avoir cherché
sans succès dans les livres et parmi les hommes. Mais,
en vérité, je leur dirai ce que j'ai dit souvent, que cette
négligence n'est pas supportable. Il ne s'agit pas ici de
l'intérêt léger de quelque personne étrangère, pour en

1. *Isaïe*, XLV, 15.

user de cette façon; il s'agit de nous-mêmes, et de notre tout.

L'immortalité de l'âme est une chose qui nous importe si fort, qui nous touche si profondément, qu'il faut avoir perdu tout sentiment pour être dans l'indifférence de savoir ce qui en est. Toutes nos actions et nos pensées doivent prendre des routes si différentes, selon qu'il y aura des biens éternels à espérer ou non, qu'il est impossible de faire une démarche avec sens et jugement, qu'en la réglant par la vue de ce point, qui doit être notre dernier objet.

Ainsi notre premier intérêt et notre premier devoir est de nous éclaircir sur ce sujet, d'où dépend toute notre conduite. Et c'est pourquoi, entre ceux qui n'en sont pas persuadés, je fais une extrême différence de ceux qui travaillent de toutes leurs forces à s'en instruire, à ceux qui vivent sans s'en mettre en peine et sans y penser.

Je ne puis avoir que de la compassion pour ceux qui gémissent sincèrement dans ce doute, qui le regardent comme le dernier des malheurs, et qui n'épargnant rien pour en sortir, font de cette recherche leurs principales et leurs plus sérieuses occupations.

211] Mais pour ceux qui passent leur vie sans penser à cette dernière fin de la vie, et qui, par cette seule raison qu'ils ne trouvent pas en eux-mêmes les lumières qui les en persuadent, négligent de les chercher ailleurs, et d'examiner à fond si cette opinion est de celles que le peuple reçoit par une simplicité crédule, ou de celles qui, quoique obscures d'elles-mêmes, ont néanmoins un fondement très solide et inébranlable, je les considère d'une manière toute différente[1].

---

1. [On doit avoir pitié des uns et des autres; mais on doit avoir pour les uns une pitié qui naît de tendresse, et, pour les autres, une pitié qui naît de mépris]. — Variante empruntée à la page 205 du manuscrit qui contient une série de très courts fragments la plupart rayés, reproduits plus ou moins textuellement dans le développement que nous ont conservé les Copies.

Cette négligence en une affaire où il s'agit d'eux-mêmes, de leur éternité, de leur tout, m'irrite plus qu'elle ne m'attendrit; elle m'étonne et m'épouvante, c'est un monstre pour moi. Je ne dis pas ceci par le zèle pieux d'une dévotion spirituelle[1]. J'entends au contraire qu'on doit avoir ce sentiment par un principe d'intérêt humain et par un intérêt d'amour-propre : il ne faut pour cela que voir ce que voient les personnes les moins éclairées.

Il ne faut pas avoir l'âme fort élevée pour comprendre qu'il n'y a point ici de satisfaction véritable et solide, que tous nos plaisirs ne sont que vanité, que nos maux sont infinis, et qu'enfin la mort, qui nous menace à chaque instant, doit infailliblement nous mettre dans peu d'années dans l'horrible nécessité d'être éternellement ou anéantis ou malheureux.

212] Il n'y a rien de plus réel que cela ni de plus terrible. Faisons tant que nous voudrons les braves : voilà la fin qui attend la plus belle vie du monde. Qu'on fasse réflexion là-dessus et qu'on dise ensuite s'il n'est pas indubitable qu'il n'y a de bien en cette vie qu'en l'espérance d'une autre vie, qu'on n'est heureux qu'à mesure qu'on s'en approche, et que, comme il n'y aura plus de malheurs pour ceux qui avaient une entière assurance de l'éternité, il n'y a point aussi de bonheur pour ceux qui n'en ont aucune lumière.

C'est donc assurément un grand mal que d'être dans ce doute; mais c'est au moins un devoir indispensable

---

1. [Je ne prends point cela par bigoterie, mais par la manière dont le cœur de l'homme est fait]. — [ ... Non par un zèle de dévotion et de détachement, mais par un principe purement humain, et par un mouvement d'intérêt et d'amour-propre, et parce que c'est une chose qui nous intéresse assez pour nous émouvoir, d'être assurés qu'après tous les maux de la vie, une mort inévitable, qui nous menace à chaque instant, doit infailliblement dans peu d'années... dans l'horrible nécessité...] (*Ibid.*)

de chercher, quand on est dans ce doute; et ainsi celui qui doute et qui ne cherche pas est tout ensemble et bien malheureux et bien injuste; que s'il est avec cela tranquille et satisfait, qu'il en fasse profession, et enfin qu'il en fasse vanité, et que ce soit de cet état même qu'il fasse le sujet de sa joie et de sa vanité, je n'ai point de termes pour qualifier une si extravagante créature[1].

Où peut-on prendre ces sentiments? Quel sujet de joie trouve-t-on à n'attendre plus que des misères sans ressource[2]? Quel sujet de vanité de se voir dans des obscurités impénétrables, et comment se peut-il faire que ce raisonnement se passe dans un homme raisonnable?

« Je ne sais qui m'a mis au monde, ni ce que c'est que le monde, ni que moi-même; je suis dans une ignorance terrible de toutes choses; je ne sais ce que c'est que mon corps, que mes sens, que mon âme et cette partie même de moi qui pense ce que je dis, qui fait réflexion sur tout et sur elle-même, et ne se connaît non plus que le reste. 213] Je vois ces effroyables espaces de l'univers qui m'enferment, et je me trouve attaché à un coin de cette vaste étendue, sans que je sache pourquoi je suis plutôt placé en ce lieu qu'en un autre, ni pourquoi ce

---

1. [Il est sans doute qu'il n'y a point de bien sans la connaissance de Dieu, qu'à mesure qu'on en approche on est heureux, et que le dernier bonheur est de le connaître avec certitude, qu'à mesure qu'on s'en éloigne on est malheureux, et que le dernier malheur serait la certitude du contraire. C'est donc un malheur que de douter, mais c'est un devoir indispensable de chercher dans le doute. Et ainsi, celui qui doute et qui ne cherche pas, est tout ensemble malheureux et injuste. Que s'il est avec cela gai et présomptueux, je n'ai point de terme pour qualifier une si extravagante créature] *(Ibid.)*.

2. [Quel sujet de joie, de ne plus attendre que des misères sans ressources! quelle consolation dans le désespoir de trouver consolateur!] *(Ibid.)*.

peu de temps qui m'est donné à vivre m'est assigné
à ce point plutôt qu'à un autre de toute l'éternité qui
m'a précédé et de toute celle qui me suit. Je ne vois
que des infinités de toutes parts, qui m'enferment
comme un atome et comme une ombre qui ne dure
qu'un instant sans retour. Tout ce que je connais
est que je dois bientôt mourir, mais ce que j'ignore
le plus est cette mort même que je ne saurais
éviter.

« Comme je ne sais d'où je viens, aussi je ne sais où
je vais; et je sais seulement qu'en sortant de ce monde,
je tombe pour jamais ou dans le néant, ou dans les mains
d'un Dieu irrité, sans savoir à laquelle de ces deux conditions je dois être éternellement en partage. Voilà mon
état, plein de faiblesse et d'incertitude. Et de tout cela,
je conclus que je dois donc passer tous les jours de ma
vie sans songer à chercher ce qui doit m'arriver. Peut-
être que je pourrais trouver quelque éclaircissement dans
mes doutes; mais je n'en veux pas prendre la peine, ni
faire un pas pour le chercher, et après, en traitant avec
mépris ceux qui se travailleront de ce soin, je veux aller
sans prévoyance et sans crainte, tenter un si grand
événement, et me laisser mollement conduire à la
mort, dans l'incertitude de l'éternité de ma condition
future[1]. »

214] Qui souhaiterait d'avoir pour ami un homme qui
discourt de cette manière? qui le choisirait entre les
autres pour lui communiquer ses affaires? qui aurait
recours à lui dans ses afflictions? Et enfin à quel usage
de la vie on le pourrait destiner?

En vérité, il est glorieux à la religion d'avoir pour

---

1. *En marge :* « Quelque certitude qu'ils en eussent, c'est un sujet
de désespoir plutôt que de vanité ».

ennemis des hommes si déraisonnables[1]; et leur opposition lui est si peu dangereuse, qu'elle sert au contraire
à l'établissement de ses vérités. Car la foi chrétienne ne
va presque qu'à établir ces deux choses : la corruption de
la nature, et la rédemption de Jésus-Christ. Or, je sou-
tiens que s'ils ne servent pas à montrer la vérité de la
rédemption par la sainteté de leurs mœurs, ils servent au
moins admirablement à montrer la corruption de la
nature par des sentiments si dénaturés.

Rien n'est si important à l'homme que son état[2], rien
ne lui est si redoutable que l'éternité; et ainsi, qu'il se
trouve des hommes indifférents à la perte de leur être et
au péril d'une éternité de misères, cela n'est point naturel.
Ils sont tout autres à l'égard de toutes les autres choses :
ils craignent jusqu'aux plus légères, ils les prévoient, ils
les sentent; et ce même homme qui passe tant de jours
et de nuits dans la rage et dans le désespoir pour la
perte d'une charge ou pour quelque offense imaginaire
à son honneur, c'est celui-là même qui sait qu'il va tout
perdre par la mort, sans inquiétude et sans émotion[3].
[215] C'est une chose monstrueuse de voir dans un même
cœur et en même temps cette sensibilité pour les

1. « Mais ceux-là mêmes qui semblent les plus opposés à la gloire de
la religion n'y seront pas inutiles pour les autres. Nous en ferons le
premier argument, qu'il y a quelque chose de surnaturel : car un
aveuglement de cette sorte n'est pas une chose naturelle; et si leur
folie les rend si contraires à leur propre bien, elle servira à en garantir
les autres par l'horreur d'un exemple si déplorable et d'une folie si
digne de compassion » (205). — « Je leur demanderais s'il n'est pas
vrai qu'ils vérifient par eux-mêmes ce fondement de la foi qu'ils
combattent que la nature de l'homme est dans la corruption »
(Copie 221).

2. « Rien n'est important que cela, et on ne néglige que cela. »
(Copie 221).

3. « Est-ce qu'ils sont si fermes qu'ils soient insensibles à tout ce qui
les touche? Éprouvons-les dans la perte des biens ou de l'honneur.
Quoi! c'est un enchantement... » (205).

moindres choses et cette étrange insensibilité pour les plus grandes[1]. C'est un enchantement[2] incompréhensible, et un assoupissement surnaturel, qui marque une force toute-puissante qui le cause.

Il faut qu'il y ait un étrange renversement dans la nature de l'homme pour faire gloire[3] d'être dans cet état, dans lequel il semble incroyable qu'une seule personne puisse être. Cependant l'expérience m'en fait voir en si grand nombre que cela serait surprenant, si nous ne savions que la plupart de ceux qui s'en mêlent se contre-font et ne sont pas tels en effet; ce sont des gens qui ont ouï dire que les belles manières du monde consistent à faire ainsi l'emporté[4]. C'est ce qu'ils appellent avoir secoué le joug et qu'ils essayent d'imiter. Mais il ne serait pas difficile de leur faire entendre combien ils s'abusent en cherchant par là de l'estime. Ce n'est pas le moyen d'en acquérir, je dis même parmi les personnes du monde qui jugent sainement des choses et qui savent que la seule voie d'y réussir est de se faire paraître honnête, fidèle, judicieux et capable de servir utilement son ami, parce que les hommes n'aiment naturellement que ce qui peut leur être utile. Or, quel avantage y a-t-il pour nous à ouïr dire à un homme qu'il a donc secoué le joug, qu'il ne croit pas qu'il y ait un Dieu qui veille sur ses actions, qu'il se considère comme seul maître de sa conduite, et

1. « Cependant il est certain que l'homme est si dénaturé qu'il y a dans son cœur une semence de joie en cela » (205). — « C'est tout ce que pourrait faire un homme qui serait assuré de la fausseté de cette nouvelle, encore ne devrait-il pas en être dans la joie, mais dans l'abattement » (Copie 221).

2. *Enchantement* est pris dans son sens original, incantation, miracle.

3. On dirait aujourd'hui *se faire gloire*.

4. [Les gens de cette sorte sont académistes, écoliers, et c'est le plus méchant caractère d'homme que je connaisse] (205). *Académistes,* c'est-à-dire élèves d'une Académie; *écoliers* c'est-à-dire imitateurs du « bon air ».

qu'il ne pense en rendre compte qu'à soi-même[1]? Pense-t-il nous avoir porté par là à avoir désormais bien de la confiance en lui et en attendre des consolations, des conseils et des secours dans tous les besoins de la vie[2]? Prétendent-ils nous avoir bien réjoui, de nous dire qu'ils tiennent que notre âme n'est qu'un peu de vent et de fumée, et encore de nous le dire d'un ton de voix fier et content? Est-ce donc une chose à dire gaîment? et n'est-ce pas une chose à dire tristement, au contraire, comme la chose du monde la plus triste[3]?

216] S'ils y pensaient sérieusement, ils verraient que cela est si mal pris, si contraire au bon sens, si opposé à l'honnêteté et si éloigné en toutes manières de ce bon air[4] qu'ils cherchent, qu'ils seraient plutôt capables de redresser que de corrompre ceux qui auraient quelque inclination à les suivre. Et en effet, faites-leur rendre compte de leurs sentiments et des raisons qu'ils ont de douter de la religion; ils vous diront des choses si faibles et si basses, qu'ils vous persuaderont du contraire. C'était ce que leur disait un jour fort à propos une personne : « Si vous continuez à discourir de la sorte, leur disait-il, en vérité vous me convertirez[5]. » Et il avait raison, car qui n'aurait horreur de se voir dans des sentiments où l'on a pour compagnons des personnes si méprisables!

Ainsi ceux qui ne font que feindre ces sentiments

---

1. « Le bon air va à n'avoir pas de complaisance, et la bonne piété à avoir complaisance pour les autres » *(Ibid.)*.

2. [Le beau sujet de se réjouir, et de se vanter, la tête levée en cette sorte : « Donc réjouissons-nous, vivons sans crainte et sans inquiétude, et attendons la mort, puisqu'il est incertain, et nous verrons alors ce qu'il arrivera de nous. — Je n'en vois pas la conséquence...] *(Ibid.)*

3. « Est-ce une chose à dire avec joie? C'est une chose qu'on doit donc dire tristement. » *(Ibid.)*

4. « Cela n'est point du bon air. » *(Ibid.)* — « Il ne faut pas dire de cela que c'est une marque de raison » (copie 221).

5. « Vous me convertirez » (205).

seraient bien malheureux de contraindre leur naturel pour se rendre les plus impertinents des hommes. S'ils sont fâchés dans le fond de leur cœur de n'avoir pas plus de lumière, qu'ils ne le dissimulent pas : cette déclaration ne sera point honteuse. Il n'y a de honte qu'à n'en point avoir. Rien n'accuse davantage une extrême faiblesse d'esprit que de ne pas connaître quel est le malheur d'un homme sans Dieu[1]; rien ne marque davantage une mauvaise disposition du cœur que de ne pas souhaiter la vérité des promesses éternelles; rien n'est plus lâche que de faire le brave contre Dieu[2]. Qu'ils laissent donc ces impiétés à ceux qui sont assez mal nés pour en être véritablement capables; qu'ils soient au moins honnêtes gens s'ils ne peuvent être chrétiens, [217] et qu'ils reconnaissent enfin qu'il n'y a que deux sortes de personnes qu'on puisse appeler raisonnables; ou ceux qui servent Dieu de tout leur cœur parce qu'ils le connaissent, ou ceux qui le cherchent de tout leur cœur, parce qu'ils ne le connaissent pas[3].

Mais pour ceux qui vivent sans le connaître et sans le chercher, ils se jugent eux-mêmes si peu dignes de leur soin, qu'ils ne sont pas dignes du soin des autres[4]; et qu'il faut avoir toute la charité de la religion qu'ils méprisent, pour ne les pas mépriser jusqu'à les abandonner dans leur folie[5]. Mais, parce que cette religion nous oblige de

1. [N'en être pas fâché et ne pas aimer cela accuse tant de faiblesse d'esprit, et tant de malice dans la volonté] *(Ibid.)*.
2. [Est-ce courage à un homme mourant, d'aller dans la faiblesse et dans l'agonie affronter un Dieu tout-puissant et éternel?] *(Ibid.)*.
3. « Les trois conditions » (Copie 221). Sur ces trois conditions, deux sont composées de personnes raisonnables; l'autre est celle des incrédules indifférents.
4. [Cela montre qu'il n'y a rien à leur dire : non par mépris, mais parce qu'ils n'ont pas le sens commun. Il faut que Dieu les touche] (205).
5. [Il faut bien être dans la religion qu'ils méprisent, pour ne les pas mépriser] *(Ibid.)*.

les regarder toujours, tant qu'ils seront en cette vie,
comme capables de la grâce qui peut les éclairer, et de
croire qu'ils peuvent être dans peu de temps plus remplis
de foi que nous ne sommes, et que nous pouvons au
contraire tomber dans l'aveuglement où ils sont, il faut
faire pour eux ce que nous voudrions qu'on fît pour nous
si nous étions à leur place[1], et les appeler à avoir pitié
d'eux-mêmes, et à faire au moins quelques pas pour
tenter s'ils ne trouveront pas de lumières. Qu'ils donnent
à cette lecture quelques-unes de ces heures qu'ils emploient si inutilement ailleurs : quelque aversion qu'ils
y apportent, peut-être rencontreront-ils quelque chose,
et pour le moins ils n'y perdront pas beaucoup; mais
pour ceux qui y apporteront une sincérité parfaite et un
véritable désir de rencontrer la vérité, j'espère qu'ils
auront satisfaction, et qu'ils seront convaincus des
preuves d'une religion si divine, que j'ai ramassées ici,
et dans lesquelles j'ai suivi à peu près cet ordre[2]...

*Copie* 217] **195**

Avant que d'entrer dans les preuves de la religion
chrétienne, je trouve nécessaire de représenter l'injustice
des hommes qui vivent dans l'indifférence de chercher la
vérité d'une chose qui leur est si importante et qui les
touche de si près.

---

1. [Que je serais heureux, si j'étais en cet état, qu'on eut pitié
de ma sottise, et qu'on eût la bonté de m'en tirer malgré moi] *(Ibid.).*
2. Voici, pour ce qui devait suivre, une note empruntée encore à
la page 205 du manuscrit : « N'est-ce pas assez qu'il se fasse des
miracles en un lieu, et que la Providence paraisse sur un peuple? »
assez pour mériter l'attention de l'incrédule. — Pascal a-t-il attendu
pour terminer cette préface que l'ouvrage fût terminé, tout au moins
que l'ordre des preuves fût arrêté? En tout cas on ne trouve dans ses
fragments que l'énumération et non l'ordre des preuves (fr. 289 et
290).

De tous leurs égarements, c'est sans doute celui qui les convainc le plus de folie et d'aveuglement, et dans lequel il est plus facile de les confondre par les premières vues du sens commun et par les sentiments de la nature. 218] Car il est indubitable que le temps de cette vie n'est qu'un instant, que l'état de la mort est éternel, de quelque nature qu'il puisse être, et qu'ainsi toutes nos actions et nos pensées doivent prendre des routes si différentes selon l'état de cette éternité, qu'il est impossible de faire une démarche avec sens et jugement qu'en la réglant par la vérité de ce point qui doit être notre dernier objet.

Il n'y a rien de plus visible que cela et qu'ainsi, selon les principes de la raison, la conduite des hommes est tout à fait déraisonnable, s'ils ne prennent une autre voie.

Que l'on juge donc là-dessus de ceux qui vivent sans songer à cette dernière fin de la vie, qui se laissent conduire à leurs inclinations et à leurs plaisirs sans réflexion et sans inquiétude, et, comme s'ils pouvaient anéantir l'éternité[1] en en détournant leur pensée, ne pensent à se rendre heureux que dans cet instant seulement.

Cependant cette éternité subsiste, et la mort, qui la doit ouvrir et qui les menace à toute heure, les doit mettre infailliblement dans peu de temps dans l'horrible nécessité d'être éternellement ou anéantis ou malheureux, sans qu'ils sachent laquelle de ces éternités leur est à jamais préparée.

---

1. [Notre imagination nous grossit si fort le temps présent, à force d'y faire des réflexions continuelles, et amoindrit tellement l'éternité, manque d'y faire réflexion, que nous faisons de l'éternité un néant et du néant une éternité; et tout cela a ses racines si vives en nous, que toute notre raison ne peut nous en défendre, et que...] (Variante tirée de la copie, p. 221).

Voilà un doute d'une terrible conséquence. Ils sont dans le péril de l'éternité de misères; et sur cela, comme si la chose n'en valait pas la peine, ils négligent d'examiner si c'est de ces opinions que le peuple reçoit avec une facilité trop crédule, ou de celles qui, étant obscures d'elles-mêmes, ont un fondement très solide quoique caché. Ainsi ils ne savent s'il y a vérité ou fausseté dans la chose, ni s'il y a force ou faiblesse dans les preuves. Ils les ont devant les yeux; ils refusent d'y regarder, et dans cette ignorance ils prennent le parti de faire tout ce qu'il faut pour tomber dans ce malheur au cas qu'il soit, d'attendre à en faire l'épreuve à la mort, d'être cependant fort satisfaits en cet état, d'en faire profession et enfin d'en faire vanité. Peut-on penser sérieusement à l'importance de cette affaire sans avoir horreur d'une conduite si extravagante?

Ce repos dans cette ignorance est une chose monstrueuse, et dont il faut faire sentir l'extravagance et la stupidité à ceux qui y passent leur vie, en la leur représentant à eux-mêmes, pour les confondre par la vue de leur folie. Car voici comme raisonnent les hommes, quand ils choisissent de vivre dans cette ignorance de ce qu'ils sont et sans rechercher d'éclaircissement. « Je ne sais », disent-ils...

4 12]                          196

Ces gens manquent de cœur; on n'en ferait pas son ami.

*Copie* 191]                    197

D'être insensible à[1] mépriser les choses intéressantes, et devenir insensible au point qui nous intéresse le plus.

---

1. *A* dans le sens de *jusqu'à*.

65]                    198

La sensibilité de l'homme aux petites choses et l'insensibilité pour les grandes choses, marque d'un étrange renversement.

*Copie* 223]                    199

Qu'on s'imagine un nombre d'hommes dans les chaînes, et tous condamnés à la mort, dont les uns étant chaque jour égorgés à la vue des autres, ceux qui restent voient leur propre condition dans celle de leurs semblables, et, se regardant les uns et les autres avec douleur et sans espérance, attendent à leur tour. C'est l'image de la condition des hommes.

61]                    200

Un homme dans un cachot, ne sachant si son arrêt est donné, n'ayant plus qu'une heure pour l'apprendre, cette heure suffisant, s'il sait qu'il est donné, pour le faire révoquer, il est contre nature qu'il emploie cette heure-là, non à s'informer si l'arrêt est donné, mais à jouer au piquet. Ainsi, il est surnaturel que l'homme, etc.[1]. C'est un appesantissement de la main de Dieu.

Ainsi, non seulement le zèle de ceux qui le cherchent prouve Dieu, mais l'aveuglement de ceux qui ne le cherchent pas.

1. Il est aisé de suppléer la phrase que Pascal laisse en suspens : *il est surnaturel que l'homme* passe sa vie à se divertir, sans se soucier du jugement qui est tout proche; car, comme il le dit ailleurs : *Si on doit donner huit jours on doit donner toute la vie.* Tout homme qui vit est à la veille de mourir. Remarquez que *contre nature* dans le premier exemple devient *surnaturel* dans le second; Pascal interprète la dérogation à la loi naturelle comme un effet d'une cause supérieure à la nature.

*Copie* 226]                    201

Toutes les objections des uns et des autres ne vont que contre eux-mêmes, et point contre la religion. Tout ce que disent les impies...

*Copie* 349]                    202

[Par ceux qui sont dans le déplaisir de se voir sans foi, on voit que Dieu ne les éclaire pas; mais les autres, on voit qu'il y a un Dieu qui les aveugle.]

489]                          203

*Fascinatio nugacitatis*[1]. — Afin que la passion ne nuise point, faisons comme s'il n'y avait que huit jours de vie.

*63]                         204

Si on doit donner huit jours de la vie, on doit donner cent ans[2].

67]                          205

Quand je considère la petite durée de ma vie, absorbée dans l'éternité précédant et suivant, le petit espace que je remplis et même que je vois, abîmé dans l'infinie immensité des espaces que j'ignore et qui m'ignorent, je m'effraie et m'étonne de me voir ici plutôt que là, car il n'y a point de raison pourquoi ici plutôt que là, pourquoi à présent plutôt que lors. Qui m'y a mis? Par

1. *Sagesse*, IV, 12 : « Fascination de la bagatelle ».
2. Variante de la page 491 : « Si on doit donner huit jours, on doit donner toute la vie ».

l'ordre et la conduite de qui ce lieu et ce temps a-t-il été destiné à moi? *Memoria hospitis unius diei prætereuntis*[1].

*Copie* 101] 206

Le silence éternel de ces espaces infinis m'effraie[2].

*23] 207

Combien de royaumes nous ignorent!

49] 208

Pourquoi ma connaissance est-elle bornée? ma taille? ma durée à cent ans plutôt qu'à mille? Quelle raison a eue la nature de me la donner telle, et de choisir ce nombre plutôt qu'un autre, dans l'infinité desquels il n'y a pas plus de raison de choisir l'un que l'autre, rien ne tentant plus que l'autre?

163] 209

Es-tu moins esclave, pour être aimé et flatté de ton maître? Tu as bien du bien, esclave. Ton maître te flatte, il te battra tantôt[3].

---

1. Cette citation, qui est en marge dans le manuscrit, est extraite du *Livre de la sagesse* (V, 15) : « L'espoir de l'impie est comme le duvet qui s'envole au vent, comme l'écume battue par là tempête, comme la fumée dispersée par le vent et comme *le souvenir de l'hôte d'un jour qui passe* ».

2. Ce cri pénétrant est d'un savant et d'un chrétien. Pour le géomètre l'univers offre l'image de l'infinité et de l'éternité; il semble participer ainsi aux attributs de la divinité. Mais le Dieu du chrétien est un être moral, il est « sensible au cœur ». Or cet univers infini est « muet », il est destitué de toute vie morale, il ne parle pas au cœur et il ne témoigne pas de Dieu. Ce monde qui emplit l'esprit du savant est comme un désert pour celui qui cherche Dieu.

3. Apostrophe ironique, qui rappelle le ton d'Épictète. Le maître, c'est le plaisir. *Tu as bien du bien;* c'est-à-dire tu es bien heureux.

63]                          210

Le dernier acte est sanglant, quelque belle que soit la comédie en tout le reste : on jette enfin de la terre sur la tête, et en voilà pour jamais.

63]                          211

Nous sommes plaisants de nous reposer dans la société de nos semblables : misérables comme nous, impuissants comme nous, ils ne nous aideront pas; on mourra seul. Il faut donc faire comme si on était seul; et alors, bâtirait-on des maisons superbes, etc.? On chercherait la vérité sans hésiter; et, si on le refuse, on témoigne estimer plus l'estime des hommes, que la recherche de la vérité.

229]                         212

*Écoulement* — C'est une chose horrible de sentir s'écouler tout ce qu'on possède.

63]                          213

Entre nous, et l'enfer ou le ciel, il n'y a que la vie entre deux, qui est la chose du monde la plus fragile.

49]                          214

*Injustice.* — Que la présomption soit jointe à la misère, c'est une extrême injustice.

437]                         215

Craindre la mort hors du péril, et non dans le péril; car il faut être homme.

*2ᵉ man. Guerrier*]              216

Mort soudaine seule à craindre, et c'est pourquoi les confesseurs demeurent chez les grands.

247] 217

C'est un héritier qui trouve les titres de sa maison. Dira-t-il : « Peut-être qu'ils sont faux? » et négligera-t-il de les examiner?

27] 218

*Cachot*[1]. — Je trouve bon qu'on n'approfondisse pas l'opinion de Copernic : mais ceci...! Il importe à toute la vie de savoir si l'âme est mortelle ou immortelle.

73] 219

Il est indubitable que, que l'âme soit mortelle ou immortelle, cela doit mettre une différence entière dans la morale. Et cependant les philosophes ont conduit leur morale indépendamment de cela : ils délibèrent de passer une heure.

Platon, pour disposer au christianisme.

489] 220

Fausseté des philosophes qui ne discutaient pas l'immortalité de l'âme. Fausseté de leur dilemme dans Montaigne.

63] 221

Les athées doivent dire des choses parfaitement claires;

1. Ce titre de *Cachot* s'explique par le fragment cité plus haut (... L'homme est dans un cachot, attendant sa condamnation à mort; ne s'enquerra-t-il pas de ce qui l'attend après la mort?)

or il n'est point parfaitement clair que l'âme soit maté-
rielle.

**4 16]**                    222

*Athées.* — Quelle raison ont-ils de dire qu'on ne peut
ressusciter? quel[1] est plus difficile, de naître ou de ressusciter, que ce qui n'a jamais été soit, ou que ce qui a été
soit encore? Est-il plus difficile de venir en être que d'y
revenir? La coutume nous rend l'un facile, le manque de
coutume rend l'autre impossible : populaire façon de
juger!

Pourquoi une vierge ne peut-elle enfanter? Une poule
ne fait-elle pas des œufs sans coq? quoi les distingue par
dehors d'avec les autres? et qui nous a dit que la poule
n'y peut former ce germe aussi bien que le coq?

**45]**                    223

Qu'ont-ils à dire contre la résurrection, et contre l'en-
fantement de la Vierge? Qu'est-il plus difficile, de produire un homme ou un animal, ou de le reproduire? Et
s'ils n'avaient jamais vu une espèce d'animaux, pour-
raient-ils deviner s'ils se produisent sans la compagnie
les uns des autres?

**402]**                    224

Que je hais ces sottises, de ne pas croire l'Eucharistie,
etc.! Si l'Évangile est vrai, si Jésus-Christ est Dieu, quelle
difficulté y a-t-il là?

**61]**                    225

Athéisme marque de force d'esprit, mais jusqu'à un
certain degré seulement.

1. Aujourd'hui on emploie dans ce sens *lequel*.

25]                          226

Les impies, qui font profession de suivre la raison,
doivent être étrangement forts en raison. Que disent-ils
donc? « Ne voyons-nous pas, disent-ils, mourir et vivre
les bêtes comme les hommes, et les Turcs comme les
Chrétiens? Ils ont leurs cérémonies, leurs prophètes, leurs
docteurs, leurs saints, leurs religieux, comme nous, etc. »
(Cela est-il contraire à l'Écriture? ne dit-elle pas tout
cela?[1])

Si vous ne vous souciez guère de savoir la vérité, en
voilà assez pour vous laisser en repos. Mais si vous désirez
de tout votre cœur de la connaître, ce n'est pas assez;
regardez au détail. C'en serait assez pour une question de
philosophie; mais ici où il va de tout. Et cependant, après
une réflexion légère de cette sorte, on s'amusera, etc.
Qu'on s'informe de cette religion même si elle ne rend
pas raison de cette obscurité; peut-être qu'elle nous
l'apprendra[2].

29]                          227

*Ordre par dialogues.* — « Que dois-je faire? Je ne vois
partout qu'obscurités. Croirai-je que je ne suis rien?
croirai-je que je suis Dieu?

« Toutes choses changent et se succèdent ». — Vous
vous trompez, il y a...

45]                          228

Objection des athées : « Mais nous n'avons nulle lumière. »

1. La parenthèse en marge dans le manuscrit.
2. Pascal se proposait d'établir dans son *Apologie* que cette « obscurité » était à double fin : elle sert à écarter ceux qui sont *en dehors* de
la foi, à confirmer et à perpétuer leur condamnation; et, d'autre part,
comme elle est justifiée par la nature même de la religion, elle est une
preuve de plus pour ceux qui sont *en dedans,* et elle fortifie en eux
la foi.

*Copie* 219]					229

Voilà ce que je vois et ce qui me trouble. Je regarde de toutes parts, et je ne vois partout qu'obscurité. La nature ne m'offre rien, qui ne soit matière de doute et d'inquiétude. Si je n'y voyais rien qui marquât une Divinité, je me déterminerais à la négative; si je voyais partout les marques d'un Créateur, je reposerais en paix dans la foi. Mais, voyant trop pour nier et trop peu pour m'assurer, je suis dans un état à plaindre, et où j'ai souhaité cent fois que, si un Dieu la soutient, elle le marquât sans équivoque; et que, si les marques qu'elle en donne sont trompeuses, elle les supprimât tout à fait; qu'elle dît tout ou rien, afin que je visse quel parti je dois suivre. Au lieu qu'en l'état où je suis, ignorant ce que je suis et ce que je dois faire, je ne connais ni ma condition, ni mon devoir. Mon cœur tend tout entier à connaître où est le vrai bien, pour le suivre; rien ne me serait trop cher pour l'éternité[1].

Je porte envie à ceux que je vois dans la foi vivre avec tant de négligence, et qui usent si mal d'un don duquel il me semble que je ferais un usage si différent.

17]					230

Incompréhensible que Dieu soit, et incompréhensible qu'il ne soit pas; que l'âme soit avec le corps, que nous n'ayons pas d'âme; que le monde soit créé, qu'il ne le

---

1. Par les fragments précédents, il est visible que celui-ci fait partie d'un dialogue. L'interlocuteur de Pascal y dépeint l'état de son âme; sa volonté désire le vrai bien, mais l'intelligence est impuissante à remplir son office qui est d'éclairer sa volonté. Il s'agira pour Pascal de trouver un biais pour tirer de l'impuissance même de cette intelligence une direction raisonnable pour la volonté, et c'est à quoi satisfera l'argument du pari.

soit pas, etc.; que le péché originel soit, et qu'il ne soit pas.

8] 231

Croyez-vous qu'il soit impossible que Dieu soit infini, sans parties? — Oui. — Je vous veux donc faire voir une chose infinie et indivisible. C'est un point se mouvant partout d'une vitesse infinie; car il est un en tous lieux et est tout entier en chaque endroit.

Que cet effet de nature[1], qui vous semblait impossible auparavant, vous fasse connaître qu'il peut y en avoir d'autres que vous ne connaissez pas encore. Ne tirez pas cette conséquence de votre apprentissage, qu'il ne vous reste rien à savoir; mais qu'il vous reste infiniment à savoir.

425] 232

Le mouvement infini, le point qui remplit tout, le moment de repos : infini sans quantité, indivisible et infini.

3] 233

*Infini — rien.* — Notre âme est jetée dans le corps, où elle trouve nombre, temps, dimensions. Elle raisonne les

---

1. Les réflexions contenues dans le traité inachevé *De l'esprit géométrique* expliquent comment Pascal peut donner à cet exemple la valeur d'un fait naturel. Les deux infinis existent objectivement; il est possible d'en réaliser la combinaison dans un mobile qui serait infiniment petit et qui aurait une vitesse infiniment grande; même en géométrie, Pascal retrouve cette vérité fondamentale pour lui, que le fait concret est supérieur à la raison abstraite.

dessus, et appelle cela nature, nécessité[1], et ne peut croire autre chose.

L'unité jointe à l'infini ne l'augmente de rien, non plus qu'un pied à une mesure infinie. Le fini s'anéantit en présence de l'infini, et devient un pur néant. Ainsi notre esprit devant Dieu; ainsi notre justice devant la justice divine. Il n'y a pas si grande disproportion entre notre justice et celle de Dieu, qu'entre l'unité et l'infini.

Il faut que la justice de Dieu soit énorme comme sa miséricorde. Or, la justice envers les réprouvés est moins énorme et doit moins choquer que la miséricorde envers les élus.

Nous connaissons qu'il y a un infini, et ignorons sa nature. Comme nous savons qu'il est faux que les nombres soient finis, donc il est vrai qu'il y a un infini en nombre. Mais nous ne savons ce qu'il est : il est faux qu'il soit pair, il est faux qu'il soit impair; car, en ajoutant l'unité, il ne change point de nature; cependant c'est un nombre, et tout nombre est pair ou impair (il est vrai que cela s'entend de tout nombre fini). Ainsi on peut bien connaître qu'il y a un Dieu sans savoir ce qu'il est.

N'y a-t-il point une vérité substantielle, voyant tant de choses vraies qui ne sont point la vérité même?

Nous connaissons donc l'existence et la nature du fini, parce que nous sommes finis et étendus comme lui. Nous connaissons l'existence de l'infini et ignorons sa nature, parce qu'il a étendue comme nous, mais non pas des bornes comme nous. Mais nous ne connaissons ni l'existence ni la nature de Dieu, parce qu'il n'a ni étendue ni bornes.

Mais par la foi nous connaissons son existence; par la

---

1. Tandis que ce n'est qu'un effet de la coutume, ainsi que le dit Pascal ailleurs et cette coutume est un résultat du hasard qui a uni deux natures hétérogènes comme l'âme et le corps.

gloire[1] nous connaîtrons sa nature. Or, j'ai déjà montré qu'on peut bien connaître l'existence d'une chose, sans connaître sa nature.

4] Parlons maintenant selon les lumières naturelles.

S'il y a un Dieu, il est infiniment incompréhensible, puisque, n'ayant ni parties ni bornes, il n'a nul rapport à nous. Nous sommes donc incapables de connaître ni ce qu'il est, ni s'il est. Cela étant, qui osera entreprendre de résoudre cette question? Ce n'est pas nous, qui n'avons aucun rapport à lui.

Qui blâmera donc les chrétiens de ne pouvoir rendre raison de leur créance, eux qui professent une religion dont ils ne peuvent rendre raison? Ils déclarent, en l'exposant au monde, que c'est une sottise, *stultitiam;* et puis, vous vous plaignez de ce qu'ils ne la prouvent pas! S'ils la prouvaient, ils ne tiendraient pas parole : c'est en manquant de preuve qu'ils ne manquent pas de sens. — « Oui; mais encore que cela excuse ceux qui l'offrent telle, et que cela les ôte de blâme de la produire sans raison, cela n'excuse pas ceux qui la reçoivent. » — Examinons donc ce point, et disons : « Dieu est, ou il n'est pas. » Mais de quel côté pencherons-nous? La raison n'y peut rien déterminer; il y a un chaos infini qui nous sépare. Il se joue un jeu, à l'extrémité de cette distance infinie, où il arrivera croix ou pile. Que gagerez-vous? Par raison, vous ne pouvez faire ni l'un ni l'autre; par raison, vous ne pouvez défaire nul des deux.

Ne blâmez donc pas de fausseté ceux qui ont pris un choix; car vous n'en savez rien. — « Non; mais je les blâmerai d'avoir fait, non ce choix, mais un choix; car,

---

1. Au sens théologique du terme, l'état de gloire c'est la félicité dont les élus jouiront après le jugement non parce qu'il a été juste que leurs mérites aient été récompensés, mais parce qu'à la faveur de la grâce divine ils ont échappé à la punition de leurs péchés.

encore que celui qui prend croix et l'autre soient en pareille faute, ils sont tous deux en faute : le juste est de ne point parier. »

— Oui; mais il faut parier; cela n'est pas volontaire, vous êtes embarqué. Lequel prendrez-vous donc? Voyons. Puisqu'il faut choisir, voyons ce qui vous intéresse le moins. Vous avez deux choses à perdre : le vrai et le bien, et deux choses à engager : votre raison et votre volonté, votre connaissance et votre béatitude; et votre nature a deux choses à fuir : l'erreur et la misère. Votre raison n'est pas plus blessée, en choisissant l'un que l'autre, puisqu'il faut nécessairement choisir. Voilà un point vidé. Mais votre béatitude? pesons le gain et la perte, en prenant croix que Dieu est. Estimons ces deux cas : si vous gagnez, vous gagnez tout; si vous perdez, vous ne perdez rien. Gagez donc qu'il est, sans hésiter. — « Cela est admirable. Oui, il faut gager; mais je gage peut-être trop. » — Voyons. Puisqu'il y a pareil hasard de gain et de perte, si vous n'aviez qu'à gagner deux vies pour une, vous pourriez encore 7] gager; mais s'il y en avait trois à gagner, il faudrait jouer (puisque vous êtes dans la nécessité de jouer), et vous seriez imprudent, lorsque vous êtes forcé à jouer, de ne pas hasarder votre vie pour en gagner trois à un jeu où il y a pareil hasard de perte et de gain. Mais il y a une éternité de vie et de bonheur. Et cela étant, quand il y aurait une infinité de hasards dont un seul serait pour vous, vous auriez encore raison de gager un pour avoir deux, et vous agiriez de mauvais sens, étant obligé à jouer, de refuser de jouer une vie contre trois à un jeu où d'une infinité de hasards il y en a un pour vous, s'il y avait une infinité de vie infiniment heureuse à gagner. Mais il y a ici une infinité de vie infiniment heureuse à gagner, un hasard de gain contre un nombre fini de hasards de perte, et ce que vous jouez est fini. Cela ôte tout parti[1] : partout où est l'infini, et où il n'y a pas infinité de hasards de perte contre celui de gain, il n'y a point à balancer, il faut tout donner. Et ainsi, quand on est forcé à jouer, il faut renoncer à la raison pour garder la vie, plutôt que de la hasarder pour le gain infini aussi prêt à arriver que la perte du néant.

Car il ne sert de rien de dire qu'il est incertain si on gagnera, et qu'il est certain qu'on hasarde, et que l'infinie distance qui est entre la *certitude* de ce qu'on s'expose et l'*incertitude* de ce qu'on gagnera, égale le bien fini, qu'on expose certainement, à l'infini, qui est incertain. Cela n'est pas ainsi. Tout joueur hasarde avec certitude pour gagner avec incertitude; et néanmoins il hasarde certainement le fini pour gagner incertainement le fini, sans pêcher contre la raison. Il n'y a pas infinité de distance entre cette certitude de ce qu'on s'expose et l'incertitude du gain; cela est faux. Il y a, à la vérité, infinité entre la certitude de gagner et la certitude de perdre. Mais l'incertitude de gagner est proportionnée à la certitude de ce qu'on hasarde, selon la proportion des hasards de gain et de perte. Et de là vient que, s'il y a autant de hasards d'un côté que de l'autre, le parti est à jouer égal contre égal; et alors la certitude de ce qu'on s'expose est égale à l'incertitude du gain : tant s'en faut qu'elle en soit infiniment distante. Et ainsi, notre proposition est dans une force infinie, quand il y a le fini à hasarder à un jeu où il y a pareils hasards de gain que de perte, et l'infini à gagner. Cela est démonstratif; et si les hommes sont capables de quelque vérité, celle-là l'est[2].

1. Et non point (si nous avons bien lu) *cela est tout parti,* du participe du verbe *partir.* Le sens est qu'il n'y a même pas lieu à pari, à probabilité, le fini étant comme *rien* devant l'*infini.*
2. Tour elliptique : « Celle-là est une vérité dont les hommes sont capables. »

4] — « Je le confesse, je l'avoue. Mais encore n'y a-t-il
point moyen de voir le dessous du jeu ? » — Oui, l'Écriture, et le reste, etc.

— « Oui ; mais j'ai les mains liées et la bouche muette,
8] on me force à parier, et je ne suis pas en liberté ; on
ne me relâche pas, et je suis fait d'une telle sorte que je
ne puis croire. Que voulez-vous donc que je fasse ? »

— Il est vrai. Mais apprenez au moins votre impuissance à croire, puisque la raison vous y porte, et que
néanmoins vous ne le pouvez[1]. Travaillez donc, non pas
à vous convaincre par l'augmentation des preuves de
Dieu, mais par la diminution de vos passions. Vous voulez aller à la foi, et vous n'en savez pas le chemin ; vous
voulez vous guérir 4] de l'infidélité, et vous en demandez
le remède : apprenez de ceux qui ont été liés comme
vous, et qui parient maintenant tout leur bien ; ce sont
gens qui savent ce chemin que vous voudriez suivre, et
guéris d'un mal dont vous voulez guérir. Suivez la manière par où ils ont commencé : c'est en faisant tout
comme s'ils croyaient, en prenant de l'eau bénite, en
faisant dire des messes, etc. Naturellement même cela
vous fera croire et vous abêtira[2]. — « Mais c'est ce que

1. Pascal avait écrit d'abord : [Apprenez au moins que votre impuissance à croire ne vient point du défaut... vient de vos passions.
Vous ne renverseriez pas la raison en croyant, puisqu'être obligé à
croire ou à nier ne peut...].
2. Pascal demande au libertin le sacrifice d'une raison artificielle,
faussement érigée en faculté de vérité absolue, qui n'est capable de
le mener ni à la science ni au bonheur, qui n'est en définitive qu'une
somme de préjugés. *S'abêtir*, c'est renoncer aux croyances auxquelles
« l'instruction » et l'habitude ont donné la force de la nécessité naturelle, mais qui sont démontrées par le raisonnement même, impuissantes et vaines. *S'abêtir*, c'est retourner à l'enfance, pour atteindre
les vérités supérieures qui sont inaccessibles à la courte sagesse des
demi-savants. « Rien n'est plus conforme à la raison que ce désaveu
de la raison » : la parole de Pascal est d'un croyant, elle n'est pas
d'un sceptique.

je crains. » — Et pourquoi ? qu'avez-vous à perdre ?

Mais pour vous montrer que cela y mène, c'est que cela diminuera les passions, qui sont vos grands obstacles. 7] *Fin de ce discours.* — Or, quel mal vous arrivera-t-il en prenant ce parti ? Vous serez fidèle, honnête, humble, reconnaissant, bienfaisant, ami sincère, véritable. A la vérité, vous ne serez point dans les plaisirs empestés, dans la gloire, dans les délices ; mais n'en aurez-vous point d'autres ? Je vous dis que vous y gagnerez en cette vie ; et qu'à chaque pas que vous ferez dans ce chemin, vous verrez tant de certitude du gain, et tant de néant de ce que vous hasardez, que vous reconnaîtrez à la fin que vous avez parié pour une chose certaine, infinie, pour laquelle vous n'avez rien donné.

4] — « Oh ! ce discours me transporte, me ravit, etc. »

— Si ce discours vous plaît et vous semble fort, sachez qu'il est fait par un homme qui s'est mis à genoux auparavant et après, pour prier cet Être infini et sans parties, auquel il soumet tout le sien, de se soumettre aussi le vôtre pour votre propre bien et pour sa gloire ; et qu'ainsi la force s'accorde avec cette bassesse[1].

130]                    234

S'il ne fallait rien faire que pour le certain, on ne devrait rien faire pour la religion ; car elle n'est pas certaine. Mais combien de choses fait-on pour l'incertain, les voyages sur mer, les batailles ! Je dis donc qu'il ne faudrait rien faire du tout, car rien n'est certain ; et qu'il y a plus de certitude à la religion, que non pas[2] que nous voyions le jour de demain : car il n'est pas certain que nous voyions demain, mais il est certainement possible

---

1. La force du discours, que le libertin reconnaît, s'accorde avec ce qu'il regarde comme une bassesse, l'agenouillement et la prière.

2. Tournure tombée en désuétude : aujourd'hui il faudrait répéter le verbe *qu'il n'y en a.*

que nous ne le voyions pas. On n'en peut pas dire autant
de la religion. Il n'est pas certain qu'elle soit; mais qui
osera dire qu'il est certainement possible qu'elle ne soit
pas? Or, quand on travaille pour demain, et pour l'incertain, on agit avec raison; car on doit travailler pour
l'incertain, par la règle des partis qui est démontrée[1].

Saint Augustin a vu qu'on travaille pour l'incertain,
sur mer, en bataille, etc.; mais il n'a pas vu la règle des
partis, qui démontre qu'on le doit. Montaigne a vu qu'on
s'offense d'un esprit boiteux, et que la coutume peut tout;
mais il n'a pas vu la raison de cet effet.

Toutes ces personnes ont vu les effets, mais ils n'ont
pas vu les causes; ils sont à l'égard de ceux qui ont
découvert les causes comme ceux qui n'ont que les yeux
à l'égard de ceux qui ont l'esprit; car les effets sont
comme sensibles, et les causes sont visibles seulement à
l'esprit. Et quoique ces effets-là se voient par l'esprit, cet
esprit est à l'égard de l'esprit qui voit les causes comme
les sens corporels à l'égard de l'esprit.

467]                    235

_Rem viderunt, causam non viderunt_[2].

64]                    236

Par les partis, vous devez vous mettre en peine de

1. L'expression a son origine dans les recherches que fit Pascal pour
résoudre le problème que Méré lui avait proposé : répartir les enjeux
dans le cas où la partie est interrompue suivant les chances de gain.
Pascal en fait un usage très étendu; il désigne toute règle de décision
dans les choses incertaines, exactement ce que nous appelons le calcul
des probabilités, dont Pascal a été l'un des précurseurs avec Fermat et
Huyghens.

2. « Ils ont vu la chose, ils n'ont pas vu la cause. » C'est ce que
saint Augustin dit de Cicéron, qui a décrit la misère de l'homme.
_Contre Pélage,_ IV, 60.

rechercher la vérité, car si vous mourez sans adorer le vrai principe, vous êtes perdu. — « Mais, dites-vous, s'il avait voulu que je l'adorasse, il m'aurait laissé des signes de sa volonté. » — Aussi a-t-il fait ; mais vous les négligez. Cherchez-les donc ; cela le vaut bien.

63] 237

*Partis.* — Il faut vivre autrement dans le monde selon ces diverses suppositions[1] : 1° Si on pouvait y être toujours ; 2° s'il est sûr qu'on n'y sera pas longtemps, et incertain si on y sera une heure. Cette dernière supposition est la nôtre.

*63] 238

Que me promettez-vous enfin (car dix ans est le parti), sinon dix ans d'amour-propre, à bien essayer de plaire sans y réussir, outre les peines certaines?

235] 239

*Objection.* — Ceux qui espèrent leur salut sont heureux en cela, mais ils ont pour contre-poids la crainte de l'enfer.

*Réponse.* — Qui a plus de sujet de craindre l'enfer, ou celui qui est dans l'ignorance s'il y a un enfer, et dans la certitude de damnation, s'il y en a ; ou celui qui est dans une certaine persuasion qu'il y a un enfer, et dans l'espérance d'être sauvé, s'il est?

---

1. Voici la première rédaction de ce passage : « 1. S'il est sûr qu'on y sera toujours ; 2. S'il est incertain si on y sera toujours ou non ; 3. S'il est [faux] sûr qu'on n'y sera pas toujours, mais qu'on soit assuré d'y être longtemps ; 4. S'il est certain qu'on n'y sera pas toujours et incertain qu'on y sera longtemps. »

41]                            240

— « J'aurais bientôt quitté les plaisirs, disent-ils, si
j'avais la foi. » — Et moi, je vous dis : « Vous auriez bientôt la foi, si vous aviez quitté les plaisirs. » Or, c'est à
vous à commencer. Si je pouvais, je vous donnerais la
foi ; je ne puis le faire, ni partant éprouver la vérité de ce
que vous dites. Mais vous pouvez bien quitter les plaisirs, et éprouver si ce que je dis est vrai.

485]                           241

*Ordre.* — J'aurais bien plus de peur de me tromper, et
de trouver que la religion chrétienne soit vraie, que non
pas de me tromper en la croyant vraie.

# SECTION IV

## DES MOYENS DE CROIRE

*Préface de la seconde partie :* Parler de ceux qui ont traité de cette matière.

J'admire avec quelle hardiesse ces personnes entreprennent de parler de Dieu. En adressant leurs discours aux impies, leur premier chapitre est de prouver la Divinité par les ouvrages de la nature. Je ne m'étonnerais pas de leur entreprise s'ils adressaient leurs discours aux fidèles, car il est certain [*que ceux*] qui ont la foi vive dedans le cœur voient incontinent que tout ce qui est n'est autre chose que l'ouvrage du Dieu qu'ils adorent. Mais pour ceux en qui cette lumière s'est éteinte, et dans lesquels on a dessein de la faire revivre, ces personnes destituées de foi et de grâce, qui, recherchant de toute leur lumière tout ce qu'ils voient dans la nature qui les peut mener à cette connaissance, ne trouvent qu'obscurité et ténèbres; dire à ceux-là qu'ils n'ont qu'à voir la moindre des choses qui les environnent, et qu'ils

verront Dieu à découvert, et leur donner, pour toute
preuve de ce grand et important sujet, le cours de la
lune et des planètes, et prétendre avoir achevé sa preuve
avec un tel discours, c'est leur donner sujet de croire
que les preuves de notre religion sont bien faibles; et je
vois par raison et par expérience que rien n'est plus
propre à leur en faire naître le mépris.

Ce n'est pas de cette sorte que l'Écriture, qui connaît
mieux les choses qui sont de Dieu, en parle. Elle dit au
contraire que Dieu est un Dieu caché; et que, depuis
la corruption de la nature, il les a laissés dans un aveuglement dont ils ne peuvent sortir que par Jésus-
Christ, hors duquel toute communication avec Dieu est
ôtée : *Nemo novit Patrem, nisi Filius, et cui voluerit Filius
revelare*[1].

C'est ce que l'Écriture nous marque, quand elle dit en
tant d'endroits que ceux qui cherchent Dieu le trouvent[2].
Ce n'est point de cette lumière qu'on parle, « comme le
jour en plein midi ». On ne dit point que ceux qui cherchent le jour en plein midi, ou de l'eau dans la mer en
trouveront; et ainsi il faut bien que l'évidence de Dieu ne
soit pas telle dans la nature. Aussi elle nous dit ailleurs :
*Vere tu es Deus absconditus*[3].

*Copie* 254]                    243

C'est une chose admirable que jamais auteur canonique ne s'est servi de la nature pour prouver Dieu. Tous
tendent à le faire croire[4]. David, Salomon, etc., jamais

---

1. Math., XI, 27. La Vulgate porte *neque Patrem quis novit...* « Et
personne n'a connu le Père, si ce n'est le Fils et celui à qui le Fils a
voulu le révéler. »
2. Math., VII, 7. « Cherchez et vous trouverez. »
3. Is., XLV, 15. « Tu es vraiment le Dieu caché. »
4. C'est-à-dire à faire croire Dieu.

n'ont dit : « Il n'y a point de vide, donc il y a un Dieu. »
Il fallait qu'ils fussent plus habiles que les plus habiles
gens qui sont venus depuis, qui s'en sont tous servis.
Cela est très considérable.

29]                    244

« Eh quoi! ne dites-vous pas vous-même que le ciel et
les oiseaux prouvent Dieu? » — Non. — « Et votre religion ne le dit-elle pas? » — Non. Car encore que cela est
vrai en un sens pour quelques âmes à qui Dieu donne
cette lumière, néanmoins cela est faux à l'égard de la
plupart.

17]                    245

Il y a trois moyens de croire : la raison, la coutume,
l'inspiration[1]. La religion chrétienne, qui seule a la raison
n'admet pas pour ses vrais enfants ceux qui croient sans
inspiration; ce n'est pas qu'elle exclue la raison et la coutume, au contraire; mais il faut ouvrir son esprit aux
preuves, s'y confirmer[2] par la coutume, mais s'offrir par
les humiliations aux inspirations, qui seules peuvent faire
le vrai et salutaire effet : *Ne evacuetur crux Christi*[3].

25]                    246

*Ordre.* — Après la lettre « qu'on doit chercher Dieu »
faire la lettre « d'ôter les obstacles », qui est le discours

1. Pascal avait écrit d'abord *la révélation*. Mais la révélation est un
fait qui devrait s'imposer à tous : il a substitué à ce mot *l'inspiration,*
que Dieu réserve à ses élus.
2. Pascal avait écrit d'abord *s'y disposer*.
3. I *Cor.,* I, 17. Ce n'est pas pour baptiser que le Christ m'a envoyé,
c'est pour évangéliser, et sans invoquer la sagesse de la raison, « afin
que la Croix du Christ ne devienne pas vaine ».

de la « machine[1] », de préparer la machine, de chercher par raison[2].

25]                    247

*Ordre*. — Une lettre d'exhortation à un ami pour le porter à chercher. Et il répondra : « Mais à quoi me servira de chercher? rien ne paraît. » Et lui répondre : « Ne désespérez pas. » Et il répondrait qu'il serait heureux de trouver quelque lumière, mais que, selon cette religion même, quand il croirait ainsi[3], cela ne lui servirait de rien, et qu'ainsi il aime autant ne point chercher. Et à cela lui répondre : La machine.

25]                    248

*Lettre qui marque l'utilité des preuves par la machine.* — La foi est différente de la preuve : l'une est humaine, l'autre est un don de Dieu. *Justus ex fide vivit*[4] : c'est de cette foi que Dieu lui-même met dans le cœur, dont la preuve est souvent l'instrument, *fides ex auditu*[5]; mais cette foi est dans le cœur, et fait dire non *scio*, mais *credo*.

---

1. Pascal adopte la célèbre expression cartésienne, en même temps d'ailleurs que la doctrine des bêtes automates ou animaux-machines.
2. Comme on l'a vu par les Fragments qui terminent la Section précédente, ce sont les passions qui empêchent l'intelligence du libertin de pénétrer les vérités de la foi. Une fois les passions vaincues par la discipline à laquelle l'Église soumet la machine, il sera possible à la raison de se convaincre que tout au moins la Religion n'est pas contre la raison, et les obstacles sont ôtés qui venaient de la passion ou de l'intelligence; la voie est préparée au sentiment.
3. Parce que la foi vient du cœur, et que Dieu seul a le pouvoir d'incliner les cœurs.
4. *Rom.*, I, 17 : « Le juste vit de la foi. »
5. *Rom.*, X, 17 : « La foi vient d'avoir entendu. »

265] 249

C'est être superstitieux, de mettre son espérance dans les formalités; mais c'est être superbe, de ne vouloir s'y soumettre.

90] 250

Il faut que l'extérieur soit joint à l'intérieur pour obtenir de Dieu; c'est-à-dire que l'on se mette à genoux, prie des lèvres, etc., afin que l'homme orgueilleux, qui n'a voulu se soumettre à Dieu, soit maintenant soumis à la créature[1]. Attendre de cet extérieur le secours est être superstitieux, ne vouloir pas le joindre à l'intérieur est être superbe.

451] 251

Les autres religions, comme les païennes, sont plus populaires, car elles sont en extérieur; mais elles ne sont pas pour les gens habiles. Une religion purement intellectuelle serait plus proportionnée aux habiles; mais elle ne servirait pas au peuple. La seule religion chrétienne est proportionnée à tous, étant mêlée d'extérieur et d'intérieur. Elle élève le peuple à l'intérieur, et abaisse les superbes à l'extérieur; et n'est pas parfaite sans les deux, car il faut que le peuple entende l'esprit de la lettre, et que les habiles soumettent leur esprit à la lettre.

195] 252

Car il ne faut pas se méconnaître : nous sommes automate[2] autant qu'esprit; et de là vient que l'instrument par lequel la persuasion se fait n'est pas la seule démonstra-

---

1. La créature désigne ce qu'il y a de purement naturel en nous par opposition à ce qui vient de Dieu.

2. *Automate :* littéralement, qui se meut de soi-même. Automatisme

tion. Combien y a-t-il peu de choses démontrées! Les preuves ne convainquent que l'esprit. La coutume fait nos preuves les plus fortes et les plus crues; elle incline l'automate, qui entraîne l'esprit sans qu'il y pense. Qui a démontré qu'il sera demain jour, et que nous mourrons? Et qu'y a-t-il de plus cru? C'est donc la coutume qui nous en persuade; c'est elle qui fait tant de chrétiens, c'est elle qui fait les Turcs, les païens, les métiers, les soldats, etc. (Il y a la foi reçue dans le baptême aux Chré-tiens de plus qu'aux païens.) Enfin il faut avoir recours à elle quand une fois l'esprit a vu où est la vérité, afin de nous abreuver et nous teindre de cette créance, qui nous échappe à toute heure; car d'en avoir toujours les preuves présentes, c'est trop d'affaire. Il faut acquérir une créance plus facile, qui est celle de l'habitude, qui, sans violence, sans art, sans argument, nous fait croire les choses, et incline toutes nos puissances à cette croyance, en sorte que notre âme y tombe naturellement. Quand on ne croit que par la force de la conviction, et que l'automate est incliné à croire le contraire, ce n'est pas assez. Il faut donc faire croire nos deux pièces : l'esprit, par les raisons, qu'il suffit d'avoir vues une fois en sa vie; et l'automate, par la coutume, et en ne lui permettant pas de s'incliner au contraire. *Inclina cor meum, Deus*[1].

---

signifie donc spontanéité, et le mot a par suite deux sens : 1° automatisme s'oppose à dépendance, et l'esprit peut être dit spontané, en ce sens qu'il ne tiendrait ses principes que de lui-même; 2° automatisme s'oppose à réflexion. Suivant Descartes, toute pensée entraînant la conscience de soi est réfléchie; l'automatisme devient le caractère propre de la vie corporelle, l'automate est identifié au corps auquel seront attribuées d'ailleurs toutes les fonctions spontanées de l'intelligence, celles qui se développent par habitude et qui agissent mécaniquement en nous. Ainsi s'explique l'opposition que Pascal établit entre l'automate et l'esprit.

1. Ps. CXVIII, 36. « Incline mon cœur, ô Dieu... »

La raison agit avec lenteur, et avec tant de vues, sur tant de principes, lesquels il faut qu'ils soient toujours présents, qu'à toute heure elle s'assoupit ou s'égare, manque d'avoir tous ses principes présents. Le sentiment n'agit pas ainsi : il agit en un instant, et toujours est prêt à agir. Il faut donc mettre notre foi dans le sentiment; autrement elle sera toujours vacillante.

169]                    253

Deux excès : exclure la raison, n'admettre que la raison.

163]                    254

Ce n'est pas une chose rare qu'il faille reprendre le monde de trop de docilité. C'est un vice naturel comme l'incrédulité et aussi pernicieux : superstition.

398]                    255

La piété est différente de la superstition.

Soutenir la piété jusqu'à la superstition, c'est la détruire.

Les hérétiques nous reprochent cette soumission superstitieuse, c'est faire ce qu'ils nous reprochent...

Impiété, de ne pas croire l'Eucharistie, sur ce qu'on ne la voit pas.

Superstition[1] de croire des propositions. Foi, etc.

244]                    256

Il y a peu de vrais Chrétiens, je dis même pour la foi. Il y en a bien qui croient, mais par superstition : il y en

---

1. « De croire que des propositions sont dans un livre, quoiqu'on ne les y voie pas (parce qu'on doit les y voir si elles y sont). »

a bien qui ne croient pas, mais par libertinage : peu sont entre deux.

Je ne comprends pas en cela ceux qui sont dans la véritable piété de mœurs, et tous ceux qui croient par un sentiment du cœur.

61]                               257

Il n'y a que trois sortes de personnes : les uns qui servent Dieu, l'ayant trouvé; les autres qui s'emploient à le chercher, ne l'ayant pas trouvé; les autres qui vivent sans le chercher ni l'avoir trouvé. Les premiers sont raisonnables et heureux, les derniers sont fous et malheureux, ceux du milieu sont malheureux et raisonnables.

163]                              258

*Unus quisque sibi Deum fingit*[1].
Le dégoût.

41]                               259

Le monde ordinaire a le pouvoir de ne pas songer à ce qu'il ne veut pas songer. « Ne pensez pas aux passages du Messie[2] », disait le Juif à son fils. Ainsi font les nôtres souvent. Ainsi se conservent les fausses religions, et la vraie même, à l'égard de beaucoup de gens.

Mais il y en a qui n'ont pas le pouvoir de s'empêcher ainsi de songer, et qui songent d'autant plus qu'on leur

---

1. « Chacun se fabrique un Dieu », d'après le livre de la *Sagesse* XV, 8 et 16.
2. Le sens de la phrase est clair : ne songez pas aux passages qui prédisent le Messie, et ne vous embarrassez pas des preuves que les chrétiens en ont tirées en faveur de Jésus; mais on ne sait pas de quel Ouvrage elle serait tirée.

défend. Ceux-là se défont des fausses religions, et de la vraie même, s'ils ne trouvent des discours solides.

273]            260

Ils se cachent dans la presse, et appellent le nombre à leur secours. Tumulte.

*L'autorité.* — Tant s'en faut que d'avoir ouï-dire une chose soit là règle de votre créance, que vous ne devez rien croire sans vous mettre en l'état comme si jamais vous ne l'aviez ouï.

C'est le consentement de vous à vous-même, et la voix constante de votre raison, et non des autres, qui vous doit faire croire.

Le croire est si important! Cent contradictions seraient vraies[1].

Si l'antiquité était la règle de la créance, les anciens étaient donc sans règle? Si le consentement général, si les hommes étaient péris[2]?

Fausse humilité[3], orgueil.

Levez le rideau. Vous avez beau faire; si faut-il ou croire, ou nier, ou douter. N'aurons-nous donc pas de règle? Nous jugeons des animaux qu'ils font bien ce qu'ils font. N'y aura-t-il point une règle pour juger des hommes?

---

1. S'il n'y avait pas de règle pour la croyance, cent choses contradictoires entre elles pourraient être vraies en même temps.

2. *Si le consentement général* était la règle, que serait-il arrivé *si les hommes étaient péris?* — Pascal vise ici les différents critères de la vérité, autorité et consentement universel, qui étaient acceptés par la scolastique et que Descartes condamne définitivement.

3. Cette *fausse humilité* consiste à ne pas vouloir juger par soi-même, à se retrancher derrière le jugement des autres; au fond, c'est de l'*orgueil*; c'est de peur de douter, de se tromper, d'être convaincu d'erreur, qu'on renonce à faire usage de sa pensée propre, à faire son devoir d'homme.

Nier, croire, et douter bien, sont à l'homme ce que le
courir est au cheval.

Punition de ceux qui pèchent, erreur.

270]                    261

Ceux qui n'aiment pas la vérité prennent le prétexte de la contestation, de la multitude de ceux qui la
nient. Et ainsi leur erreur ne vient que de ce qu'ils n'aiment pas la vérité ou la charité; et ainsi ils ne s'en sont
pas excusés.

344]                    262

Superstition et concupiscence. Scrupules, désirs
mauvais. Crainte mauvaise[1] : crainte, non celle qui vient
de ce qu'on croit Dieu, mais celle de ce qu'on doute s'il
est ou non. La bonne crainte vient de la foi, la fausse
crainte vient du doute. La bonne crainte, jointe à l'espérance, parce qu'elle naît de la foi, et qu'on espère au
Dieu que l'on croit : la mauvaise, jointe au désespoir,
parce qu'on craint le Dieu auquel on n'a point de foi.
Les uns craignent de le perdre, les autres craignent de le
trouver.

109]                    263

« Un miracle, dit-on, affermirait ma créance. » On le
dit quand on ne le voit pas. Les raisons qui, étant vues
de loin, paraissent borner notre vue, mais quand on y
est arrivé, on commence à voir encore au delà. Rien

---

1. Comme l'indique la copie, *superstition, scrupules, crainte mauvaise* s'opposent à *concupiscence, désirs mauvais*, selon la distinction
scolastiques des passions irascibles [*sub ratione ardui*, sous la catégorie
du mal], et des passions concupiscibles [*sub ratione boni*, sous la catégorie du bien].

n'arrête la volubilité de notre esprit. Il n'y a point, dit-on, de règle qui n'ait quelque exception, ni de vérité si générale qui n'ait quelque face par où elle manque. Il suffit qu'elle ne soit pas absolument universelle, pour nous donner sujet d'appliquer l'exception au sujet présent, et de dire : « Cela n'est pas toujours vrai; donc il y a des cas où cela n'est pas. » Il ne reste plus qu'à montrer que celui-ci en est; et c'est à quoi on est bien maladroit ou bien malheureux si on ne trouve quelque jour.

104] 264

On ne s'ennuie point de manger et dormir tous les jours, car la faim renaît, et le sommeil; sans cela on s'en ennuierait. Ainsi, sans la faim des choses spirituelles, on s'en ennuie. Faim de la justice : béatitude huitième.

409] 265

La foi dit bien ce que les sens ne disent pas, mais non pas le contraire de ce qu'ils voient. Elle est au-dessus, et non pas contre.

225] 266

Combien les lunettes nous ont-elles découvert d'astres qui n'étaient point pour nos philosophes d'auparavant! On entreprenait franchement l'Écriture sainte sur le grand nombre des étoiles, en disant : « Il n'y en a que mille vingt-deux, nous le savons. »

Il y a des herbes sur la terre; nous les voyons. — De la lune on ne les verrait pas. — Et sur ces herbes des poils; et dans ces poils de petits animaux : mais après cela, plus rien. — Ô présomptueux! — Les mixtes sont composés d'éléments; et les éléments, non. — Ô présomptueux, voici un trait délicat. — Il ne faut pas dire qu'il y a ce qu'on ne voit pas. — Il faut donc dire comme les autres, mais ne pas penser comme eux.

247]                    267

La dernière démarche de la raison est de reconnaître qu'il y a une infinité de choses qui la surpassent; elle n'est que faible, si elle ne va jusqu'à connaître cela.

Que si les choses naturelles la surpassent, que dira-t-on des surnaturelles?

161]                    268

*Soumission.* — Il faut savoir douter où il faut, assurer où il faut, en se soumettant où il faut[1]. Qui ne fait ainsi n'entend pas la force de la raison. Il y [*en*] a qui faillent contre ces trois principes, ou en assurant tout comme démonstratif, manque de se connaître en démonstration; ou en doutant de tout, manque de savoir où il faut se soumettre; ou en se soumettant en tout, manque de savoir où il faut juger.

247]                    269

Soumission et usage de la raison, en quoi consiste le vrai christianisme.

406]                    270

Saint Augustin. La raison ne se soumettrait jamais, si elle ne jugeait qu'il y a des occasions où elle se doit

---

1. Pascal avait d'abord écrit : « Il faut avoir ces trois qualités, pyrrhonien, géomètre, chrétien soumis; et elles s'accordent et se tempèrent en doutant où.... » La Copie ajoute : « pyrrhonien, géomètre, chrétien; doute, assurance, soumission. »

soumettre. Il est donc juste qu'elle se soumette, quand elle juge qu'elle doit se soumettre[1].

165]                              271

La Sagesse nous envoie à l'enfance : *Nisi efficiamini sicut parvuli*[2].

214]                              272

Il n'y a rien de si conforme à la raison que ce désaveu de la raison.

213]                              273

Si on soumet tout à la raison, notre religion n'aura rien de mystérieux et de surnaturel. Si on choque les principes de la raison, notre religion sera absurde et ridicule.

130]                              274

Tout notre raisonnement se réduit à céder au sentiment.

Mais la fantaisie est semblable et contraire[3] au sentiment, de sorte qu'on ne peut distinguer entre ces contraires. L'un dit que mon sentiment est fantaisie, l'autre que sa fantaisie est sentiment. Il faudrait avoir une

1. Addition de la Copie : « et qu'elle ne se soumette pas quand elle juge qu'elle ne le doit pas faire. »
2. Matth., XVIII, 3. « Si vous ne vous convertissez et ne vous faites petits enfants, vous n'entrerez pas dans le royaume des cieux. »
3. Semblable par son caractère irréfléchi, irrationnel, immédiat; contraire par ce que le sentiment est une vue naturelle, profonde et vraie; la fantaisie naît du hasard de l'association, elle est artificielle, superficielle et fausse.

règle. La raison s'offre, mais elle est ployable à tous sens;
et ainsi il n'y en a point.

*P. R. (1678)* xxviii]          275

Les hommes prennent souvent leur imagination pour
leur cœur; et ils croient être convertis dès qu'ils
pensent à se convertir.

2ᵉ *man. Guerrier*]          276

M. de Roannez disait : « Les raisons me viennent
après, mais d'abord la chose m'agrée ou me choque sans
en savoir la raison, et cependant cela me choque par
cette raison que je ne découvre qu'ensuite. » Mais je
crois, non pas que cela choquait par ces raisons qu'on
trouve après, mais qu'on ne trouve ces raisons que
parce que cela choque.

8]                          277

Le cœur a ses raisons, que la raison ne connaît point;
on le sait en mille choses. Je dis que le cœur aime l'être
universel naturellement, et soi-même naturellement, selon
qu'il s'y adonne; et il se durcit contre l'un ou l'autre, à
son choix. Vous avez rejeté l'un et conservé l'autre[1] : est-
ce par raison que vous vous aimez?

8]                          278

C'est le cœur qui sent Dieu, et non la raison. Voilà ce
que c'est que la foi, Dieu sensible au cœur, non à la
raison.

---

1. *Vous* s'adresse au libertin qui a rejeté Dieu et conservé le moi,
qui invoque la raison alors que le cœur seul est en cause.

142] 279

La foi est un don de Dieu; ne croyez pas que nous disions que c'est un don de raisonnement. Les autres religions ne disent pas cela de leur foi; elles ne donnaient que le raisonnement pour y arriver, qui n'y mène pas néanmoins.

489] 280

Qu'il y a loin de la connaissance de Dieu à l'aimer!

63] 281

Cœur, instinct, principes.

*191] 282

Nous connaissons la vérité, non seulement par la raison, mais encore par le cœur; c'est de cette dernière sorte que nous connaissons les premiers principes, et c'est en vain que le raisonnement[1] qui n'y a point de part, essaye de les combattre. Les pyrrhoniens, qui n'ont que cela pour objet, y travaillent inutilement. Nous savons que nous ne rêvons point; quelque impuissance où nous soyons de le prouver par raison, cette impuissance ne conclut autre chose que la faiblesse de notre raison, mais non pas l'incertitude de toutes nos connaissances, comme ils le prétendent. Car la connaissance des premiers principes, comme qu'il y a espace, temps, mouvement, nombres, [est] aussi ferme qu'aucune de celles que nos raisonnements nous donnent. Et c'est sur ces connaissances du cœur et de l'instinct qu'il faut que la raison s'appuie, et qu'elle y fonde tout

---

1. Pascal avait d'abord dicté *la raison,* indication précieuse pour fixer le sens du mot raison chez Pascal.

son discours. (Le cœur[1] sent qu'il y a trois dimensions
dans l'espace, et que les nombres sont infinis; et la
raison démontre ensuite qu'il n'y a point deux nombres
carrés dont l'un soit double de l'autre. Les principes se
sentent, les propositions se concluent; et le tout avec
certitude, quoique par différentes voies). Et il est aussi
inutile et aussi ridicule que la raison demande au cœur
des preuves de ses premiers principes, pour vouloir y
consentir, qu'il serait ridicule que le cœur demandât à
la raison un sentiment de toutes les propositions qu'elle
démontre, pour vouloir les recevoir.

Cette impuissance ne doit donc servir qu'à humilier la
raison, qui voudrait juger de tout, mais non pas à combattre notre certitude, comme s'il n'y avait que la raison
capable de nous instruire. Plût à Dieu que nous n'en
eussions au contraire jamais besoin, et que nous connus-
sions toutes choses par instinct et par sentiment! Mais
la nature nous a refusé ce bien; elle ne nous a au contraire
donné que très peu de connaissances de cette sorte;
toutes les autres ne peuvent être acquises que par raisonnement.

Et c'est pourquoi ceux à qui Dieu a donné la religion
par sentiment du cœur sont bien heureux et bien légitimement persuadés. Mais ceux qui ne l'ont pas, nous ne
pouvons la [*leur*] donner que par raisonnement, en
attendant que Dieu la leur donne par sentiment de cœur,
sans quoi la foi n'est qu'humaine, et inutile pour le salut.

59]                          283

*L'ordre. Contre l'objection que l'Écriture n'a pas d'ordre.*
— Le cœur a son ordre; l'esprit a le sien, qui est par principe et démonstration, le cœur en a un autre. On ne

---

1. Le cœur, c'est le sentiment immédiat, l'intuition de ces principes.
Le développement et la justification de ces vues de Pascal se trouvent
dans le fragment *De l'esprit géométrique*.

prouve pas qu'on doit être aimé, en exposant d'ordre[1] les causes de l'amour : cela serait ridicule.

Jésus-Christ, saint Paul ont l'ordre de la charité, non de l'esprit; car ils voulaient échauffer, non instruire. Saint Augustin de même. Cet ordre consiste principalement à la digression sur chaque point qui a rapport à la fin, pour la montrer toujours.

485]                              284

Ne vous étonnez pas de voir des personnes simples croire sans raisonner. Dieu leur donne l'amour de soi et la haine d'eux-mêmes. Il incline leur cœur à croire. On ne croira jamais d'une créance utile et de foi, si Dieu n'incline le cœur; et on croira dès qu'il l'inclinera. Et c'est ce que David connaissait bien : *Inclina cor meum, Deus, in*[2]...

447]                              285

La religion est proportionnée à toutes sortes d'esprits. Les premiers s'arrêtent au seul établissement[3]; et cette religion est telle, que son seul établissement est suffisant pour en prouver la vérité. Les autres vont jusques aux apôtres. Les plus instruits vont jusqu'au commencement du monde. Les anges la voient encore mieux, et de plus loin.

*481]                             286

Ceux qui croient sans avoir lu les Testaments, c'est parce qu'ils ont une disposition intérieure toute sainte, et que ce qu'ils entendent dire de notre religion y est con-

1. Voir pour cette expression le fragment 61.
2. Ps. CXVIII, 36 *in testimonia tua*. Cf. Fr. 252.
3. L'établissement, c'est-à-dire la constitution de l'Église chrétienne.

forme. Ils sentent qu'un Dieu les a faits; ils ne veulent aimer que Dieu; ils ne veulent haïr qu'eux-mêmes. Ils sentent qu'ils n'en ont pas la force d'eux-mêmes; qu'ils sont incapables d'aller à Dieu; et que, si Dieu ne vient à eux, ils sont incapables d'avoir aucune communication avec lui. Et ils entendent dire dans notre religion qu'il ne faut aimer que Dieu, et ne haïr que soi-même : mais qu'étant tous corrompus, et incapables de Dieu, Dieu s'est fait homme pour s'unir à nous. Il n'en faut pas davantage pour persuader des hommes qui ont cette disposition dans le cœur, et qui ont cette connaissance de leur devoir et de leur incapacité.

**483]                    287

Ceux que nous voyons Chrétiens sans la connaissance des prophéties et des preuves ne laissent pas d'en juger aussi bien que ceux qui ont cette connaissance. Ils en jugent par le cœur, comme les autres en jugent par l'esprit. C'est Dieu lui-même qui les incline à croire; et ainsi ils sont très efficacement persuadés[1].

J'avoue bien qu'un de ces Chrétiens qui croient sans preuves n'aura peut-être pas de quoi convaincre un infidèle qui en dira autant de soi. Mais ceux qui savent les preuves de la religion prouveront sans difficulté que ce fidèle est véritablement inspiré de Dieu, quoiqu'il ne pût le prouver lui-même.

Car Dieu ayant dit dans ses prophéties (qui sont indu-

1. Voici la première rédaction de ce passage : « On dira que cette manière d'en juger n'est pas certaine et que c'est en la suivant que les hérétiques et les infidèles s'égarent... On répondra que les hérétiques et les infidèles diront la même chose; mais je réponds à cela que nous avons des preuves que Dieu incline véritablement le cœur de ceux qu'il aime à croire la religion chrétienne, et que les infidèles n'ont aucune preuve de ce qu'ils disent : et ainsi nos propositions étant semblables dans les termes, elles diffèrent en ce que l'une est sans aucune preuve, et l'autre est solidement prouvée. »

bitablement prophéties[1]) que dans le règne de Jésus-Christ il répandrait son esprit sur les nations, et que les fils, les filles et les enfants de l'Église prophétiseraient, il est sans doute que l'esprit de Dieu est sur ceux-là, et qu'il n'est point sur les autres.

481]                        288

Au lieu de vous plaindre de ce que Dieu s'est caché, vous lui rendrez grâces de ce qu'il s'est tant découvert; et vous lui rendrez grâces encore de ce qu'il ne s'est pas découvert aux sages superbes, indignes de connaître un Dieu si saint.

Deux sortes de personnes connaissent : ceux qui ont le cœur humilié, et qui aiment la bassesse, quelque degré d'esprit qu'ils aient, haut ou bas; ou ceux qui ont assez d'esprit pour voir la vérité, quelques oppositions qu'ils y aient.

*Copie* 258]                        289

PREUVE. — 1° La religion chrétienne, par son établissement, par elle-même établie si fortement, si doucement, étant si contraire à la nature. — 2° La sainteté, la hauteur et l'humilité d'une âme chrétienne. — 3° Les merveilles de l'Écriture sainte. — 4° Jésus-Christ en particulier. — 5° Les apôtres en particulier. — 6° Moïse et les prophètes en particulier. — 7° Le peuple juif. — 8° Les prophéties. — 9° La perpétuité : nulle religion n'a la perpétuité. — 10° La doctrine, qui rend raison de tout. — 11° La sainteté de cette loi. — 12° Par la conduite du monde.

---

1. En marge : *eorum qui amant*
    Dieu incline le cœur de ceux qu'il aime
    *Deus inclinat corda eorum*
  Celui qu'il aime, celui qui l'aime.

Il est indubitable qu'après cela on ne doit pas refuser, en considérant ce que c'est que la vie, et que cette religion, de suivre l'inclination de la suivre, si elle nous vient dans le cœur; et il est certain qu'il n'y a nul lieu de se moquer de ceux qui la suivent.

481]                          290

*Preuves de la religion.* — Morale, Doctrine, Miracles, Prophéties, Figures.

# SECTION V

## LA JUSTICE ET LA RAISON DES EFFETS

25]                                    291

Dans la lettre *De l'injustice*[1] peut venir la plaisanterie des aînés qui ont tout. « Mon ami vous êtes né de ce côté de la montagne; il est donc juste que votre aîné ait tout. »

« Pourquoi me tuez-vous ? »

79, 121]                               292

Il demeure au delà de l'eau.

23]                                    293

« Pourquoi me tuez-vous ? — Eh quoi! ne demeurez-vous pas de l'autre côté de l'eau? Mon ami, si vous demeuriez de ce côté, je serais un assassin et cela serait injuste de vous tuer de la sorte; mais puisque vous demeurez de l'autre côté, je suis un brave, et cela est juste. »

---

1. D'après cette indication, la partie de l'Apologie qui concerne le fondement de la justice devait être traitée par Lettres; il ne nous est pas dit par quel lien ces Lettres se rattachaient à l'ensemble du sujet.

69]                    294

... Sur quoi la fondera-t-il, l'économie du monde qu'il veut gouverner? Sera-ce sur le caprice de chaque particulier? quelle confusion! Sera-ce sur la justice? il l'ignore.

Certainement s'il la connaissait, il n'aurait pas établi cette maxime, la plus générale de toutes celles qui sont parmi les hommes, que chacun suive les mœurs de son pays; l'éclat de la véritable équité aurait assujetti tous les peuples, et les législateurs n'auraient pas pris pour modèle, au lieu de cette justice constante, les fantaisies et les caprices des Perses et Allemands. On la verrait plantée par tous les États du monde et dans tous les temps, au lieu qu'on ne voit rien de juste ou d'injuste qui ne change de qualité en changeant de climat. Trois degrés d'élévation du pôle renversent toute la jurisprudence, un méridien décide de la vérité; en peu d'années de possession, les lois fondamentales changent; le droit a ses époques, l'entrée de Saturne au Lion nous marque l'origine d'un tel crime. Plaisante justice qu'une rivière borne! Vérité au deçà des Pyrénées, erreur au delà.

Ils confessent que la justice n'est pas dans ces coutumes, mais qu'elle réside dans les lois naturelles, connues en tout pays. Certainement ils le soutiendraient opiniâtrement, si la témérité du hasard qui a semé les [365] lois humaines en avait rencontré au moins une qui fût universelle; mais la plaisanterie est telle, que le caprice des hommes s'est si bien diversifié, qu'il n'y en a point.

Le larcin, l'inceste, le meurtre des enfants et des pères, tout a eu sa place entre les actions vertueuses. Se peut-il rien de plus plaisant, qu'un homme ait droit de me tuer parce qu'il demeure au delà de l'eau, et que son prince a querelle contre le mien, quoique je n'en aie aucune avec lui?

Il y a sans doute des lois naturelles; mais cette belle raison corrompue a tout corrompu; *Nihil amplius nostrum est; quod nostrum dicimus, artis est. Ex senatus consultis et plebiscitis crimina exercentur. Ut olim vitiis, sic nunc legibus laboramus*[1].

De cette confusion arrive que l'un dit que l'essence de la justice est l'autorité du législateur, l'autre la commodité du souverain, l'autre la coutume présente; et c'est le plus sûr : rien, suivant la seule raison, n'est juste de soi; tout branle avec le temps. La coutume fait toute l'équité, par cette seule raison qu'elle est reçue; c'est le fondement mystique de son autorité. Qui la ramène à son principe, l'anéantit. Rien n'est si fautif que ces lois qui redressent les fautes; qui leur obéit parce qu'elles sont justes, obéit à la justice qu'il imagine, mais non pas à l'essence de la loi : elle est toute ramassée en soi; elle est loi, et rien davantage. Qui voudra en examiner le motif le trouvera si faible et si léger, que, s'il n'est accoutumé à contempler les prodiges de l'imagination humaine, il admirera qu'un siècle lui ait tant acquis de pompe et de révérence. L'art de fronder, bouleverser les États, est d'ébranler les coutumes établies, en sondant jusque dans leur source, pour marquer leur défaut d'autorité et de justice. Il faut, dit-on, recourir aux lois fondamentales et primitives de l'État, qu'une coutume injuste a abolies. C'est un jeu sûr pour tout perdre; rien ne sera juste à cette balance. Cependant le peuple

---

1. La première citation est empruntée par Montaigne (*Apol.*) à un texte de Cicéron (*De Finibus*, V, 21), tellement défectueux qu'il ne conserve plus rien de la pensée de l'auteur : « Il n'y a plus rien qui soit nôtre; ce que j'appelle nôtre, est œuvre de convention. » Les deux autres sont tirées, l'une de Sénèque (*Lettre* 95). « C'est en vertu des senatus-consultes et des plébiscites qu'on commet des crimes » (Mont., III, 1) et l'autre, inexactement reproduite, de tacite (*Ann.*, III, 25.) « Autrefois nous souffrions de nos vices, aujourd'hui nous souffrons de nos lois. » (Mont. III, 13).

prête aisément l'oreille à [366] ces discours. Ils secouent le joug dès qu'ils le reconnaissent; et les grands en profitent à sa ruine, et à celle de ces curieux examinateurs des coutumes reçues. C'est pourquoi le plus sage des législateurs disait que, pour le bien des hommes, il faut souvent les piper; et un autre, bon politique : *Cum veritatem qua liberetur ignoret, expedit quod fallatur*[1]. Il ne faut pas qu'il sente la vérité de l'usurpation; elle a été introduite autrefois sans raison, elle est devenue raisonnable; il faut la faire regarder comme authentique, éternelle, et en cacher le commencement si on ne veut qu'elle ne prenne bientôt fin.

73]                                    295

*Mien, tien.* « Ce chien est à moi, disaient ces pauvres enfants; c'est là ma place au soleil. » Voilà le commencement et l'image de l'usurpation de toute la terre.

67]                                    296

Quand il est question de juger si on doit faire la guerre et tuer tant d'hommes, condamner tant d'Espagnols à la mort, c'est un homme seul qui en juge, et encore intéressé : ce devrait être un tiers indifférent.

406]                                   297

*Veri juris*[2]. Nous n'en avons plus : si nous en avions

---

1. « Comme il ignore la vérité qui délivre, il lui est bon d'être trompé. »
2. *« Veri juris germanæque justitiæ solidam et expressam effigiem nullam tenemus; umbra et imaginibus utimur. »* (Montaigne, III, 1.) La citation latine est de Cicéron (*de Officiis*, III, 17.) En voici la traduction : « Du véritable droit et de la pure justice nous ne tenons pas un modèle solide et positif; nous n'en avons qu'une ombre et que des images. »

nous ne prendrions pas pour règle de justice de suivre les mœurs de son pays.

C'est là que ne pouvant trouver le juste, on a trouvé le fort, etc.

169]                    298

*Justice, force.* — Il est juste que ce qui est juste soit suivi, il est nécessaire que ce qui est le plus fort soit suivi. La justice sans la force est impuissante; la force sans la justice est tyrannique. La justice sans force est contredite, parce qu'il y a toujours des méchants; la force sans la justice est accusée. Il faut donc mettre ensemble la justice et la force; et pour cela faire que ce qui est juste soit fort, ou que ce qui est fort soit juste.

La justice est sujette à dispute, la force est très reconnaissable et sans dispute. Ainsi on n'a pas pu donner la force à la justice, parce que la force a contredit la justice et a dit qu'elle était injuste, et a dit que c'était elle qui était juste. Et ainsi ne pouvant faire que ce qui est juste fût fort, on a fait que ce qui est fort fût juste.

165]                    299

Les seules règles universelles sont les lois du pays aux choses ordinaires, et la pluralité aux autres. D'où vient cela? de la force qui y est. Et de là vient que les rois, qui ont la force d'ailleurs, ne suivent pas la pluralité de leurs ministres.

Sans doute, l'égalité des biens est juste; mais, ne pouvant faire qu'il soit force d'obéir à la justice, on a fait qu'il soit juste d'obéir à la force; ne pouvant fortifier la justice, on a justifié la force, afin que le juste et le fort fussent ensemble, et que la paix fût, qui est le souverain bien.

453]                              300

« Quand le fort armé possède son bien, ce qu'il possède est en paix. »

429]                              301

Pourquoi suit-on la pluralité ? est-ce à cause qu'ils ont plus de raison ? non, mais plus de force.

Pourquoi suit-on les anciennes lois et anciennes opinions ? est-ce qu'elles sont les plus saines ? non, mais elles sont uniques, et nous ôtent la racine de la diversité.

**441]                            302

... C'est l'effet de la force, non de la coutume ; car ceux qui sont capables d'inventer sont rares ; les plus forts en nombre ne veulent que suivre, et refusent la gloire à ces inventeurs qui la cherchent par leurs inventions ; et s'ils s'obstinent à la vouloir obtenir, et mépriser ceux qui n'inventent pas, les autres leur donneront des noms ridicules, leur donneraient des coups de bâton. Qu'on ne se pique donc pas de cette subtilité, ou qu'on se contente en soi-même.

142]                             303

La force est la reine du monde, et non pas l'opinion[1]. — Mais l'opinion est celle qui use de la force. — C'est la force qui fait l'opinion. La mollesse est belle, selon notre opinion. Pourquoi ? Parce que qui voudra danser sur la

---

1. Nous introduisons dans ce fragment des tirets que les éditeurs précédents ont jugés inutiles ; mais comme ils n'ont pas expliqué la pensée de Pascal, nous ne savons quel sens ils lui donnaient. La seconde phrase nous semble en contradiction à la fois avec celle qui précède et avec celle qui suit : il faut donc qu'elle soit une objection à la première affirmation, objection à laquelle il est ensuite répondu.

corde sera seul; et je ferai une cabale plus forte, de gens qui diront que cela n'est pas beau.

269]                304

Les cordes qui attachent le respect des uns envers les autres, en général, sont cordes de nécessité; car il faut qu'il y ait différents degrés, tous les hommes voulant dominer, et tous ne le pouvant pas, mais quelques-uns le pouvant.

Figurons-nous donc que nous les voyons commençant à se former. Il est sans doute qu'ils se battront jusqu'à ce que la plus forte partie opprime la plus faible, et qu'enfin il y ait un parti dominant. Mais quand cela est une fois déterminé, alors les maîtres, qui ne veulent pas que la guerre continue, ordonnent que la force qui est entre leurs mains succédera comme il leur plaît; les uns le remettent à l'élection des peuples, les autres à la succession de naissance, etc.

Et c'est là où l'imagination commence à jouer son rôle. Jusque-là la pure force l'a fait : ici c'est la force qui se tient par l'imagination en un certain parti, en France des gentilshommes, en Suisse des roturiers, etc.

Or ces cordes qui attachent donc le respect à tel et à tel en particulier, sont des cordes d'imagination.

*21]               305

Les Suisses s'offensent d'être dits gentilshommes, et prouvent leur roture de race pour être jugés dignes de grands emplois.

167]               306

Comme les duchés et royautés et magistratures sont réelles et nécessaires à cause de ce que la force règle

tout, il y en a partout et toujours. Mais parce que ce
n'est que fantaisie qui fait qu'un tel ou telle le soit, cela
n'est pas constant, cela est sujet à varier, etc.

283]                    307

Le chancelier est grave et revêtu d'ornements, car son
poste est faux; et non le roi : il a la force, il n'a que faire
de l'imagination. Les juges, médecins, etc, n'ont que
l'imagination.

*81]                    308

La coutume de voir les rois accompagnés de gardes,
de tambours, d'officiers, et de toutes les choses qui
ploient la machine vers le respect et la terreur, fait que
leur visage, quand il est quelquefois seul et sans ces
accompagnements, imprime dans leurs sujets le respect
et la terreur, parce qu'on ne sépare point dans la pensée
leurs personnes d'avec leurs suites, qu'on y voit d'ordinaire jointes. Et le monde, qui ne sait pas que cet effet
vient de cette coutume, croit qu'il vient d'une force naturelle; et de là viennent ces mots : « Le caractère de la
Divinité est empreint sur son visage, etc. »

*73]                    309

*Justice*. — Comme le mode[1] fait l'agrément, aussi fait-
elle la justice.

163]                    310

*Roi et tyran*.— J'aurai aussi mes idées de derrière
la tête.

―――――
1. *Mode* semble employé par Pascal comme synonyme de *coutume*.

Je prendrai garde à chaque voyage.

Grandeur d'établissement, respect d'établissement[1].

Le plaisir des grands est de pouvoir faire des heureux.

Le propre de la richesse est d'être donnée libéralement.

Le propre de chaque chose doit être cherché. Le propre de la puissance est de protéger.

Quand la force attaque la grimace, quand un simple soldat prend le bonnet carré d'un premier président, et le fait voler par la fenêtre.

427]                              311

L'empire fondé sur l'opinion et l'imagination règne quelque temps, et cet empire est doux et volontaire; celui de la force règne toujours. Ainsi l'opinion est comme la reine du monde, mais la force en est le tyran.

*Copie* 366]                      312

La justice est ce qui est établi; et ainsi toutes nos lois établies seront nécessairement tenues pour justes sans être examinées, puisqu'elles sont établies.

244]                              313

*Opinions du peuple saines.* — Le plus grand des maux est les guerres civiles. Elles sont sûres, si on veut récompenser les mérites, car tous diront qu'ils méritent. Le mal à craindre d'un sot, qui succède par droit de naissance, n'est ni si grand, ni si sûr.

161]                              314

Dieu a créé tout pour soi; a donné puissance de peine et de bien pour soi.

1.  C'est-à-dire de convention.

Vous pouvez l'appliquer à Dieu ou à vous. Si à Dieu,
l'Évangile est la règle. Si à vous, vous tiendrez la place de
Dieu. Comme Dieu est environné de gens pleins de charité, qui lui demandent les biens de la charité qui sont
en sa puissance, ainsi... Connaissez-vous donc et sachez
que vous n'êtes qu'un roi de concupiscence, et prenez
les voies de la concupiscence.

231]                          315

*Raison des effets.* — Cela est admirable : on ne veut pas
que j'honore un homme vêtu de brocatelle et suivi de
sept ou huit laquais ! Eh quoi ! il me fera donner les étri-
vières, si je ne le salue. Cet habit, c'est une force. C'est
bien de même qu'un cheval bien enharnaché à l'égard
d'un autre ! Montaigne est plaisant de ne pas voir quelle
différence il y a, et d'admirer qu'on y en trouve, et d'en
demander la raison. « De vrai, dit-il, d'où vient, etc... »

232]                          316

*Opinions du peuple saines.* — Être brave n'est pas trop
vain ; car c'est montrer qu'un grand nombre de gens travaillent pour soi ; c'est montrer par ses cheveux qu'on a
un valet de chambre, un parfumeur, etc. ; par son rabat,
le fil, le passement..., etc. Or, ce n'est pas une simple
superficie, ni un simple harnais, d'avoir plusieurs bras.
Plus on a de bras, plus on est fort. Être brave[1], est
montrer sa force.

406]                          317

Le respect est : « Incommodez-vous ». Cela est vain en
apparence, mais très juste ; car c'est dire : « Je m'incom-

---

1. *Brave,* c'est-à-dire bien mis.

moderais bien si vous en aviez besoin, puisque je le fais bien sans que cela vous serve ». Outre que le respect est pour distinguer les grands : or, si le respect était d'être en fauteuil, on respecterait tout le monde, et ainsi on ne distinguerait pas ; mais, étant incommodé, on distingue fort bien.

79, 121]                     318

Il a quatre laquais.

P. R. xxix, 41]               319

Que l'on a bien fait de distinguer les hommes par l'extérieur, plutôt que par les qualités intérieures! Qui passera de nous deux? qui cédera la place à l'autre? Le moins habile? mais je suis aussi habile que lui, il faudra se battre sur cela. Il a quatre laquais, et je n'en ai qu'un : cela est visible; il n'y a qu'à compter; c'est à moi à céder, et je suis un sot si je le conteste. Nous voilà en paix par ce moyen; ce qui est le plus grand des biens.

85$^2$]                      320

Les choses du monde les plus déraisonnables deviennent les plus raisonnables à cause du dérèglement des hommes. Qu'y a-t-il de moins raisonnable que de choisir, pour gouverner un État, le premier fils d'une reine? On ne choisit pas pour gouverner un vaisseau celui des voyageurs qui est de la meilleure maison.

Cette loi serait ridicule et injuste; mais parce qu'ils le sont et le seront toujours, elle devient raisonnable et juste, car qui choisira-t-on, le plus vertueux et le plus habile? Nous voilà incontinent aux mains, chacun prétend être ce plus vertueux et ce plus habile. Attachons donc cette qualité à quelque chose d'incontestable. C'est le fils aîné du roi; cela est net, il n'y a point de dispute. La raison ne peut mieux faire, car la guerre civile est le plus grand des maux.

*444]                              321

Les enfants étonnés voient leurs camarades respectés.

397]                              322

Que la noblesse est un grand avantage, qui, dès dix-huit ans, met un homme en passe[1], connu et respecté, comme un autre pourrait avoir mérité à cinquante ans. C'est trente ans gagnés sans peine.

*Copie* 375]                       323

Qu'est-ce que le *moi*[2]?

Un homme qui se met à la fenêtre pour voir les pas-sants, si je passe par là, puis-je dire qu'il s'est mis là pour me voir? Non; car il ne pense pas à moi en parti-culier. Mais celui qui aime quelqu'un à cause de sa beauté, l'aime-t-il? Non : car la petite vérole, qui tuera la beauté sans tuer la personne, fera qu'il ne l'aimera plus.

Et si on m'aime pour mon jugement, pour ma mé-moire, m'aime-t-on, *moi*? Non, car je puis perdre ces qualités sans me perdre moi-même. Où est donc ce *moi*, s'il n'est ni dans le corps, ni dans l'âme? et com-ment aimer le corps ou l'âme, sinon pour ces qualités, qui ne sont point ce qui fait le moi, puisqu'elles sont

1. Métaphore tirée du jeu de boules : être en mesure de faire passer sa boule.
2. *Moi.* Pour bien entendre la portée de ce fragment, il faut noter que Pascal définit ici le *moi* vu du dehors, notre individualité dans sa relation avec les autres individualités. Or, l'essence du *moi* ne peut être qu'intime, et c'est pourquoi le bien véritable de l'homme sera l'Être, à la fois indépendant de l'individu, et pourtant intérieur à lui. (*Voir* fragment 483.)

périssables? car aimerait-on la substance de l'âme d'une personne abstraitement, et quelques qualités qui y fussent? Cela ne se peut, et serait injuste. On n'aime donc jamais personne, mais seulement des qualités.

Qu'on ne se moque donc plus de ceux qui se font honorer pour des charges et des offices, car on n'aime personne que pour des qualités empruntées.

221]                              324

Le peuple a les opinions très saines : par exemple :

1º D'avoir choisi le divertissement et la chasse plutôt que la prise. Les demi-savants s'en moquent, et triomphent à montrer là-dessus la folie du monde; mais, par une raison qu'ils ne pénètrent pas, on a raison;

2º D'avoir distingué les hommes par le dehors, comme par la noblesse ou le bien. Le monde triomphe encore à montrer combien cela est déraisonnable; mais cela est très raisonnable (cannibales se rient d'un enfant roi)[1];

3º De s'offenser pour avoir reçu un soufflet, ou de tant désirer la gloire. Mais cela est très souhaitable, à cause des autres biens essentiels qui y sont joints; et un homme qui a reçu un soufflet sans s'en ressentir est accablé d'injures et de nécessités;

4º Travailler pour l'incertain; aller sur la mer; passer sur une planche.

134]                              325

Montaigne a tort : la coutume ne doit être suivie que parce qu'elle est coutume, et non parce qu'elle soit raisonnable ou juste; mais le peuple la suit par cette seule

---

1. Cette parenthèse fait allusion à une visite que firent des sauvages en Europe au début du règne de Charles IX.

raison qu'il la croit juste. Sinon, il ne la suivrait plus quoiqu'elle fût coutume; car on ne veut être assujetti qu'à la raison ou à la justice. La coutume, sans cela, passerait pour tyrannie; mais l'empire de la raison et de la justice n'est non plus tyrannique que celui de la délectation : ce sont les principes naturels à l'homme.

Il serait donc bon qu'on obéît aux lois et aux coutumes parce qu'elles sont lois; qu'il sût qu'il n'y en a aucune vraie et juste à introduire, que nous n'y connaissons rien, et qu'ainsi il faut seulement suivre les reçues : par ce moyen, on ne les quitterait jamais. Mais le peuple n'est pas susceptible de cette doctrine; et ainsi, comme il croit que la vérité se peut trouver, et qu'elle est dans les lois et coutumes, il les croit, et prend leur antiquité comme une preuve de leur vérité (et non de leur seule autorité sans vérité). Ainsi il y obéit; mais il est sujet à se révolter dès qu'on lui montre qu'elles ne valent rien; ce qui se peut faire voir de toutes, en les regardant d'un certain côté.

\*70]                    326

*Injustice.* — Il est dangereux de dire au peuple que les lois ne sont pas justes, car il n'y obéit qu'à cause qu'il les croit justes. C'est pourquoi il lui faut dire en même temps qu'il y faut obéir parce qu'elles sont lois, comme il faut obéir aux supérieurs, non pas parce qu'ils sont justes, mais parce qu'ils sont supérieurs. Par là, voilà toute sédition prévenue si on peut faire entendre cela, et [ce] que [c'est] proprement que la définition de la justice.

151]                    327

Le monde juge bien des choses, car il est dans l'ignorance naturelle, qui est le vrai siège de l'homme. Les sciences ont deux extrémités qui se touchent. La première est la pure ignorance naturelle où se trouvent tous les hommes en naissant. L'autre extrémité est celle où arrivent les grandes âmes, qui, ayant parcouru tout ce que les hommes peuvent savoir, trouvent qu'ils ne savent rien, et se rencontrent en cette même ignorance d'où ils étaient partis; mais c'est une ignorance savante qui se connaît. Ceux d'entre deux, qui sont sortis de l'ignorance naturelle, et n'ont pu arriver à l'autre, ont quelque teinture de cette science suffisante, et font les entendus. Ceux-là troublent le monde, et jugent mal de tout. Le peuple et les habiles composent le train du monde; ceux-là le méprisent et sont méprisés. Ils jugent mal de toutes choses, et le monde en juge bien.

231]                    328

*Raison des effets.* — Renversement continuel du pour au contre.

Nous avons donc montré que l'homme est vain, par l'estime qu'il fait des choses qui ne sont point essentielles; et toutes ces opinions sont détruites. Nous avons montré ensuite que toutes ces opinions sont très saines, et qu'ainsi, toutes ces vanités étant très bien fondées, le peuple n'est pas si vain qu'on dit; et ainsi nous avons détruit l'opinion qui détruisait celle du peuple.

Mais il faut détruire maintenant cette dernière proposition, et montrer qu'il demeure toujours vrai que le peuple est vain, quoique ses opinions soient saines : parce qu'il n'en sent pas la vérité où elle est, et que, la mettant où elle n'est pas, ses opinions sont toujours très fausses et très mal saines.

232]                    329

*Raison des effets.* — La faiblesse de l'homme est la cause

de tant de beautés qu'on établit[1], comme de savoir bien
jouer du luth n'est un mal qu'à cause de notre faiblesse.

79]                            330

La puissance des rois est fondée sur la raison et sur la
folie du peuple, et bien plus sur la folie. La plus grande
et importante chose du monde a pour fondement la faiblesse, et ce fondement-là est admirablement sûr; car il
n'y a rien de plus [*sûr*] que cela, que le peuple sera
faible. Ce qui est fondé sur la saine raison est bien mal
fondé, comme l'estime de la sagesse.

137]                           331

On ne s'imagine Platon et Aristote qu'avec de grandes
robes de pédants. C'étaient des gens honnêtes et, comme
les autres, riant avec leurs amis; et, quand ils se sont
divertis à faire leurs *Lois* et leur *Politique,* ils l'ont fait en
se jouant; c'était la partie la moins philosophe et la
moins sérieuse de leur vie, la plus philosophe était de
vivre simplement et tranquillement. S'ils ont écrit de politique, c'était comme pour régler un hôpital de fous;
et s'ils ont fait semblant d'en parler comme d'une grande
chose, c'est qu'ils savaient que les fous à qui ils parlaient pensaient être rois et empereurs. Ils entrent dans
leurs principes pour modérer leur folie au moins mal
qu'il se peut.

67]                            332

La tyrannie consiste au désir de domination, universel et hors de son ordre.

Diverses chambres, de forts, de beaux, de bons esprits,

---

1. Qu'on fait passer dans les mœurs, par convention.

de pieux, dont chacun règne chez soi, non ailleurs; et quelquefois ils se rencontrent, et le fort et le beau se battent, sottement, à qui sera le maître l'un de l'autre; car leur maîtrise est de divers genre. Ils ne s'entendent pas, et leur faute est de vouloir régner partout. Rien ne le peut, non pas même la force : elle ne fait rien au royaume des savants; elle n'est maîtresse que des actions extérieures.

*Tyrannie.* — ... Ainsi ces discours sont faux et tyranniques : « Je suis beau, donc on doit me craindre. Je suis fort, donc on doit m'aimer. Je suis... »

La tyrannie est de vouloir avoir par une voie ce qu'on ne peut avoir que par une autre. On rend différents devoirs aux différents mérites : devoir d'amour à l'agrément; devoir de crainte à la force; devoir de créance à la science.

On doit rendre ces devoirs-là, on est injuste de les refuser, et injuste d'en demander d'autres. Et c'est de même être faux et tyrannique de dire : « Il n'est pas fort, donc je ne l'estimerai pas; il n'est pas habile, donc je ne le craindrai pas. »

*440]                        333

N'avez-vous jamais vu des gens qui, pour se plaindre du peu d'état que vous faites d'eux, vous étalent l'exemple de gens de condition qui les estiment? Je leur répondrais à cela : « Montrez-moi le mérite par où vous avez charmé ces personnes, et je vous estimerai de même. »

232]                        334

*Raison des effets.* — La concupiscence et la force sont les sources de toutes nos actions : la concupiscence fait les volontaires; la force, les involontaires.

231]                         335

*Raison des effets*. — Il est donc vrai de dire que tout le
monde est dans l'illusion : car, encore que les opinions
du peuple soient saines, elles ne le sont pas dans sa
tête, car il pense que la vérité est où elle n'est pas. La
vérité est bien dans leurs opinions, mais non pas au
point où ils se figurent. [*Ainsi*], il est vrai qu'il faut
honorer les gentilshommes, mais non pas parce que la
naissance est un avantage effectif, etc.

231]                         336

*Raison des effets*. — Il faut avoir une pensée de derrière, et juger de tout par là, en parlant cependant
comme le peuple.

231]                         337

*Raison des effets*. — Gradation. Le peuple honore les
personnes de grande naissance. Les demi-habiles les
méprisent, disant que la naissance n'est pas un avantage de la personne, mais du hasard. Les habiles les
honorent, non par la pensée du peuple, mais par la
pensée de derrière. Les dévots qui ont plus de zèle que
de science les méprisent, malgré cette considération
qui les fait honorer par les habiles, parce qu'ils en
jugent par une nouvelle lumière que la piété leur donne.
Mais les chrétiens parfaits les honorent par une autre
lumière supérieure. Ainsi se vont les opinions succédant
du pour au contre, selon qu'on a de lumière.

81]                          338

Les vrais chrétiens obéissent aux folies néanmoins; non
pas qu'ils respectent les folies, mais l'ordre de Dieu, qui,

pour la punition des hommes, les a asservis à ces folies : *Omnis creatura subjecta est vanitati*[1]. *Liberabitur*[2]. Ainsi saint Thomas explique le lieu de saint Jacques sur la préférence des riches, que, s'ils ne le font dans la vue de Dieu, ils sortent de l'ordre de la religion.

---

1. *Eccl.*, III, 19 : « Toute créature est asservie à la vanité. ».
2. *Rom.*, VIII, 20-21. « Elle sera délivrée. »

# SECTION VI

## LES PHILOSOPHES

222]                    339

Je puis bien concevoir un homme sans mains, pieds, tête (car ce n'est que l'expérience qui nous apprend que la tête est plus nécessaire que les pieds). Mais je ne puis concevoir l'homme sans pensée : ce serait une pierre ou une brute.

*201]                    341

La machine d'arithmétique fait des effets qui approchent plus de la pensée que tout ce que font les animaux; mais elle ne fait rien qui puisse faire dire qu'elle a de la volonté, comme les animaux[1].

*201]                    341

L'histoire du brochet et de la grenouille de Liancourt : ils le font toujours, et jamais autrement, ni autre chose d'esprit.

1. Il serait téméraire de conclure de ce fragment que Pascal attribuât une volonté aux animaux, à l'encontre de la thèse cartésienne qui était en faveur à Port-Royal, et que Pascal semble accepter formellement dans d'autres fragments.

229] 342

Si un animal faisait par esprit ce qu'il fait par instinct, et s'il parlait par esprit ce qu'il parle par instinct, pour la chasse, et pour avertir ses camarades que la proie est trouvée ou perdue, il parlerait bien aussi pour des choses où il a plus d'affection, comme pour dire : « Rongez cette corde qui me blesse, et où je ne puis atteindre. »

*Copie* 37 *bis*] 343

Le bec du perroquet qu'il essuie, quoiqu'il soit net.

*Copie* 39] 344

Instinct et raison, marques de deux natures.

\*270] 345

La raison nous commande bien plus impérieusement qu'un maître; car en désobéissant à l'un on est malheureux, et en désobéissant à l'autre on est un sot.

169] 346

Pensée fait la grandeur de l'homme.

63] 347

L'homme n'est qu'un roseau, le plus faible de la nature; mais c'est un roseau pensant. Il ne faut pas que l'univers entier s'arme pour l'écraser : une vapeur, une goutte d'eau, suffit pour le tuer. Mais, quand l'univers l'écraserait, l'homme serait encore plus noble que ce qui le tue, puisqu'il sait qu'il meurt, et l'avantage que l'univers a sur lui; l'univers n'en sait rien.

Toute notre dignité consiste donc en la pensée. C'est de là qu'il faut nous relever et non de l'espace et de la durée, que nous ne saurions remplir. Travaillons donc à bien penser : voilà le principe de la morale.

165]                         348

*Roseau pensant.* — Ce n'est point de l'espace que je dois chercher ma dignité, mais c'est du règlement de ma pensée. Je n'aurai pas davantage en possédant des terres : par l'espace, l'univers me comprend et m'engloutit comme un point; par la pensée, je le comprends.

393]                         349

*Immatérialité de l'âme.* — Les philosophes qui ont dompté leurs passions, quelle matière l'a pu faire?

255]                         350

*Stoïques.* — Ils concluent qu'on peut toujours ce qu'on peut quelquefois, et que, puisque le désir de la gloire fait bien faire à ceux qu'il possède quelque chose, les autres le pourront bien aussi. Ce sont des mouvements fiévreux, que la santé ne peut imiter.

Épictète conclut de ce qu'il y a des chrétiens constants, que chacun le peut bien être.

269]                         351

Ces grands efforts d'esprit, où l'âme touche quelquefois, sont choses où elle ne se tient pas; elle y saute seulement, non comme sur le trône, pour toujours, mais pour un instant seulement.

439]                          352

Ce que peut la vertu d'un homme ne se doit pas mesurer par ses efforts, mais par son ordinaire.

425]                          353

Je n'admire point l'excès d'une vertu, comme de la
valeur, si je ne vois en même temps l'excès de la vertu
opposée, comme Épaminondas, qui avait l'extrême valeur et l'extrême bénignité. Car, autrement, ce n'est pas
monter, c'est tomber. On ne montre pas sa grandeur
pour être à une extrémité, mais bien en touchant les
deux à la fois, et remplissant tout l'entre-deux. Mais
peut-être que ce n'est qu'un soudain mouvement de
l'âme de l'un à l'autre de ces extrêmes, et qu'elle n'est
jamais en effet qu'en un point, comme le tison de feu[1].
Soit, mais au moins cela marque l'agilité de l'âme, si
cela n'en marque l'étendue.

83]                          354

La nature de l'homme n'est pas d'aller toujours, elle a
ses allées et venues.

La fièvre a ses frissons et ses ardeurs; et le froid
montre aussi bien la grandeur de l'ardeur de la fièvre
que le chaud même.

Les inventions des hommes de siècle en siècle vont de
même. La bonté et la malice du monde en général en est
de même : *Plerumque gratae principibus vices*[2].

----

1. On sait qu'en vertu de la persistance des images sur la rétine, il
suffit qu'un tison enflammé fasse plus de dix tours à la seconde pour
représenter à l'œil une circonférence de feu. La succession rapide
produit ainsi l'illusion de la simultanéité.
2. Horace, *Odes* III, xxix, v. 13 : « Les changements plaisent presque toujours aux grands. »

251]                          355·

L'éloquence continue ennuie.

Les princes et rois jouent quelquefois. Ils ne sont
pas toujours sur leurs trônes; ils s'y ennuient : la grandeur a besoin d'être quittée pour être sentie. La continuité dégoûte en tout; le froid est agréable pour se
chauffer.

La nature agit par progrès, *itus et reditus*. Elle passe
et revient, puis va plus loin, puis deux fois moins, puis
plus que jamais, etc.

Le flux de la mer se fait ainsi, le soleil semble marcher
ainsi[1].

169]                          356

La nourriture du corps est peu à peu. Plénitude de
nourriture et peu de substance.

225]                          357

Quand on veut poursuivre les vertus jusqu'aux extrêmes de part et d'autre, il se présente des vices qui s'y
insinuent insensiblement, dans leurs routes insensibles,
du côté du petit infini; et il s'en présente, des vices, en
foule du côté du grand infini, de sorte qu'on se perd
dans les vices, et on ne voit plus les vertus. On se prend
à la perfection même.

427]                          358

L'homme n'est ni ange ni bête, et le malheur veut que
qui veut faire l'ange fait la bête.

---

1. *Ainsi* est expliqué dans le manuscrit par une ligne brisée dont
les zigzags figurent la marche du progrès.

427]                                    359

Nous ne nous soutenons pas dans la vertu par notre propre force, mais par le contre-poids de deux vices opposés, comme nous demeurons debout entre deux vents contraires : ôtez un de ces vices, nous tombons dans l'autre.

374]                                    360

Ce que les Stoïques proposent est si difficile et si vain !

Les Stoïques posent : Tous ceux qui ne sont point au haut degré de sagesse sont également fous et vicieux, comme ceux qui sont à deux doigts dans l'eau.

*Copie* 65]                              361

*Le souverain bien. Dispute du souverain bien. — Ut sis contentus temetipso et ex te nascentibus bonis*[1]. Il y a contradiction, car ils conseillent enfin de se tuer. Oh ! quelle vie heureuse, dont on se délivre comme de la peste !

397]                                    362

*Ex senatus consultis et plebiscitis*[2]...
Demander des passages pareils.

214]                                    363

*Ex senatus-consultis et plebiscitis scelera exercentur.* Sen., 588.

·1. « Pour que tu sois satisfait avec toi-même et les biens qui viennent de toi. » Citation de Sénèque (*Lettres à Lucilius,* XX, 8).

2. « C'est en vertu des sénatus-consultes et des plébiscites que les crimes sont accomplis. » (Sén. *Lettres à Lucius XV, apud* Montaigne, III, 1.)

*Nihil tam absurde dici potest quod non dicatur ab aliquo philosophorum. Divin*[1].

*Quibusdam destinatis sententiis consecrati quae non probant coguntur defendere.* Cic[2].

*Ut omnium rerum sic litterarum quoque intemperantia laboramus.* Senec[3].

*Id maxime quemque decet, quod est cujusque suum maxime.* Senec 588[4].

*Hos natura modos primum dedit.* Georg[5].

*Paucis opus est litteris ad bonam mentem*[6].

*Si quando turpe non sit, tamen non est non turpe quum id a multitudine laudetur*[7].

*Mihi sic usus est, tibi ut opus est facto, fac.* Ter[8].

295]　　　　　　　　　364

*Rarum est enim ut satis se quisque vereatur*[9].
*Tot circa unum caput tumultuantes deos*[10].

---

1. « Rien de si absurde qui n'ait été dit par quelque philosophe. (Cicéron, *De Divinatione*, II, 58), *apud* Mont. *Apol.*

2. « Voués à certaines opinions déterminées ils sont forcés de défendre ce qu'ils n'approuvent point. » (*Tusculanes*, II, 2.)

3. « Nous souffrons de l'excès de littérature, comme de l'excès de toutes choses. » (*Lett.* 106 *apud* Mont. III, 12.)

4. « Ce qui sied le mieux à chacun c'est ce qui lui est le plus naturel. » (Cicéron, *De officiis* I, 31 *apud* Mont. III, 1.)

5. « La nature leur donna d'abord ces bornes. » (Virg., *Georg.* II, 20 *apud* Mont. I, 31.

6. « La sagesse ne demande pas beaucoup d'instruction. » (Sénèque, *Lett.* 106, *apud* Mont. III, 12.)

7. « Ce qui n'est pas honteux commence à le devenir, quand cela est approuvé par la multitude. » (Cic. *de Fin.*, II, 15 *ap.* Mont. II, 16.)

8. « Voilà comme j'en use; toi, fais comme tu veux. » (Térence, *Héautont.*, acte I, sc., I, v. 21 *apud* Mont. I, 28.)

9. « Il est rare qu'on se respecte assez soi-même. » (Quintil. X, 7, *apud* Montaigne I, 39.)

10. « Tant de dieux s'agitant autour d'une seule tête. » (M. Sen. *Suasor.* I, 4 *apud* Montaigne II, 13.)

*Nihil turpius quam cognitioni assertionem præcurrere.* Cic.[1].

*Nec me pudet ut istos fateri nescire quid nesciam*[2].

*Melius non incipiet*[3].

229]                              365

*Pensée.* — Toute la dignité de l'homme est en la pensée.

Mais qu'est-ce que cette pensée? Qu'elle est sotte!

La pensée est donc une chose admirable et incomparable par sa nature. Il fallait qu'elle eût d'étranges défauts pour être méprisable; mais elle en a de tels que rien n'est plus ridicule. Qu'elle est grande par sa nature! qu'elle est basse par ses défauts!

79]                               366

L'esprit de ce souverain juge du monde n'est pas si indépendant, qu'il ne soit sujet à être troublé par le premier tintamarre qui se fait autour de lui. Il ne faut pas le bruit d'un canon pour empêcher ses pensées : il ne faut que le bruit d'une girouette ou d'une poulie. Ne vous étonnez pas s'il ne raisonne pas bien à présent; une mouche bourdonne à ses oreilles; c'en est assez pour le rendre incapable de bon conseil. Si vous voulez qu'il puisse trouver la vérité, chassez cet animal qui tient sa raison en échec et trouble cette puissante intelligence qui gouverne les villes et les royaumes. Le plaisant dieu que voilà! *Ô ridicolosissimo eroe!*

1. « Rien de plus honteux que d'affirmer avant de connaître. » (*Acad.* I, 45, *apud* Montaigne III, 13.)

2. « Et je n'ai pas honte, comme eux, d'avouer ne pas savoir ce que je ne sais pas. » (Cic. *Tuscul.* I, 25, *apud* Montaigne III, 11.)

3. [*Quam desinet*] « Il est plus facile de ne pas commencer [que de s'arrêter]. » (Sen. *Lettre* 72, *apud* Mont. III, 10.)

83]                    367

La puissance des mouches : elles gagnent des batailles, empêchent notre âme d'agir, mangent notre corps.

433]                    368

Quand on[1] dit que le chaud n'est que le mouvement de quelques globules, et la lumière le *conatus recedendi*[2] que nous sentons, cela nous étonne. Quoi! que le plaisir ne soit autre chose que le ballet des esprits? Nous en avons conçu une si différente idée! et ces sentiments-là nous semblent si éloignés de ces autres que nous disons être les mêmes que ceux que nous leur comparons! Le sentiment du feu, cette chaleur qui nous affecte d'une manière tout autre que l'attouchement, la réception du son et de la lumière, tout cela nous semble mystérieux, et cependant cela est grossier comme un coup de pierre. Il est vrai que la petitesse des esprits qui entrent dans les pores touche d'autres nerfs, mais ce sont toujours des nerfs touchés.

420]                    369

La mémoire est nécessaire pour toutes les opérations de la raison.

142]                    370

[Hasard donne les pensées, et hasard les ôte; point d'art pour conserver ni pour acquérir.

Pensée échappée, je la voulais écrire; j'écris, au lieu, qu'elle m'est échappée.]

1. Il s'agit de Descartes.
2. La force centrifuge.

146]                    371

[Quand j'étais petit, je serrais mon livre; et parce qu'il m'arrivait quelquefois de[1]... en croyant l'avoir serré, je me défiais...]

437]                    372

En écrivant ma pensée, elle m'échappe quelquefois; mais cela me fait souvenir de ma faiblesse, que j'oublie à toute heure; ce qui m'instruit autant que ma pensée oubliée, car je ne tends qu'à connaître mon néant.

137]                    373

*Pyrrhonisme.* — J'écrirai ici mes pensées sans ordre, et non pas peut-être dans une confusion sans dessein : c'est le véritable ordre, et qui marquera toujours mon objet par le désordre même. Je ferais trop d'honneur à mon sujet, si je le traitais avec ordre, puisque je veux montrer qu'il en est incapable.

**81]                    374

Ce qui m'étonne le plus est de voir que tout le monde n'est pas étonné de sa faiblesse. On agit sérieusement, et chacun suit sa condition, non pas parce qu'il est bon en effet de la suivre puisque la mode en est, mais comme si chacun savait certainement où est la raison et la justice. On se trouve déçu à toute heure; et, par une plaisante humilité, on croit que c'est sa faute, et non pas celle de l'art, qu'on se vante toujours d'avoir. Mais il est bon qu'il y ait tant de ces gens-là au monde, qui ne soient pas pyrrhoniens, pour la gloire du pyrrhonisme,

---

1. P. Faugère comble la lacune par les mots *me tromper* qui donnent en effet le sens de la remarque de Pascal.

afin de montrer que l'homme est bien capable des plus extravagantes opinions, puisqu'il est capable de croire qu'il n'est pas dans cette faiblesse naturelle et inévitable, et de croire qu'il est, au contraire, dans la sagesse naturelle.

Rien ne fortifie plus le pyrrhonisme que ce qu'il y en a qui ne sont point pyrrhoniens : si tous l'étaient, ils auraient tort.

110]                              375

[J'ai passé longtemps de ma vie en croyant qu'il y avait une justice; et en cela je ne me trompais pas; car il y en a, selon que Dieu nous l'a voulu révéler. Mais je ne le prenais pas ainsi, et c'est en quoi je me trompais; car je croyais que notre justice était essentiellement juste et que j'avais de quoi la connaître et en juger. Mais je me suis trouvé tant de fois en faute de jugement droit, qu'enfin je suis entré en défiance de moi et puis des autres. J'ai vu tous les pays et hommes changeants; et ainsi, après bien des changements de jugement touchant la véritable justice, j'ai connu que notre nature n'était qu'un continuel changement, et je n'ai plus changé depuis; et si je changeais, je confirmerais mon opinion.

Le pyrrhonien Arcésilas qui redevient dogmatique[1].]

*83]                              376

Cette secte se fortifie par ses ennemis plus que par ses amis; car la faiblesse de l'homme paraît bien davantage

1. Philosophe du troisième siècle avant Jésus qui introduisit la philosophie de Pyrrhon dans l'École de Platon : il fut le fondateur de la nouvelle Académie. Cicéron, et saint Augustin, après lui, attribuent à l'Académie une doctrine ésotérique qu'elle aurait dissimulée pour les non-initiés sous les apparences du scepticisme; c'est à cette remarque, qui d'ailleurs ne repose pas sur un fondement certain, que Pascal fait allusion sans doute et, comme on voit, en l'altérant.

en ceux qui ne la connaissent pas qu'en ceux qui la connaissent.

437] 377

Les discours d'humilité sont matière d'orgueil aux gens glorieux, et d'humilité aux humbles. Ainsi ceux du pyrrhonisme sont matière d'affirmation aux affirmatifs; peu parlent de l'humilité humblement; peu, de la chasteté chastement; peu, du pyrrhonisme en doutant. Nous ne sommes que mensonge, duplicité, contrariété, et nous cachons et nous déguisons à nous-mêmes.

109] 378

*Pyrrhonisme.* — L'extrême esprit est accusé de folie comme l'extrême défaut. Rien que la médiocrité n'est bon. C'est la pluralité qui a établi cela, et qui mord quiconque s'en échappe par quelque bout que ce soit. Je ne m'y obstinerai pas, je consens bien qu'on m'y mette, et me refuse d'être au bas bout, non pas parce qu'il est bas, mais parce qu'il est bout; car je refuserais de même qu'on me mît au haut. C'est sortir de l'humanité que de sortir du milieu. La grandeur de l'âme humaine consiste à savoir s'y tenir; tant s'en faut que la grandeur soit à en sortir, qu'elle est à n'en point sortir.

*67] 379

Il n'est pas bon d'être trop libre. Il n'est pas bon d'avoir toutes les nécessités.

141] 380

Toutes les bonnes maximes sont dans le monde; on ne manque qu'à les appliquer. Par exemple :

On ne doute pas qu'il ne faille exposer sa vie pour

défendre le bien public, et plusieurs le font; mais pour la religion, point.

Il est nécessaire qu'il y ait de l'inégalité parmi les hommes, cela est vrai; mais cela étant accordé, voilà la porte ouverte, non seulement à la plus haute domination, mais à la plus haute tyrannie.

Il est nécessaire de relâcher un peu l'esprit; mais cela ouvre la porte aux plus grands débordements. — Qu'on en marque les limites. — Il n'y a point de bornes dans les choses : les lois y en veulent mettre, et l'esprit ne peut le souffrir.

83]                          381

Si on est trop jeune, on ne juge pas bien; trop vieil, de même. Si on n'y songe pas assez, si on y songe trop, on s'entête, et on s'en coiffe. Si on considère son ouvrage incontinent après l'avoir fait, on en est encore tout prévenu; si trop longtemps après, on n'y entre plus. Ainsi les tableaux, vus de trop loin et de trop près; et il n'y a qu'un point indivisible qui soit le véritable lieu : les autres sont trop près, trop loin, trop haut ou trop bas. La perspective l'assigne dans l'art de la peinture. Mais dans la vérité et dans la morale, qui l'assignera?

433]                          382

Quant tout se remue également, rien ne se remue en apparence, comme en un vaisseau. Quand tous vont vers le débordement, nul n'y semble aller. Celui qui s'arrête fait remarquer l'emportement des autres, comme un point fixe.

431]                          383

Ceux qui sont dans le dérèglement disent à ceux qui sont dans l'ordre que ce sont eux qui s'éloignent de la nature, et ils la croient suivre : comme ceux qui sont dans un vaisseau croient que ceux qui sont au bord fuient. Le langage est pareil de tous côtés. Il faut avoir un point fixe pour en juger. Le port juge ceux qui sont dans un vaisseau; mais où prendrons-nous un port dans la morale ?

229]                              384

Contradiction est une mauvaise marque de vérité[1] : plusieurs choses certaines sont contredites; plusieurs fausses passent sans contradiction. Ni la contradiction n'est marque de fausseté, ni l'incontradiction n'est marque de vérité.

343]                              385

*Pyrrhonisme.* — Chaque chose est ici vraie en partie, fausse en partie. La vérité essentielle n'est pas ainsi : elle est toute pure et toute vraie. Ce mélange la déshonore et l'anéantit. Rien n'est purement vrai; et ainsi rien n'est vrai, en l'entendant du pur vrai. On dira qu'il est vrai que l'homicide est mauvais; oui, car nous connaissons bien le mal et le faux. Mais que dira-t-on qui soit bon? La chasteté? je dis que non, car le monde finirait. Le mariage? non : la continence vaut mieux. De ne point tuer? Non, car les désordres seraient horribles, et les

1. Contradiction ne veut pas dire ici opposition de deux affirmations contraires au sein d'une même pensée, mais le fait d'être démenti : il s'agit de la contradiction historique, et non de la contradiction logique. Pascal, fidèle en cela au rationalisme cartésien, refuse d'y chercher le critérium de la vérité. Bien entendu il ne faut pas prendre à la lettre la première proposition; *marque de vérité* veut dire *criterium,* moyen de discerner le vrai du faux. Si c'était à l'aide de la contradiction que se fût fait le discernement du vrai, c'est la non-contradiction qui eût été la marque de la vérité, et la contradiction la marque de fausseté, comme avait corrigé la Copie.

méchants tueraient tous les bons. De tuer ? Non, car cela
détruit la nature. Nous n'avons ni vrai ni bien qu'en
partie, et mêlé de mal et de faux.

381]                    386

Si nous rêvions toutes les nuits la même chose,
elle nous affecterait autant que les objets que nous
voyons tous les jours. Et si un artisan était sûr de
rêver toutes les nuits, douze heures durant, qu'il est roi,
je crois qu'il serait presque aussi heureux qu'un roi qui
rêverait toutes les nuits, douze heures durant, qu'il serait
artisan.

Si nous rêvions toutes les nuits que nous sommes
poursuivis par des ennemis, et agités par ces fantômes pénibles, et qu'on passât tous les jours en diverses
occupations, comme quand on fait voyage, on souffrirait
presque autant que si cela était véritable, et on appré-
henderait le dormir, comme on appréhende le réveil
quand on craint d'entrer dans de tels malheurs en effet.
Et en effet il ferait à peu près les mêmes maux que la
réalité.

Mais parce que les songes sont tous différents, et
qu'un même se diversifie, ce qu'on y voit affecte bien
moins que ce qu'on voit en veillant, à cause de la continuité, qui n'est pourtant pas si continue et égale qu'elle
ne change aussi, mais moins brusquement, si ce n'est
rarement, comme quand on voyage; et alors on dit :
« Il me semble que je rêve »; car la vie est un songe un
peu moins inconstant.

110]                    387

[Il se peut faire qu'il y ait de vraies démonstrations;
mais cela n'est pas certain. Ainsi, cela ne montre autre
chose, sinon qu'il n'est pas certain que tout soit incertain, à la gloire du pyrrhonisme.]

23]                    388

*Le bon sens.* — Ils sont contraints de dire : « Vous
n'agissez pas de bonne foi; nous ne dormons pas, etc. »
Que j'aime à voir cette superbe raison humiliée et sup-
pliante! Car ce n'est pas là le langage d'un homme à qui
on dispute son droit, et qui le défend les armes et la
force à la main. Il ne s'amuse pas à dire qu'on n'agit pas
de bonne foi, mais il punit cette mauvaise foi par la
force.

73]                    389

L'Ecclésiaste montre que l'homme sans Dieu est dans
l'ignorance de tout, et dans un malheur inévitable. Car
c'est être malheureux que de vouloir et ne pouvoir. Or il
veut être heureux, et assuré de quelque vérité; et cependant il ne peut ni savoir, ni ne désirer point de savoir. Il
ne peut même douter.

447]                    390

Mon Dieu! que ce sont de sots discours! « Dieu aurait-
il fait le monde pour le damner? demanderait-il tant de
gens si faibles? etc. » Pyrrhonisme est le remède à ce
mal, et rabattra cette vanité.

423]                    391

*Conversation.* — Grands mots : la religion, je la nie.
*Conversation.* — Le pyrrhonisme sert à la religion.

197]                    392

*Contre le pyrrhonisme.* — [...C'est donc une chose
étrange qu'on ne peut définir ces choses sans les obscurcir, nous en parlons à toute heure]. Nous suppo-

sons que tous les conçoivent de même sorte; mais nous
le supposons bien gratuitement, car nous n'en avons
aucun preuve. Je vois bien qu'on applique ces mots
dans les mêmes occasions, et que toutes les fois que
deux hommes voient un corps changer de place, ils
expriment tous deux la vue de ce même objet par le
même mot, en disant, l'un et l'autre, qu'il s'est mû; et
de cette conformité d'application on tire une puissante conjecture d'une conformité d'idées; mais cela
n'est pas absolument convaincant, de la dernière conviction, quoiqu'il y ait bien à parier pour l'affirmative,
puisqu'on sait qu'on tire souvent les mêmes conséquences de suppositions différentes.

Cela suffit pour embrouiller au moins la matière,
non que cela éteigne absolument la clarté naturelle qui
nous assure de ces choses, les académiciens auraient
gagé; mais cela la ternit, et trouble les dogmatistes, à
la gloire de la cabale pyrrhonienne, qui consiste à cette
ambiguïté ambiguë, et dans une certaine obscurité douteuse, dont nos doutes ne peuvent ôter toute la clarté,
ni nos lumières naturelles en chasser toutes les ténèbres.

*157]                          393

C'est une plaisante chose à considérer, de ce qu'il[1] y
a des gens dans le monde qui, ayant renoncé à toutes
les lois de Dieu et de la nature, s'en sont fait eux-
mêmes auxquelles ils obéissent exactement, comme par
exemple les soldats de Mahomet, les voleurs, les hérétiques, etc. Et ainsi les logiciens. Il semble que leur

---

1. Expression fréquente chez Pascal, et conforme à l'usage du
XVIIᵉ siècle : « Ce n'est pas tant la mort qui me trouble que de ce
qu'il est fâcheux d'être pendu. »

licence doive être sans aucune bornes ni barrières, voyant qu'ils en ont franchi tant de si justes et de si saintes.

8]                              394

Tous leurs principes sont vrais, des pyrrhoniens, des stoïques, des athées, etc. Mais leurs conclusions sont fausses, parce que les principes opposés sont vrais aussi.

489]                            395

*Instinct. Raison.* — Nous avons une impuissance de prouver, invincible à tout le dogmatisme. Nous avons une idée de la vérité, invincible à tout le pyrrhonisme.

273]                            396

Deux choses instruisent l'homme de toute sa nature : l'instinct et l'expérience[1].

165]                            397

La grandeur de l'homme est grande en ce qu'il se connaît misérable. Un arbre ne se connaît pas misérable.

C'est donc être misérable que de [se] connaître misérable; mais c'est être grand que de connaître qu'on est misérable.

394]                            398

Toutes ces misères-là mêmes prouvent sa grandeur.

---

1. L'instinct semble être l'aspiration au bien, souvenir de notre perfection primitive; l'expérience est la connaissance de notre misère et de notre chute.

Ce sont misères de grand seigneur, misères d'un roi
dépossédé.

*Copie* 225]                    399

On n'est pas misérable sans sentiment : une maison
ruinée ne l'est pas. Il n'y a que l'homme de misérable.
*Ego vir videns*[1].

75]                          400

*Grandeur de l'homme*. — Nous avons une si grande idée
de l'âme de l'homme, que nous ne pouvons souffrir d'en
être méprisés, et de n'être pas dans l'estime d'une âme;
et toute la félicité des hommes consiste dans cette estime.

429]                          401

*Gloire*. — Les bêtes ne s'admirent point. Un cheval
n'admire point son compagnon; ce n'est pas qu'il n'y ait
entre eux de l'émulation à la course, mais c'est sans conséquence; car, étant à l'étable, le plus pesant et plus mal
taillé n'en cède pas son avoine à l'autre, comme les
hommes veulent qu'on leur fasse. Leur vertu se satisfait
d'elle-même.

405]                          402

Grandeur de l'homme dans sa concupiscence même,
d'en avoir su tirer un règlement admirable, et d'en avoir
fait un tableau de la charité.

1. Jérém. *Lam.* III. 1. *Ego vir videns paupertatem meam.* Moi,
homme, voyant ma pauvreté.

419] 403

*Grandeur*. — Les raisons des effets marquent la grandeur de l'homme, d'avoir tiré de la concupiscence un si bel ordre.

Copie 255] 404

La plus grande bassesse de l'homme est la recherche de la gloire, mais c'est cela même qui est la plus grande marque de son excellence; car, quelque possession qu'il ait sur la terre, quelque santé et commodité essentielle qu'il ait, il n'est pas satisfait, s'il n'est dans l'estime des hommes. Il estime si grande la raison de l'homme, que, quelque avantage qu'il ait sur la terre, s'il n'est placé avantageusement aussi dans la raison de l'homme, il n'est pas content. C'est la plus belle place du monde, rien ne le peut détourner de ce désir, et c'est la qualité la plus ineffaçable du cœur de l'homme.

Et ceux qui méprisent le plus les hommes, et les égalent aux bêtes, encore veulent-ils en être admirés et crus, et se contredisent à eux-mêmes par leur propre sentiment; leur nature, qui est plus forte que tout, les convainquant de la grandeur de l'homme plus fortement que la raison ne les convainc de leur bassesse.

73] 405

*Contradiction*. — Orgueil, contrepesant toutes les misères. Ou il cache ses misères; ou, s'il les découvre, il se glorifie de les connaître.

Copie 257] 406

L'orgueil contrepèse et emporte toutes les misères. Voilà un étrange monstre, et un égarement bien visible. Le voilà tombé de sa place, il la cherche avec inquiétude.

C'est ce que tous les hommes font. Voyons qui l'aura
trouvée.

141]                              407

Quand la malignité[1] a la raison de son côté, elle
devient fière, et étale la raison en tout son lustre. Quand
l'austérité ou le choix sévère n'a pas réussi au vrai bien,
et qu'il faut revenir à suivre la nature, elle devient fière
par ce retour.

134]                              408

Le mal est aisé, il y en a une infinité; le bien presque
unique. Mais un certain genre de mal est aussi difficile à
trouver que ce qu'on appelle bien, et souvent on fait
passer pour bien à cette marque ce mal particulier. Il
faut même une grandeur extraordinaire d'âme pour y
arriver, aussi bien qu'au bien.

157]                              409

*La grandeur de l'homme.* — La grandeur de l'homme
est si visible, qu'elle se tire même de sa misère. Car ce
qui est nature aux animaux, nous l'appelons misère en
l'homme; par où nous reconnaissons que sa nature étant

1. La malignité, c'est d'une façon générale l'esprit mauvais, la
nature pervertie par l'égoïsme. Or le fond de cette malignité, c'est
l'orgueil; aussi tout lui est-il occasion d'orgueil, la force d'abord
quand la raison est de son côté, et la faiblesse aussi : l'homme qui n'a
pas réussi à vaincre la nature, s'en fait un titre de gloire, comme s'il
recouvrait par là son indépendance, et devenait plus grand en se
soustrayant à la loi de Dieu.

aujourd'hui pareille à celle des animaux, il est déchu d'une meilleure nature, qui lui était propre autrefois.

Car qui se trouve malheureux de n'être pas roi, sinon un roi dépossédé? Trouvait-on Paul Émile malheureux de n'être plus consul? Au contraire, tout le monde trouvait qu'il était heureux de l'avoir été, parce que sa condition n'était pas de l'être toujours. Mais on trouvait Persée si malheureux de n'être plus roi, parce que sa condition était de l'être toujours, qu'on trouvait étrange de ce qu'il supportait la vie. Qui se trouve malheureux de n'avoir qu'une bouche? et qui ne se trouvera malheureux de n'avoir qu'un œil? On ne s'est peut-être jamais avisé de s'affliger de n'avoir pas trois yeux, mais on est inconsolable de n'en point avoir.

83]                         410

*Persée, roi de Macédoine, Paul-Émile.* — On reprochait à Persée de ce qu'il ne se tuait pas.

47]                         411

Malgré la vue de toutes nos misères, qui nous touchent, qui nous tiennent à la gorge, nous avons un instinct que nous ne pouvons réprimer, qui nous élève.

1]                         412

Guerre intestine de l'homme entre la raison et les passions.

S'il n'avait que la raison sans passions...

S'il n'avait que les passions sans raison...

Mais ayant l'un et l'autre, il ne peut être sans guerre, ne pouvant avoir la paix avec l'un qu'ayant la guerre avec l'autre : aussi il est toujours divisé, et contraire à lui-même.

489] 413

Cette guerre intérieure de la raison contre les passions a fait que ceux qui ont voulu avoir la paix se sont partagés en deux sectes. Les uns ont voulu renoncer aux passions, et devenir dieux; les autres ont voulu renoncer à la raison et devenir bêtes brutes. (Des Barreaux[1].) Mais ils ne l'ont pu, ni les uns ni les autres; et la raison demeure toujours, qui accuse la bassesse et l'injustice des passions, et qui trouble le repos de ceux qui s'y abandonnent; et les passions sont toujours vivantes dans ceux qui y veulent renoncer.

484] 414

Les hommes sont si nécessairement fous, que ce serait être fou par un autre tour de folie, de n'être pas fou.

201] 415

La nature de l'homme se considère en deux manières : l'une selon sa fin, et alors il est grand et incomparable;

1. Des Barreaux est en effet l'auteur d'une chanson libertine dont Tallemant nous a conservé ces vers :

> Et par ma raison je butte
> A devenir beste brute.

Des Barreaux, né en 1602, mort en 1675, fils d'un intendant aux finances, conseiller au parlement, puis obligé de vendre sa charge à cause de ses dettes, donna au xviie siècle l'exemple le plus scandaleux de la débauche et de l'athéisme; Balzac l'appelle « le nouveau Bacchus »; mais son épicurisme était interrompu par des périodes de maladie pendant lesquelles il devenait repentant et dévot. On lui a même attribué un sonnet pieux qui est resté fameux :

> Grand Dieu! tes jugements sont remplis d'équité...

Bayle dit de lui : « En santé, c'était un homme d'un libertinage outré; malade, il faisait des sonnets dévots. C'est ce que M. Boursault lui reproche dans une lettre, dont la suscription était conçue en ces termes : « A Monsieur des Barreaux, qui ne croit en Dieu que lorsqu'il est malade. »

l'autre selon la multitude, comme on juge de la nature du cheval et du chien, par la multitude[1], d'y voir la course, *et animum arcendi*; et alors l'homme est abject et vil. Et voilà les deux voies qui en font juger diversement, et qui font tant disputer les philosophes.

Car l'un nie la supposition de l'autre; l'un dit : « Il n'est pas né à cette fin; car toutes ses actions y répugnent »; l'autre dit : « Il s'éloigne de sa fin quand il fait ces basses actions. »

161]                          416

A P. R. *Grandeur et misère*. — La misère se concluant de la grandeur, et la grandeur de la misère, les uns ont conclu de la misère d'autant plus qu'ils en ont pris pour preuve la grandeur, et les autres concluant la grandeur avec d'autant plus de force qu'ils l'ont conclue de la misère même, tout ce que les uns ont pu dire pour montrer la grandeur n'a servi que d'un argument aux autres pour conclure la misère, puisque c'est être d'autant plus misérable qu'on est tombé de plus haut; et les autres, au contraire. Ils se sont portés les uns sur les autres par un cercle sans fin : étant certain qu'à mesure que les hommes ont de lumière, ils trouvent et grandeur et misère en

---

1. Je dois à I. Le Goupils l'explication de ce passage qui a arrêté tous les commentateurs. *De* suivi de l'infinitif est employé par Pascal comme *de ce que* aux fragments 393 et 559 dans le sens de *par le fait que*. Cet emploi se retrouve au xviie siècle. Corneille, *le Cid*, III, 1 :

> Je mérite la mort, de mériter sa haine.

Molière, *Sganarelle*, III :

> J'avais tout cru perdu, de crier de la sorte.

La phrase doit donc être conservée, et elle est aisée à entendre : *multitude* s'oppose à *fin*, comme la généralité des cas, qui définit la nature réelle, à la nature idéale, qui est notre destinée véritable. — *Animum arcendi*, instinct d'écarter, c'est l'instinct du chien de garde.

l'homme. En un mot, l'homme connaît qu'il est misérable : il est donc misérable, puisqu'il l'est; mais il est bien grand, puisqu'il le connaît.

47]　　　　　　　　　　　417

Cette duplicité de l'homme est si visible, qu'il y en a qui ont pensé que nous avions deux âmes. Un sujet simple leur paraissait incapable de telles et si soudaines variétés d'une présomption démesurée à un horrible abattement de cœur.

235]　　　　　　　　　　　418

Il est dangereux de trop faire voir à l'homme combien il est égal aux bêtes, sans lui montrer sa grandeur. Il est encore dangereux de lui trop faire voir sa grandeur sans sa bassesse. Il est encore plus dangereux de lui laisser ignorer l'un et l'autre. Mais il est très avantageux de lui représenter l'un et l'autre.

Il ne faut pas que l'homme croie qu'il est égal aux bêtes, ni aux anges, ni qu'il ignore l'un et l'autre, mais qu'il sache l'un et l'autre.

*444]　　　　　　　　　　　419

Je ne souffrirai point qu'il repose en lui, ni en l'autre, afin qu'étant sans assiette et sans repos...

*442]　　　　　　　　　　　420

S'il se vante, je l'abaisse; s'il s'abaisse, je le vante; et le contredis toujours, jusqu'à ce qu'il comprenne qu'il est un monstre incompréhensible.

487]　　　　　　　　　　　421

Je blâme également, et ceux qui prennent parti de louer l'homme, et ceux qui le prennent de le blâmer, et ceux qui le prennent de se divertir; et je ne puis approuver que ceux qui cherchent en gémissant.

64] 422

Il est bon d'être lassé et fatigué par l'inutile recherche du vrai bien, afin de tendre les bras au libérateur.

*Copie* 45] 423

*Contrariétés. Après avoir montré la bassesse et la grandeur de l'homme*. — Que l'homme maintenant s'estime son prix. Qu'il aime, car il y a en lui une nature capable de bien; mais qu'il n'aime pas pour cela les bassesses qui y sont. Qu'il se méprise, parce que cette capacité est vide; mais qu'il ne méprise pas pour cela cette capacité naturelle. Qu'il se haïsse, qu'il s'aime : il a en lui la capacité de connaître la vérité et d'être heureux; mais il n'a point de vérité, ou constante, ou satisfaisante.

Je voudrais donc porter l'homme à désirer d'en trouver, à être prêt, et dégagé des passions, pour la suivre où il la trouvera, sachant combien sa connaissance s'est obscurcie par les passions; je voudrais bien qu'il haït en soi la concupiscence qui le détermine d'elle-même, afin qu'elle ne l'aveuglât point pour faire son choix, et qu'elle ne l'arrêtât point quand il aura choisi.

487] 424

Toutes ces contrariétés, qui semblaient le plus m'éloigner de la connaissance d'une religion, est ce qui m'a le plus tôt conduit à la véritable.

# SECTION VII

## LA MORALE ET LA DOCTRINE

*Seconde partie. Que l'homme sans la foi ne peut connaître le vrai bien, ni la justice.* — Tous les hommes recherchent d'être heureux; cela est sans exception; quelques différents moyens qu'ils y emploient, ils tendent tous à ce but. Ce qui fait que les uns vont à la guerre, et que les autres n'y vont pas, est ce même désir, qui est dans tous les deux, accompagné de différentes vues. La volonté [*ne*] fait jamais la moindre démarche que vers cet objet. C'est le motif de toutes les actions de tous les hommes, jusqu'à ceux qui vont se pendre.

Et cependant, depuis un si grand nombre d'années, jamais personne, sans la foi, n'est arrivé à ce point où tous visent continuellement. Tous se plaignent: princes, sujets; nobles, roturiers; vieux, jeunes; forts, faibles; savants, ignorants; saints, malades; de tous pays, de tous les temps, de tous âges et de toutes conditions.

Une épreuve si longue, si continuelle et si uniforme, devrait bien nous convaincre de notre impuissance d'arriver au bien par nos efforts; mais l'exemple nous instruit peu. Il n'est jamais si parfaitement semblable, qu'il n'y ait quelque délicate différence; et c'est de là que nous attendons que notre attente ne sera pas déçue en cette occasion comme en l'autre. Et ainsi, le présent ne nous satisfaisant jamais, l'expérience nous pipe, et de malheur en malheur, nous mène jusqu'à la mort, qui en est un comble éternel.

378] Qu'est-ce donc que nous crie cette avidité et cette impuissance, sinon qu'il y a eu autrefois dans l'homme un véritable bonheur, dont il ne lui reste maintenant que la marque et la trace toute vide, et qu'il essaye inutilement de remplir de tout ce qui l'environne, recherchant des choses absentes le secours qu'il n'obtient pas des présentes, mais qui en sont toutes incapables, parce que ce gouffre infini ne peut être rempli que par un objet infini et immuable, c'est-à-dire que par Dieu même?

Lui seul est son véritable bien; et depuis qu'il l'a quitté c'est une chose étrange, qu'il n'y a rien dans la nature qui n'ait été capable de lui en tenir la place : astres, ciel, terre, éléments, plantes, choux, poireaux, animaux, insectes, veaux, serpents, fièvre, peste, guerre, famine, vices, adultère, inceste. Et depuis qu'il a perdu le vrai bien, tout également peut lui paraître tel, jusqu'à sa destruction propre, quoique si contraire à Dieu, à la raison et à la nature tout ensemble.

Les uns le cherchent dans l'autorité, les autres dans les curiosités et dans les sciences, les autres dans les voluptés. D'autres, qui en ont en effet plus approché, ont considéré qu'il est nécessaire que le bien universel, que tous les hommes désirent, ne soit dans aucune des choses particulières qui ne peuvent être possédées que par un seul, et qui, étant partagées, affligent plus leur posses-

seur, par le manque de la partie qu'il n'[a] pas, qu'elles
ne le contentent par la jouissance de celle qui lui appartient. Ils ont compris que le vrai bien devait être tel que
tous pussent le posséder à la fois, sans diminution et
sans envie, et que personne ne le pût perdre contre son
gré. Et leur raison est que ce désir étant naturel à
l'homme, puisqu'il est nécessairement dans tous, et qu'il
ne peut pas ne le pas avoir, ils en concluent...

*Copie* 193]                          426

La vraie nature étant perdue, tout devient sa nature;
comme, le véritable bien étant perdu, tout devient
son véritable bien.

465]                                  427

L'homme ne sait à quel rang se mettre. Il est visiblement égaré, et tombé de son vrai lieu sans le pouvoir retrouver. Il le cherche partout avec inquiétude et sans
succès dans des ténèbres impénétrables.

*444]                                  428

Si c'est une marque de faiblesse, de prouver Dieu par
la nature, n'en méprisez point l'Écriture[1]; si c'est une
marque de force d'avoir connu ces contrariétés, esti-
mez-en l'Écriture.

23]                                    429

Bassesse de l'homme, jusques à se soumettre aux
bêtes, jusques à les adorer.

1. Car elle a dit que Dieu était un Dieu caché.

A. P. R[1]. *(Commencement, après avoir expliqué l'incompréhensibilité).* — Les grandeurs et les misères de l'homme sont tellement visibles, qu'il faut nécessairement que la véritable religion nous enseigne et qu'il y a quelque grand principe de grandeur en l'homme, et qu'il y a un grand principe de misère. Il faut donc qu'elle nous rende raison de ces étonnantes contrariétés.

Il faut que, pour rendre l'homme heureux, elle lui montre qu'il y a un Dieu; qu'on est obligé de l'aimer; que notre unique félicité est d'être en lui, et notre unique mal d'être séparé de lui; qu'elle reconnaisse que nous sommes pleins de ténèbres qui nous empêchent de le connaître et de l'aimer; et qu'ainsi nos devoirs nous obligeant d'aimer Dieu, et nos concupiscences nous en détournant, nous sommes pleins d'injustice. Il faut qu'elle nous rende raison de ces oppositions que nous avons à Dieu et à notre propre bien. Il faut qu'elle nous enseigne les remèdes à ces impuissances, et les moyens d'obtenir ces remèdes. Qu'on examine sur cela toutes les religions du monde, et qu'on voie s'il y en a une autre que la chrétienne qui y satisfasse.

Sera-ce les philosophes, qui nous proposent pour tout bien les biens qui sont en nous? Est-ce là le vrai bien? Ont-ils trouvé le remède à nos maux? Est-ce avoir guéri la présomption de l'homme que de l'avoir mis à l'égal de Dieu? Ceux qui nous ont égalés aux bêtes, et les mahométans qui nous ont donné les plaisirs de la terre pour tout bien, même dans l'éternité, ont-ils apporté le remède à nos concupiscences? Quelle religion nous enseignera donc à guérir l'orgueil et la concupiscence? Quelle

1. *A Port-Royal.* Ce fragment a été écrit en vue d'une conférence que Pascal fit à Port-Royal, sans doute celle où il expose le plan de l'ouvrage, et dont Filleau de la Chaise et Étienne Périer nous ont conservé le souvenir.

religion enfin nous enseignera notre bien, nos devoirs, les
faiblesses qui nous en détournent, la cause de ces faiblesses, les remèdes qui les peuvent guérir, et le moyen
d'obtenir ces remèdes?

Toutes les autres religions ne l'ont pu. Voyons ce que
fera la Sagesse de Dieu.

« N'attendez pas, dit-elle, ni vérité, ni consolation des
hommes. Je suis celle qui vous ai formés, et qui puis
seule vous apprendre qui vous êtes. Mais vous n'êtes plus
maintenant en l'état où je vous ai formés. J'ai créé
l'homme saint, innocent, parfait; je l'ai rempli de lumière et d'intelligence; je lui ai communiqué ma gloire
et mes merveilles. L'œil de l'homme voyait alors la
majesté de Dieu.

318] Il n'était pas alors dans les ténèbres qui l'aveuglent,
ni dans la mortalité et dans les misères qui l'affligent. Mais
il n'a pu soutenir tant de gloire sans tomber dans la présomption. Il a voulu se rendre centre de lui-même, et
indépendant de mon secours. Il s'est soustrait de ma
domination; et, s'égalant à moi par le désir de trouver sa
félicité en lui-même, je l'ai abandonné à lui; et, révoltant
les créatures, qui lui étaient soumises, je les lui ai ren-
dues ennemies : en sorte qu'aujourd'hui l'homme est
devenu semblable aux bêtes, et dans un tel éloignement
de moi, qu'à peine lui reste-t-il une lumière confuse de
son auteur : tant toutes ses connaissances ont été éteintes
ou troublées! Les sens, indépendants de la raison, et souvent maîtres de la raison, l'ont emporté à la recherche des
plaisirs. Toutes les créatures ou l'affligent ou le tentent,
et dominent sur lui, ou en le soumettant par leur force,
ou en le charmant par leur douceur, ce qui est une domination plus terrible et plus impérieuse.

« Voilà l'état où les hommes sont aujourd'hui. Il leur
reste quelque instinct impuissant du bonheur de leur
première nature, et ils sont plongés dans les misères de

leur aveuglement et de leur concupiscence, qui est devenue leur seconde nature.

« De ce principe que je vous ouvre, vous pouvez reconnaître la cause de tant de contrariétés qui ont étonné tous les hommes, et qui les ont partagés en de si divers sentiments. Observez maintenant tous les mouvements de grandeur et de gloire que l'épreuve de tant de misères ne peut étouffer, et voyez s'il ne faut pas que la cause en soit en une autre nature. »

321] *A. P. R. pour demain* (*Prosopopée*). — « C'est en vain, ô hommes, que vous cherchez dans vous-mêmes le remède à vos misères. Toutes vos lumières ne peuvent arriver qu'à connaître que ce n'est point dans vous-mêmes que vous trouverez ni la vérité ni le bien. Les philosophes vous l'ont promis, et ils n'ont pu le faire. Ils ne savent ni quel est votre véritable bien, ni quel est votre véritable état[1]. Comment auraient-ils donné des remèdes à vos maux, qu'ils n'ont pas seulement connus? Vos maladies principales sont l'orgueil, qui vous soustrait de Dieu, la concupiscence qui vous attache à la terre; et ils n'ont fait autre chose qu'entretenir au moins l'une de ces maladies. S'ils vous ont donné Dieu pour objet, ce n'a été que pour exercer votre superbe : ils vous ont fait penser que vous lui étiez semblables et conformes par votre nature. Et ceux qui ont [*vu*] la vanité de cette prétention vous ont jeté dans l'autre précipice, en vous fai-

---

1. Voici ce que Pascal avait d'abord écrit à la suite de ce paragraphe :
[Je suis la seule qui peut vous apprendre ces choses, et je les enseigne à ceux qui m'écoutent. Les livres que j'ai mis entre les mains des hommes les découvrent bien nettement; mais je n'ai pas voulu que cette connaissance fût si ouverte. J'apprends aux hommes ce qui peut les rendre heureux. Pourquoi refusez-vous de m'ouïr? Ne cherchez pas de satisfaction dans la terre, n'espérez rien des hommes; votre bien n'est qu'en Dieu, et la souveraine félicité consiste à connaître Dieu, à s'unir à lui pour jamais dans l'éternité. Votre devoir est à l'aimer de tout votre cœur. Il vous a créés...]

sant entendre que votre nature était pareille à celle des
bêtes, et vous ont porté à chercher votre bien dans les
concupiscences qui sont le partage des animaux. Ce n'est
pas là le moyen de vous guérir de vos injustices, que ces
sages n'ont point connues. Je puis seule vous faire entendre qui vous êtes, à...[1]. »

322] Adam, Jésus-Christ.

Si on vous unit à Dieu, c'est par grâce, non par nature.
Si on vous abaisse, c'est par pénitence, non par nature.

Ainsi cette double capacité...

Vous n'êtes pas dans l'état de votre création.

Ces deux états étant ouverts, il est impossible que
vous ne les reconnaissiez pas. Suivez vos mouvements,
observez-vous vous-même, et voyez si vous n'y trouverez
pas les caractères vivants de ces deux natures. Tant
de contradictions se trouveraient-elles dans un sujet
simple ?

— Incompréhensible. — Tout ce qui est incompréhensible ne laisse pas d'être[2]. Le nombre infini. Un espace
infini égal au fini.

— Incroyable que Dieu s'unisse à nous. — Cette considération n'est tirée que de la vue de notre bassesse. Mais
si vous l'avez bien sincère, suivez-la aussi loin que moi,
et reconnaissez que nous sommes en effet si bas, que
nous 325] sommes par nous-mêmes incapables de
connaître si sa miséricorde ne peut pas nous rendre
capables de lui. Car je voudrais savoir d'où cet animal,
qui se reconnaît si faible, a le droit de mesurer la miséricorde de Dieu, et d'y mettre les bornes que sa fantaisie
lui suggère. Il sait si peu ce que c'est que Dieu, qu'il ne
sait pas ce qu'il est lui-même ; et, tout troublé de la vue

---

1. En marge les mots suivants qui ont été effacés : « Je ne demande
pas de vous une créance aveugle. »
2. Cette phrase se retrouve, isolée, dans le manuscrit (p. 47).

de son propre état, il ose dire que Dieu ne le peut pas
rendre capable de sa communication.

Mais je voudrais lui demander si Dieu demande autre
chose de lui, sinon qu'il l'aime et le connaisse; et pourquoi il croit que Dieu ne peut se rendre connaissable
et aimable à lui, puisqu'il est naturellement capable
d'amour et de connaissance. Il est sans doute qu'il connaît
au moins qu'il est, et qu'il aime quelque chose. Donc, s'il
voit quelque chose dans les ténèbres où il est, et s'il
trouve quelque sujet d'amour parmi les choses de la terre,
pourquoi, si Dieu lui découvre quelque rayon de son
essence, ne sera-t-il pas capable de le connaître et de
l'aimer en la manière qu'il lui plaira se communiquer
à nous? Il y a donc sans doute une présomption insupportable dans ces sortes de raisonnements, quoiqu'ils
paraissent fondés sur une humilité apparente, qui n'est
ni sincère, ni raisonnable, si elle ne nous fait confesser
que, ne sachant de nous-mêmes qui nous sommes, nous
ne pouvons l'apprendre que de Dieu.

« Je n'entends pas que vous soumettiez votre créance à
moi sans raison, et ne prétends pas vous assujettir avec
tyrannie. Je ne prétends pas aussi vous rendre raison de
toutes choses. Et pour accorder ces contrariétés, j'entends
vous faire voir clairement, par des preuves convaincantes,
des marques divines en moi, qui vous convainquent de ce
que je suis, et m'attirent autorité par des merveilles et
des preuves que vous ne puissiez refuser; et qu'ensuite
vous croyiez [sans][1] les choses que je vous enseigne,
quand vous n'y trouverez autre sujet de les refuser, sinon
que vous ne pouvez par vous-mêmes connaître si elles
sont ou non.

1. La copie complète *sans hésiter*. M. Tourneur retrouve, sous le mot
suivant du manuscrit, *les, rai,* c'est-à-dire le commencement du mot
*raison* que Pascal aurait renoncé à écrire, oubliant ensuite de rayer
*sans*.

326] « Dieu a voulu racheter les hommes, et ouvrir le salut à ceux qui le cherchaient. Mais les hommes s'en rendent si indignes qu'il est juste que Dieu refuse à quelques-uns, à cause de leur endurcissement, ce qu'il accorde aux autres par une miséricorde qui ne leur est pas due. S'il eût voulu surmonter l'obstination des plus endurcis, il[1] l'eût pu, en se découvrant si manifestement à eux qu'ils n'eussent pu douter de la vérité de son essence, comme il paraîtra au dernier jour, avec un tel éclat de foudres et un tel renversement de la nature, que les morts ressuscités et les plus aveugles le verront.

« Ce n'est pas en cette sorte qu'il a voulu paraître, dans son avénement de douceur; parce que tant d'hommes se rendant indignes de sa clémence, il a voulu les laisser dans la privation du bien qu'ils ne veulent pas. Il n'était donc pas juste qu'il parût d'une manière manifestement divine, et absolument capable de convaincre tous les hommes; mais il n'était pas juste aussi qu'il vînt d'une manière si cachée, qu'il ne pût être reconnu de ceux qui le chercheraient sincèrement. Il a voulu se rendre parfaitement connaissable à ceux-là; et ainsi, voulant paraître à découvert à ceux qui le cherchent de tout leur cœur, et caché à ceux qui le fuient de tout leur cœur, 57] il[1] tempère sa connaissance, en sorte qu'il a donné des marques de soi visibles à ceux qui le cherchent, et non à ceux qui ne le cherchent pas. Il y a assez de lumière pour ceux qui ne désirent que de voir, et assez d'obscurité pour ceux qui ont une disposition contraire.

*Copie* 220]                           431

Nul autre n'a connu que l'homme est la plus excellente créature. Les uns, qui ont bien connu la réalité de

---

1. Le second feuillet porte ce titre : *A. P. R. pour demain.*

son excellence, ont pris pour lâcheté et pour ingratitude les sentiments bas que les hommes ont naturellement d'eux-mêmes ; et les autres, qui ont bien connu combien cette bassesse est effective, ont traité d'une superbe ridicule ces sentiments de grandeur, qui sont aussi naturels à l'homme.

« Levez vos yeux vers Dieu, disent les uns ; voyez celui auquel vous ressemblez, et qui vous a fait pour l'adorer. Vous pouvez vous rendre semblable à lui ; la sagesse vous y égalera, si vous voulez le suivre. » « Haussez la tête, hommes libres », dit Épictète[1]. Et les autres lui disent : « Baissez vos yeux vers la terre, chétif ver que vous êtes, et regardez les bêtes dont vous êtes le compagnon. »

Que deviendra donc l'homme ? Sera-t-il égal à Dieu ou aux bêtes ? Quelle effroyable distance ! Que serons-nous donc ? Qui ne voit par tout cela que l'homme est égaré, qu'il est tombé de sa place, qu'il la cherche avec inquiétude, qu'il ne la peut plus retrouver ? Et qui l'y adressera donc ? Les plus grands hommes ne l'ont pu.

425]                      432

Le pyrrhonisme est le vrai. Car, après tout, les hommes, avant Jésus-Christ, ne savaient où ils en étaient, ni s'ils étaient grands ou petits. Et ceux qui ont dit l'un ou l'autre n'en savaient rien, et devinaient sans raison et par hasard ; et même ils erraient toujours, en excluant l'un ou l'autre.

*Quod ergo ignorantes quæritis, religio annuntiat vobis*[2].

_____

1. *En marge.* — Cf. *Diss.*, livre I, XVIII, 20.
2. « Ce que vous cherchez sans le connaître, la religion vous l'annonce. » *Act. apost.* XVII, 23. Pascal cite de mémoire ce passage célèbre du discours de saint Paul à l'Aréopage. La vulgate porte : *Quod ergo ignorantes colitis, hoc ego annuntio vobis* : « Ce Dieu auquel vous rendez hommage sans le connaître [il s'agit de l'autel élevé au Dieu inconnu], c'est lui que je vous annonce. » Le sens est notablement différent ; pour saint Paul les païens avaient entrevu la vérité, pour Pascal ils sont toujours dans l'erreur.

465]                    433

*Après avoir entendu toute la nature de l'homme.* — Il faut,
pour faire qu'une religion soit vraie, qu'elle ait connu
notre nature. Elle doit avoir connu la grandeur et la petitesse, et la raison de l'une et de l'autre. Qui l'a connue,
que[1] la chrétienne?

257]                    434

Les principales forces des pyrrhoniens, je laisse les
moindres, sont : Que nous n'avons aucune certitude de
la vérité de ces principes, hors la foi et la révélation, sinon en [ce] que nous les sentons naturellement en nous.
Or ce sentiment naturel n'est pas une preuve convain-
cante de leur vérité, puisque n'y ayant point de certitude,
hors la foi, si l'homme est créé par un Dieu bon, par un
démon méchant, ou à l'aventure, il est en doute si ces
principes nous sont donnés ou véritables, ou faux, ou
incertains selon notre origine. De plus, que personne
n'a d'assurance, hors de la foi, s'il veille ou s'il dort, vu
que durant le sommeil on croit veiller aussi fermement
que nous faisons; on croit voir les espaces, les figures,
les mouvements; on sent couler le temps, on le mesure;
et enfin on agit de même qu'éveillé; de sorte que, la
moitié de la vie se passant en sommeil, par notre propre
aveu, où, quoi qu'il nous en paraisse, nous n'avons aucune idée du vrai, tous nos sentiments étant alors des
illusions, qui sait si cette autre moitié de la vie où nous
pensons veiller n'est pas un autre sommeil un peu diffé-

1. Dans le sens de sinon. Emploi conforme à l'usage du xviie siècle.
Cf. Malherbe :

> Par qui sont aujourd'hui tant de villes désertes,
> Que par ces enragés?

Et Bossuet : « Qu'ont-ils fait que d'exécuter la loi de Moïse? »

rent du premier dont nous nous éveillons quand nous pensons dormir?

[Et qui doute que, si on rêvait en compagnie, et que par hasard les songes s'accordassent, ce qui est assez ordinaire, et qu'on veillât en solitude, on ne crût les choses renversées? Enfin, comme on rêve souvent qu'on rêve, entassant un songe sur l'autre, ne se peut-il faire que cette moitié de la vie où nous pensons veiller est elle-même un songe sur lequel les autres sont entés, dont nous nous éveillons à la mort, pendant laquelle nous avons aussi peu les principes du vrai et du bien que pendant le sommeil naturel; ces différentes pensées qui nous y agitent n'étant peut-être que des illusions, pareilles à l'écoulement du temps et aux vains fantômes de nos songes?]

Voilà les principales forces de part et d'autre.

Je laisse les moindres, comme les discours que font les pyrrhoniens contre les impressions de la coutume, de l'éducation, des mœurs, du pays, et les autres choses semblables, qui, quoiqu'elles entraînent la plus grande partie des hommes communs, qui ne dogmatisent que sur ces vains fondements, sont renversées par le moindre souffle des pyrrhoniens. On n'a qu'à voir leurs livres, si l'on n'en est pas assez persuadé; on le deviendra bien vite, et peut-être trop.

258] Je m'arrête à l'unique fort des dogmatistes, qui est qu'en parlant de bonne foi et sincèrement, on ne peut douter des principes naturels. Contre quoi les pyrrhoniens opposent en un mot l'incertitude de notre origine, qui enferme celle de notre nature; à quoi les dogmatistes sont encore à répondre depuis que le monde dure.

Voilà la guerre ouverte entre les hommes, où il faut que chacun prenne parti, et se range nécessairement ou au dogmatisme, ou au pyrrhonisme. Car qui pensera demeurer neutre sera pyrrhonien par excellence; cette

neutralité est l'essence de la cabale : qui n'est pas contre
eux est excellemment pour eux [en quoi paraît leur avan-
tage]. Ils ne sont pas pour eux-mêmes; ils sont neutres,
indifférents, suspendus à tout, sans s'excepter.

Que fera donc l'homme en cet état? Doutera-t-il de
tout? doutera-t-il s'il veille, si on le pince, si on le
brûle? doutera-t-il s'il doute? doutera-t-il s'il est? On
n'en peut venir là; et je mets en fait qu'il n'y a jamais
eu de pyrrhonien effectif parfait. La nature soutient la
raison impuissante, et l'empêche d'extravaguer jusqu'à
ce point.

Dira-t-il donc, au contraire, qu'il possède certainement
la vérité, lui qui, si peu qu'on le pousse, ne peut en montrer aucun titre, et est forcé de lâcher prise?

Quelle chimère est-ce donc que l'homme? Quelle nouveauté, quel monstre, quel chaos, quel sujet de contradiction, quel prodige! Juge de toutes choses, imbécile
ver de terre; dépositaire du vrai, cloaque d'incertitude et
d'erreur; gloire et rebut de l'univers.

Qui démêlera cet embrouillement[1]? La nature confond
les pyrrhoniens, et la raison confond les dogmatiques.
Que deviendrez-vous donc, ô hommes qui cherchez
quelle est votre véritable condition par votre raison naturelle? Vous ne pouvez fuir une de ces sectes, ni subsister
dans aucune.

261] Connaissez donc, superbe, quel paradoxe vous êtes
à vous-même. Humiliez-vous, raison impuissante; taisez-

---

1. Voici une première rédaction de ce passage : [Certainement cela
passe le dogmatisme et pyrrhonisme et toute la philosophie humaine.
L'homme passe l'homme. Qu'on accorde donc aux pyrrhoniens ce
qu'ils ont tant crié : que la vérité n'est pas de notre portée et de notre
gibier, qu'elle ne demeure pas en terre, qu'elle est domestique du
ciel, qu'elle loge dans le sein de Dieu, et que l'on ne la peut connaître
qu'à mesure qu'il lui plaît de la révéler. Apprenons donc de la vérité
incréée et incarnée notre véritable nature.]

vous, nature imbécile : apprenez que l'homme passe infiniment l'homme, et entendez de votre maître votre
condition véritable que vous ignorez. Écoutez Dieu.

Car enfin, si l'homme n'avait jamais été corrompu, il
jouirait dans son innocence et de la vérité et de la félicité
avec assurance; et si l'homme n'avait jamais été que corrompu, il n'aurait aucune idée ni de la vérité ni de la
béatitude. Mais, malheureux que nous sommes, et plus
que s'il n'y avait point de grandeur dans notre condition,
nous avons une idée du bonheur, et ne pouvons y arriver; nous sentons une image de la vérité, et ne possédons
que le mensonge; incapables d'ignorer absolument et de
savoir certainement, tant il est manifeste que nous avons
été dans un degré de perfection dont nous sommes malheureusement déchus[1]!

Chose étonnante, cependant, que le mystère le plus
éloigné de notre connaissance, qui est celui de la transmission du péché, soit une chose sans laquelle nous ne
pouvons avoir aucune connaissance de nous-mêmes! Car
il est sans doute qu'il n'y a rien qui choque plus notre
raison que de dire que le péché du premier homme ait
rendu coupables ceux qui, étant si éloignés de cette
source, semblent incapables d'y participer. Cet écoulement ne nous paraît pas seulement impossible, il nous
semble même très injuste; car qu'y a-t-il de plus contraire
aux règles de notre misérable justice que de damner éternellement un enfant incapable de volonté, pour un péché où il paraît avoir si peu de part, qu'il est commis six
mille ans avant qu'il fût en être? Certainement rien ne

---

1. Voici quelle était d'abord la suite du fragment : [Concevons
donc que la condition de l'homme est double. Concevons donc que
l'homme passe infiniment l'homme et qu'il était inconcevable à lui-
même sans le secours de la foi. Car qui ne voit que sans la connaissance de cette double condition de la nature de l'homme, on était
dans une ignorance invincible de sa nature].

nous heurte plus rudement que cette doctrine ; et cependant ! sans ce mystère, le plus incompréhensible de tous, nous sommes incompréhensibles à nous-mêmes. Le nœud de notre condition prend ses replis et ses tours dans cet abîme ; de sorte que l'homme est plus inconcevable sans ce mystère que ce mystère n'est inconcevable à l'homme.262] [D'où il paraît que Dieu, voulant nous rendre la difficulté de notre être inintelligible à nous-mêmes, en a caché le nœud si haut, ou, pour mieux dire, si bas, que nous étions bien incapables d'y arriver ; de sorte que ce n'est pas par les superbes agitations de notre raison, mais par la simple soumission de la raison, que nous pouvons véritablement nous connaître.

Ces fondements, solidement établis sur l'autorité inviolable de la religion, nous font connaître qu'il y a deux vérités de foi également constantes : l'une, que l'homme dans l'état de la création ou dans celui de la grâce est élevé au-dessus de toute la nature, rendu comme semblable à Dieu, et participant de sa divinité, l'autre qu'en l'état de la corruption et du péché, il est déchu de cet état et rendu semblable aux bêtes.

Ces deux propositions sont également fermes et certaines. L'Écriture nous le déclare manifestement, lorsqu'elle dit en quelques lieux : *Deliciæ meæ esse cum filiis hominum*[1]. *Effundam spiritum meum super omnem carnem*[2]. *Dii estis*[3], etc., et qu'elle dit en d'autres : *Omnis caro fœnum*[4]. *Homo assimilatus est jumentis insipientibus, et similis*

---

1. Prov. VIII, 31. « Mes délices sont d'être avec les enfants des hommes. »

2. Is., XLIV, 3. Joël, II, 28. « Je répandrai mon esprit sur toute chair. »

3. Ps., LXXXI, 6. « Vous êtes des dieux. »

4. Is., XL, 6. « Toute chair est une herbe pourrie. »

*factus est illis*[1]. *Dixi in corde meo de filiis hominum.* Eccl. 3[2].

Par où il paraît clairement que l'homme, par la grâce est rendu comme semblable à Dieu et participant de sa divinité, et que sans la grâce il est comme semblable aux bêtes brutes.]

373]                                435

Sans ces divines connaissances, qu'ont pu faire les hommes, sinon, ou s'élever dans le sentiment intérieur qui leur reste de leur grandeur passée, ou s'abattre dans la vue de leur faiblesse présente[3]? Car, ne voyant pas la vérité entière, ils n'ont pu arriver à une parfaite vertu. Les uns considèrent la nature comme incorrompue, les autres comme irréparable, ils n'ont pu fuir, ou l'orgueil, ou la paresse, qui sont les deux sources de tous les vices; puisqu'[*ils*] ne [*peuvent*] sinon, ou s'y abandonner par lâcheté, ou en sortir par l'orgueil. Car, s'ils connaissaient l'excellence de l'homme, ils en ignoraient la corruption; de sorte qu'ils évitaient bien la paresse, mais ils se perdaient dans la superbe; et s'ils reconnaissaient l'infirmité de la nature, ils en ignoraient la dignité : de sorte qu'ils pouvaient bien éviter la vanité, mais c'était en se précipitant dans le désespoir. De là viennent les diverses sectes

---

1. Ps., XLVIII, 13 et 21. « L'homme s'est comparé (*comparatus* dans la Vulgate) aux bêtes sans pensées, et est devenu leur semblable. »
2. 18. « J'ai dit dans mon cœur des fils des hommes. »
3. Voici la première rédaction de ce passage : « Que pouvaient-ils, dans leur impuissance de voir la vérité entière? S'ils connaissaient la dignité de notre condition, ils en ignoraient la corruption; ou, s'ils en connaissaient l'infirmité, ils en ignoraient l'excellence; et suivant l'une ou l'autre de ces routes, qui leur faisait voir la nature, ou comme incorrompue, ou comme irréparable, ils se perdaient ou dans la superbe, ou dans le désespoir, selon qu'ils considéraient, et ainsi ne voyant de vérité 'que confondue avec l'erreur, ils manquaient de vertu. »

des stoïques et des épicuriens; des dogmatistes et des académiciens, etc.

La seule religion chrétienne a pu guérir ces deux vices, non pas en chassant l'un par l'autre, par la sagesse de la terre, mais en chassant l'un et l'autre, par la simplicité de l'Évangile. Car elle apprend aux justes, qu'elle élève jusqu'à la participation de la divinité même, qu'en ce sublime état ils portent encore la source de toute la corruption, qui les rend durant toute la vie sujets à l'erreur, à la misère, à la mort, au péché; et elle crie aux [374] plus impies qu'ils sont capables de la grâce de leur Rédempteur. Ainsi, donnant à trembler [à] ceux qu'elle justifie, et consolant ceux qu'elle condamne, elle tempère avec tant de justesse la crainte avec l'espérance, par cette double capacité qui est commune à tous et de la grâce et du péché, qu'elle abaisse infiniment plus que la seule raison ne peut faire, mais sans désespérer; et qu'elle élève infiniment plus que l'orgueil de la nature, mais sans enfler : faisant bien voir par là qu'étant seule exempte d'erreur et de vice, il n'appartient qu'à elle et d'instruire et de corriger les hommes.

Qui peut donc refuser à ces célestes lumières de les croire et de les adorer? Car n'est-il pas plus clair que le jour que nous sentons en nous-mêmes des caractères ineffaçables d'excellence? Et n'est-il pas aussi véritable que nous éprouvons à toute heure les effets de notre déplorable condition? Que nous crie donc ce chaos et cette confusion monstrueuse, sinon la vérité de ces deux états, avec une voix si puissante, qu'il est impossible de résister?

244]                                    436

*Faiblesse*. — Toutes les occupations des hommes sont à avoir du bien; et ils ne sauraient avoir de titre pour montrer qu'ils le possèdent par justice, car ils n'ont que la fantaisie des hommes, ni force pour le posséder sûrement. Il en est de même de la science[1], car la maladie l'ôte. Nous sommes incapables et de vrai et de bien.

487]                    437

Nous souhaitons la vérité, et ne trouvons en nous qu'incertitude.

Nous cherchons le bonheur, et ne trouvons que misère et mort.

Nous sommes incapables de ne pas souhaiter la vérité et le bonheur, et sommes incapables ni de certitude ni de bonheur. Ce désir nous est laissé, tant pour nous punir, que pour nous faire sentir d'où nous sommes tombés.

485]                    438

Si l'homme n'est fait pour Dieu, pourquoi n'est-il heureux qu'en Dieu? Si l'homme est fait pour Dieu, pourquoi est-il si contraire à Dieu?

277]                    439

*Nature corrompue*. — L'homme n'agit point par la raison, qui fait son être.

*Copie* 352]                    440

La corruption de la raison paraît par tant de différentes et extravagantes mœurs. Il a fallu que la vérité soit venue, afin que l'homme ne véquît[2] plus en soi-même.

---

1. A la page 415 du manuscrit se trouve une variante de ce fragment qui contient l'addition suivante : après *la science, les plaisirs*.

2. Forme tombée en désuétude, qui au xviie siècle était employée concurremment avec *vécût*.

*Copie* 256] 441

Pour moi, j'avoue qu'aussitôt que la religion chrétienne découvre ce principe, que la nature des hommes
est corrompue et déchue de Dieu, cela ouvre les yeux à
voir partout le caractère de cette vérité; car la nature est
telle, qu'elle marque partout un Dieu perdu, et dans
l'homme, et hors de l'homme, et une nature corrompue.

487] 442

La vraie nature de l'homme, son vrai bien, et la vraie
vertu, et la vraie religion, sont choses dont la connaissance est inséparable.

75] 443

*Grandeur, misère.* — A mesure qu'on a plus de lumière,
on découvre plus de grandeur et plus de bassesse dans
l'homme. Le commun des hommes — ceux qui sont plus
élevés : les philosophes, ils étonnent le commun des
hommes — les chrétiens, ils étonnent les philosophes.

Qui s'étonnera donc de voir que la religion ne fait
que connaître à fond ce qu'on reconnaît d'autant plus
qu'on a plus de lumière?

45] 444

Ce que les hommes, par leurs plus grandes lumières,
avaient pu connaître, cette religion l'enseignait à ses
enfants.

*Copie* 377] 445

Le péché originel est folie devant les hommes, mais on
le donne pour tel. Vous ne me devez donc pas reprocher
le défaut de raison en cette doctrine, puisque je la donne

pour être sans raison. Mais cette folie est plus sage que
toute la sagesse des hommes, *sapientius est hominibus*[1].
Car, sans cela, que dira-t-on qu'est l'homme? Tout son
état dépend de ce point imperceptible. Et comment s'en
fût-il aperçu par sa raison, puisque c'est une chose
contre la raison, et que sa raison, bien loin de l'inventer
par ses voies, s'en éloigne quand on le lui présente?

**\*\*267]**                        446

*Du péché originel. Tradition ample du péché originel selon les
juifs*[2].

Sur le mot de la *Genèse,* VIII. La composition du cœur
de l'homme est mauvaise dès son enfance.

1. I *Cor.,* I, 25 : « La folie qui vient de Dieu est plus sage que les
hommes, et la faiblesse qui vient de Dieu plus forte que les hommes. »
2. Tous ces rapprochements sont empruntés à un ouvrage du Moyen
Age, intitulé *Pugio christianorum ad impiorum perfidiam jugulandam,
et maxime judæorum.* « Poignard des chrétiens pour égorger la perfidie
des impies et surtout des Juifs. » Molinier l'a décrit dans sa *Préface*
et a montré dans ses notes le parti que Pascal se proposait d'en tirer
pour opposer l'exégèse catholique de l'Écriture aux interprétateurs des
Juifs. Le *Pugio Fidei*, comme le nomme Molinier pour abréger, a été
écrit par un dominicain catalan du XIIIe siècle, Raimond Martin; il fut
édité à Paris par Bosquet, évêque de Lodève, en 1651, ce qui en faisait
pour Pascal comme un ouvrage contemporain? Le *Pugio Fidei* comprend trois parties dont voici rapidement le sommaire. La 1re partie
réfute les erreurs, d'abord les trois erreurs de ceux qui n'ont pas la loi
(les Épicuriens qui ne connaissent pas Dieu, les Stoïciens qui sont
naturalistes et panthéistes, les philosophes purs comme Aristote) et
qui sont, de croire à l'éternité du monde, de soutenir que Dieu ne
s'occupe pas du particulier, de nier la résurrection; ensuite les erreurs
de ceux qui ont la loi (Juifs, Turcs, hérétiques). Les deux autres parties
visent directement les Juifs : la seconde établit contre eux, d'après leurs
livres et leurs témoignages, que le Messie est venu dans la personne du
Christ; la troisième fonde suivant la même méthode : 1° la Trinité,
2° le péché originel, 3° la Rédemption. C'est à la seconde division de
cette troisième partie que sont empruntés les textes rassemblés ici par
Pascal.

*R. Moïse Haddarschan :* Ce mauvais levain est mis dans l'homme dès l'heure où il est formé.

*Massechet Succa :* Ce mauvais levain a sept noms dans l'Écriture; il est appelé *mal, prépuce, immonde, ennemi, scandale, cœur de pierre, aquilon :* tout cela signifie la malignité qui est cachée et empreinte dans le cœur de l'homme.

*Misdrach Tillim* dit la même chose, et que Dieu délivrera la bonne nature de l'homme de la mauvaise.

Cette malignité se renouvelle tous les jours contre l'homme, comme il est écrit *Ps.* XXXVII. « L'impie observe le juste, et cherche à le faire mourir; mais Dieu ne l'abandonnera point. » Cette malignité tente le cœur de l'homme en cette vie, et l'accusera en l'autre. Tout cela se trouve dans le *Talmud.*

*Misdrach Tillim* sur le *Ps.* IV. « Frémissez, et vous ne pécherez point » : Frémissez, et épouvantez votre concupiscence, et elle ne vous induira point à pécher. Et sur le *Ps.* XXXVI : « L'impie a dit en son cœur : Que la crainte de Dieu ne soit point devant moi »; c'est-à-dire, que la malignité naturelle à l'homme a dit cela à l'impie.

*Misdrach el Kohelet*[1]. « Meilleur est l'enfant pauvre et sage que le roi vieux et fol qui ne sait pas prévoir l'avenir. » L'enfant est la vertu, et le roi est la malignité de l'homme. Elle est appelée roi, parce que tous les membres lui obéissent, et vieux, parce qu'il est dans le cœur de l'homme depuis l'enfance jusqu'à la vieillesse; et fol, parce qu'il conduit l'homme dans la voie de [*perdition*][2] qu'il ne prévoit point.

La même chose est dans *Misdrach Tillim.*

*Bereschit Rabba* sur le *Ps.* XXXV : « Seigneur, tous mes os te béniront, parce que tu délivres le pauvre du tyran » :

1. *Eccl.,* IV, 13.
2. Le texte dit *condition.* P. Faugère a substitué *perdition* qui paraît bien être la véritable leçon.

Et y a-t-il un plus grand tyran que le mauvais levain?
— Et sur les *Prov.* XXV : « Si ton ennemi a faim, donne-lui
à manger »; c'est-à-dire, si le mauvais levain a faim,
donnez-lui du pain de la sagesse, dont il est parlé
*Prov.,* IX; et s'il a soif, donnez-lui l'eau dont il est parlé
*Is.,* LV.

*Misdrach Tillim* dit la même chose; et que l'Écriture
en cet endroit, en parlant de notre ennemi, entend le
mauvais levain : et qu'en lui [*donnant*] ce pain et cette
eau, on lui assemblera des charbons sur la tête.

*Misdrach el Kohelet,* sur l'*Eccl.,* IX : « Un grand roi a
assiégé une petite ville. » Ce grand roi est le mauvais
levain, les grandes machines dont il l'environne sont les
tentations, et il a été trouvé un homme sage et pauvre
qui l'a délivrée c'est-à-dire la vertu.

Et sur le *Ps.* XLI : « Bienheureux qui a égard aux
pauvres. »

Et sur le *Ps.* LXXVIII : « L'esprit s'en va et ne revient
plus; » d'où quelques-uns ont pris sujet d'errer contre
l'immortalité de l'âme; mais le sens est que cet esprit est
le mauvais levain, qui s'en va avec l'homme jusqu'à la
mort, et ne reviendra point en la résurrection.

Et sur le *Ps.* CIII, la même chose.

Et sur le *Ps.* XVI[1].

381]                    447

Dira-t-on que, pour avoir dit que la justice est partie
de la terre, les hommes aient connu le péché originel?
— *Nemo ante obitum beatus*[2]; est-ce à dire qu'ils aient
connu qu'à la mort la béatitude éternelle et essentielle
commence?

---

1. Les *Copies* ajoutent ce titre : *Principes des Rabbins : deux Messies.*
2. « Personne n'est heureux avant la mort ». *Souvenir d'un vers
d'Ovide (Mét.,* III, 135) cité par Montaigne (I, 18).

*440]                    448

[*Miton*] voit bien que la nature est corrompue, et que les hommes sont contraires à l'honnêteté; mais il ne sait pas pourquoi ils ne peuvent voler plus haut.

*442]                    449

*Ordre.* — Après la corruption, dire : « Il est juste que tous ceux qui sont en cet état le connaissent; et ceux qui s'y plaisent, et ceux qui s'y déplaisent; mais il n'est pas juste que tous voient la rédemption. »

65]                      450

Si l'on ne se connaît plein de superbe, d'ambition, de concupiscence, de faiblesse, de misère et d'injustice, on est bien aveugle. Et si, en le connaissant, on ne désire d'en être délivré, que peut-on dire d'un homme...?

Que peut-on donc avoir, que de l'estime pour une religion qui connaît si bien les défauts de l'homme, et que du désir pour la vérité d'une religion qui y promet des remèdes si souhaitables?

*467]                    451

Tous les hommes se haïssent naturellement l'un l'autre. On s'est servi comme on a pu de la concupiscence pour la faire servir au bien public; mais ce n'est que feindre, et une fausse image de la charité; car au fond ce n'est que haine.

439]                     452

Plaindre les malheureux n'est pas contre la concupiscence. Au contraire, on est bien aise d'avoir à rendre ce témoignage d'amitié, et à s'attirer la réputation de tendresse, sans rien donner.

465] 453

On a fondé et tiré de la concupiscence des règles admirables de police, de morale et de justice; mais dans le fond, ce vilain fond de l'homme, ce *figmentum malum,* n'est que couvert : il n'est pas ôté.

67] 454

*Injustice.* — Ils[1] n'ont pas trouvé d'autre moyen de satisfaire la concupiscence sans faire tort aux autres.

75] 455

Le *moi* est haïssable : vous, Miton, le couvrez, vous ne l'ôtez pas pour cela; vous êtes donc toujours haïssable. — Point, car en agissant, comme nous faisons, obligeamment pour tout le monde, on n'a plus sujet de nous haïr. — Cela est vrai, si on ne haïssait dans le *moi* que le déplaisir qui nous en revient. Mais si je le hais parce qu'il est injuste qu'il se fasse centre du tout, je le haïrai toujours.

En un mot, le *moi* a deux qualités : il est injuste en soi, en ce qu'il se fait centre du tout; il est incommode aux autres, en ce qu'il les veut asservir : car chaque *moi* est l'ennemi et voudrait être le tyran de tous les autres. Vous en ôtez l'incommodité, mais non pas l'injustice; et ainsi vous ne le rendez pas aimable à ceux qui en haïssent l'injustice : vous ne le rendez aimable qu'aux injustes, qui n'y trouvent plus leur ennemi, et ainsi vous demeurez injuste et ne pouvez plaire qu'aux injustes.

229] 456

Quel dérèglement de jugement, par lequel il n'y a per-

---

1. Ce sont les honnêtes gens, qui veulent donner à la fois satisfaction à eux-mêmes et à la société.

sonne qui ne se mette au-dessus de tout le reste du monde, et qui n'aime mieux son propre bien[1], et la durée de son bonheur, et de sa vie, que celle de tout le reste du monde!

402]　　　　　　　　457

Chacun est un tout à soi-même, car, lui mort, le tout est mort pour soi. Et de là vient que chacun croit être tout à tous. Il ne faut pas juger de la nature selon nous, mais selon elle.

115]　　　　　　　　458

« Tout ce qui est au monde est concupiscence de la chair, ou concupiscence des yeux, ou orgueil de la vie : *libido sentiendi, libido sciendi, libido dominandi.* » Malheureuse la terre de malédiction que ces trois fleuves de feu embrasent plutôt qu'ils n'arrosent! Heureux ceux qui, étant sur ces fleuves, non pas plongés, non pas entraînés, mais immobiles, mais affermis sur ces fleuves; non pas debout, mais assis dans une assiette basse et sûre, d'où ils ne se relèvent pas avant la lumière, mais, après s'y être reposés en paix, tendent la main à celui qui les doit élever, pour les faire tenir debout et fermes dans les porches de la sainte Hiérusalem, où l'orgueil ne pourra plus les combattre et les abattre; et qui cependant pleurent non pas de voir écouler toutes les choses périssables que les torrents entraînent, mais dans le souvenir dans leur chère patrie, de la Hiérusalem céleste, dont ils se souviennent sans cesse dans la longueur de leur exil!

1. Pascal avait d'abord écrit ici *que celui,* puis il a voulu compléter sa pensée, et il a oublié le terme qui devait répondre à *son propre bien.*

85]                    459

Les fleuvès de Babylone coulent, et tombent et entraînent
Ô sainte Sion, où tout est stable et où rien ne tombe!

Il faut s'asseoir sur les fleuves, non sous ou dedans,
mais dessus; et .non debout, mais assis : pour être
humble, étant assis, et en sûreté, étant dessus. Mais nous
serons debout dans les porches de Hiérusalem.

Qu'on voie si ce plaisir est stable ou coulant : s'il
passe, c'est un fleuve de Babylone.

85]                    460

*Concupiscence de la chair, concupiscence des yeux, orgueil,*
etc. — Il y a trois ordres de choses : la chair, l'esprit,
la volonté. Les charnels sont les riches, les rois : ils ont
pour l'objet le corps. Les curieux et savants : ils ont
pour objet l'esprit. Les sages : ils ont pour objet la justice.

Dieu doit régner sur tout, et tout se rapporter à lui.
Dans les choses de la chair, règne proprement la concupiscence; dans les spirituelles, la curiosité proprement;
dans la sagesse, l'orgueil proprement. Ce n'est pas qu'on
ne puisse être glorieux pour les biens ou pour les
connaissances, mais ce n'est pas le lieu de l'orgueil; car,
en accordant à un homme qu'il est savant, on ne laissera
pas de le convaincre qu'il a tort d'être superbe. Le lieu
propre à la superbe est la sagesse : car on ne peut accorder à un homme qu'il s'est rendu sage, et qu'il a tort
d'être glorieux, car cela est de justice. Aussi Dieu seul
donne la sagesse; et c'est pourquoi : *Qui gloriatur, in
Domino glorietur*[1].

---

1. I *Cor*. I, 31 : « Celui qui se glorifie, qu'il se glorifie en Dieu. »
La gloire désigne, comme on sait, dans le langage théologique, la
béatitude en Dieu.

275]                    461

Les trois concupiscences ont fait trois sectes, et les
philosophes n'ont fait autre chose que suivre une des
trois concupiscences[1].

47]                     462

*Recherche du vrai bien.* — Le commun des hommes met
le bien dans la fortune et dans les biens du dehors, ou
au moins dans le divertissement. Les philosophes ont
montré la vanité de tout cela, et l'ont mis où ils ont pu.

191]                    463

[*Contre les philosophes qui ont Dieu sans Jésus-Christ.*]
*Philosophes.* — Ils croient que Dieu est seul digne d'être
aimé et d'être admiré, et ont désiré d'être aimés et admirés des hommes; et ils ne connaissent pas leur corruption. S'ils se sentent pleins de sentiments pour l'aimer
et l'adorer, et qu'ils y trouvent leur joie principale, qu'ils
s'estiment bons, à la bonne heure. Mais s'ils s'y trouvent
répugnants, s'[*ils*] n'[*ont*] aucune pente qu'à se vouloir
établir dans l'estime des hommes, et que, pour toute
perfection, ils fassent seulement que, sans forcer les
hommes, ils leur fassent trouver leur bonheur à les
aimer, je dirai que cette perfection est horrible. Quoi!
ils ont connu Dieu, et n'ont pas désiré uniquement que
les hommes l'aimassent, [*mais*] que les hommes s'arrêtassent à eux! Ils ont voulu être l'objet du bonheur
volontaire des hommes!

1. D'après le sens que Pascal donne au mot *philosophe* dans un très
grand nombre de fragments, il apparaît que la concupiscence propre
aux philosophes est, non pas la curiosité, mais l'orgueil. Les Stoïciens
se sont « perdus dans la présomption de ce que l'on peut »; et en
rapportant à leurs propres forces l'effort de leur sagesse, ils se sont
révoltés contre Dieu.

251]                    464

*Philosophes.* — Nous sommes pleins de choses qui nous
jettent au dehors.

Notre instinct nous fait sentir qu'il faut chercher notre
bonheur hors de nous. Nos passions nous poussent au
dehors, quand même les objets ne s'offriraient pas pour
les exciter. Les objets du dehors nous tentent d'eux-
mêmes et nous appellent, quand même nous n'y pensons
pas. Et ainsi les philosophes ont beau dire : « Rentrez en
vous-mêmes, vous y trouverez votre bien; » on ne les
croit pas et ceux qui les croient sont les plus vides et les
plus sots.

481]                    465

Les Stoïques disent : « Rentrez au dedans de vous-
mêmes; c'est là où vous trouverez votre repos. » Et cela
n'est pas vrai.

Les autres disent : « Sortez en dehors : recherchez le
bonheur en vous divertissant. » Et cela n'est pas vrai. Les
maladies viennent.

Le bonheur n'est ni hors de nous, ni dans nous; il est
en Dieu, et hors et dans nous.

197]                    466

Quand Épictète aurait vu parfaitement bien le chemin,
il dit aux hommes : « Vous en suivez un faux »; il
montre que c'en est un autre, mais il n'y mène pas. C'est
celui de vouloir ce que Dieu veut; Jésus-Christ seul y
mène : *Via, veritas*[1].

_____

1. Saint Jean, XIV, 6 : *Dicit ei Jesus : Ego sum via, et veritas, et vita :
Nemo venit ad Patrem, nisi per me.* « Jésus dit à Thomas : Je suis le
chemin, la vérité, la vie. Nul ne vient à mon Père sinon par moi. »

Les vices de Zénon même[1].

161]                                467

*Raison des effets*[2]. — Épictète. Ceux qui disent : « Vous
avez mal à la tête », ce n'est pas de même. On est assuré
de la santé et non pas de la justice; et en effet la sienne
était une niaiserie.

Et cependant il la croyait démontrer en disant : « Ou
en notre puissance ou non. » Mais il ne s'apercevait pas
qu'il n'est pas en notre pouvoir de régler le cœur, et il
avait tort de le conclure de ce qu'il y avait des chrétiens.

465]                                468

Nulle autre religion n'a proposé de se haïr. Nulle
autre religion ne peut donc plaire à ceux qui se haïssent,
et qui cherchent un être véritablement aimable. Et
ceux-là, s'ils n'avaient jamais ouï parler de la religion
d'un Dieu humilié, l'embrasseraient incontinent.

*125]                                469

Je sens que je puis n'avoir point été, car le moi
consiste dans ma pensée; donc moi qui pense n'aurais
point été, si ma mère eût été tuée avant que j'eusse été
animé; donc je ne suis pas un être nécessaire. Je ne suis
pas aussi éternel, ni infini; mais je vois bien qu'il y a
dans la nature un être nécessaire, éternel et infini.

---

1. Addition de la Copie (p. 61). Les vices de Zénon témoignent
l'impuissance du stoïcisme à assurer la vertu et le bonheur. D'ailleurs
si *les vices de Zénon* font allusion aux anecdotes que Pascal a pu
trouver dans Montaigne sur Zénon, il faut avouer que l'expression est
singulièrement dure. Zénon a vécu au milieu du monde grec, comme
Socrate; mais rien dans sa vie ne semble avoir démenti sa doctrine.
2. Épictète a remarqué une chose, il n'en a pas vu la *raison*.

483]                    470

« Si j'avais vu un miracle, disent-ils, je me converti-
rais. » Comment assurent-ils qu'ils feraient ce qu'ils
ignorent? Ils s'imaginent que cette conversion consiste
en une adoration qui se fait de Dieu comme un commerce et une conversation telle qu'ils se la figurent. La
conversion véritable consiste à s'anéantir devant cet être
universel qu'on a irrité tant de fois, et qui peut vous
perdre légitimement à toute heure; à reconnaître qu'on
ne peut rien sans lui, et qu'on n'a mérité rien de lui que
sa disgrâce. Elle consiste à connaître qu'il y a une opposition invincible entre Dieu et nous, et que, sans un
médiateur, il ne peut y avoir de commerce.

*244]                    471

Il est injuste qu'on s'attache à moi, quoiqu'on le fasse
avec plaisir et volontairement. Je tromperais ceux à qui
j'en ferais naître le désir, car je ne suis la fin de personne
et n'ai pas de quoi les satisfaire. Ne suis-je pas prêt à
mourir? Et ainsi l'objet de leur attachement mourra.
Donc, comme je serais coupable de faire croire une fausseté, quoique je la persuadasse doucement, et qu'on la
crût avec plaisir, et qu'en cela on me fît plaisir, de même,
je suis coupable de me faire aimer. Et si j'attire les gens
à s'attacher à moi, je dois avertir ceux qui seraient prêts
à consentir au mensonge, qu'ils ne le doivent pas croire,
quelque avantage qui m'en revînt; et, de même, qu'ils
ne doivent pas s'attacher à moi; car il faut qu'ils passent
leur vie et leurs soins à plaire à Dieu, ou à le chercher.

*Copie* 179]                    472

La volonté propre ne se satisfera jamais, quand elle
aurait pouvoir de tout ce qu'elle veut; mais on est satis-

fait dès l'instant qu'on y renonce. Sans elle, on ne peut être malcontent; par elle, on ne peut être content.

*167]                          473

Qu'on s'imagine un corps plein de membres pensants[1].

*265]                          474

*Membres. Commencer par là.* — Pour régler l'amour qu'on se doit à soi-même, il faut s'imaginer un corps plein de membres pensants, car nous sommes membres du tout, et voir comment chaque membre devrait s'aimer, etc...

265]                          475

Si les pieds et les mains avaient une volonté particulière, jamais ils ne seraient dans leur ordre qu'en soumettant cette volonté particulière à la volonté première qui gouverne le corps entier. Hors de là, ils sont dans le désordre et dans le malheur; mais en ne voulant que le bien du corps, ils font leur propre bien.

199]                          476

Il faut n'aimer que Dieu et ne haïr que soi.

Si le pied avait toujours ignoré qu'il appartînt au corps, et qu'il y eût un corps dont il dépendît, s'il n'avait eu que la connaissance et l'amour de soi, et qu'il vînt à connaître qu'il appartient à un corps duquel il dépend,

---

1. Cette comparaison est empruntée à saint Paul, elle remplit le douzième chapitre de la 1^re épître aux Corinthiens : « De même que le corps est un et qu'il a beaucoup de membres, et que les membres du corps, tout en étant beaucoup, sont cependant un seul corps, de même le Christ... Vous êtes le corps de Christ et les membres d'un membre. » Le développement mène au chapitre XIII, sur la Charité.

quel regret, quelle confusion de sa vie passée, d'avoir été inutile au corps qui lui a influé la vie, qui l'eût anéanti s'il l'eût rejeté et séparé de soi, comme il se séparait de lui! Quelles prières d'y être conservé! et avec quelle soumission se laisserait-il gouverner à la volonté qui régit le corps, jusqu'à consentir à être retranché s'il le faut! ou il perdrait sa qualité de membre; car il faut que tout membre veuille bien périr pour le corps, qui est le seul pour qui tout est[1].

8]                        477

Il est faux que nous soyons dignes que les autres nous aiment, il est injuste que nous le voulions. Si nous naissions raisonnables, et indifférents, et connaissant nous et les autres, nous ne donnerions point cette inclination à notre volonté. Nous naissons pourtant avec elle; nous naissons donc injustes, car tout tend à soi. Cela est contre tout ordre : il faut tendre au général; et la pente vers soi est le commencement de tout désordre, en guerre, en police, en économie, dans le corps particulier de l'homme. La volonté est donc dépravée.

Si les membres des communautés naturelles et civiles tendent au bien du corps, les communautés elles-mêmes doivent tendre à un autre corps plus général, dont elles sont des membres. L'on doit donc tendre au général. Nous naissons donc injustes et dépravés.

1. Saint Paul, 1 *Cor.*, XII, 5 : « Si le pied vient à dire : Puisque je ne suis pas la main, je ne suis plus du corps, ne sera-t-il plus du corps pour cela? » La comparaison est essentiellement conforme à l'esprit de la philosophie stoïcienne. Le monde est un vaste animal dont Dieu est l'âme; l'unité de l'organisme est l'ouvrage et le produit de l'harmonie universelle. Notre devoir est de nous comporter vis-à-vis de l'univers comme la partie vis-à-vis du tout.

Quand nous voulons penser à Dieu, n'y a-t-il rien qui
nous détourne, nous tente de penser ailleurs ? Tout cela
est mauvais et né avec nous.

7]                             479

S'il y a un Dieu, il ne faut aimer que lui, et non les
créatures passagères. Le raisonnement des impies, dans
*la Sagesse,* n'est fondé que sur ce qu'il n'y a point de
Dieu. « Cela posé, dit-il, jouissons donc des créatures[1]. »
C'est le pis aller. Mais s'il y avait un Dieu à aimer, ils
n'auraient pas conclu cela, mais bien le contraire. Et
c'est la conclusion des sages : « Il y a un Dieu, ne jouissons donc pas des créatures. »

Donc tout ce qui nous incite à nous attacher aux créatures est mauvais, puisque cela nous empêche, ou de servir Dieu, si nous le connaissons, ou de le chercher, si
nous l'ignorons. Or nous sommes pleins de concupiscence ; donc nous sommes pleins de mal ; donc nous
devons nous haïr nous-mêmes, et tout ce qui nous excite
à autre attache qu'à Dieu seul.

199]                           480

Pour faire que les membres soient heureux, il faut
qu'ils aient une volonté, et qu'ils la conforment au corps.

---

1. *Sag.* II, 6. *Venite ergo et fruamur bonis quæ sunt, et utamur creatura tanquam in juventute celeriter.* « Venez donc et jouissons des biens
qui existent et usons de la créature comme il convient dans la jeunesse, rapidement. »

Les exemples des morts généreuses de Lacédémoniens
et autres ne nous touchent guère. Car qu'est-ce que cela
nous apporte? Mais l'exemple de la mort des martyrs
nous touche; car ce sont « nos membres[1] ». Nous avons
un lien commun avec eux : leur résolution peut former
la nôtre, non seulement par l'exemple, mais parce
qu'elle a peut-être mérité la nôtre. Il n'est rien de cela
aux exemples des païens : nous n'avons point de liaison
à eux; comme on ne devient pas riche pour voir un
étranger qui l'est, mais bien pour voir son père ou son
mari qui le soient.

*Morale*[2]. — Dieu ayant fait le ciel et la terre, qui ne
sentent point le bonheur de leur être, il a voulu faire
des êtres qui le connussent, et qui composassent un
corps de membres pensants. Car nos membres ne sentent
point le bonheur de leur union, de leur admirable intelligence, du soin que la nature a d'y influer les esprits[3], et
de les faire croître et durer. Qu'ils seraient heureux s'ils
le sentaient, s'ils le voyaient! Mais il faudrait pour cela
qu'ils eussent intelligence pour le connaître, et bonne
volonté pour consentir à celle de l'âme universelle. Que
si, ayant reçu l'intelligence, ils s'en servaient à retenir
en eux-mêmes la nourriture, sans la laisser passer aux
autres membres, ils seraient non seulement injustes, mais
encore misérables, et se haïraient plutôt que de s'aimer;
leur béatitude, aussi bien que leur devoir, consistant à

---

1. *Rom.* XII, 5 : « Nous formons à beaucoup un seul corps dans le
Christ, mais nous sommes chacun membre l'un de l'autre. »

2. La *Copie* porte cette indication : « Commencement de membres
pensants. »

3. *Insuffler.* L'emploi de ce mot dans le sens actif se retrouve
encore une fois dans Pascal : « Le corps lui a influé la vie. »

consentir à la conduite de l'âme entière à qui ils appartiennent, qui les aime mieux qu'ils ne s'aiment eux-
mêmes.

149]                        483

Être membre, est n'avoir de vie, d'être et de mouvement que par l'esprit du corps et pour le corps.

Le membre séparé, ne voyant plus le corps auquel il
appartient, n'a plus qu'un être périssant et mourant.
Cependant il croit être un tout, et ne se voyant point de
corps dont il dépende, il croit ne dépendre que de soi,
et veut se faire centre et corps lui-même. Mais n'ayant
point en soi de principe de vie, il ne fait que s'égarer,
et s'étonne dans l'incertitude de son être, sentant bien
qu'il n'est pas corps, et cependant ne voyant point
qu'il soit membre d'un corps. Enfin, quand il vient
à se connaître, il est comme revenu chez soi, et ne
s'aime plus que pour le corps. Il plaint ses égarements
passés.

Il ne pourrait pas par sa nature aimer une autre
chose, sinon pour soi-même et pour se l'asservir, parce
que chaque chose s'aime plus que tout. Mais en aimant
le corps, il s'aime soi-même, parce qu'il n'a d'être
qu'en lui, par lui et pour lui : *qui adhæret Deo unum
spiritus est*[1].

Le corps aime la main; et la main, si elle avait une
volonté, devrait s'aimer de la même sorte que l'âme
l'aime. Tout amour qui va au-delà est injuste.

*Adhærens Deo unus spiritus est*. On s'aime, parce qu'on
est membre de Jésus-Christ. On aime Jésus-Christ, parce
qu'il est le corps dont on est membre. Tout est un, l'un
est en l'autre, comme les trois Personnes.

1. Saint Paul. I<sup>re</sup> *Cor.* VI, 17 : « Celui qui adhère à Dieu est un seul
esprit avec lui. »

419]                    484

Deux lois suffisent pour régler toute la République chrétienne, mieux que toutes les lois politiques[1].

113]                    485

La vraie et unique vertu est donc de se haïr (car on est haïssable par sa concupiscence), et de chercher un être véritablement aimable, pour l'aimer. Mais, comme nous ne pouvons aimer ce qui est hors de nous, il faut aimer un être qui soit en nous, et qui ne soit pas nous, et cela est vrai d'un chacun de tous les hommes. Or il n'y a que l'Être universel qui soit tel. Le royaume de Dieu est en nous[2] : le bien universel est en nous, est nous-même, et n'est pas nous.

225]                    486

La dignité de l'homme consistait, dans son innocence, à user et dominer[3] sur les créatures, mais aujourd'hui à s'en séparer et s'y assujettir[4].

235]                    487

Toute religion est fausse, qui, dans sa foi, n'adore pas un Dieu comme principe de toutes choses, et qui, dans sa morale, n'aime pas un seul Dieu comme objet de toutes choses.

1. « Un docteur de la loi, d'entre les Pharisiens, voulant tenter Jésus, lui demanda : Maître, quels sont les grands préceptes de la loi ? Jésus lui répondit : Tu aimeras le Seigneur ton Dieu de tout ton cœur, de toute ton âme, de toute ta pensée. Voilà le plus grand et le premier des préceptes. Le second, semblable au premier, est celui-ci : Tu aimeras ton prochain comme toi-même. Ces deux préceptes comprennent toute la loi et les prophètes. » *Matth.*, XXII, 35 ; *Marc,* XII, 28.

2. Luc, XVII, 29 : *Ecce enim regnum Dei intra vos est.*

3. Construction par attraction : *user des créatures et les dominer.*

4. *Se séparer* pour s'attacher à Dieu ; *s'assujettir* pour s'humilier.

2ᵉ *Man. Guerrier*]            488

... Mais il est impossible que Dieu soit jamais la fin, s'il n'est le principe[1]. On dirige sa vue en haut, mais on s'appuie sur le sable : et la terre fondra, et on tombera en regardant le ciel.

457]                            489

S'il y a un seul principe de tout, une seule fin de tout, tout par lui, tout pour lui. Il faut donc que la vraie religion nous enseigne à n'adorer que lui et à n'aimer que lui. Mais, comme nous nous trouvons dans l'impuissance d'adorer ce que nous ne connaissons pas, et d'aimer autre chose que nous, il faut que la religion qui instruit de ces devoirs nous instruise aussi de ces impuissances, et qu'elle nous apprenne aussi les remèdes. Elle nous apprend que, par un homme, tout a été perdu, et la liaison rompue entre Dieu et nous, et que, par un homme, la liaison est réparée.

Nous naissons si contraires à cet amour de Dieu, et il est si nécessaire, qu'il faut que nous naissions coupables, ou Dieu serait injuste.

90]                            490

Les hommes, n'ayant pas accoutumé de former le mérite, mais seulement le récompenser où ils le trouvent formé, jugent de Dieu par eux-mêmes[2].

1. Énonciation du principe janséniste : la grâce seule donne la charité, ou amour de Dieu.
2. Cela signifie sans doute que les hommes considèrent la justice divine comme devant donner une sanction des actions humaines, proportionnellement au mérite de chacun. Mais la justice de Dieu consiste à former le mérite, c'est-à-dire à accorder la grâce qui entraînera le salut. Elle s'exerce non pas postérieurement, mais antérieurement à notre existence; elle n'est pas distributive et régulatrice; elle est créatrice et constitutive.

455]                    491

La vraie religion doit avoir pour marque d'obliger à aimer son Dieu. Cela est bien juste, et cependant aucune ne l'a ordonné; la nôtre l'a fait. Elle doit encore avoir connu la concupiscence et l'impuissance; la nôtre l'a fait. Elle doit y avoir apporté les remèdes; l'un est la prière. Nulle religion n'a demandé à Dieu de l'aimer et de le suivre[1].

11]                    492

Qui ne hait en soi son amour-propre, et cet instinct qui le porte à se faire Dieu, est bien aveuglé. Qui ne voit que rien n'est si opposé à la justice et à la vérité? Car il est faux que nous méritions cela; et il est injuste et impossible d'y arriver, puisque tous demandent la même chose[2]. C'est donc une manifeste injustice où nous sommes nés, dont nous ne pouvons nous défaire, et dont il faut nous défaire[3].

Cependant aucune religion n'a remarqué que ce fût un péché[4], ni que nous y fussions nés, ni que nous fussions obligés d'y résister, ni n'a pensé à nous en donner les remèdes.

465]                    493

La vraie religion enseigne nos devoirs, nos impuissances : orgueil et concupiscence; et les remèdes : humilité, mortification.

1. La phrase complète serait : « Dans nulle religion on ne demande à Dieu de nous donner le pouvoir de l'aimer et de le suivre. »
2. Être Dieu, c'est dominer sur tout : l'esprit de domination universelle, inhérent à tout individu, est donc contradictoire avec soi-même.
3. La religion fait à l'homme une obligation de ce qui lui serait impossible matériellement, si Dieu ne venait à son secours.
4. L'amour-propre.

*Copie* 232]                    494

Il faudrait que la vraie religion enseignât la grandeur,
la misère, portât à l'estime et au mépris de soi, à l'amour
et à la haine.

65]                          495

Si c'est un aveuglement surnaturel de vivre sans chercher ce qu'on est, c'en est un terrible de vivre mal, en
croyant Dieu.

412]                          496

L'expérience nous fait voir une différence énorme
entre la dévotion et la bonté.

*227]                          497


*Contre ceux qui sur la confiance de la miséricorde de Dieu
demeurent dans la nonchalance, sans faire de bonnes œuvres.*
— Comme les deux sources de nos péchés sont l'orgueil
et la paresse, Dieu nous a découvert deux qualités en lui
pour les guérir : sa miséricorde et sa justice. Le propre
de la justice est d'abattre l'orgueil, quelque saintes que
soient les œuvres, *et non intres in judicium,* etc.[1]; et le
propre de la miséricorde est de combattre la paresse en
exhortant aux bonnes œuvres, selon ce passage : « La
miséricorde de Dieu invite à pénitence[2] »; et cet autre des
Ninivites : « Faisons pénitence, pour voir si par aventure
il aura pitié de nous[3]. » Et ainsi tant s'en faut que la
miséricorde autorise le relâchement, que c'est au

1. *Ps.* CXLII, 2 « et tu n'entreras pas en jugement avec ton esclave. » (Prière de David à Dieu.)
2. *Rom.* II, 4.
3. Jonas III, 2.

contraire la qualité qui le combat formellement; de sorte qu'au lieu de dire : « S'il n'y avait point en Dieu de miséricorde, il faudrait faire toutes sortes d'efforts pour la vertu »; il faut dire, au contraire, que c'est parce qu'il y a en Dieu de la miséricorde, qu'il faut faire toutes sortes d'efforts.

94]                                   498

Il est vrai qu'il y a de la peine, en entrant dans la piété. Mais cette peine ne vient pas de la piété qui commence d'être en nous, mais de l'impiété qui y est encore. Si nos sens ne s'opposaient pas à la pénitence, et que notre corruption ne [*s'opposât*] pas à la pureté de Dieu, il n'y aurait en cela rien de pénible pour nous. Nous ne souffrons qu'à proportion que le vice, qui nous est naturel, résiste à la grâce surnaturelle; notre cœur se sent déchiré entre des efforts contraires; mais il serait bien injuste d'imputer cette violence à Dieu qui nous attire, au lieu de l'attribuer au monde qui nous retient. C'est comme un enfant, que sa mère arrache d'entre les bras des voleurs, doit aimer, dans la peine qu'il souffre, la violence amoureuse et légitime de celle qui procure sa liberté, et ne détester que la violence injurieuse et tyrannique de ceux qui le retiennent injustement. La plus cruelle guerre que Dieu puisse faire aux hommes en cette vie est de les laisser sans cette guerre qu'il est venu apporter. « Je suis venu apporter la guerre[1] », dit-il; et, pour instrument de cette guerre : « Je suis venu apporter le fer et le feu[2]. » Avant lui, le monde vivait dans cette fausse paix.

107]                                   499

*Œuvres extérieures*. — Il n'y a rien de si périlleux que ce

1. *Matth.,* X, 34.
2. *Luc,* XII, 49.

qui plaît à Dieu et aux hommes; car les états qui plaisent à Dieu et aux hommes ont une chose qui plaît à Dieu, et une autre qui plaît aux hommes; comme la grandeur de sainte Thérèse : ce qui plaît à Dieu est sa profonde humilité dans ses révélations; ce qui plaît aux hommes sont ses lumières. Et ainsi on se tue d'imiter ses discours, pensant imiter son état; et pas tant d'aimer ce que Dieu aime, et de se mettre en l'état que Dieu aime.

Il vaut mieux ne pas jeûner et en être humilié, que jeûner et en être complaisant. Pharisien, publicain[1].

Que me servirait de m'en souvenir, si cela peut également me nuire et me servir, et que tout dépend de la bénédiction de Dieu, qu'il ne donne qu'aux choses faites pour lui, et selon ses règles et dans ses voies, la manière étant ainsi aussi importante que la chose, et peut-être plus, puisque Dieu peut du mal tirer le bien, et que sans Dieu on tire le mal du bien?

*Copie* 256]                500

L'intelligence des mots de bien et de mal.

*157]                501

Premier degré : être blâmé en faisant mal, et loué en faisant bien. Second degré : n'être ni loué ni blâmé.

249]                502

Abraham ne prit rien pour lui, mais seulement pour ses serviteurs[2]; ainsi le juste ne prend rien pour soi du monde, ni des applaudissements du monde; mais seulement pour ses passions, desquelles il se sert comme

---

1. Allusion à la célèbre parabole qui est dans l'Évangile de saint Luc XVIII, 9-14.
2. *Gen*, XIV, 24.

maître, en disant à l'une : *Va,* et : *Viens. Sub le erit appe-titus tuus*[1]. Ses passions ainsi dominées sont vertus : l'avarice, la jalousie, la colère, Dieu même se les attribue, et ce sont aussi bien vertus que la clémence, la pitié, la constance, qui sont aussi des passions. Il faut s'en servir comme d'esclaves, et, leur laissant leur aliment, empêcher que l'âme n'y en prenne; car quand les passions sont les maîtresses, elles sont vices, et alors elles donnent à l'âme de leur aliment, et l'âme s'en nourrit et s'en empoisonne.

265]                        503

Les philosophes ont consacré les vices, en les mettant en Dieu même; les chrétiens ont consacré les vertus.

90]                         504

Le juste agit par foi[2] dans les moindres choses : quand il reprend ses serviteurs, il souhaite leur correction par l'esprit de Dieu, et prie Dieu de les corriger, et attend autant de Dieu que de ses répréhensions, et prie Dieu de bénir ses corrections. Et ainsi aux autres actions...

[... Manque de charité, cause de cela... Privation de l'esprit de Dieu; et ses actions mauvaises à cause de la parenthèse ou interruption de l'esprit de Dieu en lui; et [il] se repent en s'en affligeant[3].]

1. *Gen.* IV, 7 : Dieu à Caïn avant le crime : « Sous toi seront tes désirs. »
2. *Justus ex fide vivit.*
3. Ces dernières lignes, à partir de *privation,* précèdent le fragment que nous publions d'après le déchiffrement de M. Tourneur. Mais, toutes mutilées qu'elles sont, elles complètent d'une façon intéressante la pensée de Pascal. D'ailleurs, le sens général ne présente aucune ambiguïté : *Justus ex fide vivit.* Le juste vit de la foi : il n'espère rien de son action propre, mais c'est à l'esprit de Dieu qu'il s'en remet d'agir. Et c'est pourquoi ces actions nous trompent, car l'esprit souffle où et quand il veut; dès que la grâce divine l'abandonne, la volonté du juste se trouve impuissante et stérile.

107]                      505

Tout nous peut être mortel, même les choses faites
pour nous servir; comme, dans la nature, les murailles
peuvent nous tuer, et les degrés nous tuer, si nous n'allons
avec justesse.

Le moindre mouvement importe à toute la nature; la
mer entière change pour une pierre. Ainsi, dans la
grâce, la moindre action importe par ses suites à tout.
Donc tout est important.

En chaque action, il faut regarder, outre l'action,
notre état présent, passé, futur, et[1] des autres à qui elle
importe, et voir les liaisons de toutes ces choses. Et lors
on sera bien retenu[2].

433]                      506

Que Dieu ne nous impute pas nos péchés, c'est-à-dire
toutes les conséquences et suites de nos péchés, qui sont
effroyables, des moindres fautes, si on veut les suivre
sans miséricorde!

429]                      507

Les mouvements de grâce, la dureté de cœur; les circonstances extérieures[3].

1. Sous-entendu l'*état* (des autres).
2. On saisit ici le procédé de Pascal; il s'empare d'une pensée commune : En toute chose il faut considérer la fin, et il en développe la
conséquence jusqu'au bout avec entière vigueur. Dans la vie, rien ne
finit absolument; on ne peut atteindre la *fin* des choses, si on n'y fait
entrer l'infini.
3. Toute âme chrétienne est partagée entre les mouvements de grâce
qu'elle reçoit de Dieu, par les mérites du Rédempteur, et la dureté de
cœur, inhérente à la nature corrompue; les circonstances extérieures
interviennent, qui sont le témoignage de la Providence divine, et qui
souvent sont décisives. (Dans la vie de Pascal, l'accident d'Étienne
Pascal qui amena la conversion de toute la famille était interprété
comme dû à la Providence.)

453]                      508

Pour faire d'un homme un saint, il faut bien que ce soit la grâce, et qui en doute ne sait ce que c'est que saint et qu'homme.

416]                      509

*Philosophes.* — La belle chose de crier à un homme qui ne se connaît pas, qu'il aille de lui-même à Dieu! Et la belle chose de le dire à un homme qui se connaît!

27]                       510

L'homme n'est pas digne de Dieu, mais il n'est pas incapable d'en être rendu digne.

Il est indigne de Dieu de se joindre à l'homme misérable; mais il n'est pas indigne de Dieu de le tirer de sa misère.

47]                       511

Si l'on veut dire que l'homme est trop peu pour mériter la communication avec Dieu, il faut être bien grand pour en juger.

390]                      512

Elle est toute le corps de Jésus-Christ, en son patois, mais il ne peut dire qu'elle est tout le corps de Jésus-Christ. L'union de deux choses sans changement ne fait point qu'on puisse dire que l'une devient l'autre : ainsi l'âme étant unie au corps, le feu au bois, sans changement. Mais il faut changement qui fasse[1] que la forme de l'une devienne la forme de l'autre, ainsi l'union du Verbe à l'humanité.

1. *Qui* a le sens de *pour qu'il.*

Parce que mon corps sans mon âme ne ferait pas le corps d'un homme, donc mon âme unie à quelque matière que ce soit, fera mon corps. Il ne distingue la condition nécessaire d'avec la condition suffisante : l'union est nécessaire, mais non suffisante. Le bras gauche n'est pas le droit. L'impénétrabilité est une propriété des corps.

Identité *de numero* au regard du même temps exige l'identité de la matière. Ainsi si Dieu unissait mon âme à un corps à la Chine, le même corps, *idem numero,* serait à la Chine. La même rivière qui coule là est *idem numero* que celle qui court en même temps à la Chine.

121]                                          513

Pourquoi Dieu a établi la prière.

1] Pour communiquer à ses créatures la dignité de la causalité.

2° Pour nous apprendre de qui nous tenons la vertu.

3° Pour nous faire mériter les autres vertus par travail.

. Mais, pour se conserver la prééminence[1], il donne la prière à qui il lui plaît.

Objection : Mais on croira qu'on tient la prière de soi.

Cela est absurde; car, puisque, ayant la foi, on ne peut pas avoir les vertus, comment aurait-on la foi? Y a-t-il pas plus de distance de l'infidélité à la foi que de la foi à la vertu?

*Mérité* ce mot est ambigu[2].

*Meruit habere Redemptorem*[3].

*Meruit tam sacra membra tangere*[4].

1. Ou *priorité* (Tourneur), ou *prééminence* (Lafuma).
2. L'homme a mérité le Rédempteur; mais il y a ambiguïté, car il pourrait se rapporter ce mérite alors qu'il s'agit uniquement des mérites de Jésus-Christ.
3. Office du Samedi Saint. — 4. Office du Vendredi Saint.

*Digno tam sacra membra tangere*[1].
*Non sum dignus*[2].
*Qui manducat indignus*[3].
*Dignus est accipere*[4].
*Dignare me*[5].

Dieu ne doit que suivant ses promesses. Il a promis d'accorder la justice aux prières[6], jamais il n'a promis les prières qu'aux enfants de la promesse[7].

Saint Augustin a dit formellement que les forces seront ôtées au juste[8]. Mais c'est par hasard qu'il l'a dit; car il pouvait arriver que l'occasion de le dire ne s'offrît pas. Mais ses principes font voir que, l'occasion s'en présentant, il était impossible qu'il ne le dît pas, ou qu'il dît rien de contraire. C'est donc plus d'être forcé à le dire, l'occasion s'en offrant, que de l'avoir dit, l'occasion s'en étant offerte : l'un étant de nécessité, l'autre de hasard. Mais les deux sont tout ce qu'on peut demander.

495]                    514

« Opérez votre salut avec crainte. »
Preuves de la grâce : *Petenti dabitur*[9].

Donc, il est en notre pouvoir de demander. Au contraire; donc, il n'y est pas, puisque l'obtention y est, le prier n'y est pas. Car puisque le salut n'y est pas, et que l'obtention y est, la prière n'y est pas.

Le juste ne devrait donc plus espérer en Dieu, car il ne doit pas espérer, mais s'efforcer d'obtenir ce qu'il demande.

1. Hym. *Vexilla regis.*
2. Luc, VII, 6. — 3. I, *Cor.* XI, 29.
4. *Apoc.* IV, 11 *(le* texte porte *es).*
5. *Office de la sainte Vierge.*
6. Math. VII, 7. — 7. Rom. IX, 8.
8. Ce qui montre que le juste ne tient pas de soi le mérite.
9. *Matth.* VII, 7. « Il sera donné à celui qui demande. » La *Vulgate* porte : *Petite et dabitur.* Lafuma lit : *Pauvres* de la grâce.

496] Concluons donc que, puisque l'homme est incapable[1] maintenant d'user de ce pouvoir prochain, et que
Dieu ne veut pas que ce soit par là qu'il ne s'éloigne pas
de lui, ce n'est que par un pouvoir efficace qu'il ne
s'éloigne pas.

Donc, ceux qui s'éloignent n'ont pas ce pouvoir sans
lequel on ne s'éloigne pas de Dieu, et ceux qui ne s'éloignent pas ont ce pouvoir efficace. Donc, ceux qui, ayant-
persévéré quelque temps dans la prière par ce pouvoir
efficace, cessent de prier, manquent de ce pouvoir efficace.

Et partant Dieu quitte le premier en ce sens.


115]                              515

Les élus ignoreront leurs vertus, et les réprouvés la
grandeur de leurs crimes : « Seigneur, quand t'avons-
nous vu avoir faim, soif, etc.[2]? »


*442]                              516

*Rom.*, III, 27. Gloire exclue : par quelle loi ? des
œuvres ? non, mais par la foi. Donc la foi n'est pas en
notre puissance comme les œuvres de la loi, et elle nous
est donnée d'une autre manière.


63]                              517

Consolez-vous : ce n'est pas de vous que vous devez
l'attendre, mais au contraire, en n'attendant rien de
vous, que vous devez l'attendre[3].

1. Texte rectifié par M. Z. Tourneur.
2. *Matth.* XXV, 37.
3. *Attendre* la grâce; c'est en ne comptant plus sur soi, en s'en
remettant entièrement à Dieu, qu'on l'obtient.

*103]                    518

Toute condition et même les martyrs ont à craindre, par l'Écriture.

La peine du purgatoire la plus grande est l'incertitude du jugement. *Deus absconditus.*

43]                    519

Joh., VIII : *Multi crediderunt in eum. Dicebat ergo Jesus :* « *Si manseritis…,* VERE *mei discipuli eritis, et* VERITAS LIBE- RABIT VOS. » *Responderunt :* « *Semen Abrahæ sumus, et nemini servimus unquam*[1]*. »*

Il y a bien de la différence entre les disciples et les *vrais* disciples. On les reconnaît en leur disant que la vérité les rendra libres; car s'ils répondent qu'ils sont libres et qu'il est en eux de sortir de l'esclavage du diable, ils sont bien disciples, mais non pas de vrais disciples.

85]                    520

La loi n'a pas détruit la nature; mais elle l'a instruite[2];

---

1. (34-36). « Beaucoup ont cru en lui. Jésus disait donc (aux Juifs qui avaient cru en lui) : « Si vous demeurez (dans ma parole), vous « serez mes vrais disciples, et la vérité vous libérera. » Ils lui répon- dirent : « Nous sommes les enfants d'Abraham, et nous n'avons jamais été esclaves de personne. Pourquoi nous dis-tu : vous serez libres? » Et Jésus leur répondit : « Parce que tout homme qui commet un péché, « est esclave du péché… Quand le fils vous aura délivrés, vous serez « vraiment libres. » Ces derniers textes expliquent le commentaire de Pascal : croire qu'il est en soi de réaliser la parole de Jésus, c'est croire à la parole du Rédempteur, et se soustraire à son action, c'est être à la fois disciple et infidèle.

2. *Rom.,* III, 31. — « La loi est venue avant le médecin, pour que la malade qui se croyait en bonne santé, se reconnût malade » (Janse- nius, *Augustinus. De Gratia Christi Salvatoris* I, VII.

la grâce n'a pas détruit la loi; mais elle la fait exercer[1]. La foi reçue au baptême est la source de toute la vie des chrétiens et des convertis.

423]                          521

La grâce sera toujours dans le monde — et aussi la nature — de sorte qu'elle est en quelque sorte naturelle. Et ainsi toujours il y aura des pélagiens[2], et toujours des catholiques, et toujours combat; parce que la première naissance fait les uns, et la grâce de la seconde naissance fait les autres.

409]                          522

La loi obligeait à ce qu'elle ne donnait pas[3]. La grâce donne ce à quoi elle oblige[4].

45]                           523

Toute la foi consiste en Jésus-Christ et en Adam; et toute la morale en la concupiscence et en la grâce.

405]                          524

Il n'y a point de doctrine plus propre à l'homme que celle-là, qui l'instruit de sa double capacité de recevoir et

1. « La grâce nous fait aimer la loi; mais la loi elle-même sans la grâce ne fait de nous que des pécheurs. » (*Ibid.* III, xi.) « L'amour est l'accomplissement de la loi » (*ibid.* IV, v).

2. C'est-à-dire des défenseurs du libre arbitre et de la nature qui accordent à l'homme le pouvoir de faire le bien par ses propres forces.

3. « La loi n'a pas été donnée avec le pouvoir de vivifier, mais pour montrer aux pêcheurs leurs péchés, la loi fait le péché. » (*Augustinus, de Grat.*, chap. i.)

4. La grâce fait que, non seulement nous voulions, mais encore que nous puissions bien faire.

de perdre la grâce, à cause du double péril où il est toujours exposé, de désespoir ou d'orgueil.

481]                    525

Les philosophes ne prescrivaient point des sentiments proportionnés aux deux états.

Ils inspiraient des mouvements de grandeur pure, et ce n'est pas l'état de l'homme.

Ils inspiraient des mouvements de bassesse pure, et ce n'est pas l'état de l'homme.

Il faut des mouvements de bassesses, non de nature, mais de pénitence; non pour y demeurer, mais pour aller à la grandeur. Il faut des mouvements de grandeur, non de mérite, mais de grâce, et après avoir passé par la bassesse.

393]                    526

La misère persuade le désespoir, l'orgueil persuade la présomption. L'incarnation montre à l'homme la grandeur de sa misère, par la grandeur du remède qu'il a fallu.

416]                    527

La connaissance de Dieu sans celle de sa misère fait l'orgueil. La connaissance de sa misère sans celle de Dieu fait le désespoir. La connaissance de Jésus-Christ fait le milieu, parce que nous y trouvons et Dieu et notre misère.

467]                    528

Jésus-Christ est un Dieu dont on s'approche sans orgueil, et sous lequel on s'abaisse sans désespoir.

265]                    529

... Non pas un abaissement qui nous rende incapables
du bien, ni une sainteté exempte du mal.

429]                    530

Une personne me disait un jour qu'il avait une grande
joie et confiance en sortant de confession. L'autre me
disait qu'il restait en crainte. Je pensai, sur cela, que de
ces deux on en ferait un bon, et que chacun manquait
en ce qu'il n'avait pas le sentiment de l'autre. Cela arrive
de même souvent en d'autres choses.

141]                    531

Celui qui sait la volonté de son maître sera battu de
plus de coups, à cause du pouvoir qu'il a par la connaissance. *Qui justus est, justificetur adhuc*[1], à cause du pouvoir qu'il a par la justice. A celui qui a le plus reçu, sera
le plus grand compte demandé, à cause du pouvoir qu'il
a par le secours.

41]                    532

L'Écriture a pourvu de passages pour consoler toutes
les conditions, et pour intimider toutes les conditions.
La nature semble avoir fait la même chose par ses deux
infinis, naturels et moraux : car nous aurons toujours du
dessus et du dessous, de plus habiles et de moins habiles,
de plus élevés et de plus misérables, pour abaisser notre
orgueil, et relever notre abjection.

447]                    533

*Comminutum cor* (Saint Paul), voilà le caractère chré-

1. « Celui qui est juste, qu'il soit encore justifié. » (*Apoc.*, XXII, 11.)

tien. *Albe vous a nommé, je ne vous connais plus* (Corneille), voilà le caractère inhumain. Le caractère humain est le contraire[1].

142]                    534

Il n'y a que deux sortes d'hommes : les uns justes, qui se croient pécheurs; les autres pécheurs, qui se croient justes.

4]                    535

On a bien de l'obligation à ceux qui avertissent des défauts, car ils mortifient; ils apprennent qu'on a été méprisé, ils n'empêchent pas qu'on ne le soit à l'avenir, car on a bien d'autres défauts pour l'être. Ils préparent l'exercice de la correction et l'exemption d'un défaut.

232]                    536

L'homme est ainsi fait, qu'à force de lui dire qu'il est un sot, il le croit; et, à force de se le dire à soi-même, on se le fait croire. Car l'homme fait lui seul une conversation intérieure, qu'il importe de bien régler : *Corrumpunt mores bonos colloquia prava*[2]. Il faut se tenir en silence autant qu'on peut, et ne s'entretenir que de Dieu, qu'on sait être la vérité; et ainsi on se la persuade à soi-même.

412]                    537

Le christianisme est étrange. Il ordonne à l'homme de

1. Allusion à la célèbre scène d'*Horace* (II, 3); le jeune Horace représente le caractère inhumain, Curiace : l'humanité, l'honnêteté. Il y a un troisième ordre, qui est supérieur, c'est l'humilité chrétienne.
2. Les mauvaises conversations « corrompent les bonnes mœurs ». I *Cor.*, xv, 33. *Colloquia mala,* dans la *Vulgate.*

reconnaître qu'il est vil, et même abominable, et lui ordonne de vouloir être semblable à Dieu. Sans un tel contrepoids, cette élévation le rendrait horriblement vain, ou cet abaissement le rendrait horriblement abject.

202]                    538

Avec combien peu d'orgueil un chrétien se croit-il uni à Dieu! avec combien peu d'abjection s'égale-t-il aux vers de la terre!

La belle manière de recevoir la vie et la mort, les biens et les maux!

146]                    539

Quelle différence entre un soldat et un chartreux, quant à l'obéissance? car ils sont également obéissants et dépendants, et dans des exercices également pénibles. Mais le soldat espère toujours devenir maître, et ne le devient jamais, car les capitaines et princes même sont toujours esclaves et dépendants; mais il l'espère toujours, et travaille toujours à y venir; au lieu que le chartreux fait vœu de n'être jamais que dépendant. Ainsi ils ne diffèrent pas dans la servitude perpétuelle, que tous deux ont toujours, mais dans l'espérance, que l'un a toujours, et l'autre jamais.

99]                    540

L'espérance que les Chrétiens ont de posséder un bien infini est mêlée de jouissance effective aussi bien que de crainte; car ce n'est pas comme ceux qui espéreraient un royaume, dont ils n'auraient rien, étant sujets; mais ils espèrent la sainteté, l'exemption d'injustice, et ils en ont quelque chose.

411]                    541

Nul n'est heureux comme un vrai chrétien, ni raisonnable, ni vertueux, ni aimable.

8]                     542

Il n'y a que la religion chrétienne qui rende l'homme *aimable et heureux* tout ensemble. Dans l'honnêteté, on ne peut être aimable et heureux ensemble[1].

265]                   543

*Préface.* — Les preuves de Dieu métaphysiques sont si éloignées du raisonnement des hommes, et si impliquées[2], qu'elles frappent peu; et quand cela servirait à quelques-uns, cela ne servirait que pendant l'instant qu'ils voient cette démonstration, mais une heure après ils craignent de s'être trompés.

*Quod curiositate cognoverunt superbia amiserunt*[3].

C'est ce que produit la connaissance de Dieu qui se tire sans Jésus-Christ, qui est de communiquer sans médiateur avec le Dieu qu'on a connu sans médiateur. Au lieu que ceux qui ont connu Dieu par médiateur connaissent leur misère.

*Copie* 253]              544

Le Dieu des Chrétiens est un Dieu qui fait sentir à l'âme qu'il est son unique bien; que tout son repos est

---

1. Car les honnêtes gens, mettant leur plaisir dans la possession des choses individuelles, sont dans la nécessité, ou d'en priver les autres et d'être *haïssables,* comme avait écrit d'abord Pascal, ou d'en être privés et d'être malheureux.

2. Embrouillées.

3. *Quod curiositate invenerunt, superbia perdiderunt.* Ce « qu'ils ont trouvé par leur curiosité, ils l'ont perdu par leur orgueil. » (Saint Augustin, sermon CXLI.)

en lui, qu'elle n'aura de joie qu'à l'aimer; et qui lui fait
en même temps abhorrer les obstacles qui la retiennent,
et l'empêchent d'aimer Dieu de toutes ses forces.
L'amour-propre et la concupiscence, qui l'arrêtent, lui
sont insupportables. Ce Dieu lui fait sentir qu'elle a ce
fonds d'amour-propre qui la perd, et que lui seul la peut
guérir.

29]                                         545

Jésus-Christ n'a fait autre chose qu'apprendre aux
hommes qu'ils s'aimaient eux-mêmes, qu'ils étaient
esclaves, aveugles, malades, malheureux et pécheurs;
qu'il fallait qu'il les délivrât, éclairât, béatifiât et guérît;
que cela se ferait en se haïssant soi-même, et en le suivant par la misère et la mort de la croix.

485]                                        546

Sans Jésus-Christ, il faut que l'homme soit dans le vice
et dans la misère; avec Jésus-Christ, l'homme est exempt
de vice et de misère. En lui est toute notre vertu et toute
notre félicité. Hors de lui, il n'y a que vice, misère,
erreurs, ténèbres, mort, désespoir.

151[1]]                                     547

Nous ne connaissons Dieu que par Jésus-Christ. Sans
ce Médiateur, est ôtée toute communication avec Dieu;
par Jésus-Christ, nous connaissons Dieu. Tous ceux qui
ont prétendu connaître Dieu et le prouver sans Jésus-
Christ n'avaient que des preuves impuissantes. Mais pour
prouver Jésus-Christ, nous avons les prophéties, qui sont
des preuves solides et palpables. Et ces prophéties étant

---

1. *Au verso :* Dieu par Jésus-Christ.

accomplies, et prouvées véritables par l'événement, marquent la certitude de ces vérités, et partant, la preuve de la divinité de Jésus-Christ. En lui et par lui, nous connaissons donc Dieu. Hors de là et sans l'Écriture, sans le péché originel, sans Médiateur nécessaire promis et arrivé, on ne peut prouver absolument Dieu, ni enseigner ni bonne doctrine ni bonne morale. Mais par Jésus-Christ et en Jésus-Christ, on prouve Dieu, et on enseigne la morale et la doctrine. Jésus-Christ est donc le véritable Dieu des hommes.

Mais nous connaissons en même temps notre misère, car ce Dieu-là n'est autre chose que le Réparateur de notre misère. Ainsi nous ne pouvons bien connaître Dieu qu'en connaissant nos iniquités. Aussi ceux qui ont connu Dieu sans connaître leur misère ne l'ont pas glorifié, mais s'en sont glorifiés. *Quia... non cognovit per sapientiam... placuit Deo per stultitiam prædicationis salvos facere*[1].

\*491]                                548

Non seulement nous ne connaissons Dieu que par Jésus-Christ, mais nous ne nous connaissons nous-mêmes que par Jésus-Christ. Nous ne connaissons la vie, la mort que par Jésus-Christ. Hors de Jésus-Christ, nous ne savons ce que c'est ni que notre vie, ni que notre mort, ni que Dieu, ni que nous-mêmes.

Ainsi, sans l'Écriture, qui n'a que Jésus-Christ pour objet, nous ne connaissons rien, et ne voyons qu'obscurité et confusion dans la nature de Dieu et dans la propre nature.

374]                                549

Il est non seulement impossible, mais inutile de

1. I *Cor.* I, 21 : « Parce que l'homme ne l'a pas connu par sagesse il a plu à Dieu d'opérer le salut par la folie de la prédication. »

connaître Dieu sans Jésus-Christ. Ils ne s'en sont pas
éloignés[1], mais approchés; ils ne se sont pas abaissés,
mais...

   *Quo quisque optimus est, eo pessimus, si hoc ipsum, quod
optimus sit, adscribat sibi*[2].


104]                           550

   J'aime la pauvreté, parce qu'Il l'a aimée[3]. J'aime les
biens, parce qu'ils donnent le moyen d'en assister les
misérables. Je garde fidélité à tout le monde, je [ne]
rends pas le mal à ceux qui m'en font; mais je leur souhaite une condition pareille à la mienne, où l'on ne reçoit
pas de mal ni de bien de la part des hommes. J'essaye
d'être juste[4], véritable, sincère et fidèle à tous les hommes;
et j'ai une tendresse de cœur pour ceux à qui Dieu m'a
uni plus étroitement; et soit que je sois seul, ou à la vue
des hommes, j'ai en toutes mes actions la vue de Dieu
qui les doit juger, et à qui je les ai toutes consacrées.

   Voilà quels sont mes sentiments, et je bénis tous les
jours de ma vie mon Rédempteur qui les a mis en moi,
et qui, d'un homme plein de faiblesses, de misères, de
concupiscence, d'orgueil et d'ambition, a fait un homme
exempt de tous ces maux par la force de sa grâce, à
laquelle toute la gloire en est due, n'ayant de moi que la
misère et l'erreur.


   1. En passant par l'intermédiaire de Jésus.
   2. « Meilleur on est, pire on devient, si on s'attribue à soi-même ce
par quoi on est bon », tiré de saint Bernard *In Cantica sermones* LXXXIV.
Éd. Migne T. II, p. 1184.
   3. La profession de foi commençait par cette phrase que Pascal a
rayée : « J'aime tous les hommes comme mes frères parce qu'ils sont
tous rachetés. »
   4. Pascal avait d'abord écrit : « Je garde fidélité et justice. » La correction rend transparent les sentiments d'humilité qui l'animent.

467] 551

*Dignior plagis quam osculis non timeo quia ame*[1].

119] 552

*Sépulcre de Jésus-Christ.* — Jésus-Christ était mort, mais vu, sur la croix. Il est mort et caché dans le sépulcre.

Jésus-Christ n'a été enseveli que par des saints.

Jésus-Christ n'a fait aucuns miracles au sépulcre.

Il n'y a que des saints qui y entrent.

C'est là où Jésus-Christ prend une nouvelle vie, non sur la croix.

C'est le dernier mystère de la Passion et de la Rédemption[2].

Jésus-Christ n'a point eu où se reposer sur la terre qu'au sépulcre.

Ses ennemis n'ont cessé de le travailler qu'au sépulcre.

87] 553

*Le Mystère de Jésus.* — Jésus souffre dans sa passion les tourments que lui font les hommes; mais dans l'agonie il souffre les tourments qu'il se donne à lui-même : *turbare semetipsum*[3]. C'est un supplice d'une main non humaine, mais toute-puissante, et il faut être tout-puissant pour le soutenir.

Jésus cherche quelque consolation au moins dans ses trois plus chers amis et ils dorment; il les prie de soutenir[4] un peu avec lui, et ils le laissent avec une négligence entière, ayant si peu de compassion qu'elle[5] ne pouvait

---

1. « Méritant des coups plutôt que des baisers, je ne crains pas parce que j'aime. » Tiré de saint Bernard (*ibid.,* T. II, p. 1186).

2. Le manuscrit contient ici cette phrase qui a été rayée par Pascal : « Jésus-Christ enseigne, vivant, mort, enseveli, ressuscité. »

3. *Joan.* XI, 25.

4. Employé au neutre, dans le sens de supporter.

5. *La Compassion.* — *Matth.* XXVI, 38, 45.

seulement les empêcher de dormir un moment. Et ainsi Jésus était délaissé seul à la colère de Dieu.

Jésus est seul dans la terre, non seulement qui[1] ressente et partage sa peine, mais qui la sache : le ciel et lui sont seuls dans cette connaissance.

Jésus est dans un jardin, non de délices comme le premier Adam, où il se perdit et tout le genre humain, mais dans un de supplices, où il s'est sauvé et tout le genre humain.

Il souffre cette peine et cet abandon dans l'horreur de la nuit.

Je crois que Jésus ne s'est jamais plaint que cette seule fois; mais alors il se plaint comme s'il n'eût plus pu contenir sa douleur excessive : « Mon âme est triste jusqu'à la mort[2]. »

Jésus cherche de la compagnie et du soulagement de la part des hommes. Cela est unique en toute sa vie, ce me semble. Mais il n'en reçoit point, car ses disciples dorment.

Jésus sera en agonie jusqu'à la fin du monde : il ne faut pas dormir pendant ce temps-là.

Jésus au milieu de ce délaissement universel et de ses amis choisis pour veiller avec lui, les trouvant dormant, s'en fâche à cause du péril où ils exposent, non lui, mais eux-mêmes, et les avertit de leur propre salut et de leur bien avec une tendresse cordiale pour eux pendant leur ingratitude, et les avertit que l'esprit est prompt et la chair infirme[3].

Jésus, les trouvant encore dormant, sans que ni sa

---

1. *Seul qui,* omission de l'article, caractéristique du style de Pascal : « Le pape est premier (fr. 872) plusieurs seront derniers. » (*Abrégé de la vie de Jésus-Christ.*)

2. *Marc,* XIV, 34.

3. *Matth.* XXVI, 40, 41.

considération ni la leur les en eût retenus, il a la bonté
de ne pas les éveiller, et les laisse dans leur repos[1].

Jésus prie dans l'incertitude de la volonté du Père, et
craint la mort; mais, l'ayant connue, il va au-devant
s'offrir à elle : *Eamus. Processit* (Joannes)[2].

Jésus a prié les hommes, et n'en a pas été exaucé.

Jésus pendant que ses disciples dormaient, a opéré
leur salut. Il l'a fait à chacun des justes pendant qu'ils
dormaient, et dans le néant avant leur naissance, et dans
les péchés depuis leur naissance.

Il ne prie qu'une fois que le calice passe et encore
avec soumission, et deux fois qu'il vienne s'il le faut[3].

Jésus dans l'ennui.

Jésus, voyant tous ses amis endormis et tous ses ennemis vigilants, se remet tout entier à son Père.

Jésus ne regarde pas dans Judas son inimitié, mais
l'ordre de Dieu qu'il aime, et la voit si peu qu'il l'appelle ami[4].

Jésus s'arrache d'avec ses disciples pour entrer dans
l'agonie; il faut s'arracher de ses plus proches et des plus
intimes pour l'imiter.

Jésus étant dans l'agonie et dans les plus grandes
peines[5], prions plus longtemps.

89] Nous implorons la miséricorde de Dieu, non afin
qu'il nous laisse en paix dans nos vices, mais afin qu'il
nous en délivre.

Si Dieu nous donnait des maîtres de sa main, oh! qu'il
leur faudrait obéir de bon cœur! La nécessité et les événements en sont infailliblement.

1. *Matth.* XXVI, 43, 44.
2. XVIII, 4.
3. *Matth.* XXVI, 39 et 42.
4. *Matth.* XXVI, 50.
5. *Luc.* XVII, 43.

— « Console-toi, tu ne me chercherais pas, si tu ne m'avais trouvé[1].

« Je pensais à toi dans mon agonie, j'ai versé telles gouttes de sang pour toi.

« C'est me tenter plus que t'éprouver, que de penser si tu ferais bien telle et telle chose absente : je la ferai en toi si elle arrive.

« Laisse-toi conduire à mes règles, vois comme j'ai bien conduit la Vierge et les saints qui m'ont laissé agir en eux.

« Le Père aime tout ce que je fais.

« Veux-tu qu'il me coûte toujours du sang de mon humanité, sans que tu donnes des larmes ?

« C'est mon affaire que ta conversion ; ne crains point, et prie avec confiance comme pour moi.

« Je te suis présent par ma parole dans l'Écriture, par mon esprit dans l'Église et par les inspirations, par ma puissance dans les prêtres, par ma prière dans les fidèles.

« Les médecins ne te guériront pas, car tu mourras à la fin. Mais c'est moi qui guéris et rends le corps immortel.

« Souffre les chaînes et la servitude corporelles ; je ne te délivre que de la spirituelle à présent.

« Je te suis plus ami que tel et tel ; car j'ai fait pour toi plus qu'eux, et ils ne souffriraient pas ce que j'ai souffert de toi et ne mourraient pas pour toi dans le temps de tes infidélités et cruautés, comme j'ai fait et comme je suis prêt à faire et fais dans mes élus et au Saint-Sacrement.

« Si tu connaissais tes péchés, tu perdrais cœur. »

— Je le perdrai donc, Seigneur, car je crois leur malice sur votre assurance.

1. « Celui-là seul peut te chercher qui t'a déjà trouvé... Oui, on peut te chercher et te trouver ; mais on ne saurait te devancer. » (Saint Bernard, *De Deo eligendo,* VII, P. L. t. CL. XXXII. col. 987.)

— « Non, car moi, par qui tu l'apprends, t'en peux guérir, et ce que je te le dis est un signe que je te veux guérir. A mesure que tu les expieras, tu les connaîtras, et il te sera dit : « Vois les péchés qui te sont remis. » Fais donc pénitence pour tes péchés cachés et pour la malice occulte de ceux que tu connais. »

— Seigneur, je vous donne tout.

— « Je t'aime plus ardemment que tu n'as aimé tes souillures, *ut immundus pro luto.*

« Qu'à moi en soit la gloire et non à toi, ver et terre.

« Interroge ton directeur, quand mes propres paroles te sont occasion de mal, et de vanité ou curiosité. »

99] — Je vois mon abîme d'orgueil, de curiosité, de concupiscence. Il n'y a nul rapport de moi à Dieu, ni à Jésus-Christ juste. Mais il a été fait péché par moi; tous vos fléaux sont tombés sur lui. Il est plus abominable que moi, et, loin de m'abhorrer, il se tient honoré que j'aille à lui et le secoure.

Mais il s'est guéri lui-même, et me guérira à plus forte raison.

Il faut ajouter mes plaies aux siennes, et me joindre à lui, et il me sauvera en se sauvant. Mais il n'en faut pas ajouter à l'avenir.

*Eritis sicut dii scientes bonum et malum*[1]. Tout le monde fait le dieu en jugeant : « Cela est bon ou mauvais »; et s'affligeant ou se réjouissant trop des événements.

Faire les petites choses comme grandes, à cause de la majesté de Jésus-Christ qui les fait en nous, et qui vit notre vie; et les grandes comme petites et aisées, à cause de sa toute-puissance.

90]                    554

Il me semble que Jésus-Christ ne laisse toucher que

1. *Gen.*, III, 5 : « Vous serez comme des dieux, sachant le bien et le mal. »

ses plaies après sa résurrection : *Noli me tangere*[1]. Il ne faut nous unir qu'à ses souffrances.

Il s'est donné à communier comme mortel en la Cène, comme ressuscité aux disciples d'Emmaüs, comme monté au ciel à toute l'Église.

107]                         555

« Ne te compare point aux autres, mais à moi. Si tu ne m'y trouves pas, dans ceux où tu te compares, tu te compares à un abominable. Si tu m'y trouves, compare-t'y. Mais qu'y compareras-tu? sera-ce toi, ou moi dans toi? Si c'est toi, c'est un abominable. Si c'est moi, tu compares moi à moi. Or je suis Dieu en tout.

« Je te parle et te conseille souvent, parce que ton conducteur ne te peut parler, car je ne veux pas que tu manques de conducteur.

« Et peut-être je le fais à ses prières, et ainsi il te conduit sans que tu le voies. Tu ne me chercherais pas si tu ne me possédais.

« Ne t'inquiète donc pas.

---

1. *Joan.* XX, 17 : « Ne me touche pas. »

# LE MÉMORIAL*

ÉCRIT TROUVÉ DANS L'HABIT DE PASCAL APRÈS SA MORT

*Le 23 novembre 1654, pendant deux heures, Pascal fut transporté par l'ardeur de sa méditation dans une sorte d'extase, où le cœur prit autant de part que l'esprit, où il se sentit échauffé en même temps qu'il se voyait éclairé; ce fut alors qu'il se donna définitivement et entièrement à Dieu. Il ne voulut pas que le souvenir de ce « ravissement » le quittât; il essaya de le fixer en quelques phrases.*

*« Peu de jours après la mort de M. Pascal, dit le Père Guerrier, un domestique de la maison s'aperçut par hasard que dans la doublure du pourpoint de cet illustre défunt il y avait quelque chose qui paraissait plus épais que le reste, et ayant décousu cet endroit pour voir ce que c'était, il y trouva un petit parchemin plié et écrit de la main de M. Pascal, et dans ce parchemin un papier écrit de la même main : l'un était une copie fidèle de l'autre. Ces deux pièces furent aussitôt mises entre les mains de Mme Périer qui les fit voir à plusieurs de ses amis*

*Bien que le *Mémorial* ait été classé par Brunschvicg parmi les *Opuscules*, non parmi les *Pensées*, il nous a semblé que ce texte célèbre pouvait ici trouver sa place. (N. d. E.).

*particuliers. Tous convinrent qu'on ne pouvait pas douter que ce parchemin, écrit avec tant de soin et avec des caractères si remarquables, ne fût une espèce de* mémorial *qu'il gardait très soigneusement pour conserver le souvenir d'une chose qu'il voulait avoir toujours présente à ses yeux et à son esprit, puisque depuis huit ans il prenait soin de le coudre et découdre à mesure qu'il changeait d'habits. »* Le parchemin est perdu; mais au commencement du manuscrit de la Bibliothèque nationale se trouve le papier qui le reproduisait, écrit de la main de Pascal, et dont l'authenticité est attestée par un billet signé de l'abbé Périer, neveu de Pascal. En tête, une croix entourée de rayons.

LÉON BRUNSCHVICG

†

L'an de grâce 1654,

Lundi, 23 novembre, jour de saint Clément, pape et martyr et autres au martyrologe,

Veille de saint Chrysogone, martyr, et autres.

Depuis environ dix heures et demie du soir jusques environ minuit et demi,

Feu.

« Dieu d'Abraham, Dieu d'Isaac, Dieu de Jacob[1]. » non des philosophes et des savants.

Certitude. Certitude. Sentiment. Joie. Paix.

Dieu de Jésus-Christ.

*Deum meum et Deum vestrum.*

« Ton Dieu sera mon Dieu. »

Oubli du monde et de tout, hormis Dieu.

---

1. *Ps.* XXVIII, 16. — Ces trois dernières lignes ne figurent pas sur la copie autographe de la Bibliothèque nationale; il est possible cependant qu'elles aient appartenu au parchemin original.

Il ne se trouve que par les voies enseignées dans l'Évangile.

Grandeur de l'âme humaine.

« Père juste, le monde ne t'a point connu, mais je t'ai connu. »

Joie, joie, joie, pleurs de joie.

Je m'en suis séparé :

*Dereliquerunt me fontem aquæ vivæ.*

« Mon Dieu, me quitterez-vous? »

Que je n'en sois pas séparé éternellement.

« Cette est la vie éternelle, qu'ils te connaissent seul vrai Dieu, et celui que tu as envoyé, Jésus-Christ. »

Jésus-Christ.

Jésus-Christ.

Je m'en suis séparé; je l'ai fui, renoncé, crucifié.

Que je n'en sois jamais séparé.

Il ne se conserve que par les voies enseignées dans l'Évangile :

Renonciation totale et douce.

Soumission totale à Jésus-Christ et à mon directeur.

Éternellement en joie pour un jour d'exercice sur la terre.

*Non obliviscar sermones tuos. Amen.*

# SECTION VIII

## LES FONDEMENTS DE LA RELIGION CHRÉTIENNE

... Ils blasphèment ce qu'ils ignorent. La religion chrétienne consiste en deux points; il importe également aux hommes de les connaître, et il est également dangereux de les ignorer; et il est également de la miséricorde de Dieu d'avoir donné des marques des deux.

Et cependant ils prennent sujet de conclure qu'un de ces points n'est pas, de ce qui leur devrait faire conclure l'autre. Les sages qui ont dit qu'il n'y a qu'un Dieu ont été persécutés, les Juifs haïs, les chrétiens encore plus. Ils ont vu par lumière naturelle que, s'il y a une véritable religion sur la terre, la conduite de toutes choses doit y tendre comme à son centre.

Toute la conduite des choses doit avoir pour objet l'établissement et la grandeur de la religion; les hommes doivent avoir en eux-mêmes des sentiments conformes à ce qu'elle nous enseigne[1]; et enfin elle doit être tellement l'objet et le centre où toutes choses tendent, que

---

1. Cela ne veut pas dire des sentiments conformes à ceux que la religion nous commande d'avoir, mais à ceux qu'elle nous révèle que nous avons, sentiments de misère et de grandeur tout à la fois.

qui en saura les principes puisse rendre raison et de toute la nature de l'homme en particulier, et de toute la conduite du monde en général.

Et sur ce fondement, ils prennent lieu de blasphémer la religion chrétienne, parce qu'ils la connaissent mal. Ils s'imaginent qu'elle consiste simplement en l'adoration d'un Dieu considéré comme grand et puissant et éternel; ce qui est proprement le déisme, presque aussi éloigné de la religion chrétienne que l'athéisme, qui y est tout à fait contraire. Et de là ils concluent que cette religion n'est pas véritable, parce qu'ils ne voient pas que toutes choses concourent à l'établissement de ce point, que Dieu ne se manifeste pas aux hommes avec toute l'évidence qu'il pourrait faire.

Mais qu'ils en concluent ce qu'ils voudront contre le déisme, ils n'en concluront rien contre la religion chrétienne, qui consiste proprement au mystère du Rédempteur, qui, unissant en lui les deux natures, humaine et divine, a retiré les hommes de la corruption du péché pour les réconcilier à Dieu en sa personne divine.

Elle enseigne donc ensemble aux hommes ces deux vérités : et qu'il y a un Dieu, dont les hommes sont capables, et qu'il y a une corruption dans la nature, qui les en rend indignes. Il importe également aux hommes de connaître l'un et l'autre de ces points; et il est également dangereux à l'homme de connaître Dieu sans connaître sa misère, et de connaître sa misère sans connaître le Rédempteur qui l'en peut guérir. Une seule de ces connaissances fait, ou la superbe des philosophes, qui ont connu Dieu et non leur misère, ou le désespoir des athées, qui connaissent leur misère sans Rédempteur.

Et ainsi, comme il est également de la nécessité de l'homme de connaître ces deux points, il est aussi également de la miséricorde de Dieu de nous les avoir fait connaître. La religion chrétienne le fait, c'est en cela qu'elle consiste.

Qu'on examine l'ordre du monde sur cela, et qu'on voie si toutes choses ne tendent pas à l'établissement des deux chefs de cette religion : Jésus-Christ est l'objet de tout, et le centre où tout tend. Qui le connaît, connaît la raison de toutes choses.

Ceux qui s'égarent ne s'égarent que manque de voir une de ces deux choses. On peut donc bien connaître Dieu sans sa misère, et sa misère sans Dieu; mais on ne peut connaître Jésus-Christ sans connaître tout ensemble et Dieu et sa misère.

Et c'est pourquoi je n'entreprendrai pas ici de prouver par des raisons naturelles, ou l'existence de Dieu, ou la Trinité, ou l'immortalité de l'âme, ni aucune des choses de cette nature; non seulement parce que je ne me sentirais pas assez fort pour trouver dans la nature de quoi convaincre des athées endurcis, mais encore parce que cette connaissance, sans Jésus-Christ, est inutile et stérile. Quand un homme serait persuadé que les proportions des nombres sont des vérités immatérielles, éternelles, et dépendantes d'une première vérité en qui elles subsistent, et qu'on appelle Dieu, je ne le trouverais pas beaucoup avancé pour son salut.

Le Dieu des Chrétiens ne consiste pas en un Dieu simplement auteur des vérités géométriques et de l'ordre des éléments; c'est la part des païens et des épicuriens. Il ne consiste pas seulement en un Dieu qui exerce sa providence sur la vie et sur les biens des hommes, pour donner une heureuse suite d'années à ceux qui l'adorent; c'est la portion des Juifs. Mais le Dieu d'Abraham, le Dieu d'Isaac, le Dieu de Jacob, le Dieu des Chrétiens, est un Dieu d'amour et de consolation, c'est un Dieu qui remplit l'âme et le cœur de ceux qu'il possède, c'est un Dieu qui leur fait sentir intérieurement leur misère, et sa miséricorde infinie ; qui s'unit au fond de leur âme ; qui la remplit d'humilité, de joie, de confiance, d'amour ; qui les rend incapables d'autre fin que de lui-même.

Tous ceux qui cherchent Dieu hors de Jésus-Christ, et qui s'arrêtent dans la nature, où ils ne trouvent aucune lumière qui les satisfasse, ou ils arrivent à se former un moyen de connaître Dieu et de le servir sans médiateur, et par là ils tombent, ou dans l'athéisme ou dans le déisme, qui sont deux choses que la religion chrétienne abhorre presque également.

Sans Jésus-Christ le monde ne subsisterait pas ; car il faudrait, ou qu'il fût détruit, ou qu'il fût comme un enfer.

Si le monde subsistait pour instruire l'homme de Dieu, sa divinité y reluirait de toutes parts d'une manière incontestable ; mais, comme il ne subsiste que par Jésus-Christ et pour Jésus-Christ, et pour instruire les hommes et de leur corruption et de leur rédemption, tout y éclate des preuves de ces deux vérités.

Ce qui y paraît ne marque ni une exclusion totale, ni une présence manifeste de divinité, mais la présence d'un Dieu qui se cache. Tout porte ce caractère.

Le seul qui connaît la nature ne la connaîtra-t-il que pour être misérable ? le seul qui la connaît sera-t-il le seul malheureux ?

Il ne faut [*pas*] qu'il ne voie rien du tout ; il ne faut pas aussi qu'il en voie assez pour croire qu'il le possède ; mais qu'il en voie assez pour connaître qu'il l'a perdu ; car, pour connaître qu'on a perdu, il faut voir et ne voir pas ; et c'est précisément l'état où la nature.

Quelque parti qu'il prenne, je ne l'y laisserai point en repos...,

*Copie* 226]                      557

Il est donc vrai que tout instruit l'homme de sa condition, mais il le faut bien entendre : car il n'est pas vrai que tout découvre Dieu, et il n'est pas vrai que tout cache Dieu. Mais il est vrai tout ensemble qu'il se cache à ceux qui le tentent, et qu'il se découvre à ceux qui le cherchent[1], parce que les hommes sont tout ensemble indignes de Dieu, et capables de Dieu; indignes par leur corruption, capables par leur première nature.

*Copie* 226]                          558

Que conclurons-nous de toutes nos obscurités, sinon notre indignité?

*Copie* 227]                          559

S'il n'avait jamais rien paru de Dieu, cette privation éternelle serait équivoque, et pourrait aussi bien se rapporter à l'absence de toute divinité, qu'à l'indignité où seraient les hommes de la connaître; mais de ce qu'il paraît quelquefois, et non pas toujours, cela ôte l'équivoque. S'il paraît une fois, il est toujours[1]; et ainsi on n'en peut conclure sinon qu'il y a un Dieu, et que les hommes en sont indignes.

*Copie* 220]                          560

Nous ne concevons ni l'état glorieux d'Adam, ni la nature de son péché, ni la transmission qui s'en est

---

1. Il est facile de tirer de cette pensée le sens précis de la distinction que Pascal établit entre *tenter* Dieu et *chercher* Dieu. Le tenter, c'est vouloir que Dieu se révèle à nous, en vertu de notre propre mérite, parce que la connaissance nous serait naturellement due; le chercher, c'est demander à la prière plutôt qu'à la raison la connaissance de Dieu, c'est se faire petit enfant et croire avec humilité. Tenter, c'est réclamer de la justice divine ce que la grâce seule peut donner à ceux qui cherchent.

2. Variante de la *Copie* (page 226) : « L'Être Éternel est toujours, s'il est une fois. »

faite en nous. Ce sont choses qui se sont passées dans l'état d'une nature toute différente de la nôtre, et qui passent l'état de notre capacité présente[1].

Tout cela nous est inutile à savoir pour en sortir; et tout ce qu'il nous importe de connaître est que nous sommes misérables, corrompus, séparés de Dieu, mais rachetés par Jésus-Christ; et c'est de quoi nous avons des preuves admirables sur la terre.

Ainsi les deux preuves de la corruption et de la rédemption se tirent des impies, qui vivent dans l'indifférence de la religion, et des Juifs, qui en sont les ennemis irréconciliables[2].

19]                                        561

Il y a deux manières de persuader les vérités de notre religion : l'une par la force de la raison, l'autre par l'autorité de celui qui parle.

On ne se sert pas de la dernière, mais de la première. On ne dit pas : « Il faut croire cela; car l'Écriture, qui le dit, est divine »; mais on dit qu'il le faut croire par telle et telle raison, qui sont de faibles arguments, la raison étant flexible à tout.

*443]                                      562

Il n'y a rien sur la terre qui ne montre, ou la misère de l'homme, ou la miséricorde de Dieu; ou l'impuis-

---

1. Ces choses font l'objet propre de l'*Augustinus* de Jansénius : Pascal semble écarter de son apologie cette théologie historique pour concentrer l'attention de son interlocuteur sur son état présent, sur l'actualité de la religion chrétienne.

2. La *Copie* (p. 226) fournit une variante de ce dernier paragraphe : « Ainsi, tout l'univers apprend à l'homme, ou qu'il est corrompu, ou qu'il est racheté; tout lui apprend sa grandeur ou sa misère; l'abandon de Dieu paraît dans les païens, la protection de Dieu paraît dans les Juifs. »

sance de l'homme sans Dieu, ou la puissance de l'homme avec Dieu.

277]                              563

Ce sera une des confusions des damnés, de voir qu'ils seront condamnés par leur propre raison, par laquelle ils ont prétendu condamner la religion chrétienne.

113]                              564

Les prophéties, les miracles mêmes et les preuves de notre religion ne sont pas de telle nature qu'on puisse dire qu'ils sont absolument convaincants. Mais ils le sont aussi de telle sorte qu'on ne peut dire que ce soit être sans raison que de les croire. Ainsi il y a de l'évidence[1] et de l'obscurité, pour éclairer les uns et obscurcir les autres. Mais l'évidence est telle, qu'elle surpasse, ou égale pour le moins, l'évidence du contraire; de sorte que ce n'est pas la raison qui puisse déterminer à ne la pas suivre; et ainsi ce ne peut être que la concupiscence et la malice du cœur. Et par ce moyen il y a assez d'évidence pour condamner et non assez pour convaincre; afin qu'il paraisse qu'en ceux qui la suivent, c'est la grâce, et non la raison, qui fait suivre; et qu'en ceux qui la fuient, c'est la concupiscence, et non la raison, qui fait fuir.

*Vere discipuli, vere Israëlita, vere liberi, vere cibus*[2].

---

1. *Évidence* n'est pas ici employé dans le sens fort que lui donne le cartésianisme, intuition immédiate et pleine, il ne veut rien dire de plus que lumière.

2. Allusions à des passages de saint Jean : VI, 32; I, 47; VIII, 36; XI, 56.

*Copie* 226]                    565

Reconnaissez donc la vérité de la religion dans l'obscurité même de la religion, dans le peu de lumière que nous en avons, dans l'indifférence que nous avons de la connaître.

45]                    566

On n'entend rien aux ouvrages de Dieu, si on ne prend pour principe qu'il a voulu aveugler les uns, ·et éclairer les autres.

142]                    567

Les deux raisons contraires. Il faut commencer par là : sans cela on n'entend rien, et tout est hérétique; et même, à la fin de chaque vérité, il faut ajouter qu'on se souvient de la vérité opposée. ·

153]                    568

*Objection.* Visiblement l'Écriture pleine de choses non dictées du Saint-Esprit. — *Réponse.* Elles ne nuisent donc point à la foi. — *Objection.* Mais l'Église a décidé que tout est du Saint-Esprit. — *Réponse.* Je réponds deux choses : que l'Église n'a jamais décidé cela; l'autre que quand elle l'aurait décidé, cela se pourrait soutenir[1].

Les prophéties citées dans l'Évangile, vous croyez

1. La pensée de Pascal est interrompue ici par deux indications incidentes et dont le sens est assez difficile à donner :
1° « Il y a beaucoup d'esprits faux. » Sans doute ceux qui se complaisent aux objections trop faciles qui sont ici rapportées et qui ne veulent pas tenir compte des réponses; 2° « Denys a la charité, il était en place. » Peut-être faut-il compléter : pour bien juger saint Paul, ou pour bien comprendre l'Écriture. Allusion probable à Denys l'Aréopagite (*Actes des Apôtres*, XVII, 34).

qu'elles sont rapportées pour vous faire croire? Non,
c'est pour vous éloigner de croire[1].

59]                          569

*Canoniques*. — Les hérétiques, au commencement de
l'Église, servent à prouver les canoniques[2].

45]                          570

Il faut mettre au chapitre *des Fondements* ce qui est en
celui *des Figuratifs* touchant la cause des figures : pourquoi Jésus-Christ prophétisé en son premier avènement;
pourquoi prophétisé obscurément en la manière.

394]                         571

*Raison pourquoi. Figures*. — [Ils avaient à entretenir un
peuple charnel et à le rendre dépositaire du Testament
spirituel[3]]; il fallait que, pour donner foi au Messie, il y
eût eu des prophéties précédentes, et qu'elles fussent
portées par des gens non suspects, et d'une diligence et
fidélité et d'un zèle extraordinaire, et connu de toute la
terre.

Pour faire réussir tout cela, Dieu a choisi ce peuple
charnel, auquel il a mis en dépôt les prophéties qui prédisent le Messie comme libérateur et dispensateur des
biens charnels que ce peuple aimait. Et ainsi il a eu une

1. C'est l'argument suprême que Pascal oppose aux objections des
incrédules opiniâtres : Dieu veut vous aveugler; l'Écriture doit être
telle que, claire pour les élus, elle rebute les réprouvés par son obscurité:

2. Sans doute parce que, tout en donnant une interprétation erro-
née des Écritures, les hérétiques s'appuient sur elles, et en attestent
ainsi l'autorité.

3. Cette phrase rayée par Pascal a été recueillie dans l'édition de
1678 (ch. xii).

ardeur extraordinaire pour ses prophètes, et a porté à la vue de tout le monde ces livres qui prédisent leur Messie, assurant toutes les nations qu'il devait venir, et en la manière prédite dans les livres qu'ils tenaient ouverts à tout le monde. Et ainsi ce peuple, déçu par l'avènement ignominieux et pauvre du Messie, ont été ses plus cruels ennemis. De sorte que voilà le peuple du monde le moins suspect de nous favoriser, et le plus exact et zélé qui se puisse dire pour sa loi et pour ses prophètes, qui les porte incorrompus; de sorte que ceux qui ont rejeté et crucifié Jésus-Christ, qui leur a été en scandale, sont ceux qui portent les livres qui témoignent de lui et qui disent qu'il sera rejeté et en scandale; de sorte qu'ils ont marqué que c'était lui en le refusant, et qu'il a été également prouvé, et par les justes juifs qui l'ont reçu, et par les injustes qui l'ont rejeté, l'un et l'autre ayant été prédit.

419] C'est pour cela que les prophéties ont un sens caché, le spirituel dont ce peuple était ennemi, sous le charnel, dont il était ami. Si le sens spirituel eût été découvert, ils n'étaient pas capables de l'aimer; et, ne pouvant le porter, ils n'eussent pas eu le zèle pour la conservation de leurs livres et de leurs cérémonies; et, s'ils [avaient] aimé ces promesses spirituelles, et qu'ils les eussent conservées incorrompues jusqu'au Messie, leur témoignage n'eût pas eu de force, puisqu'ils en eussent été amis.

Voilà pourquoi il était bon que le sens spirituel fût couvert; mais, d'un autre côté, si ce sens eût été tellement caché qu'il n'eût point du tout paru, il n'eût pu servir de preuve au Messie. [420] Qu'a-t-il donc été fait? Il a été couvert sous le temporel en la foule des passages, et a été découvert si clairement en quelques-uns; outre que le temps et l'état du monde ont été prédits si clairement qu'il est plus clair que le soleil; et ce sens spirituel est si clairement expliqué en quelques endroits, qu'il fallut un aveuglement pareil à celui que la chair jette dans l'esprit quand il lui est assujetti, pour ne le pas reconnaître.

Voilà donc quelle a été la conduite de Dieu. Ce sens est couvert d'un autre en une infinité d'endroits, et découvert en quelques-uns rarement, mais en telle sorte néanmoins que les lieux où il est caché sont équivoques et peuvent convenir aux deux; au lieu que les lieux où il est découvert sont univoques, et ne peuvent convenir qu'au sens spirituel.

De sorte que cela ne pouvait induire en erreur, et qu'il n'y avait qu'un peuple aussi charnel qui s'y pût méprendre.

Car quand les biens sont promis en abondance, qui les empêchait d'entendre les véritables biens, sinon leur cupidité, qui déterminait ce sens aux biens de la terre? Mais ceux qui n'avaient de bien qu'en Dieu les rapportaient uniquement à Dieu. Car il y a deux principes qui partagent les volontés des hommes, la cupidité et la charité. Ce n'est pas que la cupidité ne puisse être avec la foi en Dieu, et que la charité ne soit avec les biens de la terre; mais la cupidité use de Dieu et jouit du monde; et la charité, au contraire.

Or, la dernière fin est ce qui donne le nom aux choses. Tout ce qui nous empêche d'y arriver est appelé ennemi. Ainsi les créatures, quoique bonnes, sont ennemies des justes, quand elles les détournent de Dieu; et Dieu même est l'ennemi de ceux dont il trouble la convoitise.

Ainsi le mot d'ennemi dépendant de la dernière fin, les justes entendaient par là leurs passions, et les charnels entendaient les Babyloniens : et ainsi ces termes n'étaient obscurs que pour les injustes. Et c'est ce que dit Isaïe : *Signa legem in electis meis*[1] et que Jésus-Christ sera pierre de scandale. Mais, « Bienheureux, ceux qui ne seront point scandalisés en lui![2] » Osée, *ult.,* le dit parfaitement : « Où est le sage? et il entendra ce que je dis. Les justes l'entendront : Car les voies de Dieu sont droites; mais les méchants y trébucheront. »

214]                                572

Hypothèse des apôtres fourbes. — Le temps claire-ment, la manière obscurément. — Cinq preuves de Figu-ratifs.

$$2\,000 \begin{cases} 1\,600 \text{ Prophètes.} \\ 400 \text{ Epars[3].} \end{cases}$$

467]                                573

*Aveuglement de l'Écriture.* — « L'Écriture, disaient les Juifs, dit qu'on ne saura d'où le Christ viendra. (*Joh.,* VII, 27 et XII, 34.) L'Écriture dit que le Christ demeure éter-nellement, et celui-ci dit qu'il mourra. »

Ainsi, dit saint Jean, ils ne croyaient point, quoiqu'il eût tant fait de miracles, afin que la parole d'Isaïe fût accomplie : *Il les a aveuglés,* etc.

*Copie* 256]                          574

*Grandeur.* — La religion est une chose si grande, qu'il est juste que ceux qui ne voudraient pas prendre la

1. Le texte de la Vulgate est *in discipulis meis* : « Mets le sceau de la loi en mes disciples. » (VIII, 16.)
2. « *Et beatus qui non fuerit scandalizatus in me.* » Du rapprochement de ces textes Pascal conclut que le Christ sera à la fois et ne sera pas occasion de scandale : car il scandalisera les charnels, il sanctifiera les spirituels. Le Christ sera exactement la pierre d'épreuve pour le discernement des uns et des autres.
3. Ces notes sont développées et expliquées dans les fragments suivants.

peine de la chercher, si elle est obscure, en soient privés. De quoi se plaint-on donc, si elle est telle qu'on
la puisse trouver en la cherchant?

137]                          575

Tout tourne en bien pour les élus, jusqu'aux obscurités de l'Écriture; car ils les honorent, à cause des
clartés divines. Et tout tourne en mal pour les autres,
jusqu'aux clartés; car ils les blasphèment, à cause des
obscurités qu'ils n'entendent pas.

65]                          576

*Conduite générale du monde envers l'Église : Dieu voulant
aveugler et éclairer.* — L'événement ayant prouvé la divinité de ces prophéties, le reste doit en être cru. Et par
là nous voyons l'ordre du monde en cette sorte : les miracles de la création et du déluge s'oubliant, Dieu envoie
la loi et les miracles de Moïse, les prophètes qui prophé-
tisent des choses particulières; et, pour préparer un miracle subsistant, il prépare des prophéties et l'accomplissement; mais les prophéties pouvant être suspectes, il
veut les rendre non suspectes, etc.

*443]                          577

Dieu a fait servir l'aveuglement de ce peuple au bien
des élus.

57]                          578

Il y a assez de clarté pour éclairer les élus et assez
d'obscurité pour les humilier. Il y a assez d'obscurité
pour aveugler les réprouvés et assez de clarté pour les

condamner et les rendre inexcusables. *Saint Augustin, Montaigne, Sebonde*[1].

La généalogie de Jésus-Christ dans l'Ancien Testament est mêlée parmi tant d'autres inutiles, qu'elle ne peut être discernée. Si Moïse n'eût tenu registre que des ancêtres de Jésus-Christ, cela eût été trop visible. S'il n'eût pas marqué celle de Jésus-Christ, cela n'eût pas été assez visible. Mais, après tout, qui y regarde de près, voit celle de Jésus-Christ bien discernée par Thamar, Ruth, etc.

Ceux qui ordonnaient ces sacrifices en savaient l'inutilité, ceux qui en ont déclaré l'inutilité n'ont pas laissé de les pratiquer.

Si Dieu n'eût permis qu'une seule religion, elle eût été trop reconnaissable; mais qu'on y regarde de près, on discerne bien la vraie dans cette confusion.

Principe : Moïse était habile homme. Si donc il se gouvernait par son esprit, il ne devait rien mettre qui fût directement contre l'esprit.

Ainsi toutes les faiblesses très apparentes sont des forces. Exemple : les deux généalogies de saint Matthieu et saint Luc. Qu'y a-t-il de plus clair, que cela n'a pas été fait de concert?

141]                    579

Dieu (et les apôtres)[2], prévoyant que les semences d'orgueil feraient naître les hérésies, et ne voulant pas leur donner occasion de naître par des termes propres, a mis dans l'Écriture et les prières de l'Église des mots

----

1. C'est-à-dire, cf. saint Augustin, *apud* Montaigne, *Apologie de Raymond Sebond.*
2. En surcharge. La parenthèse est une addition que Pascal a mise à cause *des prières de l'Église.* L'Écriture est rapportée à Dieu, et les prières aux apôtres.

et des semences contraires pour produire leurs fruits
dans le temps[1].

De même qu'il donne dans la morale la charité, qui
produit des fruits contre la concupiscence.

90]                              580

La nature a des perfections pour montrer qu'elle est
l'image de Dieu, et des défauts, pour montrer qu'elle
n'en est que l'image.

45]                              581

Dieu veut plus disposer la volonté que l'esprit. La
clarté parfaite servirait à l'esprit et nuirait à la volonté.
Abaisser la superbe.

85]                              582

On se fait une idole de la vérité même; car la vérité
hors de la charité n'est pas Dieu, et est son image et une
idole, qu'il ne faut point aimer, ni adorer; et encore
moins faut-il aimer ou adorer son contraire, qui est le
mensonge.

Je puis bien aimer l'obscurité totale[2]; mais, si Dieu
m'engage dans un état à demi obscur, ce peu d'obscurité
qui y est me déplaît, et, parce que je n'y vois pas le
mérite d'une entière obscurité, il ne me plaît pas. C'est
un défaut, et une marque que je me fais une idole de
l'obscurité, séparée de l'ordre de Dieu. Or il ne faut
adorer qu'en son ordre.

1. Il faut se souvenir, pour entendre cette pensée, que Pascal attribue
l'hérésie à la considération d'une seule vérité, à l'exclusion de la vérité
opposée.
2. Parce que l'obscurité totale implique le renoncement absolu,
l'entière soumission à la volonté de Dieu.

201] 583

Les malingres[1] sont gens qui connaissent la vérité, mais qui ne la soutiennent qu'autant que leur intérêt s'y rencontre; mais, hors de là, ils l'abandonnent.

*Copie* 253] 584

Le monde subsiste pour exercer miséricorde et jugement, non pas comme si les hommes y étaient sortant des mains de Dieu, mais comme des ennemis de Dieu, auxquels il donne, par grâce, assez de lumière pour revenir, s'ils le veulent chercher et le suivre, mais[2] pour les punir, s'ils refusent de le chercher ou de le suivre[3].

55] 585

*Que Dieu s'est voulu cacher.* — S'il n'y avait qu'une religion, Dieu y serait bien manifeste. S'il n'y avait des martyrs qu'en notre religion, de même.

Dieu étant ainsi caché, toute religion qui ne dit pas que Dieu est caché n'est pas véritable; et toute religion qui n'en rend pas la raison n'est pas instruisante. La nôtre fait tout cela : *Vere tu es Deus absconditus.*

---

1. Si *malingres* est bien le mot du manuscrit, il faudrait l'entendre dans le sens de *faibles*, de *tièdes*; ce qui n'est qu'à moitié satisfaisant. Très ingénieusement M. Tourneur propose de lire *malingues,* écrit sous la dictée de Pascal, voulant dire *malins* et signifiant *méchants*.

2. La phrase, très claire, est grammaticalement elliptique et incorrecte : *assez de lumière pour qu'ils reviennent… mais aussi assez de lumière pour qu'ils soient punis.*

3. C'est là le dogme fondamental du jansénisme, opposé aux théories pélagiennes. L'homme n'est pas dans l'état de nature, indifférent au bien et au mal; il est naturellement coupable; la grâce est un miracle de la miséricorde divine, et le salut une exception au cours ordinaire des choses.

*Copie* 227]                    586

S'il n'y avait point d'obscurité, l'homme ne sentirait point sa corruption : s'il n'y avait point de lumière, l'homme n'espérerait point de remède. Ainsi, il est non seulement juste, mais utile pour nous, que Dieu soit caché en partie, et découvert en partie, puisqu'il est également dangereux à l'homme de connaître Dieu sans connaître sa misère, et de connaître sa misère sans connaître Dieu.

491]                    587

Cette religion si grande en miracles; saints, purs, irréprochables; savants et grands, témoins; martyrs; rois (David) établis; Isaïe, prince du sang — si grande en science, après avoir étalé tous ses miracles et toute sa sagesse, elle réprouve tout cela, et dit qu'elle n'a ni sagesse ni signes, mais la croix et la folie.

Car ceux qui par ces signes et cette sagesse ont mérité votre créance, et qui vous ont prouvé leur caractère, vous déclarent que rien de tout cela ne peut nous changer, et nous rendre capables de connaître et aimer Dieu, que la vertu de la folie de la croix, sans sagesse ni signes; et non point les signes sans cette vertu. Ainsi notre religion est folle, en regardant à la cause efficace, et sage en regardant à la sagesse qui y prépare[1].

461]                    588

Notre religion est sage et folle[2]. Sage, parce qu'elle est la plus savante, et la plus fondée en miracles, prophéties,

---

1. Car il n'y a d'efficace que la Croix, mais la sagesse mène à la Croix.
2. On trouve dans la *Copie* (page 253) ces mots qui ne sont peut-être qu'un titre pour ce fragment : « *Contrariétés*. Sagesse infinie et folie de la religion. »

etc. Folle, parce que ce n'est point tout cela qui fait qu'on en est; cela fait bien condamner ceux qui n'en sont pas, mais non pas croire ceux qui en sont. Ce qui les fait croire, c'est la croix, *ne evacuata sit crux*[1]. Et ainsi saint Paul, qui est venu en sagesse et signes, dit qu'il n'est venu ni en sagesse ni en signes : car il venait pour convertir. Mais ceux qui ne viennent que pour convaincre peuvent dire qu'ils viennent en sagesse et signes[2].

1. I *Cor.,* i, 17.
2. I *Cor.* i, 22 : « Les Juifs demandent des signes et les Grecs de la sagesse. Nous, nous prêchons le Christ crucifié, scandale pour les Juifs, folie pour les Gentils. Mais, pour les élus d'entre les Juifs et les Grecs, le Christ est la vertu même de Dieu, et la sagesse de Dieu. »

# SECTION IX

## LA PERPÉTUITÉ

*213]                           589

*Sur ce que la religion chrétienne n'est pas unique.*
Tant s'en faut que ce soit une raison qui fasse croire
qu'elle n'est pas la véritable, qu'au contraire, c'est ce qui
fait voir qu'elle l'est.

*Copie* 257]                      590

Pour les religions, il faut être sincère : vrais païens,
vrais juifs, vrais chrétiens.

113]                           591

J.-C.
Païens    |    Mahomet

Ignorance
de Dieu.

467]                           592

*Fausseté des autres religions.* — Ils n'ont point de témoins.

Ceux-ci en ont. Dieu défie les autres religions de produire de telles marques : Isaïe, XLIII, 9; XLIV, 8.

159]                    593

*Histoire de la Chine.* — Je ne crois que les histoires dont les témoins se feraient égorger.

[Lequel est le croyable des deux, Moïse ou la Chine?]

Il n'est pas question de voir cela en gros. Je vous dis qu'il y a de quoi aveugler et de quoi éclairer.

Par ce mot seul, je ruine tous vos raisonnements. « Mais la Chine obscurcit », dites-vous; et je réponds : « La Chine obscurcit, mais il y a clarté à trouver; cherchez-la. »

Ainsi tout ce que vous dites fait à¹ un des desseins, et rien contre l'autre. Ainsi cela sert, et ne nuit pas.

Il faut donc voir cela en détail, il faut mettre papiers sur table.

*Copie* 257]                    594

Contre l'histoire de la Chine. Les historiens de Mexico, des cinq soleils, dont le dernier est il n'y a que huit cents ans.

Différence d'un livre reçu d'un peuple, ou qui forme un peuple.

467]                    595

Mahomet, sans autorité. Il faudrait donc que ses raisons fussent bien puissantes, n'ayant que leur propre force.

Que dit-il donc? Qu'il faut le croire.

1. *À* dans le sens de *pour*.

27]                596

Les psaumes chantés par toute la terre.

Qui rend témoignage de Mahomet? Lui-même. Jésus-Christ veut que son témoignage ne soit rien[1].

La qualité de témoins fait qu'il faut qu'ils soient toujours et partout, et, misérable, il[2] est seul.

457]               597

*Contre Mahomet.* — L'Alcoran n'est pas plus de Mahomet, que l'Évangile, de saint Matthieu, car il est cité de plusieurs auteurs de siècle en siècle, les ennemis mêmes Celse et Porphyre, ne l'ont jamais désavoué.

L'Alcoran dit que saint Matthieu était homme de bien. Donc, il était faux prophète, ou en appelant gens de bien des méchants, ou en ne demeurant pas d'accord de ce qu'ils ont dit de Jésus-Christ.

465]               598

Ce n'est pas par ce qu'il y a d'obscur dans Mahomet, et qu'on peut faire passer pour un sens mystérieux, que je veux qu'on en juge, mais par ce qu'il y a de clair, par son paradis, et par le reste; c'est en cela qu'il est ridicule. Et c'est pourquoi il n'est pas juste de prendre ses obscurités pour des mystères, vu que ses clartés sont ridicules.

Il n'en est pas de même de l'Écriture. Je veux qu'il y ait des obscurités qui soient aussi bizarres que celles de Mahomet; mais il y a des clartés admirables, et des prophéties manifestes et accomplies. La partie n'est donc pas égale. Il ne faut pas confondre et égaler les choses qui ne se ressemblent que par l'obscurité et non pas par la clarté, qui mérite qu'on révère les obscurités.

1. *Joan,* V, 31 : « Si c'est moi-même qui rends témoignage de moi, mon témoignage n'a point de vérité. »

2. *Il,* c'est-à-dire Mahomet.

457]           599

*Différence entre Jésus-Christ et Mahomet*. — Mahomet, non prédit; Jésus-Christ, prédit.

Mahomet, en tuant; Jésus-Christ, en faisant tuer les siens.

Mahomet, en défendant de lire; les apôtres, en ordonnant de lire.

Enfin, cela est si contraire, que, si Mahomet a pris la voie de réussir humainement, Jésus-Christ a pris celle de périr humainement; et qu'au lieu de conclure que, puisque Mahomet a réussi, Jésus-Christ a bien pu réussir, il faut dire que, puisque Mahomet a réussi, Jésus-Christ devait périr.

*57]           600

Tout homme peut faire ce qu'a fait Mahomet; car il n'a point fait de miracles, il n'a point été prédit; nul ne peut faire ce qu'a fait Jésus-Christ.

**55]           601

La religion païenne est sans fondement [aujourd'hui. On dit qu'autrefois elle en a eu par les oracles qui ont parlé. Mais quels sont les livres qui nous en assurent? Sont-ils si dignes de foi par la vertu de leurs auteurs? Sont-ils conservés avec tant de soin qu'on puisse s'assurer qu'ils ne sont point corrompus?]

La religion mahométane a pour fondement l'Alcoran et Mahomet. Mais ce prophète, qui devait être la dernière attente du monde, a-t-il été prédit? Quelle marque a-t-il que n'ait aussi tout homme qui se voudra dire prophète? Quels miracles dit-il lui-même avoir faits? Quels mystères a-t-il enseignés, selon sa tradition même? Quelle morale et quelle félicité?

La religion juive doit être regardée différemment dans la tradition des Livres Saints et dans la tradition du peuple. La morale et la félicité en est ridicule dans la tradition du peuple; mais elle est admirable dans celle [*des Livres*] Saints. (et toute religion est de même : car la chrétienne est bien différente dans les Livres Saints et dans les casuistes). Le fondement en est admirable, c'est le plus ancien livre du monde et le plus authentique; et, au lieu que Mahomet, pour faite subsister le sien, a défendu de le lire, Moïse, pour faire subsister le sien, a ordonné à tout le monde de le lire[1].

Notre religion est si divine, qu'une autre religion divine n'en a que le fondement.

27]                              602

*Ordre*. — Voir ce qu'il y a de clair dans tout l'état des Juifs, et d'incontestable.

*Appendice au fragment*        602

La religion juive est toute divine, dans son autorité, dans sa durée, dans sa perpétuité, dans sa morale, dans sa doctrine, dans ses effets[2].

7]                               604

La seule science contre le sens commun et la nature des hommes, est la seule qui ait toujours subsisté parmi les hommes.

---

1. *Deut.*, XXXI, 11.
2. Cette réflexion n'est (cf. fr. 737) qu'un résumé fait par Port-Royal de ce que Pascal se proposait de démontrer dans l'Apologie relativement à la religion juive.

265] 605

La seule religion contre la · nature, contre le sens commun, contre nos plaisirs, est la seule qui ait toujours été.

8] 606

Nulle religion que la nôtre n'a enseigné que l'homme naît en péché, nulle secte de philosophes ne l'a dit : nulle n'a donc dit vrai.

Nulle secte ni religion n'a toujours été sur la terre, que la religion chrétienne.

151] 607

Qui jugera de la religion des Juifs par les grossiers la connaîtra mal. Elle est visible dans les Saints Livres et dans la tradition des prophètes, qui ont assez fait entendre qu'ils n'entendaient pas la loi à la lettre. Ainsi notre religion est divine dans l'Évangile, les apôtres et la tradition; mais elle est ridicule dans ceux qui la traitent mal.

Le Messie, selon les Juifs charnels, doit être un grand prince temporel. Jésus-Christ, selon les chrétiens charnels, est venu nous dispenser d'aimer Dieu, et nous donner des sacrements qui opèrent tout sans nous. Ni l'un ni l'autre n'est la religion chrétienne, ni juive.

Les vrais Juifs et les vrais Chrétiens ont toujours attendu un Messie qui les ferait aimer Dieu, et, par cet amour, triompher de leurs ennemis.

*255] 608

Les Juifs charnels tiennent le milieu entre les Chrétiens et les païens. Les païens ne connaissent point Dieu, et n'aiment que la Terre. Les Juifs connaissent le vrai

Dieu, et n'aiment que la terre. Les Chrétiens connaissent
le vrai Dieu, et n'aiment point la terre. Les Juifs et les
païens aiment les mêmes biens. Les Juifs et les Chrétiens
connaissent le même Dieu.

Les Juifs étaient de deux sortes : les uns n'avaient que
les affections païennes; les autres avaient les affections
chrétiennes.

277]                    609

Deux sortes d'hommes en chaque religion : parmi les
païens, des adorateurs des bêtes, et les autres, adorateurs
d'un seul Dieu dans la religion naturelle; parmi les Juifs,
les charnels, et les spirituels qui étaient les Chrétiens de
la loi ancienne; parmi les Chrétiens, les grossiers qui
sont les Juifs de la loi nouvelle. Les Juifs charnels attendaient un Messie charnel; les Chrétiens grossiers croient
que le Messie les a dispensés d'aimer Dieu; les vrais
Juifs et les vrais Chrétiens adorent un Messie qui les
fait aimer Dieu.

239]                    610

*Pour montrer que les vrais Juifs et les vrais Chrétiens n'ont
qu'une même religion.* — La religion des Juifs semblait
consister essentiellement en la paternité d'Abraham, en
la circoncision, aux sacrifices, aux cérémonies, en
l'arche, au temple, en Hiérusalem, et enfin en la loi et en
l'alliance de Moïse.

Je dis :

Qu'elle ne consistait en aucune de ces choses, mais
seulement en l'amour de Dieu, et que Dieu réprouvait
toutes les autres choses.

Que Dieu n'acceptera point la postérité d'Abraham.

Que les Juifs seront punis de Dieu comme les étrangers, s'ils l'offensent. *Deut.*, VIII, 19 : « Si vous oubliez

Dieu, et que vous suiviez des dieux étrangers, je vous prédis que vous périrez de la même manière que les nations que Dieu a exterminées devant vous. »

Que les étrangers seront reçus de Dieu comme les Juifs, s'ils l'aiment. Is., LVI, 3 : « Que l'étranger ne dise pas : « Le Seigneur ne me recevra pas. » Les étrangers qui s'attachent à Dieu seront pour le servir et l'aimer : je les mènerai en ma sainte montagne, et recevrai d'eux des sacrifices, car ma maison est la maison d'oraison. »

Que les vrais Juifs ne considéraient leur mérite que de Dieu, et non d'Abraham. Is., LXIII, 16 : « Vous êtes véritablement notre père, et Abraham ne nous a pas connus, et Israël n'a pas eu de connaissance de nous; mais c'est vous qui êtes notre père et notre rédempteur. »

240] Moïse même leur a dit que Dieu n'accepterait pas les personnes, *Deut.,* X, 17 : Dieu, dit-il, « n'accepte pas les personnes, ni les sacrifices ».

Le sabbat n'était qu'un signe, *Ex.,* XXXI, 13; et en mémoire de la sortie d'Égypte, *Deut.,* V, 19. Donc il n'est plus nécessaire, puisqu'il faut oublier l'Égypte.

La circoncision n'était qu'un signe, *Gen.,* XVII, 11. Et de là vient qu'étant dans le désert ils ne furent point circoncis, parce qu'ils ne pouvaient se confondre avec les autres peuples; et qu'après que Jésus-Christ est venu, elle n'est plus nécessaire.

Que la circoncision du cœur est ordonnée. *Deut.,* X, 16; Jérém., IV, 4 : « Soyez circoncis de cœur; retranchez les superfluités de votre cœur, et ne vous endurcissez plus; car votre Dieu est un Dieu grand, puissant et terrible, qui n'accepte pas les personnes. »

Que Dieu dit qu'il le ferait un jour. *Deut.,* XXX, 6 : « Dieu te circoncira le cœur et à tes enfants, afin que tu l'aimes de tout ton cœur. »

Que les incirconcis de cœur seront jugés. Jér., IX, 26 :

car Dieu jugera les peuples incirconcis et tout le peuple d'Israël, parce qu'il est « incirconcis de cœur ».

Que l'extérieur ne sert rien sans l'intérieur, Joel., II, 13 : *Scindite corda vestra*[1], etc. Is., LVIII, 3, 4, etc.

L'amour de Dieu est recommandé en tout le Deutéronome. *Deut.*, XXX, 19 : « Je prends à témoin le ciel et la terre que j'ai mis devant vous la mort et la vie, afin que vous choisissiez la vie, et que vous aimiez Dieu et que vous lui obéissiez, car c'est Dieu qui est votre vie. »

Que les Juifs, manque de cet amour, seraient réprouvés pour leurs crimes, et les païens élus en leur place. Os., I, 10; *Deut.*, XXXII, 20 : « Je me cacherai d'eux, dans la vue de leurs derniers crimes; car c'est une nation méchante et infidèle. Ils m'ont provoqué à courroux par les choses qui ne sont point des dieux, et je les provoquerai à jalousie par un peuple qui n'est pas mon peuple, et par une nation sans science et sans intelligence. » Is., LXV, 1.

Que les biens temporels sont faux, et que le vrai bien est d'être uni à Dieu. *Ps.*, CXLIII, 15.

Que leurs fêtes déplaisent à Dieu. Amos, V, 21.

Que les sacrifices des Juifs déplaisent à Dieu[2]. Is., LXVI, 1-5; I, 11. Jérém., VI, 20. David, *Miserere*[3]. — Même de la part des bons, *Exspectavi. Ps.*, XLIX, 8, 9, 10, 11, 12, 13 et 14.

Qu'il ne les a établis que pour leur dureté. Michée, admirablement VI[4]. *I. R.*, XV, 22; Osée, VI, 6.

---

1. « Déchirez vos cœurs, et non vos vêtements. »
2. Les textes de ce paragraphe sont cités par saint Paul dans son Épître aux Romains (IX et X).
3. *Miserere*, psaume XVIII.
4. Voici les versets de Michée, que Pascal qualifie d'admirables : « Qu'offrirai-je au Seigneur qui soit digne de lui? Lui offrirai-je des holocaustes et le veau d'un an? Le Seigneur serait-il donc apaisé par tous les béliers de la terre, par des milliers de boucs engraissés? Donnerai-je mon premier-né pour l'expiation de mon crime? le fruit de

Que les sacrifices des païens seront reçus de Dieu, et que Dieu retirera sa volonté des sacrifices des Juifs. Malach., i, 11.

Que Dieu fera une nouvelle alliance par le Messie, et que l'ancienne sera rejetée. Jérém., xxxi, 31.

*Mandata non bona.* Ézéch.

Que les anciennes choses seront oubliées. Is., xliii, 18, 19 ; lxv, 17, 18.

Qu'on ne se souviendra plus de l'arche. Jér., iii, 15, 16.

Que le temple serait rejeté. Jér., vii, 12, 13, 14.

Que les sacrifices seraient rejetés, et d'autres sacrifices purs établis. Malach., i, 11.

Que l'ordre de la sacrificature d'Aaron serait réprouvé, et celle de Melchisédech introduite par le Messie. Ps. *Dixit Dominus.*

Que cette sacrificature serait éternelle. *Ibid.*

Que Jérusalem serait réprouvée, et Rome admise. Ps. *Dixit Dominus.*

Que le nom des Juifs serait réprouvé et un nouveau nom donné. Is., lxv, 15.

Que ce dernier nom serait meilleur que celui de Juifs, et éternel. Is., lvi, 5.

Que les Juifs devaient être sans prophètes (Amos), sans roi, sans princes, sans sacrifice, sans idole[1].

Que les Juifs subsisteraient néanmoins toujours en peuple. Jér., xxxi, 36.

265]                                  611

*République.* — La république chrétienne, et même

mes entrailles pour le péché que j'ai commis ? O homme, je vais te dire ce qu'il y a à faire et ce que le Seigneur demande de toi : c'est de pratiquer la justice, d'aimer la miséricorde et de marcher avec zèle dans la voie où est ton Dieu. ». — I. R. désigne le premier livre des Rois.

1. *Osée,* vi, 4.

judaïque, n'a eu que Dieu pour maître, comme remarque Philon juif, *De la monarchie.*

Quand ils combattaient, ce n'était que pour Dieu; [*ils*] n'espéraient principalement que de Dieu; ils ne considéraient leurs villes que comme étant à Dieu, et les conservaient pour Dieu. I *Paralip.,* xix, 13.

39]                    612

*Gen.,* xvii, 7. *Statuam pactum meum inter me et te fœdere sempiterno ut sim Deus tuus*[1].

9. *Et tu ergo custodies pactum meum*[2].

218]                   613

*Perpétuité.* — Cette religion, qui consiste à croire que l'homme est déchu d'un état de gloire et de communication avec Dieu en un état de tristesse, de pénitence et d'éloignement de Dieu, mais qu'après cette vie nous serons rétablis par un Messie qui devait venir, a toujours été sur la terre. Toutes choses ont passé, et celle-là a subsisté, pour laquelle sont toutes choses.

Les hommes, dans le premier âge du monde, ont été emportés dans toutes sortes de désordres, et il y avait cependant des saints, comme Énoch, Lamech et d'autres, qui attendaient en patience le Christ promis dès le commencement du monde. Noé a vu la malice des hommes au plus haut degré; et il a mérité de sauver le monde en sa personne, par l'espérance du Messie dont il a été la figure. Abraham était environné d'idolâtres, quand Dieu lui a fait connaître le mystère du Messie, qu'il a salué de loin[3]. Au temps d'Isaac et de Jacob,

1. « J'établirai entre moi et toi, par une alliance éternelle, le pacte par lequel je serai ton Dieu.
2. « Et tu conserveras mon pacte. »
3. *Joan.,* VIII, 56.

l'abomination était répandue sur toute la terre; mais
ces saints vivaient en la foi; et Jacob, mourant et bénissant ses enfants, s'écrie, par un transport qui lui fait inter-
rompre son discours : « J'attends, ô mon Dieu! le
Sauveur que vous avez promis : *Salutare tuum exspectabo,
Domine.* » Les Égyptiens étaient infectés et d'idolâtrie
et de magie; le peuple de Dieu même était entraîné
par leurs exemples; mais cependant Moïse et
d'autres croyaient celui qu'ils ne voyaient pas, et l'adoraient en regardant aux dons éternels qu'il leur pré-
parait.

Les Grecs, et les Latins ensuite, ont fait régner
les fausses déités; les poètes ont fait cent diverses
théologies; les philosophes se sont séparés en mille
sectes différentes; et cependant il y avait toujours
au cœur de la Judée des hommes choisis qui prédi-
saient la venue de ce Messie, qui n'était connu que
d'eux.

Il est venu enfin en la consommation des temps; et
depuis, on a vu naître tant de schismes et d'hérésies,
tant renverser d'États, tant de changements en toutes
choses; et cette Église, qui adore Celui qui a toujours été
adoré, a subsisté sans interruption. Et ce qui est admirable, incomparable et tout à fait divin, c'est que cette
religion, qui a toujours duré, a toujours été combattue.
Mille fois elle a été à la veille d'une destruction universelle; et toutes les fois qu'elle a été en cet état, Dieu l'a
relevée par des coups extraordinaires de sa puissance.
Car ce qui est étonnant est qu'elle s'est maintenue sans
fléchir et ployer sous la volonté des tyrans. Car il n'est
pas étrange qu'un État subsiste, lorsque l'on fait quelquefois céder ses lois à la nécessité, mais que... (Voyez le
rond dans Montaigne[1]).

---

1. Le rond est l'indication d'un passage auquel renvoie Pascal.

283]                              614

Les États périraient, si on ne faisait ployer souvent les
lois à la nécessité. Mais jamais la religion n'a souffert
cela, et n'en a usé. Aussi il faut ces accommodements, ou
des miracles. Il n'est pas étrange qu'on se conserve en
ployant, et ce n'est pas proprement se maintenir; et
encore périssent-ils enfin entièrement : il n'y en a point
qui ait duré mille ans. Mais que cette religion se soit
toujours maintenue, et inflexible, cela est divin.

41]                               615

On a beau dire. Il faut avouer que la religion chrétienne a quelque chose d'étonnant. « C'est parce que
vous y êtes né », dira-t-on. Tant s'en faut; je me roidis
contre, pour cette raison-là même, de peur que cette prévention ne me suborne; mais, quoique j'y sois né, je ne
laisse pas de le trouver ainsi.

**237]                            616

*Perpétuité.* — Le Messie a toujours été cru. La tradition
d'Adam était encore nouvelle en Noé et en Moïse. Les
prophètes l'ont prédit depuis, en prédisant toujours
d'autres choses, dont les événements, qui arrivaient de
temps en temps à la vue des hommes, marquaient la
vérité de leur mission, et par conséquent celle de leurs
promesses touchant le Messie. Jésus-Christ a fait des
miracles, et les apôtres aussi, qui ont converti tous les
païens; et par là toutes les prophéties étant accomplies,
le Messie est prouvé pour jamais.

77]                               617

*Perpétuité.* — Qu'on considère que, depuis le commencement du monde, l'attente ou l'adoration du Messie
subsiste sans interruption; qu'il s'est trouvé des hommes

qui ont dit que Dieu leur avait révélé qu'il devait naître
un Rédempteur qui sauverait son peuple; qu'Abraham
est venu ensuite dire qu'il avait eu révélation qu'il naîtrait de lui par un fils qu'il aurait; que Jacob a déclaré
que, de ses douze enfants, il naîtrait de Juda; que Moïse
et les prophètes sont venus ensuite déclarer le temps et
la manière de sa venue; qu'ils ont dit que la loi qu'ils
avaient n'était qu'en attendant celle du Messie; que jusque-là elle serait perpétuelle, mais que l'autre dure-
rait éternellement; qu'ainsi leur loi, ou celle du Messie,
dont elle était la promesse, serait toujours sur la terre;
qu'en effet elle a toujours duré; qu'enfin est venu Jésus-
Christ dans toutes les circonstances prédites. Cela est
admirable.

214]                        618

Ceci est effectif. Pendant que tous les philosophes se
séparent en différentes sectes, il se trouve en un coin
du monde des gens qui sont les plus anciens du monde,
déclarant que tout le monde est dans l'erreur que Dieu
leur a révélé la vérité, qu'elle sera toujours sur la terre.
En effet, toutes les autres sectes cessent, celle-là
dure toujours[1], et depuis 4 000 ans.

Ils déclarent qu'ils tiennent de leurs ancêtres que
l'homme est déchu de la communication avec Dieu, dans
un entier éloignement de Dieu, mais qu'il a promis de
les racheter; que cette doctrine serait toujours sur la terre;
que leur loi a double sens; que durant 1 600 ans
ils ont eu des gens qu'ils ont crus prophètes, qui ont
prédit le temps et la manière; que 400 ans après ils ont
été épars partout, parce Jésus-Christ devait être annoncé
partout; que Jésus-Christ est venu en la manière et au

1. *Toujours,* comme souvent *semper* en latin, a ici le sens de *sans interruption.*

temps prédits; que depuis les Juifs sont épars partout, en malédiction et subsistant néanmoins.

335]                          619

Je vois la religion chrétienne fondée sur une religion précédente, et voici ce que je trouve d'effectif[1].

Je ne parle point ici des miracles de Moïse, de Jésus-Christ et des apôtres, parce qu'ils ne paraissent pas d'abord convaincants, et que je ne veux que mettre ici en évidence tous les fondements de cette religion chrétienne qui sont indubitables, et qui ne peuvent être mis en doute par quelque personne que ce soit. Il est certain que nous voyons en plusieurs endroits du monde un peuple particulier, séparé de tous les autres peuples du monde, qui s'appelle le peuple juif.

Je vois donc des faiseurs de religions en plusieurs endroits du monde et dans tous les temps, mais elles n'ont ni la morale qui peut me plaire, ni les preuves[2] qui peuvent m'arrêter, et qu'ainsi j'aurais refusé également et la religion de Mahomet, et celle de la Chine, et celle des anciens Romains, et celle des Égyptiens, par cette seule raison que l'une n'ayant pas plus [de] marques de vérité que l'autre, ni rien qui déterminât nécessairement, la raison ne peut pencher plutôt vers l'une que vers l'autre.

Mais, en considérant ainsi cette inconstante et bizarre variété de mœurs et de créances dans les divers temps, je trouve en un coin du monde un peuple particulier, séparé de tous les autres peuples de la terre, le plus ancien de tous, et dont les histoires précèdent de plusieurs siècles les plus anciennes que nous ayons.

1. *Effectif,* c'est-à-dire réel.
2. *Les preuves,* par opposition à la doctrine, ce sont les témoignages extrinsèques, l'autorité du fait (prophéties et miracles).

Je trouve donc ce peuple grand et nombreux, sorti d'un seul homme, qui adore un seul Dieu, et qui se conduit par une loi qu'ils disent tenir de sa main. Ils soutiennent qu'ils sont les seuls du monde auxquels Dieu a révélé ses mystères, que tous les hommes sont corrompus et dans la disgrâce de Dieu, qu'ils sont tous abandonnés à leur sens et à leur propre esprit, et que de là viennent les étranges égarements et les changements continuels qui arrivent entre eux, et de religions, et de coutumes, au lieu qu'ils demeurent inébranlables dans leur conduite, mais que Dieu ne laissera pas éternellement les autres peuples dans ces ténèbres, qu'il viendra un libérateur pour tous, qu'ils sont au monde pour l'annoncer aux hommes, qu'ils sont formés exprès pour être les avant-coureurs et les hérauts de ce grand avènement, et pour appeler tous les peuples à s'unir à eux dans l'attente de ce libérateur.

339] La rencontre de ce peuple m'étonne, et me semble digne de l'attention. Je considère cette loi qu'ils se vantent de tenir de Dieu, et je la trouve admirable. C'est la première loi de toutes, et de telle sorte qu'avant même que le mot de loi fût en usage parmi les Grecs, il y avait près de mille ans qu'ils l'avaient reçue et observée sans interruption. Ainsi je trouve étrange que la première loi du monde se rencontre aussi la plus parfaite, en sorte que les plus grands législateurs en ont emprunté les leurs, comme il paraît par la loi des Douze Tables d'Athènes, qui fut ensuite prise par les Romains, et comme il serait aisé de le montrer, si Josèphe et d'autres n'avaient assez traité cette matière.

297]                620

*Avantages du peuple juif.* — Dans cette recherche, le

peuple juif attire d'abord mon attention par quantité de choses admirables et singulières[1] qui y paraissent.

Je vois d'abord que c'est un peuple tout composé de frères, et, au lieu que tous les autres sont formés de l'assemblage d'une infinité de familles, celui-ci, quoique si étrangement abondant, est tout sorti d'un seul homme, et, étant ainsi tous une même chair, et membres les uns des autres, [ils] composent un puissant état d'une seule famille. Cela est unique.

Cette famille, ou ce peuple, est le plus ancien qui soit en la connaissance des hommes; ce qui me semble lui attirer une vénération particulière, et principalement dans la recherche que nous faisons, puisque, si Dieu s'est de tout temps communiqué aux hommes, c'est à ceux-ci qu'il faut recourir pour en savoir la tradition.

Ce peuple n'est pas seulement considérable par son antiquité; mais il est encore singulier en sa durée, qui a toujours continué depuis son origine jusqu'à maintenant. Car au lieu que les peuples de Grèce et d'Italie, de Lacédémone, d'Athènes, de Rome, et les autres qui sont venus si longtemps après, soient péris il y a si longtemps, ceux-ci subsistent toujours, et, malgré les entreprises de tant de puissants rois qui ont cent fois essayé de les faire périr, comme leurs historiens le témoignent, et comme il est aisé de le juger par l'ordre naturel des choses, pendant un si long espace d'années, ils ont toujours été conservés néanmoins (et cette conservation a été prédite); et s'étendant depuis les premiers temps jusques aux derniers, leur histoire enferme dans sa durée celle de toutes nos histoires [qu'elle devance de bien longtemps].

La loi par laquelle ce peuple est gouverné est tout ensemble la plus ancienne loi du monde, la plus parfaite,

1. *Singulières* dans le sens originel de particulières et caractéristiques.

et la seule qui ait toujours été gardée sans interruption dans un État. C'est ce que Josèphe montre admirablement *contre Apion,* et Philon juif[1], en divers lieux, où ils font voir qu'elle est si ancienne, que le nom même de loi n'a été connu des plus anciens que plus de mille ans après : en sorte qu'Homère, qui a écrit de l'histoire de tant d'États, ne s'en est jamais servi. Et il est aisé de juger de sa perfection par la simple lecture, où l'on voit qu'on a 341] pourvu à toutes choses avec tant de sagesse, tant d'équité, tant de jugement, que les plus anciens législateurs grecs et romains, en ayant eu quelque lumière, en ont emprunté leurs principales lois; ce qui paraît par celle qu'ils appellent des Douze Tables, et par les autres preuves que Josèphe en donne.

Mais cette loi est en même temps la plus sévère et la plus rigoureuse de toutes, en ce qui regarde le culte de leur religion, obligeant ce peuple, pour le retenir dans son devoir, à mille observations particulières et pénibles, sur peine de la vie, de sorte que c'est une chose bien étonnante qu'elle se soit toujours conservée constamment durant tant de siècles par un peuple rebelle et impatient comme celui-ci, pendant que tous les autres États ont changé de temps en temps leurs lois, quoique tout autrement faciles.

Le livre qui contient cette loi, la première de toutes, est lui-même le plus ancien livre du monde, ceux d'Homère, d'Hésiode et les autres, n'étant que six ou sept cents ans depuis.

---

1. Philon le juif, philosophe, un des précurseurs de l'école d'Alexandrie, essaya de concilier la tradition juive avec l'antiquité grecque, en faisant dériver d'ailleurs celle-ci de celle-là; il chercha dans Moïse l'origine du Platonisme. Les textes visés par Pascal se trouvent au deuxième livre de la *Vie de Moïse.*

*Copie* 222]                          621

La création et le déluge étant passés, et Dieu ne devant
plus détruire le monde, non plus que le recréer, ni
donner de ces grandes marques de lui, il commença
d'établir un peuple sur la terre, formé exprès, qui
devait durer jusqu'au peuple que le Messie formerait
par son esprit.

*Copie* 256]                          622

La création du monde commençant à s'éloigner, Dieu
a pourvu d'un historien unique contemporain[1], et a
commis tout un peuple pour la garde de ce livre, afin
que cette histoire fût la plus authentique du monde, et
que tous les hommes pussent apprendre par là une
chose si nécessaire à savoir, et qu'on ne pût la savoir
que par là.

491]                                  623
[Japhet commence la généalogie.]
Joseph croise ses bras et préfère le jeune[2].

491]                                  624

Pourquoi Moïse va-t-il faire la vie des hommes si
longue, et si peu de générations?
Parce que [*ce n'est*] pas la longueur des années, mais
la multitude des générations qui rendent les choses
obscures. Car la vérité ne s'altère que par le changement des hommes. Et cependant il met deux choses, les

1. Moïse est contemporain des événements qu'il raconte, parce
que, fort éloigné par le temps, il en est très rapproché par le petit
nombre de générations qui l'en sépare.
2. Cf. fr. 711.

plus mémorables qui se soient jamais imaginées, savoir la création et le déluge, si proches, qu'on y touche.

**489]                    625

Sem, qui a vu Lamech, qui a vu Adam, a vu aussi Jacob, qui a vu ceux qui ont vu Moïse; donc le déluge et la création sont vrais. Cela conclut[1] entre de certaines gens qui l'entendent bien.

*491]                    626

La longueur de la vie des patriarches, au lieu de faire que les histoires des choses passées se perdissent, servait au contraire à les conserver. Car ce qui fait que l'on n'est pas quelquefois assez instruit dans l'histoire de ses ancêtres, est que l'on n'a jamais guère vécu avec eux, et qu'ils sont morts souvent devant que l'on eût atteint l'âge de raison. Or, lorsque les hommes vivaient si longtemps, les enfants vivaient longtemps avec leurs pères. Ils les entretenaient longtemps. Or, de quoi les eussent-ils entretenus, sinon de l'histoire de leurs ancêtres, puisque toute l'histoire était réduite à celle-là, qu'ils n'avaient point d'études, ni de sciences, ni d'arts, qui occupent une grande partie des discours de la vie? Aussi l'on voit qu'en ce temps les peuples avaient un soin particulier de conserver leurs généalogies.

225]                    627

Je crois que Josué a le premier du peuple de Dieu ce nom[2], comme Jésus-Christ le dernier du peuple de Dieu.

---

1. Au sens neutre : *est concluant*.
2. « Ce nom de Josué ou Jésus veut dire sauveur. » (Havet.)

*Copie* 225]                    628

*Antiquité des Juifs.* — Qu'il y a de différence d'un livre
à un autre! Je ne m'étonne pas de ce que les Grecs ont
fait l'*Iliade,* ni les Égyptiens et les Chinois leurs histoires.

Il ne faut que voir comment cela est né. Ces historiens
fabuleux ne sont pas contemporains des choses dont ils
écrivent. Homère fait un roman, qu'il donne pour tel et
qui est reçu pour tel; car personne ne doutait que Troie
et Agamemnon n'avaient non plus été que la pomme
d'or. Il ne pensait pas aussi à en faire une histoire, mais
seulement un divertissement; il est le seul qui écrit de
son temps, la beauté de l'ouvrage fait durer la chose :
tout le monde l'apprend et en parle : il la faut savoir,
chacun la sait par cœur. Quatre cents ans après, les témoins des choses ne sont plus vivants; personne ne sait
plus par sa connaissance si c'est une fable ou une histoire : on l'a seulement appris de ses ancêtres, cela peut
passer pour vrai.

Toute histoire qui n'est pas contemporaine, ainsi les
livres des sibylles et de Trismégiste[1], et tant d'autres qui

1. Voici sur les Sibylles et sur Trismégiste des renseignements empruntés aux notes de Ch. Gidel : Les Sibylles étaient des femmes inspi-
rées de l'esprit prophétique. La plus célèbre est celle de Cumes, dont
Virgile a immortalisé le souvenir : « L'antiquité admettait sous le nom
d'*Oracula sibyllina, libri sibyllini,* des recueils d'oracles conservés à
Rome, et que l'on croyait contenir les destinées de l'Empire. C'était,
disait-on, la sibylle d'Erythrée qui les avait vendus à Tarquin le
Superbe. Tarquin les fit enfermer dans un caveau du temple de Jupi-
ter-Capitolin, et il en confia la garde à trois patriciens d'abord, puis à
un collège de dix, plus tard de quinze prêtres. On consultait ces livres
dans les temps de calamité publique et seulement sur un ordre du
Sénat. Les oracles étaient écrits en vers grecs, obscurs et ambigus, qui
se prêtaient à toutes les interprétations. Ils furent brûlés dans l'incendie
de l'an 670 de Rome. Mais le sénat en fit faire une collection nouvelle.
Il fit rechercher tous les oracles qui s'étaient répandus en Italie, en
Grèce, en Afrique. Auguste fit transporter les livres Sibyllins au mont

ont eu crédit au monde, sont faux et se trouvent faux à la suite des temps. Il n'en est pas ainsi des auteurs contemporains.

Il y a bien de la différence entre un livre que fait un particulier, et qu'il jette dans le peuple, et un livre qui fait lui-même un peuple. On ne peut douter que le livre ne soit aussi ancien que le peuple.

491]                              629

Josèphe cache la honte de sa nation.
Moïse ne cache pas sa honte propre ni...
*Quis mihi det ut omnes prophetent*[1] ?
Il était las du peuple.

Palatin dans le temple d'Apollon. Ils y demeurèrent jusqu'en l'année 389 de Jésus-Christ, époque où ils furent brûlés par ordre de Théodose. La réputation des Sibylles traversa tout le Moyen Age; l'Église adopta leur représentation dans ses peintures; elle les admettait comme témoins des prophéties relatives à l'avènement de Jésus. On mettait la Sibylle à côté de David, comme on le voit par ce passage du *Dies iræ*, hymne qui remonte au XIIIe siècle. La fin du monde y est annoncée au nom de David et de la Sibylle :

            « Dies iræ, dies illa
            « Solvet seclum in favilla.
            « Teste David cum Sibylla. »

« Ces oracles avaient été ajoutés vers le IIe siècle après Jésus-Christ. Il en est de même pour *Trismégiste* ou trois fois grand. Sous ce nom, les Grecs désignaient Hermès où Mercure qu'ils identifiaient avec le Dieu des Égyptiens, Thoth, l'inventeur de l'écriture, de la grammaire, des sciences et des arts. On le représentait avec une tête d'Ibis ou de Cynocéphale. Il existait sous son nom quarante-deux livres sacrés que gardaient les prêtres égyptiens et il nous a été transmis quatorze chapitres grecs, qui après avoir été attribués à un contemporain de Moïse, précurseur d'Orphée et d'Homère, ont été reconnus du premier siècle de l'ère chrétienne. »

1. *Nomb.* XI, 29. *Quis tribuat ut omnis populus prophetet* : « Qui donnerait à tout le peuple le pouvoir de prophétiser. »

277]                      630

*La sincérité des Juifs.* — Depuis qu'ils n'ont plus eu de
prophètes, Machabées; depuis Jésus-Christ, Massor.

Ce livre vous sera en témoignage.

Les lettres défectueuses et finales[1].

Sincères contre leur honneur, et mourant pour cela;
cela n'a point d'exemple dans le monde, ni de racine
dans la nature.

333]                      631

*Sincérité des Juifs.* — Ils portent avec amour et fidélité
ce livre où Moïse déclare qu'ils ont été ingrats envers
Dieu toute leur vie, qu'il sait qu'ils le seront encore plus
après sa mort; mais qu'il appelle le ciel et la terre à
témoin contre eux, et qu'il le leur a [enseigné] assez.

Il déclare qu'enfin Dieu, s'irritant contre eux, les dis-
persera parmi tous les peuples de la terre; que, comme
ils l'ont irrité en adorant les dieux qui n'étaient point
leur Dieu, de même il les provoquera en appelant un
peuple qui n'est point son peuple; et veut que toutes ses
paroles soient conservées éternellement, et que son livre
soit mis dans l'arche de l'alliance pour servir à jamais de
témoin contre eux.

Isaïe dit la même chose, xxx.

247]                      632

*Sur Esdras.* — Fable : Les livres ont été brûlés avec le
temple. Faux pour les Machabées : « Jérémie leur donna
la loi. »

Fable : qu'il récita tout par cœur, Josèphe et Esdras
marquent *qu'il lut le livre.* Baron., *Ann.*, p. 180 : *Nullus*

1. Voir fragment 688.

*penitus Hebræorum antiquorum reperitur qui tradiderit
libros periisse et per Esdram esse restitutos, nisi in IV Esdræ.*

Fable : qu'il changea les lettres.

Philo, *in Vita Moysis : Illa lingua ac character quo anti-
quitus scripta est lex sic permansit usque ad* LXX.

Josèphe dit que la loi était en hébreu quand elle fut
traduite par les Septante.

Sous Antiochus et Vespasien, où l'on a voulu abolir
les livres, et où il n'y avait pas de prophète, on ne l'a pu
faire; et sous les Babyloniens, où nulle persécution n'a
été faite, et où il y avait tant de prophètes, l'auraient-ils
laissé brûler?

Josèphe se moque des Grecs qui ne souffriraient...
Tertull. : *Perinde potuit abolefactam eam violentia cata-
clysmi in spiritu rursus reformare, quemadmodum et Hie-
rosolymis Babylonia expugnatione deletis, omne instrumen-
tum judaicæ litteraturæ per Esdram constat restauratum.*

Il dit que Noé a pu aussi bien rétablir en esprit le livre
d'Énoch, perdu par le déluge, qu'Esdras a pu rétablir les
Écritures perdues durant la captivité.

(Θεὸς) ἐν τῇ, ἐπί Ναβουχοδόνοσορ αἰχμαλωσίᾳ τοῦ λαοῦ, δια-
φθαρεισῶν τῶν γραφῶν... ἐνέπνευσε Εσδρᾷ τῷ ἱερεῖ ἐκ τῆς φυλῆς
Λευὶ τοὺς τῶν προγεγονότων προφητῶν πάντας ἀνατάξασθαι
λόγους, καὶ ἀποκαταστῆσαι τῷ λαῷ τὴν διὰ Μωυσέως νομοθεσίαν.

Il allègue cela pour prouver qu'il n'est pas incroyable
que les Septante aient expliqué les Écritures saintes avec
cette uniformité que l'on admire en eux. Et il a pris cela
dans saint Irénée.

Saint Hilaire, dans la préface sur les Psaumes, dit
qu'Esdras a mis les Psaumes en ordre.

L'origine de cette tradition vient du xive chapitre du
IVe livre d'*Esdras : Deus glorificatus est, et Scripturæ veræ
divinæ creditæ sunt, omnibus eamdem et eisdem verbis et eisdem nominibus recitantibus ab initio usque ad finem, uti et
præsentes gentes cognoscerent quoniam per inspirationem*

*Dei interpretatæ sunt Scripturæ, et non esset mirabile Deum hoc in eis operatum : quando in ea captivitate populi quæ facta est a Nabuchodonosor, corruptis Scripturis et post 70 annos Judæis descendentibus in regionem suam, et post deinde temporibus Artaxercis Persarum regis, inspiravit Esdræ sacerdoti tribus Levi prœteritorum prophetarum omnes rememorare sermones, et restituere populo eam legem quæ data est per Moysen.*

\*163]                          633

Contre la fable d'Esdras, II *Mach.,* ii; — Josèphe, *Ant.,* ii. 1. Cyrus prit sujet de la prophétie d'Isaïe de relâcher le peuple. Les Juifs avaient des possessions paisibles sous Cyrus en Babylone, donc ils pouvaient bien avoir la loi.

Josèphe, en toute histoire d'Esdras, ne dit pas un mot de ce rétablissement. — IV *Rois,* xvii, 27.

114]                          634

Si la fable d'Esdras[1] est croyable, donc il faut croire que l'Écriture est Écriture Sainte; car cette fable n'est fondée que sur l'autorité de ceux qui disent celle des Septante, qui montre que l'Écriture est sainte.

Donc, si ce conte est vrai, nous avons notre compte par là; sinon, nous l'avons d'ailleurs. Et ainsi ceux qui voudraient ruiner la vérité de notre religion, fondée sur Moïse, l'établissent par la même autorité par où ils l'attaquent. Ainsi, par cette providence, elle subsiste toujours.

---

1. La fable d'Esdras, c'est le récit du livre IV (ch. xxiv) suivant lequel Esdras aurait reconstitué l'Écriture brûlée pendant une captivité sur un ordre et sous la dictée de Dieu. Cette fable ébranlerait l'authenticité de l'Écriture; le catholicisme a rejeté les derniers livres d'Esdras, et Pascal soutient à son tour cette thèse, conformément aux décrets du concile de Trente.

202]                        635

*Chronologie du Rabbinisme.* (Les citations des pages sont du livre *Pugio*.)

Page 27, R. Hakadosch (an 200) auteur du *Mischna*, ou loi vocale, ou seconde loi.

Commentaires du *Mischna* (an 340) : L'un *Siphra*.
                                        *Barajetot*.
                                        *Talmud Hierosol.*
                                        *Tosiptot*.

*Bereschit Rabah,* par R. Osaia Rabah, commentaire du *Mischna*.

*Bereschit Rabah, Bar Nachoni,* sont des discours subtils, agréables, historiques et théologiques. Ce même auteur a fait des livres appelés *Rabot*.

Cent ans après (440) le *Talmud Hierosol*, fut fait le *Talmud babylonique,* par R. Ase, par le consentement universel de tous les Juifs, qui sont nécessairement obligés d'observer tout ce qui y est contenu.

L'addition de R. Ase s'appelle *Gemara*, c'est-à-dire le « commentaire » du *Mischna*.

Et le *Talmud* comprend ensemble le *Mischna* et le *Gemara*.

394]                        636

*Si* ne marque pas l'indifférence : Malachie, Isaïe.
Is., *Si volueris,* etc.
*In quacumque die*[1].

265]                        637

*Prophéties.* — Le sceptre ne fut point interrompu par la captivité de Babylone, à cause que le retour était promis et prédit.

---

1. *In quacumque die,* « Chaque fois que »; c'est l'explication de *si,* qui marquerait la nécessité de l'effet, non l'indifférence.

59]                          638

*Preuves de Jésus-Christ.* — Ce n'est pas avoir été captif
que de l'avoir été avec assurance d'être délivré dans
septante ans. Mais maintenant ils le sont sans aucun
espoir.

Dieu leur a promis qu'encore qu'il les dispersât aux
bouts du monde, néanmoins, s'ils étaient fidèles à sa loi,
il les rassemblerait. Ils y sont très fidèles, et demeurent
opprimés.

53]                          639

Quand Nabuchodonosor emmena le peuple, de peur
qu'on ne crût que le sceptre fût ôté de Juda, il leur fut
dit auparavant qu'ils y seraient peu[1], et qu'ils y seraient,
et qu'ils seraient rétablis. Ils furent toujours consolés par
les prophètes, leurs rois continuèrent. Mais la seconde
destruction est sans promesse de rétablissement, sans
prophètes, sans rois, sans consolation, sans espérance,
parce que le sceptre est ôté pour jamais.

*49]                          640

C'est une chose étonnante et digne d'une étrange
attention, de voir ce peuple juif subsister depuis tant
d'années, et de le voir toujours misérable : étant nécessaire pour la preuve de Jésus-Christ et qu'il subsiste
pour le prouver, et qu'il soit misérable, puisqu'ils l'ont
crucifié : et, quoiqu'il soit contraire d'être misérable et
de subsister, il subsiste néanmoins toujours, malgré sa
misère.

---

1. *Y* désigne *en captivité*; en écrivant *emmener le peuple,* Pascal avait
sous-entendu *en captivité.*

C'est visiblement un peuple fait exprès pour servir de témoin[1] au Messie (Is., XLIII, 9; XLIV, 8). Il porte les livres, et les aime, et ne les entend point. Et tout cela est prédit : que les jugements de Dieu leur sont confiés, mais comme un livre scellé.

1. Verset 10, plutôt : « Vous êtes mes témoins », dit le Seigneur.

# SECTION X

## LES FIGURATIFS

*Preuve des deux Testaments à la fois.* — Pour prouver tout d'un coup les deux, il ne faut que voir si les prophéties de l'un sont accomplies en l'autre. Pour examiner les prophéties, il faut les entendre. Car, si on croit qu'elles n'ont qu'un sens, il est sûr que le Messie ne sera point venu; mais si elles ont deux sens, il est sûr qu'il sera venu en Jésus-Christ.

Toute la question est donc de savoir si elles ont deux sens.

Que l'Écriture a deux sens, que Jésus-Christ et les apôtres ont donnés, dont voici les preuves :

1º Preuve par l'Écriture même;

2º Preuve par les Rabbins : Moïse Maymon dit qu'elle a deux faces, et que les prophètes n'ont prophétisé que de Jésus-Christ;

3º Preuve par la cabale[1];

---

1. *Cabale,* de l'hébreu *Kabbala,* réception, tradition. Désigne une secte secrète de philosophie et de théurgie juives. Le mot est pris ici au sens large et s'applique à toute doctrine ésotérique, inintelligible ou vulgaire. accessible aux seuls initiés.

4° Preuve par l'interprétation mystique que les Rabbins mêmes donnent à l'Écriture;

5° Preuve par les principes des Rabbins, qu'il y a deux sens, qu'il y a deux avènements, glorieux ou abject, du Messie, selon leur mérite, que les prophètes n'ont prophétisé que du Messie — la loi n'est pas éternelle, mais doit changer au Messie — qu'alors on ne se souviendra plus de la mer Rouge, que les juifs et les gentils seront mêlés;

[6° Preuve par la clé que Jésus-Christ et les apôtres nous en donnent.

43]                                   643

Isaïe LI. La mer Rouge, image de la Rédemption. *Ut sciatis quod filius hominis habet potestatem remittendi peccata, tibi dico : Surge.* Dieu, voulant faire paraître qu'il pouvait former un peuple saint d'une sainteté invisible et le remplir d'une gloire éternelle, a fait des choses visibles. Comme la nature est une image de la grâce, il a fait dans les biens de la nature ce qu'il devait faire dans ceux de la grâce, afin qu'on jugeât qu'il pouvait faire l'invisible, puisqu'il faisait bien le visible.

Il a donc sauvé ce peuple du déluge; il l'a fait naître d'Abraham, il l'a racheté d'entre ses ennemis, et l'a mis dans le repos.

L'objet de Dieu n'était pas de sauver du déluge, et de faire naître tout un peuple d'Abraham, pour ne l'introduire que dans une terre grasse.

Et même la grâce n'est que la figure de la gloire, car elle n'est pas la dernière fin. Elle a été figurée par la loi et figure elle-même la [*gloire*] : mais elle en est la figure, et le principe ou la cause.

La vie ordinaire des hommes est semblable à celle des saints. Ils recherchent tous leur satisfaction, et ne diffèrent qu'en l'objet où ils la placent; ils appellent leurs ennemis ceux qui les en empêchent, etc. Dieu a donc montré le pouvoir qu'il a de donner les biens invisibles, par celui qu'il a montré qu'il avait sur les visibles.

**77]**					**644**

*Figures.* — Dieu voulant se former un peuple saint, qu'il séparerait de toutes les autres nations, qu'il délivrerait de ses ennemis, qu'il mettrait dans un lieu de repos, a promis de le faire, et a prédit par ses prophètes le temps et la manière de sa venue. Et cependant, pour affermir l'espérance de ses élus, il leur en a fait voir l'image dans tous les temps, sans les laisser jamais sans des assurances de sa puissance et de sa volonté pour leur salut. Car, dans la création de l'homme, Adam en était le témoin, et le dépositaire de la promesse du Sauveur, qui devait naître de la femme, lorsque les hommes étaient encore si proches de la création, qu'ils ne pouvaient avoir oublié leur création et leur chute. Lorsque ceux qui avaient vu Adam n'ont plus été au monde, Dieu a envoyé Noé, et l'a sauvé, et noyé toute la terre, par un miracle qui marquait assez le pouvoir qu'il avait de sauver le monde, et la volonté qu'il avait de le faire, et de faire naître de la semence de la femme Celui qu'il avait promis. Ce miracle suffisait pour affermir l'espérance des [*hommes*].

La mémoire du déluge étant encore si fraîche parmi les hommes, lorsque Noé vivait encore, Dieu fit ses promesses à Abraham, et lorsque Sem vivait encore, Dieu envoya Moïse, etc.[1]...

---

1. L'histoire du peuple juif, telle qu'elle a été exposée dans les fragments de la section précédente, est ici interprétée par rapport au but de Dieu. Le peuple juif est le dépositaire des prophéties : à chaque génération la foi en ces prophéties est renouvelée et fortifiée par quelque témoignage visible de la puissance et de la sollicitude de Dieu.

59] 645

*Figures*. — Dieu voulant priver les siens des biens périssables, pour montrer que ce n'était pas par impuissance, il a fait le peuple juif.

110] 646

La synagogue ne périssait point, parce qu'elle était la figure; mais, parce qu'elle n'était que la figure, elle est tombée dans la servitude. La figure a subsisté jusqu'à la vérité, afin que l'Église fût toujours visible, ou dans la peinture qui la promettait, ou dans l'effet.

29] 647

Que la loi était figurative.

*31] 648

Deux erreurs : 1° prendre tout littéralement; 2° prendre tout spirituellement.

15] 649

Parler contre les trop grands figuratifs.

455] 650

Il y a des figures claires et démonstratives, mais il y en a d'autres qui semblent un peu tirées par les cheveux, et qui ne prouvent qu'à ceux qui sont persuadés d'ailleurs. Celles-là sont semblables aux apocalyptiques, mais la différence qu'il y a, est qu'ils n'en ont point d'indubitables; tellement qu'il n'y a rien de si injuste que quand ils montrent que les leurs sont aussi bien fondées que quelques-unes des nôtres; car ils n'en ont pas de démonstratives comme quelques-unes des nôtres. La partie n'est

donc pas égale. Il ne faut pas égaler et confondre ces
choses, parce qu'elles semblent être semblables par un
bout, étant si différentes par l'autre; ce sont les clartés
qui méritent, quand elles sont divines, qu'on révère les
obscurités.

[C'est comme ceux entre lesquels il y a un certain
langage obscur : ceux qui n'entendraient pas cela n'y
comprendraient qu'un sot sens.]

117]                          651

*Extravagances des Apocalyptiques, et Préadamites, Millé-
naires,* etc. — Qui voudra fonder des opinions extravagantes sur l'Écriture, en fondera par exemple sur cela : Il
est dit que « cette génération ne passera point jusqu'à
ce que tout cela se fasse ». Sur cela je dirai qu'après
cette génération, il viendra une autre génération, et
toujours successivement.

Il est parlé dans les II$^{es}$ *Paralipomènes* de Salomon et de
roi, comme si c'étaient deux personnes diverses. Je dirai
que c'en étaient deux.

15]                           652

*Figures particulières.* — Double loi, doubles tables de
la loi, double temple, double captivité.

31]                           653

*Figures.* — Les prophètes prophétisaient par figures de
ceinture, de barbe et de cheveux brûlés, etc.

[439                          654

Différence entre le dîner et le souper.

En Dieu la parole ne diffère pas de l'intention, car il
est véritable; ni la parole de l'effet, car il est puissant;

ni les moyens de l'effet, car il est sage. Bern., *ult. serm. in Missus.*

Augustin, *de Civ. Dei,* V, 10. Cette règle est générale : Dieu peut tout, hormis les choses lesquelles s'il les pouvait il ne serait pas tout-puissant, comme mourir, être trompé et mentir, etc.

Plusieurs Évangélistes pour la confirmation de la vérité : leur dissemblance utile.

Eucharistie après la Cène : vérité après figure.

Ruine de Jérusalem : figure de la ruine du monde, quarante ans après la mort de Jésus. Jésus ne sait pas comme homme, ou comme légat. Marc. XIII, 32.

Jésus condamné par les Juifs et Gentils.

Les Juifs et Gentils figurés par les deux fils. Aug., *de Civ.,* XX, 29.

\*442]                              655

Les six âges, les six pères des six âges, les six merveilles à l'entrée des six âges, les six orients à l'entrée des six âges[1].

1. M. Havet a retrouvé la source de ces allégories dans un chapitre de saint Augustin : *De Genesi contra Manichæos* (I, 23) dont il a fait le résumé suivant : « Les six âges du monde répondent aux six jours de la création suivant la *Genèse,* avec leur matin et leur soir. Les six matins (ou les six orients) sont la création, la sortie de l'arche, la vocation d'Abraham, le règne de David, la transmigration à Babylone, la prédication de Jésus. Les six soirs sont le déluge, la confusion des langues, etc. Les Pères sont Adam, Noé, etc. ; il n'y en a pas d'indiqué pour le cinquième âge. Le troisième âge, qui répond à l'adolescence, c'està-dire au temps où l'homme acquiert la faculté d'engendrer, est en effet celui où a été engendré le peuple de Dieu, qui n'existait pas encore. Cet âge a eu quatorze générations, ainsi que les deux suivants. . Les deux premiers n'en ont eu que dix chacun ; c'est qu'ils répondent à la première et à la seconde enfance, âge où toute la vie est enfermée dans les sens ; et que cinq, qui est le nombre des sens multiplié par deux, qui est celui des sexes, donne dix. Le dernier âge du monde est sans limite précise, comme la vieillesse dans la vie. »

*130]                         656

Adam *forma futuri*[1]. Les six jours pour former l'un, les
six âges pour former l'autre; les six jours que Moïse
représente pour la formation d'Adam, ne sont que la
peinture des six âges pour former Jésus-Christ et l'Église.
Si Adam n'eût point péché, et que Jésus-Christ ne fût
point venu, il n'y eût eu qu'une seule alliance, qu'un seul
âge des hommes, et la création eût été représentée comme
faite en un seul temps.

19]                          657

*Figures*. — Les peuples juif et égyptien visiblement
prédits par ces deux particuliers que Moïse rencontra :
l'Égyptien battant le Juif, Moïse le vengeant et tuant
l'Égyptien, et le Juif en étant ingrat.

104]                         658

($^{20}_V$). Les figures de l'Évangile pour l'état de l'âme
malade sont des corps malades; mais parce qu'un corps
ne peut être assez malade pour le bien exprimer, il en a
fallu plusieurs. Ainsi il y a le sourd, le muet, l'aveugle,
le paralytique, le Lazare mort, le possédé. Tout cela
ensemble est dans l'âme malade.

382]                         659

*Figures*. — Pour montrer que l'Ancien Testament n'est
que figuratif, et que les prophètes entendaient par les
biens temporels d'autres biens, c'est :
Premièrement que cela serait indigne de Dieu;
Secondement que leurs discours expriment très clairement la promesse des biens temporels, et qu'ils disent

1. « Figure de celui qui est à venir » (*Rom.*, V, 14).

néanmoins que leurs discours sont obscurs, et que leur sens ne sera point entendu. D'où il paraît que ce sens secret n'était pas celui qu'ils exprimaient à découvert, et que, par conséquent, ils entendaient parler d'autres sacrifices, d'un autre libérateur, etc. Ils disent qu'on ne l'entendra qu'à la fin des temps. Jér., xxx, *ult.*

La troisième preuve est que leurs discours sont contraires et se détruisent, de sorte que, si on pense qu'ils n'aient entendu par les mots de loi et de sacrifice autre chose que celle de Moïse, il y a contradiction manifeste et grossière. Donc ils entendaient autre chose, se contredisant quelquefois dans un même chapitre.

Or, pour entendre le sens d'un auteur[1]...

1] 660

La concupiscence nous est devenue naturelle, et a fait notre seconde nature. Ainsi il y a deux natures en nous : l'une bonne, l'autre mauvaise. Où est Dieu ? où vous[2] n'êtes pas, et le royaume de Dieu est dans vous. Rabbins.

---

1. Les autres fragments permettent de suppléer à cette lacune : *pour entendre le sens de l'auteur,* il faut concilier les passages contradictoires par une raison supérieure qui les explique à la fois. L'exégèse de Pascal a un double caractère : elle est fondée à la fois sur des principes d'ordre spirituel, la valeur intrinsèque de la doctrine, et sur des principes d'ordre littéral, la critique des textes, exactement comme l'interprétation des miracles. La doctrine discerne soit les miracles, soit les figures; et les miracles ou les figures discernent la doctrine (*voir fragment* 803).

2. *Vous* se substitue à *nous* : vous désigne l'homme, Dieu n'est pas dans l'homme, en tant que la nature est corrompue, et il est en lui en tant que cette nature, maintenant corrompue, est bonne dans son essence primitive. Cette pensée s'appliquerait aux Rabbins de la façon suivante : Dieu n'est pas dans les livres saints pour les Juifs charnels qui y cherchent les images de la concupiscence : il y est pour la charité qui en comprend le sens spirituel.

90]                                   661

La pénitence, seule de tous les mystères, a été déclarée
manifestement aux Juifs, et par saint Jean, précurseur; et
puis les autres mystères; pour marquer qu'en chaque
homme comme au monde entier cet ordre doit être
observé.

17]                                   662

Les Juifs charnels n'entendaient ni la grandeur ni
l'abaissement du Messie prédit dans leurs prophéties. Ils
l'ont méconnu dans sa grandeur prédite, comme quand
il dit que le Messie sera seigneur de David, quoique son
fils, qu'il est devant qu'Abraham, et qu'il a vu; ils ne
le croyaient pas si grand, qu'il fût éternel et ils l'ont
méconnu de même dans son abaissement et dans sa
mort. « Le Messie, disaient-ils, demeure éternellement, et
celui-ci dit qu'il mourra. » Ils ne le croyaient donc ni
mortel, ni éternel : ils ne cherchaient en lui qu'une
grandeur charnelle.

8]                                    663

*Figuratif.* — Rien n'est si semblable à la charité que la
cupidité, et rien n'y est si contraire[1]. Ainsi les Juifs,
pleins des biens qui flattaient leur cupidité, étaient très
conformes aux Chrétiens, et très contraires. Et par ce
moyen, ils avaient les deux qualités qu'il fallait qu'ils
eussent, d'être très conformes au Messie pour le figurer,
et très contraires pour n'être pas témoins suspects.

---

1. Rien n'est si semblable en tant que cupidité et charité sont deux
formes de l'amour, et qu'elles se manifestent ainsi de la même façon;
mais rien n'est contraire comme les objets de ces deux amours, l'un
étant le moi, source de tout égoïsme et de tout péché, l'autre étant
Dieu, qui est le souverain bien.

1] 664

*Figuratif.* — Dieu s'est servi de la concupiscence des Juifs pour les faire servir à Jésus-Christ [qui portait le remède à la concupiscence].

455] 665

La charité n'est pas un précepte figuratif. Dire que Jésus-Christ, qui est venu ôter les figures pour mettre la vérité, ne serait venu que mettre la figure de la charité, pour ôter la réalité qui était auparavant, cela est horrible.

« Si la lumière est ténèbres, que seront les ténèbres? »

381] 666

*Fascinatio. Somnum suum. Figura hujus mundi.*

L'Eucharistie. *Comedes panem* tuum. *Panem* nostrum. *Inimici Dei terram lingent,* les pécheurs lèchent la terre, c'est-à-dire aiment les plaisirs terrestres.

L'Ancien Testament contenait les figures de la joie future, et le Nouveau contient les moyens d'y arriver.

Les figures étaient de joie; les moyens, de pénitence, et néanmoins l'agneau pascal était mangé avec des laitues sauvages, *cum amaritudinibus.*

*Singularis sum ego donec transeam,* Jésus-Christ avant sa mort était presque seul de martyr.

39] 667

*Figuratifs.* — Les termes d'épée, d'écu. *Potentissime.*

97] 668

On ne s'éloigne, qu'en s'éloignant de la charité.

Nos prières et nos vertus sont abominables devant Dieu, si elles ne sont les prières et vertus de Jésus-Christ. Et nos péchés ne seront jamais l'objet de la [*miséricorde*],

mais de la justice de Dieu, s'ils ne sont [*les péchés*] Jésus-
Christ. Il a adopté nos péchés, et nous a [*admis à son*]
alliance; car les vertus lui sont [*propres, et les*] péchés
étrangers; et les vertus nous [*sont*] étrangères, et nos
péchés nous sont propres.

Changeons la règle que nous avons prise jusqu'[*ici*]
pour juger de ce qui est bon. Nous en avions pour règle
notre volonté, prenons maintenant la volonté de [*Dieu*] :
tout ce qu'il veut nous est bon et juste, tout ce qu'il ne
veut [*pas, mauvais*].

Tout ce que Dieu ne veut pas est défendu. Les péchés
sont défendus par la déclaration générale que Dieu a faite,
qu'il ne les voulait pas. Les autres choses qu'il a laissées
sans défense générale, et qu'on appelle par cette raison
permises, ne sont pas néanmoins toujours permises. Car
quand Dieu en éloigne quelqu'une de nous, et que par
l'événement, qui est une manifestation de la volonté de
Dieu, il paraît que Dieu ne veut pas que nous ayons une
chose, cela nous est défendu alors comme le péché, puisque la volonté de Dieu est que nous n'ayons non plus
l'un que l'autre. Il y a cette différence seule entre ces
deux choses, qu'il est sûr que Dieu ne voudra jamais
le péché, au lieu qu'il ne l'est pas qu'il ne voudra jamais
l'autre. Mais tandis que Dieu ne la veut pas, nous la
devons regarder comme péché; tandis que l'absence de la
volonté de Dieu, qui est seule toute la bonté et toute la
justice, la rend injuste et mauvaise.

*Copie* 342]                          669 *

Changer de figure, à cause de notre faiblesse.

35]                          670

*Figures*. — Les Juifs avaient vieilli dans ces pensées terrestres, que Dieu aimait leur père Abraham, sa chair et

ce qui en sortait; que pour cela il les avait multipliés et distingués de tous les autres peuples, sans souffrir qu'ils s'y mélassent; que, quand ils languissaient dans l'Égypte, il les en retira avec tous ces grands signes en leur faveur; qu'il les nourrit de la manne dans le désert; qu'il les mena dans une terre bien grasse; qu'il leur donna des rois et un temple bien bâti pour y offrir des bêtes, et par le moyen de l'effusion de leur sang qu'ils seraient purifiés, et qu'il leur devait enfin envoyer le Messie pour les rendre maîtres de tout le monde, et il a prédit le temps de sa venue.

Le monde ayant vieilli dans ces erreurs charnelles, Jésus-Christ est venu dans le temps prédit, mais non pas dans l'éclat attendu; et ainsi ils n'ont pas pensé que ce fût lui. Après sa mort, saint Paul est venu apprendre aux hommes que toutes ces choses étaient arrivées en figure, que le royaume de Dieu ne consistait pas en la chair, mais en l'esprit; que les ennemis des hommes n'étaient pas les Babyloniens, mais les passions; que Dieu ne se plaisait pas aux temples faits de main, mais en un cœur pur et humilié; que la circoncision du corps était inutile, mais qu'il fallait celle du cœur; que Moïse ne leur avait pas donné le pain du ciel, etc.

Mais Dieu n'ayant pas voulu découvrir ces choses à ce peuple, qui en était indigne, et ayant voulu néanmoins les prédire afin qu'elles fussent crues, il en a prédit le temps clairement, et les a quelquefois exprimées clairement, mais abondamment, en figures; afin que ceux qui aimaient les choses figurantes s'y arrêtassent, et que ceux qui aimaient les figurées les y vissent.

Tout ce qui ne va point à la charité est figure.

L'unique objet de l'Écriture est la charité.

Tout ce qui ne va point à l'unique but en est la figure. Car, puisqu'il n'y a qu'un but, tout ce qui n'y va point en mots propres est figuré.

Dieu diversifie ainsi cet unique précepte de charité,
pour satisfaire notre curiosité qui recherche la diversité,
par cette diversité qui nous mène toujours à notre
unique nécessaire. Car une seule chose est nécessaire, et
nous aimons la diversité; et Dieu satisfait à l'un et
à l'autre par ces diversités, qui mènent au seul nécessaire.

Les Juifs ont tant aimé les choses figurantes, et les
ont si bien attendues, qu'ils ont méconnu la réalité,
quand elle est venue dans le temps et en la manière
prédite.

Les Rabbins prennent pour figures[1] les mamelles de
l'Épouse, et tout ce qui n'exprime pas l'unique but qu'ils
ont, des biens temporels.

Et les chrétiens prennent même l'Eucharistie pour
figure de la gloire où ils tendent.

119]                        671

Les Juifs, qui ont été appelés à dompter les nations et
les rois, ont été esclaves du péché; et les Chrétiens, dont
la vocation a été à servir et à être sujets, sont les enfants
libres.

\*197]                       672

*Pour formalistes.* — Quand saint Pierre et les apôtres
délibèrent d'abolir la circoncision, où il s'agissait d'agir
contre la loi de Dieu, ils ne consultent point les prophètes,
mais simplement la réception du Saint-Esprit en la personne des incirconcis.

Ils jugent plus sûr que Dieu approuve ceux qu'il remplit de son Esprit, que non pas qu'il faille observer la loi.
Ils savaient que la fin de la loi n'était que le Saint-Esprit;

---

1. C'est-à-dire interprètent comme figures.

et qu'ainsi, puisqu'on l'avait bien sans circoncision, elle n'était plus nécessaire.

270]                           673

*Fac secundum exemplar quod tibi ostensum est in monte*[1]. La religion des Juifs a donc été formée sur la ressemblance de la vérité du Messie; et la vérité du Messie a été reconnue par la religion des Juifs, qui en était la figure.

Dans les Juifs, la vérité n'était que figurée; dans le ciel, elle est découverte.

Dans l'Église, elle est couverte, et reconnue par le rapport à la figure.

La figure a été faite sur la vérité, et la vérité a été reconnue sur la figure.

Saint Paul dit lui-même que des gens défendront les mariages, et lui-même en parle aux Corinthiens, d'une manière qui est une ratière[2]. Car si un prophète avait dit l'un, et que saint Paul eût dit ensuite l'autre, on l'eût accusé.

39]                           674

*Figuratives.* — « Fais toutes choses, selon le patron qui t'a été montré sur la montagne. » Sur quoi saint Paul dit que les Juifs ont peint les choses célestes.

145]                           675

...Et cependant ce Testament, fait pour aveugler les

1. *Ex.* XXV, 40; « Travaille suivant le modèle qui t'a été donné sur la montagne » (c'est-à-dire sur le Sinaï).

2. Le mot semble traduire le latin *laqueum* : « Je ne parle pas ainsi pour vous tendre un piège... Celui qui marie sa fille fait bien, et celui qui ne la marie pas fait mieux ». (Voy. 35, 38.) Toutefois il paraît difficile de donner un sens satisfaisant à la pensée de Pascal.

uns et éclairer les autres, marquait, en ceux mêmes qu'il
aveuglait, la vérité qui devait être connue des autres. Car
les biens visibles qu'ils recevaient de Dieu étaient si
grands et si divins, qu'il paraissait bien qu'il était puissant de leur donner les invisibles, et un Messie.

Car la nature est une image de la grâce, et les miracles
visibles sont images des invisibles. *Ut sciatis... tibi dico :
Surge*[1].

Isaïe, dit que la rédemption sera comme le passage de
la mer Rouge[2].

Dieu a donc montré en la sortie d'Égypte, de la mer,
en la défaite des rois, en la manne, en toute la généalogie d'Abraham, qu'il était capable de sauver, de faire
descendre le pain du ciel, etc.; de sorte que le peuple
ennemi est la figure et la représentation du même Messie
qu'ils ignorent, etc.

Il nous a donc appris enfin que toutes ces choses
n'étaient que figures, et ce que c'est que « vraiment
libre », « vrai Israélite », « vraie circoncision », « vrai
pain du ciel », etc.

*Dans ces promesses-là, chacun trouve ce qu'il a dans

---

1. « Jésus a dit au paralytique : « Tes péchés te seront remis », et les
Juifs s'écriant que Dieu seul peut remettre les péchés, Jésus reprend :
« Quel est le plus facile de dire : Tes péchés te sont remis; ou de dire
« à celui qui ne peut se mouvoir : Lève-toi et marche? *Afin donc que*
« *vous sachiez* que le Fils de l'homme a le pouvoir ici-bas de remettre
« les péchés, *je te l'ordonne : Lève-toi* et marche. » (Marc, II, 10, 11.)
Cf. *fr.* 643.

2. Voici les versets auxquels Pascal fait allusion : *Numquid non tu
siccasti mare, aquam abyssi vehementis : qui posuisti profondum maris
viam, ut transirent liberatis? — Et nunc qui redempti sunt a Domino reverentur,
et venient in Sion laudantes... fugiet dolor et gemitus* (10, 11). « N'est-ce
point toi qui as desséché la mer, l'eau du violent abîme, n'est-ce
pas toi qui as transformé en sente la mer profonde pour le passage de
la délivrance? Et maintenant, *rachetés* par le Seigneur, ils reviendront
et iront à Sion en le louant..., la douleur et les gémissements s'enfui-
ront. »

le fond de son cœur, les biens temporels ou les biens spirituels, Dieu ou les créatures; mais avec cette différence que ceux qui y cherchent les créatures les y trouvent, mais avec plusieurs contradictions, avec la défense de les aimer, avec l'ordre de n'adorer que Dieu et de n'aimer que lui, ce qui n'est qu'une même chose, et qu'enfin il n'est point venu Messie pour eux; au lieu que ceux qui y cherchent Dieu le trouvent, et sans aucune contradiction, avec commandement de n'aimer que lui, et qu'il est venu un Messie dans le temps prédit pour leur donner les biens qu'ils demandent.

Ainsi les Juifs avaient des miracles, des prophéties qu'ils voyaient accomplir; et la doctrine de leur loi était de n'adorer et de n'aimer qu'un Dieu; elle était aussi perpétuelle. Ainsi elle avait toutes les marques de la vraie religion : aussi elle l'était. Mais il faut distinguer la doctrine des Juifs d'avec la doctrine de la loi des Juifs. Or la doctrine des Juifs n'était pas vraie, quoiqu'elle eût les miracles, les prophéties, et la perpétuité, parce qu'elle n'avait pas cet autre point de n'adorer et de n'aimer que Dieu.

*Copie* 257]          676

Le voile qui est sur ces livres pour les Juifs y est aussi pour les mauvais Chrétiens, et pour tous ceux qui ne se haïssent pas eux-mêmes.

Mais qu'on est bien disposé à les entendre et à connaître Jésus-Christ, quand on se hait véritablement soi-même!

35]          677

Figure porte absence et présence, plaisir et déplaisir. — Chiffre a double sens : Un clair et où il est dit que le sens est caché.

15]                    678

*Figures.* — Un portrait porte absence et présence,
plaisir et déplaisir. La réalité exclut absence et déplaisir.

Pour savoir si la loi et les sacrifices sont réalité ou
figure, il faut voir si les prophètes, en parlant de ces
choses, y arrêtaient leur vue et leur pensée, en sorte
qu'ils n'y vissent que cette ancienne alliance, ou s'ils y
voient quelque autre chose dont elle fût la peinture; car
dans un portrait on voit la chose figurée. Il ne faut pour
cela qu'examiner ce qu'ils en disent.

Quand ils disent qu'elle sera éternelle, entendent-ils
parler de l'alliance de laquelle ils disent qu'elle sera
changée; et de même des sacrifices, etc.?

Le chiffre a deux sens. Quand on surprend une lettre
importante où l'on trouve un sens clair, et où il est dit
néanmoins que le sens en est voilé et obscurci, qu'il est
caché en sorte qu'on verra cette lettre sans la voir et
qu'on l'entendra sans l'entendre; que doit-on penser
sinon que c'est un chiffre à double sens, et d'autant plus
qu'on y trouve des contrariétés manifestes dans le sens
littéral? Les prophètes ont dit clairement qu'Israël serait
toujours aimé de Dieu, et que la loi serait éternelle, et ils
ont dit que l'on n'entendrait point leur sens, et qu'il
était voilé.

Combien doit-on donc estimer ceux qui nous découvrent le chiffre et nous apprennent à connaître le sens
caché, et principalement quand les principes qu'ils en
prennent sont tout à fait naturels et clairs! C'est ce qu'a
fait Jésus-Christ, et les apôtres. Ils ont levé le sceau, il a
rompu le voile et a découvert l'esprit. Ils nous ont appris
pour cela que les ennemis de l'homme sont ses passions;
que le Rédempteur serait spirituel et son règne spirituel;
qu'il y aurait deux avènements : l'un de misère pour
abaisser l'homme superbe, l'autre de gloire, pour élever

l'homme humilié; que Jésus-Christ serait Dieu et homme.

15]                          679

*Figures.* — Jésus-Christ leur ouvrit l'esprit pour entendre les Écritures.

Deux grandes ouvertures sont celles-là : 1° Toutes choses leur arrivaient en figures : *vere Israelitæ, vere liberi*, vrai pain du ciel; 2° un Dieu humilié jusqu'à la Croix : il a fallu que le Christ ait souffert pour entrer dans sa gloire : « qu'il vaincrait la mort par sa mort ». Deux avènements.

37]                          680

*Figures.* — Dès qu'une fois on a ouvert ce secret, il est impossible de ne le pas voir. Qu'on lise le vieil Testament en cette vue, et qu'on voie si les sacrifices étaient vrais, si la parenté d'Abraham était la vraie cause de l'amitié de Dieu, si la terre promise était le véritable lieu de repos[1]? Non; donc c'étaient des figures. Qu'on voie de même toutes les cérémonies ordonnées, tous les commandements qui ne sont pas pour la charité, on verra que c'en sont les figures.

Tous ces sacrifices et cérémonies étaient donc figures

---

1. Pascal fait allusion aux passages de l'Ancien Testament qu'il cite dans d'autres fragments où les sacrifices d'Israël sont rejetés, où la postérité d'Abraham est désavouée, où la terre promise apparaît comme le séjour provisoire du peuple hébreu. Il y a donc contradiction au sein de l'Ancien Testament, puisqu'ailleurs il est parlé de vrais sacrifices, puisque l'amitié de Dieu est assurée aux enfants d'Abraham, puisque la terre promise est annoncée. Donc ou il faut rejeter tout l'Ancien Testament comme contradictoire, ce qui est inadmissible, étant donné sa valeur intrinsèque, ou il faut recourir à l'interprétation par les figures, car seule elle concilie les passages qui en apparence sont opposés.

ou sottises. Or il y a des choses claires trop hautes, pour les estimer des sottises.

Savoir si les prophètes arrêtaient leur vue dans l'Ancien Testament, ou s'ils y voyaient d'autres choses[1].

39]                          681

*Figuratives.* — Clé du chiffre : *Veri adoratores*[2]. — *Ecce agnus Dei qui tollit peccata mundi*[3].

339]                         682

Is., i, 21. Changement de bien en mal, et vengeance de Dieu x, 1; xxvi, 20; xxviii, 1. — Miracles : Is., xxxiii, 9; xl, 17; xli, 26; xliii, 13 : Is., xliv, 20-24; liv, 8; lxiii, 12-17; lxvi, 17.

Jér., ii, 35; iv, 22-24; v, 4, 29-31; vi, 16.

Jér., xi, 21; xv, 12; xvii, 9 : *Pravum est cor omnium et incrustabile; quis cognoscet illud?* C'est-à-dire, qui en connaîtra toute la malice? car il est déjà connu qu'il est méchant. *Ego Dominus,* etc. — vxii. 17 : *Faciam domui huic,* etc. — Fiance aux sacrements extérieurs. — 22 : *Quia non sum locutus,* etc. L'essentiel n'est pas le sacrifice extérieur. — xi. 13 : *Secundum numerum,* etc. Multitude de doctrines, xxiii, 15-17.

29]                          683

*Figures.* — La lettre tue; tout arrivait en figures. Voilà le chiffre que saint Paul nous donne. Il fallait que le Christ souffrît. Un Dieu humilié. Circoncision du cœur, vrai jeûne, vrai sacrifice, vrai temple. Les prophètes ont indiqué qu'il fallait que tout cela fût spirituel.

---

1. En marge. — 2. Joan., IV, 29 : « vrais adorateurs. »
3. *Id.,* I, 29 : « Voici l'agneau de Dieu qui ôte les péchés du monde. »

Non la viande qui périt, mais celle qui ne périt point.
« Vous seriez vraiment libres. » Donc l'autre liberté
n'est qu'une figure de liberté.

« Je suis le vrai pain du ciel. »

\*255]                              684

*Contradiction.* — On ne peut faire une bonne physionomie qu'en accordant toutes nos contrariétés, et il ne
suffit pas de suivre une suite de qualités accordantes sans
accorder les contraires. Pour entendre le sens d'un
auteur, il faut accorder tous les passages contraires.

Ainsi, pour entendre l'Écriture, il faut avoir un
sens dans lequel tous les passages contraires s'accordent.
Il ne suffit pas d'en avoir un qui convienne à plusieurs
passages accordants, mais d'en avoir un qui accorde les
passages même contraires.

Tout auteur a un sens auquel tous les passages contraires s'accordent, ou il n'a point de sens du tout. On
ne peut pas dire cela de l'Écriture et des prophètes; ils
avaient assurément trop bon sens. Il faut donc en chercher un qui accorde toutes les contrariétés.

Le véritable sens n'est donc pas celui des Juifs; mais
en Jésus-Christ toutes les contradictions sont accordées.

Les Juifs ne sauraient accorder la cessation de la
royauté et principauté, prédite par Osée, avec la prophétie de Jacob.

Si on prend la loi, les sacrifices, et le royaume, pour
réalités, on ne peut accorder tous les passages. Il faut
donc par nécessité qu'ils ne soient que figures. On ne
saurait pas même accorder les passages d'un même auteur, ni d'un même livre, ni quelquefois d'un même chapitre, ce qui marque trop quel était le sens de l'auteur;
comme quand Ézéchiel, chap. xx, dit qu'on vivra dans
les commandements de Dieu et qu'on n'y vivra pas.

**253]                    685

*Figures.* — Si la loi et les sacrifices sont la vérité, il
faut qu'elle plaise à Dieu, et qu'elle ne lui déplaise point.
S'ils sont figures, il faut qu'ils plaisent et déplaisent.

Or dans toute l'Écriture ils plaisent et déplaisent. Il est
dit que la loi sera changée, que le sacrifice sera changé
qu'ils seront sans loi, sans prince et sans sacrifice, qu'il
sera fait une nouvelle alliance, que la loi sera renouvelée,
que les préceptes qu'ils ont reçus ne sont pas bons, que
leurs sacrifices sont abominables, que Dieu n'en n'a
point demandé.

Il est dit, au contraire, que la loi durera éternellement,
que cette alliance sera éternelle, que le sacrifice sera
éternel, que le sceptre ne sortira jamais d'avec eux, puisqu'il n'en doit point sortir que le Roi éternel n'arrive.

Tous ces passages marquent-ils que ce soit réalité?
Non. Marquent-ils aussi que ce soit figure? Non : mais
que c'est réalité, ou figure. Mais les premiers, excluant la
réalité marquent que ce n'est que figure.

Tous ces passages ensemble ne peuvent être dits de la
réalité; tous peuvent être dits de la figure : donc ils ne
sont pas dits de la réalité, mais de la figure.

*Agnum occisus est origine mundi*[1] juge *sacrificium.*

39]                    686

*Contrariétés.* — Le sceptre jusqu'au Messie, — sans roi
ni prince.

Loi éternelle — changée.

Alliance éternelle, — alliance nouvelle.

Lois bonnes, — préceptes mauvais. Ezech. xx.

---

1. *Apoc.* XIII, 8. « L'agneau a été tué dès le commencement du
monde. » C'est là le sacrifice éternel, dont le sacrifice ordonné dans
la loi juive n'est que la figure.

*Figures.* — Quand la parole de Dieu, qui est véritable est fausse littéralement, elle est vraie spirituellement. *Sede a dextris meis*[1], cela est faux littéralement; donc cela est vrai spirituellement.

En ces expressions, il est parlé de Dieu à la manière des hommes; et cela ne signifie autre chose, sinon que l'intention que les hommes ont en faisant asseoir à leur droite, Dieu l'aura aussi; c'est donc une marque de l'intention de Dieu, non de sa manière de l'exécuter.

Ainsi quand il dit : « Dieu a reçu l'odeur de vos parfums, et vous donnera en récompense une terre grasse »; c'est-à-dire la même intention qu'aurait un homme qui, agréant vos parfums, vous donnerait en récompense une terre grasse, Dieu aura la même intention pour vous, parce que vous avez eu pour [*lui*] la même intention qu'un homme a pour celui à qui il donne des parfums. Ainsi, *iratus est,* « Dieu jaloux », etc. Car les choses de Dieu étant inexprimables, elles ne peuvent être dites autrement, et l'Église aujourd'hui en use encore : *Quia confortavit seras*[2], etc.

Il n'est pas permis d'attribuer à l'Écriture les sens qu'elle ne nous a pas révélé qu'elle a. Ainsi, de dire que le *mem* fermé d'Isaïe signifie 600, cela n'est pas révélé. Il n'est pas dit que les *tsade* finals et les *he deficientes* signifieraient des mystères. Il n'est donc pas permis de le dire, et encore moins de dire que c'est la manière de la pierre philosophale. Mais nous disons que le sens littéral n'est pas le vrai, parce que les prophètes l'ont dit eux-mêmes.

---

1. *Ps.* CXIX : *Assieds-toi à ma droite.*

2. *Ps.* CXLVII, 13. Le texte porte *quoniam* au lieu de *quia* : « Loue le Seigneur, ô Jérusalem, parce qu'il a rendu tes portes imprenables. »

*Copie* 257]                    688

Je ne dis pas que le *mem* est mystérieux.

213]                         689

Moïse (*Deut.* xxx) promet que Dieu circoncira leur cœur pour les rendre capables de l'aimer.

247]                         690

Un mot de David, ou de Moïse, comme « que Dieu circoncira le cœur », fait juger de leur esprit[1]. Que tous les autres discours soient équivoques, et douteux d'être[2] philosophes ou chrétiens, enfin un mot de cette nature détermine tous les autres, comme un mot d'Épictète détermine tout le reste au contraire[3]. Jusque-là l'ambiguïté dure, et non pas après.

31]                          691

De deux personnes qui disent de sots contes, l'un qui a double sens entendu dans la cabale[4], l'autre qui n'a qu'un sens, si quelqu'un, n'étant pas du secret, entend discourir les deux en cette sorte, il en fera même jugement. Mais si ensuite, dans le reste du discours, l'un dit des choses angéliques, et l'autre toujours des choses plates et communes, il jugera que l'un parlait avec mystère, et non pas l'autre : l'un ayant assez montré qu'il est

1. C'est-à-dire fait voir dans quel sens ils entendent la loi, dans le sens charnel ou dans le sens proprement spirituel.
2. Tournure plus qu'elliptique, claire néanmoins : nous mettent en doute s'ils sont philosophes. Le mot *philosophe* lui-même vise moins David et Moïse, qu'Épictète auquel songeait Pascal lorsqu'il traçait rapidement cette note. L'alternative est pour Moïse entre la cupidité et la charité; pour Epictète entre la religion naturelle et la révélation.
3. C'est-à-dire dans le sens contraire.
4. Cf. note, *fr.* 642.

incapable de telle sottise, et capable d'être mystérieux; l'autre, qu'il est incapable de mystère, et capable de sottise.

Le Vieux Testament est un chiffre.

33]                              692

Il y en a qui voient bien qu'il n'y a pas d'autre ennemi de l'homme que la concupiscence, qui le détourne de Dieu, et non pas Dieu; ni d'autre bien que Dieu, et non pas une terre grasse. Ceux qui croient que le bien de l'homme est en la chair, et le mal en ce qui le détourne des plaisirs des sens, qu'[ils] s'en [soûlent], et qu'[ils] y [meurent]. Mais ceux qui cherchent Dieu de tout leur cœur, qui n'ont de déplaisir que d'être privés de sa vue, qui n'ont de désir que pour le posséder, et d'ennemis que ceux qui les en détournent; qui s'affligent de se voir environnés et dominés de tels ennemis; qu'ils se consolent, je leur annonce une heureuse nouvelle : il y a un libérateur pour eux, je le leur ferai voir, je leur montrerai qu'il y a un Dieu pour eux; je ne le ferai pas voir aux autres. Je ferai voir qu'un Messie a été promis, qui délivrerait des ennemis; et qu'il en est venu un pour délivrer des iniquités, mais non des ennemis[1].

Quand David prédit que le Messie délivrera son peuple de ses ennemis, on peut croire charnellement que ce sera des Égyptiens, et alors je ne saurais montrer que la

---

1. Il y a quelque embarras dans ce passage qui reflète en quelque sorte à l'état naissant la pensée ardente de Pascal. Cela tient à ce que le mot ennemis est pris tantôt dans le sens propre et tantôt dans le sens figuré. « *Ceux qui s'affligent de se voir environnés et dominés de tels ennemis.* » Les ennemis *figurent* ici les concupiscences. A la fin le mot *ennemis,* pris dans le sens propre, s'oppose à iniquités, ou ennemis spirituels. Tout le chapitre des *Figuratifs* devait mettre en lumière ce principe : l'Écriture, lettre close pour les charnels, est transparente pour ceux qui ont le cœur pur, car ils en pénètrent le sens spirituel.

prophétie soit accomplie. Mais on peut bien croire aussi
que ce sera des iniquités, car, dans la vérité, les Égyptiens ne sont pas ennemis, mais les iniquités le sont.
Ce mot d'ennemis est donc équivoque. Mais s'il dit
ailleurs comme il fait qu'il délivrera son peuple de ses
péchés, aussi bien qu'Isaïe et les autres, l'équivoque est
ôtée, et le sens double des ennemis réduit au sens simple
d'iniquités. Car s'il avait dans l'esprit les péchés, il les
pouvait bien dénoter par ennemis, mais s'il pensait aux
ennemis, il ne les pouvait pas désigner par iniquités.

Or, Moïse, et David et Isaïe usaient des mêmes termes.
Qui dira donc qu'ils n'avaient pas même sens, et que le
sens de David qui est manifestement d'iniquités lorsqu'il
parlait d'ennemis, ne fût pas même que [*celui de*] Moïse
en parlant d'ennemis?

Daniel (ix) prie pour la délivrance du peuple de la captivité de leurs ennemis, mais il pensait aux péchés, et
pour le montrer il dit que Gabriel lui vint dire qu'il était
exaucé, et qu'il n'y avait plus que soixante-dix semaines à
attendre, après quoi le peuple serait délivré d'iniquité,
le péché prendrait fin, et le libérateur, le Saint des saints,
amènerait la justice *éternelle,* non la légale, mais l'éternelle.

# SECTION XI

## LES PROPHÉTIES

1]                    693

En voyant l'aveuglement et la misère de l'homme, en regardant tout l'univers muet[1], et l'homme sans lumière, abandonné à lui-même, et comme égaré dans ce recoin de l'univers, sans savoir qui l'y a mis, ce qu'il y est venu faire, ce qu'il deviendra en mourant, incapable de toute connaissance, j'entre en effroi comme un homme qu'on aurait porté endormi dans une île déserte et effroyable, et qui s'éveillerait sans connaître où il est, et sans moyen d'en sortir. Et sur cela j'admire comment on n'entre point en désespoir d'un si misérable état. Je vois d'autres personnes auprès de moi, d'une semblable nature : je leur demande s'ils sont mieux instruits que moi, ils me disent que non; et sur cela, ces misérables égarés, ayant regardé autour d'eux, et ayant vu quelques objets plaisants, s'y sont donnés et s'y sont attachés. Pour moi, je n'ai pu y prendre d'attache, et, considérant combien il y a plus d'apparence qu'il y a autre chose que ce

1. Le silence de l'univers est pour Pascal une cause d'effroi : « Le silence éternel de ces espaces infinis m'effraie. » (fr. 206).

que je vois, j'ai recherché si ce Dieu n'aurait point laissé
quelque marque de soi.

Je vois plusieurs religions contraires, et partant toutes
fausses, excepté une. Chacune veut être crue par sa
propre autorité et menace les incrédules. Je ne les crois
donc pas là-dessus. Chacun peut dire cela, chacun peut
se dire prophète. Mais je vois la chrétienne où je trouve
des prophéties, et c'est ce que chacun ne peut pas
faire.

232]                          694

Et ce qui couronne tout cela est la prédiction, afin
qu'on ne dît point que c'est le hasard qui l'a faite.

Quiconque n'ayant plus que huit jours à vivre ne trouvera pas que le parti est de croire que tout cela n'est pas
un coup de hasard...

Or, si les passions ne nous tenaient point, huit jours et
cent ans sont une même chose.

*Copie* 171]                  695

*Prophéties.* — Le grand Pan est mort.

401]                          696

*Susceperunt verbum cum omni aviditate, scrutantes Scrip-
turas, si ita se haberent*[1] :

59]                           697

*Prodita lege. — Impleta cerne. — Implenda collige*[2].

---

1. *Act. Apost.* XVII, 11 : « Ils ont examiné la parole en toute avidité, scrutant les Écritures pour voir s'il en était ainsi. »
2. « Lis ce qui a été annoncé. Vois ce qui a été accompli. Recueille
ce qui est à accomplir. »

100]                    698

On n'entend les prophéties que quand on voit les
choses arrivées : ainsi les preuves de la retraite, et de la
discrétion, du silence, etc., ne se prouvent qu'à ceux qui
les savent et les croient.

Joseph si intérieur dans une loi tout extérieure.

Les pénitences extérieures disposent à l'intérieur
comme les humiliations à l'humilité. Ainsi les...

59]                    699

La synagogue a précédé l'Église; les Juifs, les Chrétiens. Les prophètes ont prédit les Chrétiens; saint Jean,
Jésus-Christ.

382]                    700

Beau de voir par les yeux de la foi l'histoire d'Hérode,
de César.

485]                    701

Le zèle des Juifs pour leur loi et leur temple (*Josèphe,*
et *Philon Juif ad Caïum*). Quel autre peuple a eu un tel
zèle? Il fallait qu'ils l'eussent.

Jésus-Christ prédit quant au temps et à l'état du
monde : le duc ôté de la cuisse et la quatrième monarchie. Qu'on est heureux d'avoir cette lumière dans cette
obscurité.

Qu'il est beau de voir, par les yeux de la foi, Darius et
Cyrus, Alexandre, les Romains, Pompée et Hérode agir,
sans le savoir, pour la gloire de l'Évangile!

491]                    702

Zèle du peuple juif pour sa foi, et principalement depuis qu'il n'y a plus eu de prophètes.

491]                     703

Tandis que les prophètes ont été pour maintenir la
loi, le peuple a été négligent; mais depuis qu'il n'y a
plus eu de prophètes, le zèle a succédé.

119]                     704

Le diable a troublé le zèle des Juifs, avant Jésus-Christ
parce qu'il leur eût été salutaire, mais non pas après.

Le peuple juif, moqué des gentils; le peuple chrétien,
persécuté.

53]                     705

*Preuve.* — Prophéties avec l'accomplissement; ce qui a
précédé et ce qui a suivi Jésus-Christ.

*167]                     706

La plus grande des preuves de Jésus-Christ sont les
prophéties. C'est aussi à quoi Dieu a le plus pourvu;
car l'événement qui les a remplies est un miracle subsistant depuis la naissance de l'Église jusques à la fin. Aussi
Dieu a suscité des prophètes durant seize cents ans; et,
pendant quatre cents ans après, il a dispersé toutes ces
prophéties, avec tous les Juifs qui les portaient, dans
tous les lieux du monde. Voilà quelle a été la prépa-
ration à la naissance de Jésus-Christ, dont l'Évangile
devant être cru de tout le monde, il a fallu non seulement qu'il y ait eu des prophéties pour le faire croire,
mais que ces prophéties fussent par tout le monde,
pour le faire embrasser par tout le monde.

489]                     707

Mais ce n'était pas assez que ces prophéties fussent;
il fallait qu'elles fussent distribuées par tous les lieux

et conservées dans tous les temps. Et afin qu'on ne prît point ce concert pour un effet du hasard, il fallait que cela fût prédit.

Il est bien plus glorieux au Messie qu'ils soient les spectateurs, et même les instruments de sa gloire, outre que Dieu les avait réservés.

405]            708

*Prophéties.* — Le temps prédit par l'état du peuple juif, par l'état du peuple païen, par l'état du temple, par le nombre des années.

405]            709

Il faut être hardi pour prédire une même chose en tant de manières : il fallait que les quatre monarchies, idolâtres ou païennes, la fin du règne de Juda, et les soixante-dix semaines arrivassent en même temps, et le tout avant que le deuxième temple fût détruit.

167]            710

*Prophéties.* — Quand un seul homme aurait fait un livre des prédictions de Jésus-Christ, pour le temps et pour la manière, et que Jésus-Christ serait venu conformément à ces prophéties, ce serait une force infinie.

Mais il y a bien plus ici, c'est une suite d'hommes, durant quatre mille ans, qui, constamment et sans variation, viennent, l'un ensuite de l'autre, prédire ce même avènement. C'est un peuple tout entier qui l'annonce, et qui subsiste depuis quatre mille années, pour rendre en corps témoignage des assurances qu'ils en ont, et dont ils ne peuvent être divertis par quelques menaces et persécutions qu'on leur fasse : ceci est tout autrement considérable.

*Prédictions des choses particulières.* — Ils étaient encore
étrangers en Égypte, sans aucune possession en propre,
ni en ce pays-là ni ailleurs. [Il n'y avait pas la moindre
apparence ni de la royauté qui y a été si longtemps
après, ni de ce conseil souverain des soixante-dix juges
qu'ils appelaient le *synédrin* qui, ayant été institué par
Moïse, a duré jusqu'au temps de Jésus-Christ : toutes ces
choses étaient aussi éloignées de leur état présent qu'elles
le pouvaient être] lorsque Jacob mourant, et bénissant
ses douze enfants, leur déclare qu'ils seront possesseurs
d'une grande terre, et prédit particulièrement à la famille
de Juda que les rois qui les gouverneraient un jour
seraient de sa race et que tous ses frères seraient ses
sujets [et que même le Messie qui devait être l'attente des
nations naîtrait de lui et que la royauté ne serait point
ôtée de Juda, ni le gouverneur et le législateur de ses
descendants, jusqu'à ce que le Messie attendu arrivât
dans sa famille].

Ce même Jacob, disposant de cette terre future comme
s'il en eût été maître, en donna une portion à Joseph
plus qu'aux autres : « Je vous donne, dit-il, une part
plus qu'à vos frères. » Et bénissant ses deux enfants,
Ephraïm et Manassé, que Joseph lui avait présentés,
l'aîné, Manassé, à sa droite, et le jeune Ephraïm à sa
gauche, il met ses bras en croix, et posant sa main droite
sur la tête d'Ephraïm, et la gauche sur Manassé, il les
bénit en [*la*] sorte; et sur ce que Joseph lui représente
qu'il préfère le jeune, il lui répond avec une fermeté
admirable : « Je le sais bien, mon fils, je le sais bien;
mais Ephraïm croîtra autrement que Manassé ». Ce qui
a été en effet si véritable dans la suite, qu'étant seul
presque aussi abondant que deux lignées entières qui
composaient tout un royaume, elles ont été ordinairement appelées du seul nom d'Ephraïm.

Ce même Joseph, en mourant, recommande à ses enfants d'emporter ses os avec eux quand ils iront en cette terre, où ils ne furent que deux cents ans après.

Moïse, qui a écrit toutes ces choses si longtemps avant qu'elles fussent arrivées, a fait lui-même à chaque famille les partages de cette terre avant que d'y entrer, comme s'il en eût été maître [et déclare enfin que Dieu doit susciter de leur nation et de leur race un prophète, dont il a été la figure, et leur prédit exactement tout ce qui devait leur arriver dans la terre où ils allaient entrer après sa mort, les victoires que Dieu leur donnera, leur ingratitude envers Dieu, les punitions qu'ils en recevront et le reste de leurs aventures.] 333] Il leur donne les arbitres qui en feront le partage, il leur prescrit toute la forme du gouvernement politique qu'ils y observeront, les villes de refuge qu'ils y bâtiront, et...

19]                              712

Les prophéties mêlées des choses particulières, et de celles du Messie, afin que les prophéties du Messie ne fussent pas sans preuves, et que les prophéties particulières ne fussent pas sans fruit.

171]                             713

*Captivité des Juifs sans retour*. Jér. xi, 11 : « Je ferai venir sur Juda des maux desquels ils ne pourront être délivrés. »

*Figures.* — Is. v : « Le Seigneur a eu une vigne dont il a attendu des raisins, et elle n'a produit que du verjus. Je la dissiperai donc et la détruirai; la terre n'en produira que des épines, et je défendrai au ciel d'y [*pleuvoir*]. La vigne du Seigneur est la maison d'Israël, et les hommes de Juda en sont le germe délectable. J'ai attendu qu'ils

fissent des actions de justice, et ils ne produisent qu'iniquités. »

Is. VIII : « Sanctifiez le Seigneur avec crainte et tremblement; ne redoutez que lui, et il vous sera en sanctification; mais il sera en pierre de scandale et en
pierre d'achoppement aux deux maisons d'Israël. Il sera
en piège et en ruine au peuple de Jérusalem; et un
grand nombre d'entre eux heurteront cette pierre, y
tomberont, y seront brisés, et seront pris à ce piège, et
y périront. Voilez mes paroles, et couvrez ma loi pour
mes disciples.

« J'attendrai donc en patience le Seigneur qui se voile
et se cache à la maison de Jacob. »

Is. XXIX : « Soyez confus et surpris, peuple d'Israël;
chancelez, trébuchez et soyez ivres, mais non pas d'une
ivresse de vin; trébuchez, mais non pas d'ivresse, car
Dieu vous a préparé l'esprit d'assoupissement : il vous
voilera les yeux, il obscurcira vos princes et vos prophètes qui ont les visions. » (Daniel, XII : « Les méchants
ne l'entendront point, mais ceux qui seront bien instruits l'entendront ». Osée, dernier chapitre, dernier verset, après bien des bénédictions temporelles, dit : « Où
est le sage? et il entendra ces choses »; etc.) 173] Et les
visions de tous les prophètes seront à votre égard comme
un livre scellé, lequel si on donne à un homme savant,
et qui le puisse lire, il répondra : Je ne puis le lire, car il
est scellé; et quand on le donnera à ceux qui ne savent
pas lire, ils diront : Je ne connais pas les lettres.

Et le Seigneur m'a dit : Parce que ce peuple m'honore
des lèvres, mais que son cœur est bien loin de moi (en
voilà la raison et la cause; car s'ils adoraient Dieu de
cœur, ils entendraient les prophéties), et qu'ils ne m'ont
servi que par des voies humaines : c'est pour cette raison
que j'ajouterai à tout le reste d'amener sur ce peuple
une merveille étonnante, et un prodige grand et terrible;

c'est que la sagesse de ses sages périra, et leur intelligence en sera [*obscurcie*].

*Prophéties. Preuves de divinité.* — Is. XLI : « Si vous êtes dieux, approchez, annoncez-nous les choses futures, nous inclinerons notre cœur à vos paroles. Apprenez-nous les choses qui ont été au commencement, et prophétisez-nous celles qui doivent arriver.

« Par là nous saurons que vous êtes des dieux. Faites-le bien ou mal, si vous pouvez. Voyons donc et raisonnons ensemble. Mais vous n'êtes rien, vous n'êtes qu'abominations; etc. Qui d'entre vous nous instruit (par des auteurs contemporains) des choses faites dès le commencement et l'origine? afin que nous lui disions : Vous êtes le juste. Il n'y en a aucun qui nous apprenne, ni qui prédise l'avenir. »

Is. XLII : « Moi qui suis le Seigneur je ne communique pas ma gloire à d'autres. C'est moi qui ai fait prédire les choses qui sont arrivées, et qui prédis encore celles qui sont à venir. Chantez en un cantique *nouveau* à Dieu par toute la terre.

175] « Amène ici ce peuple qui a des yeux et qui ne voit pas, qui a des oreilles et qui est sourd. Que les nations s'assemblent toutes. Qui d'entre elles — et leurs dieux — vous instruira des choses passées et futures? Qu'elles produisent leurs témoins pour leur justification; ou qu'elles m'écoutent, et confessent que la vérité est ici.

« Vous êtes mes témoins, dit le Seigneur, vous et mon serviteur que j'ai élu, afin que vous me connaissiez, et que vous croyiez que c'est moi qui suis.

« J'ai prédit, j'ai sauvé, j'ai fait moi seul ces merveilles à vos yeux; vous êtes mes témoins de ma divinité, dit le Seigneur.

« C'est moi qui pour l'amour de vous ai brisé les forces des Babyloniens; c'est moi qui vous ai sanctifiés et qui vous ai créés.

« C'est moi qui vous ai fait passer au milieu des eaux et de la mer et des torrents, et qui ai submergé et détruit pour jamais les puissants ennemis qui vous ont résisté.

« Mais perdez la mémoire de ces anciens bienfaits, et ne jetez plus les yeux vers les choses passées.

« Voici, je prépare de nouvelles choses qui vont bientôt paraître, vous les connaîtrez : je rendrai les déserts habitables et délicieux.

« Je me suis formé ce peuple, je l'ai établi pour annoncer mes louanges, etc.

« Mais c'est pour moi-même que j'effacerai vos péchés et que j'oublierai vos crimes : car, pour vous, repassez en votre mémoire vos ingratitudes, pour voir si vous avez de quoi vous justifier. Votre premier père a péché, et vos docteurs ont tous été des prévaricateurs.

177] Is., XLIV : « Je suis le premier et le dernier, dit le Seigneur; qui s'égalera à moi, qu'il raconte l'ordre des choses depuis que j'ai formé les premiers peuples, et qu'il annonce que j'ai formé les premiers peuples, et qu'il annonce les choses qui doivent arriver. Ne craignez rien; ne vous ai-je pas fait entendre toutes ces choses? Vous êtes mes témoins. »

*Prédiction de Cyrus.* — Is. XLV, 4 : « A cause de Jacob que j'ai élu, je t'ai appelé par ton nom. »

Is. XLV, 21 : « Venez et disputons ensemble. Qui a fait entendre les choses depuis le commencement? Qui a prédit les choses dès lors? N'est-ce pas moi, qui suis le Seigneur?

Is. XLVI : « Ressouvenez-vous des premiers siècles, et connaissez qu'il n'y a rien de semblable à moi, qui annonce dès le commencement les choses qui doivent arriver à la fin, et déjà dès l'origine du monde. Mes décrets subsisteront, et toutes mes volontés seront accomplies.

179] Is. xlii, 9 : « Les premières choses sont arrivées comme elles avaient été prédites; et voici maintenant, j'en prédis de nouvelles et vous les annonce avant qu'elles soient arrivées.

Is. xlviii, 3 : « J'ai fait prédire les premières, et je les ai accomplies ensuite; et elles sont arrivées en la manière que j'avais dit, parce que je sais que vous êtes durs, que votre esprit est rebelle et votre front impudent; et c'est pourquoi je les ai voulu annoncer avant l'événement, afin que vous ne puissiez pas dire que ce fût l'ouvrage de vos dieux et l'effet de leur ordre.

Vous voyez arrivé ce qui a été prédit; ne le raconterez-vous pas? Maintenant je vous annonce des choses nouvelles, que je conserve en ma puissance, et que vous n'avez pas encore sues; ce n'est que maintenant que je les prépare, et non pas depuis longtemps : je vous les ai tenues cachées de peur que vous ne vous vantassiez de les avoir prévues par vous-mêmes.

« Car vous n'en avez aucune connaissance, et personne ne vous en a parlé, et vos oreilles n'en ont rien ouï; car je vous connais, et je sais que vous êtes pleins de prévarication, je vous ai donné le nom de prévaricateurs dès les premiers temps de votre origine. »

181] *Réprobation des Juifs et conversion des Gentils.* — Is. lxv : « Ceux-là m'ont cherché qui ne me consultaient point. Ceux-là m'ont trouvé qui ne me cherchaient point; j'ai dit : Me voici! me voici! au peuple qui n'invoquait pas mon nom.

« J'ai étendu mes mains tout le jour au peuple incrédule qui suit ses désirs et qui marche dans une voie mauvaise, à ce peuple qui me provoque sans cesse par les crimes qu'il commet en ma présence, qui s'est emporté à sacrifier aux idoles, etc.

« Ceux-là seront dissipés en fumée au jour de ma fureur, etc.

« J'assemblerai les iniquités de vous et de vos pères, et vous rendrai à tous selon vos œuvres.

« Le Seigneur dit ainsi : Pour l'amour de mes serviteurs, je ne perdrai tout Israël, mais j'en réserverai quelques-uns, de même qu'on réserve un grain resté dans une grappe, duquel on dit : Ne l'arrachez pas, parce que c'est bénédiction [et espérance de fruit.]

« Ainsi j'en prendrai de Jacob et de Juda pour posséder mes montagnes, que mes élus et mes serviteurs auront en héritage, et mes campagnes fertiles et admirablement abondantes; 183] mais j'exterminerai tous les autres, parce que vous avez oublié votre Dieu pour servir des dieux étrangers. Je vous ai appelés et vous n'avez pas répondu : j'ai parlé de vous et vous n'avez pas ouï, et vous avez choisi les choses que j'avais défendues.

« C'est pour cela que le Seigneur dit ces choses. Voici mes serviteurs seront rassasiés, et vous languirez de faim; mes serviteurs seront dans la joie, et vous dans la confusion; mes serviteurs chanteront des cantiques de l'abondance de la joie de leur cœur, et vous pousserez des cris et des hurlements dans l'affliction de votre esprit.

« Et vous laisserez votre nom en abomination à mes élus. Le Seigneur vous exterminera, et nommera ses serviteurs d'un autre nom dans lequel celui qui sera béni sur la terre sera béni en Dieu, etc., parce que les premières douleurs sont mises en oubli.

« Car voici : je crée de nouveaux cieux et une nouvelle terre, et les choses passées ne seront plus en mémoire et ne viendront plus en la pensée.

« Mais vous vous réjouirez à jamais dans les choses nouvelles que je crée, car je crée Jérusalem qui n'est autre chose que joie, et son peuple réjouissance.

« Et je me plairai en Jérusalem et en mon peuple, et on n'y entendra plus de cris et de pleurs.

185] « Je l'exaucerai avant qu'il demande; je les ouïrai quand ils ne feront que commencer à parler. Le loup et l'agneau paîtront ensemble, le lion et le bœuf mangeront la même paille; le serpent ne mangera que la poussière, et on ne commettra plus d'homicide ni de violence en toute ma sainte montagne.

Is. LVI, 3 : « Le Seigneur dit ces choses : Soyez justes et droits, car mon salut est proche, et ma justice va être révélée.

« Bienheureux est celui qui fait ces choses et qui observe mon sabbat, et garde ses mains de commettre aucun mal.

« Et que les étrangers qui s'attachent à moi ne disent point : Dieu me séparera d'avec son peuple. Car le Seigneur dit ces choses : Quiconque gardera mon sabbat, et choisira de faire mes volontés, et gardera mon alliance, je leur donnerai place dans ma maison, et je leur donnerai un nom meilleur que celui que j'ai donné à mes enfants : ce sera un nom éternel qui ne périra jamais. 187] Is. LIX, 9 : « C'est pour nos crimes que la justice s'est éloignée de nous. Nous avons attendu la lumière et nous ne trouvons que les ténèbres; nous avons espéré la clarté et nous marchons dans l'obscurité; nous avons tâté contre la muraille comme des aveugles et nous avons heurté en plein midi comme au milieu d'une nuit, et comme des morts en des lieux ténébreux.

« Nous rugirons tous comme des ours, nous gémirons comme des colombes. Nous avons attendu la justice, et elle ne vient point; nous avons espéré le salut, et il s'éloigne de nous.

Is. LXVI, 18 : « Mais je visiterai leurs œuvres et leurs pensées quand je viendrai pour les assembler avec toutes les nations et les peuples, et ils verront ma gloire.

« Et je leur imposerai un signe, et de ceux qui seront sauvés j'en enverrai aux nations en Afrique, en Lydie, en

Italie, en Grèce et aux peuples qui n'ont point ouï parler
de moi, et qui n'ont point vu ma gloire. Et ils amèneront
vos frères. »

189] Jér. VII. *Réprobation du temple* : « Allez en Silo, où
j'avais établi mon nom au commencement, et voyez ce
que j'y ai fait à cause des péchés de mon peuple. Et
maintenant, dit le Seigneur, parce que vous avez fait les
mêmes crimes, je ferai de ce temple où mon nom est
invoqué, et sur lequel vous vous confiez, et que j'ai moi-
même donné à vos prêtres, la même chose que j'ai faite
de Silo. (Car je l'ai répété, et je me suis fait un temple
ailleurs[1].)

« Et je vous rejetterai loin de moi, de la même manière
que j'ai rejeté vos frères les enfants d'Éphraïm. (Rejetés
sans retour.) Ne priez donc point pour ce peuple.

Jér. VII, 22 : « A quoi vous sert-il d'ajouter sacrifice
sur sacrifice ? Quand je retirai vos pères hors d'Égypte,
je ne leur parlai pas des sacrifices et des holocaustes ;
je ne leur en donnai aucun ordre, et le précepte que je
leur ai donné a été en cette sorte : Soyez obéissants et
fidèles à mes commandements, et je serai votre Dieu,
et vous serez mon peuple. (Ce ne fut qu'après qu'ils eu-
rent sacrifié au veau d'or que je me donnai des sacrifices
pour tourner en bien une mauvaise coutume.)

Jér. VII, 4 : « N'ayez point confiance aux paroles de
mensonge de ceux qui vous disent : Le temple du Seigneur, le temple du Seigneur, le temple du Seigneur
sont. »

277]                    714

Juifs témoins de Dieu. Is. XLIII, 9 ; XLIV, 8.
*Prophéties accomplies.* — III. R. XIII, 2. — IV. R. XXIII, 16.
— Jos. VI, XXVI. — III. R. XVI, 34. — Deut. XXIII.

---

1. Les passages entre parenthèses sont à la marge du texte.

Malach. I, 11. Le sacrifice des Juifs réprouvé, et le sacrifice des païens, (même hors de Jérusalem) et en tous les lieux.

Moïse prédit la vocation des Gentils avant que de mourir. xxxii, 21, et la réprobation des Juifs.

Moïse prédit ce qui doit arriver à chaque tribu.

*Prophétie.* — « Votre nom sera en exécration à mes élus et je leur donnerai un autre nom. »

« Endurcis leur cœur » et comment? en flattant leur concupiscence et leur faisant espérer de l'accomplir.

277]                             715

*Prophétie.* — Amos et Zacharie : Ils ont vendu le juste, et pour cela ne seront jamais rappelés. — Jésus-Christ trahi.

On n'aura plus mémoire d'Égypte; Voyez Is. xliii, 16, 17, 18, 19. Jérém. xxiii, 6, 7.

*Prophétie.* — Les Juifs seront répandus partout. Is. xxvii, 6. — Loi nouvelle. Jér. xxxi, 32.

Malachie, *Grotius.* — Le deuxième temple glorieux.

Jésus-Christ y viendra. Agg. ii, 7, 8, 9, 10.

Vocation des Gentils. Joel. ii, 28. Osée. ii, 24. Deut. xxxii, 21. Mal. i, 11.

409]                             716

Osée iii. — Is. xlii, xlviii, liv, lx, lxi, et dernier : « Je l'ai prédit depuis longtemps afin qu'ils sachent que c'est moi. » Jaddus et Alexandre.

335]                             717

[*Prophéties.* — Serment que David aura toujours des successeurs. Jér.].

270]                    718

Le règne éternel de la race de David, II *Chron.*, par
toutes les prophéties, et avec serment. Et n'est point
accompli temporellement : Jérém. xxiii, 20.

39]                    719

On pourrait peut-être penser que, quand les prophètes ont prédit que le sceptre ne sortirait point de Juda
jusqu'au roi éternel, ils auraient parlé pour flatter le
peuple, et que leur prophétie se serait trouvée fausse à
Hérode. Mais pour montrer que ce n'est pas leur sens,
et qu'ils savaient bien au contraire que ce royaume
temporel devait cesser, ils disent qu'ils seront sans
roi et sans prince, et longtemps durant. Osée (iii, 4).

229]                    720

*Non habemus regem nisi Cæsarem.* Donc Jésus-Christ
était le Messie, puisqu'ils n'avaient plus de roi qu'un
étranger, et qu'ils n'en voulaient point d'autre.

277]                    721

Nous n'avons point de roi que César.

309]                    722

« Daniel, ii. Tous vos devins et vos sages ne peuvent
vous découvrir le mystère que vous demandez. Et il y a
un Dieu au ciel, qui le peut, et qui vous a révélé dans
votre songe les choses qui doivent arriver dans les derniers temps. (Il fallait que ce songe lui tînt bien au cœur.)

« Et ce n'est point par ma propre science que j'ai eu
connaissance de ce secret, mais par la révélation de ce
même Dieu, qui me l'a découverte pour la rendre manifeste en votre présence.

« Votre songe était donc de cette sorte. Vous avez vu une statue grande, haute et terrible, qui se tenait debout devant vous : la tête en était d'or; la poitrine et les bras étaient d'argent; le ventre et les cuisses étaient d'airain; et les jambes étaient de fer, mais les pieds étaient mêlés de fer et de terre (argile). Vous la contempliez toujours en cette sorte, jusqu'à ce que la pierre taillée sans mains a frappé la statue par les pieds mêlés de fer et de terre et les a écrasés.

« Et alors s'en sont allés en poussière et le fer, et la terre, et l'airain, et l'argent, et l'or, et se sont dissipés en l'air; mais cette pierre, qui a frappé la statue, est crue en une grande montagne, et elle a rempli toute la terre. Voilà quel a été votre songe, et maintenant je vous en donnerai l'interprétation.

311] « Vous qui êtes le plus grand des rois et à qui Dieu a donné une puissance si étendue que vous êtes redoutable à tous les peuples, vous êtes représenté par la tête d'or de la statue que vous avez vue. Mais un autre empire succédera au vôtre, qui ne sera pas si puissant; et ensuite il en viendra un autre, d'airain, qui s'étendra par tout le monde.

« Mais le quatrième sera fort comme le fer; et, de même que le fer brise et perce toutes choses, de même cet empire brisera et écrasera tout.

« Et ce que vous avez vu que les pieds et les extrémités des pieds étaient composés en partie de terre et en partie de fer, cela marque que cet empire sera divisé, et qu'il tiendra en partie de la fermeté du fer et de la fragilité de la terre.

« Mais comme le fer ne peut s'allier solidement avec la terre, de même ceux qui sont représentés par le fer et par la terre ne pourront faire d'alliance durable quoiqu'ils s'unissent par des mariages.

« Or ce sera dans le temps de ces monarques, que

Dieu suscitera un royaume qui ne sera jamais détruit, ni
jamais transporté à un autre peuple. Il dissipera et finira
tous ces autres empires; mais, pour lui, il subsistera éternellement selon ce qui vous a été révélé de cette pierre,
qui n'étant pas taillée de main est tombée de la montagne et a brisé le fer, la terre et l'argent et l'or. Voilà ce
que Dieu vous a découvert des choses qui doivent arriver
dans la suite des temps. Ce songe est véritable, et l'interprétation en est fidèle.

313] « Lors Nabuchodonosor tomba le visage contre
terre, etc.

Daniel, VIII, 8. « Daniel ayant vu le combat du bélier et
du bouc qui le vainquit, et qui domina sur la terre,
duquel la principale corne étant tombée, quatre autres
en étaient sorties vers les quatre vents du ciel; de l'une
desquelles étant sortie une petite corne qui s'agrandît
vers le Midi, vers l'Orient et vers la terre d'Israël, et
s'éleva contre l'armée du ciel, en renversa des étoiles,
et les foula aux pieds, et enfin abattit le Prince, et fit cesser le sacrifice perpétuel et mit en désolation le sanctuaire.

« Voilà ce que vit Daniel. Il en demandait l'explication,
et une voix cria en cette sorte : « Gabriel, faites-lui entendre la vision qu'il a eue », et Gabriel lui dit :

« Le bélier que vous avez vu est le roi des Mèdes et
des Perses; et le bouc est le roi des Grecs, et la grande
corne qu'il avait entre les yeux est le premier Roi de
cette monarchie.

« Et ce que, cette corne étant rompue, quatre autres
sont venues en la place, c'est que quatre rois de cette
nation lui succéderont, mais non pas en la même
puissance.

315] « Or, sur le déclin de ces royaumes, les iniquités
étant accrues, il s'élèvera un roi insolent et fort, mais
d'une puissance empruntée, auquel toutes choses succé-

deront à son gré; et il mettra en désolation le peuple
saint, et réussissant dans ses entreprises avec un esprit
double et trompeur, il en tuera plusieurs, et s'élèvera
enfin contre le prince des princes, mais il périra
malheureusement, et non pas néanmoins par une main
violente. »

Daniel, IX, 20. « Comme je priais Dieu de tout cœur,
et qu'en confessant mon péché et celui de tout mon
peuple, j'étais prosterné devant mon Dieu, voici que
Gabriel, lequel j'avais vu en vision dès le commencement, vint à moi et me toucha, au temps du sacrifice
du vêpre, et, me donnant l'intelligence, me dit :
« Daniel, je suis venu à vous pour vous ouvrir la connaissance des choses. Dès le commencement de vos prières, je suis venu pour vous découvrir ce que vous désirez,
parce que vous êtes l'homme de désirs. Entendez donc
la parole, et entrez dans l'intelligence de la vision. Septante semaines sont prescrites et déterminées sur votre
peuple et sur votre sainte cité, pour expier les crimes,
pour mettre fin aux péchés, et abolir l'iniquité, et pour
introduire la justice éternelle, pour accomplir les visions
et les prophéties, et pour oindre le saint des saints. (Après
quoi ce peuple ne sera plus votre peuple, ni cette cité la
sainte cité. Le temps de la colère sera passé, les ans de
grâce viendront pour jamais) ».

289] « Sachez donc et entendez. Depuis que la parole
sortira pour rétablir et réédifier Jérusalem, jusqu'au
prince Messie, il y aura sept semaines et soixante-deux
semaines. (Les Hébreux ont accoutumé de diviser les
nombres et de mettre le petit le premier; ces 7 et 62 font
donc 69 : de ces 70 il en restera donc la 70$^e$, c'est-à-dire
les 7 dernières années, dont il parlera ensuite.)

« Après que la place et les murs seront édifiés dans un
temps de trouble et d'affliction, et après ces soixante-
deux semaines (qui auront suivi les 7 premières. Le Christ

sera donc tué après les 69 semaines, c'est-à-dire en la dernière semaine), le Christ sera tué, et un peuple viendra
avec son prince, qui détruira la ville et le sanctuaire, et
inondera tout; et la fin de cette guerre consommera la
désolation. »

« Or une semaine (qui est la 70ᵉ qui reste) établira
l'alliance avec plusieurs; et même la moitié de la semaine
(c'est-à-dire les derniers trois ans et demi) abolira le
sacrifice et l'hostie, et rendra étonnante l'étendue de
l'abomination, qui se répandra et durera sur ceux-
mêmes qui s'en étonneront jusqu'à la consommation. »

Daniel, xi.  « L'ange dit à Daniel : Il y aura
(après Cyrus, sous lequel ceci est), encore trois rois de
Perse (Cambyse, Smerdis, Darius), et le quatrième qui
viendra ensuire (Xercès) sera plus puissant en richesses et en forces, et élèvera tous ses peuples contre les
Grecs.

291] « Mais il s'élèvera un puissant roi (Alexandre), dont
l'empire aura une étendue extrême, et qui réussira en
toutes ses entreprises selon son désir. Mais, quand
sa monarchie sera établie, elle périra et sera divisée en
quatre parties vers les quatre vents du ciel (comme il
avait dit auparavant, vi, 6; viii, 8), mais non pas à des
personnes de sa race; et ses successeurs n'égaleront pas
sa puissance, car même son royaume sera dispersé à
d'autres outre ceux-ci (ces quatre principaux successeurs).

« Et celui de ses successeurs qui régnera vers le midi
(Égypte, Ptolémée, fils de Lagus) deviendra puissant;
mais un autre le surmontera et son État sera un grand
État (Séleucus, roi de Syrie. Appianus dit que c'est le
plus puissant des successeurs d'Alexandre).

« Et dans la suite des années, ils s'allieront; et la fille
du roi du Midi (Bérénice, fille de Ptolémée Philadelphe,
fils de l'autre Ptolémée) viendra au roi d'Aquilon (à An-

tiochus Deus, roi de Syrie et d'Asie, neveu de Séleucus Lagidas), pour établir la paix entre ces princes.

« Mais ni elle ni ses descendants n'auront pas une longue autorité; car elle et ceux qui l'avaient envoyée, et ses enfants, et ses amis, seront livrés à la mort (Bérénice et son fils furent tués par Séleucus Callinicus).

« Mais il s'élèvera un rejeton de ses racines (Ptolemeus Evergetes naîtra du même père que Bérénice), qui viendra avec une puissante armée dans les terres du roi d'Aquilon, où il mettra tout sous sa sujétion et emmènera en Égypte leurs dieux, leurs princes, leur or, leur argent et toutes leurs plus précieuses dépouilles (s'il n'eût pas été rappelé en Égypte par des raisons domestiques, il aurait entièrement dépouillé Séleucus, dit Justin); et sera quelques années sans que le roi d'Aquilon puisse rien contre lui.

« Et ainsi il reviendra en son royaume; mais les enfants de l'autre, irrités, assembleront de grandes forces (Séleucus Ceraunus, 293] Antiochus Magnus). Et leur armée viendra et ravagera tout; dont le roi du Midi, étant irrité, formera aussi un grand corps d'armée, et livrera bataille (Ptolomeus Philopator contre Antiochus Magnus, à Raphia), et vaincra; et ses troupes en deviendront insolentes, et son cœur s'en enflera (ce Ptolemeus profana le temple : Josèphe) : il vaincra dix milliers d'hommes, mais sa victoire ne sera pas ferme. Car le roi d'Aquilon (Antiochus Magnus) reviendra avec encore plus de forces que la première fois, et alors aussi un grand nombre d'ennemis s'élèvera contre le roi du Midi (le jeune Ptolémée Épiphanes régnant), et même des hommes apostats, violents, de ton peuple, s'élèveront afin que les visions soient accomplies, et ils périront (ceux qui avaient quitté leur religion pour plaire à Evergetes quand il envoya ses troupes à Scopas, car Antiochus reprendra Scopas et les vaincra). Et le roi

d'Aquilon détruira les remparts, et prendra les villes
les plus fortifiées, et toute la force du Midi ne pourra
lui résister, et tout cédera à sa volonté; il s'arrêtera dans la terre d'Israël, et elle lui cédera. Et ainsi il
pensera à se rendre maître de tout l'empire d'Égypte
méprisant la jeunesse d'Épiphane, dit Justin). Et pour
cela il fera alliance avec lui et lui donnera sa fille (Cléopâtre, afin qu'elle trahît son mari; sur quoi Appianus dit
que se défiant de pouvoir se rendre maître d'Égypte par
force, à cause de la protection des Romains, il voulut
l'attenter par finesse). Il la voudra corrompre, mais elle
ne suivra pas son intention; ainsi il se jettera à d'autres
desseins et pensera à se rendre maître de quelques îles
(c'est-à-dire lieux maritimes), et il en prendra plusieurs
(comme dit Appianus).

205] « Mais un grand chef s'opposera à ses conquêtes
(Scipion l'Africain, qui arrêta les progrès d'Antiochus
Magnus, à cause qu'il offensait les Romains en la personne de leurs alliés), et arrêtera la honte qui lui en
reviendrait. Il retournera donc dans son royaume, et y
périra (il fut tué par les siens), et ne sera plus.

« Et celui qui lui succédera (Séleucus Philopator ou
Soter, fils d'Antiochus Magnus), sera un tyran, qui affli-
gera d'impôts la gloire du royaume (qui est le peuple);
mais, en peu de temps, il mourra, non par sédition
ni par guerre. Et il succédera à sa place un homme
méprisable et indigne des honneurs de la royauté, qui s'y
introduira adroitement et par caresses. Toutes les armées
fléchiront devant lui, il les vaincra et même le prince
avec qui il avait fait alliance; car ayant renouvelé
l'alliance avec lui, il le trompera, et, venant avec peu de
troupes dans ses provinces calmes et sans crainte, il prendra les meilleures places, et fera plus que ses pères
n'avaient jamais fait, et ravageant de toutes parts, il
formera de grands desseins pendant son temps. »

195] 723

*Prophéties.* — Les septante semaines de Daniel sont équivoques pour le·terme du commencement, à cause des termes de la prophétie; et pour le terme de la fin, à cause des diversités des chronologistes. Mais toute cette différence ne va qu'à deux cents ans.

199] 724

*Prédictions.* — Qu'en la quatrième monarchie, avant la destruction du second temple, avant que la domination des Juifs fût ôtée, en la septantième semaine de Daniel, pendant la durée du second temple, les païens seraient instruits, et amenés à la connaissance du Dieu adoré par les Juifs; que ceux qui l'aiment seraient délivrés de leurs ennemis, remplis de sa crainte et de son amour.

Et il est arrivé qu'en la quatrième monarchie, avant la destruction du second temple, etc., les païens en foule adorent Dieu et mènent une vie angélique; les filles consacrent à Dieu leur virginité et leur vie; les hommes renoncent à tous plaisirs. Ce que Platon n'a pu persuader à quelque peu d'hommes choisis et si instruits, une force secrète le persuade à cent millions d'hommes ignorants, par la vertu de peu de paroles.

Les riches quittent leurs biens, les enfants quittent la maison délicate de leurs pères pour aller dans l'austérité d'un désert, etc. (Voyez Philon juif). Qu'est-ce que tout cela? C'est ce qui a été prédit si longtemps auparavant. Depuis deux mille années aucun païen n'avait adoré le Dieu des Juifs; et dans le temps prédit, la foule des païens adore cet unique Dieu. Les temples sont détruits, les rois même se soumettent à la croix. Qu'est-ce que tout cela? C'est l'esprit de Dieu qui est répandu sur la terre.

Nul païen depuis Moïse jusqu'à Jésus-Christ, selon

les Rabbins mêmes. La foule des païens, après Jésus-
Christ, croit en les livres de Moïse, et en observe l'essence et l'esprit, et n'en rejette que l'inutile.

157]                              725

*Prophéties.* — La conversion des Égyptiens (Isaïe, xix,
19); un autel en Égypte au vrai Dieu.

*Copie* 259[bis]]                 726

*Prophéties.* — En Égypte, *Pug.,* p. 659, *Talmud :* « C'est
une tradition entre nous que, quand le Messie arrivera,
la maison de Dieu, destinée à la dispensation de sa
parole, sera pleine d'ordure et d'impureté, et que la sagesse des scribes sera corrompue et pourrie. Ceux qui
craindront de pécher seront réprouvés du peuple, et
traités de fous et d'insensés. »
   Is. xlix : « Écoutez, peuples éloignés, et vous, habitants des îles de la mer : le Seigneur m'a appelé par mon
nom dès le ventre de ma mère, il me protège sous l'ombre de sa main, il a mis mes paroles comme un glaive
aigu, et m'a dit : Tu es mon serviteur; c'est par toi
que je ferai paraître ma gloire. Et j'ai dit : Seigneur, ai-
je travaillé en vain? est-ce inutilement que j'ai consommé
toute ma force? faites-en le jugement, Seigneur, mon travail est devant vous. Lors le Seigneur, qui m'a formé lui-
même dès le ventre de ma mère pour être tout à lui, afin
de ramener Jacob et Israël, m'a dit : Tu seras glorieux
en ma présence, et je serai moi-même ta force; c'est peu
de chose que tu convertisses les tribus de Jacob; je t'ai
suscité pour être la lumière des gentils, et pour être mon
salut jusqu'aux extrémités de la terre. Ce sont les choses
que le Seigneur a dites à celui qui a humilié son âme,

qui a été en mépris et en abomination aux Gentils, et qui s'est soumis aux puissants de la terre. Les princes et les rois t'adoreront, parce que le Seigneur qui t'a élu est fidèle.

« Le Seigneur m'a dit encore : Je t'ai exaucé dans les jours de salut et de miséricorde, et je t'ai établi pour être l'alliance du peuple, et te mettre en possession des nations les plus abandonnées; afin que tu dises à ceux qui sont dans les chaînes : Sortez en liberté; et à ceux qui sont dans les ténèbres : Venez à la lumière, et possédez des terres abondantes et fertiles. Ils ne seront plus travaillés ni de la faim, ni de la soif, ni de l'ardeur du soleil, parce que celui qui a eu compassion d'eux sera leur conducteur : il les mènera aux sources vivantes des eaux, et aplanira les montagnes devant eux. Voici, les peuples aborderont de toutes parts, d'orient, d'occident, d'aquilon et de midi. Que le ciel en rende gloire à Dieu; que la terre s'en réjouisse, parce qu'il a plu au Seigneur de consoler son peuple, et qu'il aura enfin pitié des pauvres qui espèrent en lui.

« Et cependant Sion a osé dire : Le Seigneur m'a abandonnée, et n'a plus mémoire de moi. Une mère peut-elle mettre en oubli son enfant, et peut-elle perdre la tendresse pour celui qu'elle a porté dans son sein? mais quand elle en serait capable, je ne t'oublierai pourtant jamais, Sion : je te porte toujours entre mes mains, et tes murs sont toujours devant mes yeux. Ceux qui doivent te rétablir accourent, et tes destructeurs seront éloignés. Lève les yeux de toutes parts, et considère toute cette multitude qui est assemblée pour venir à toi. Je jure que tous ces peuples te seront donnés comme l'ornement duquel tu seras à jamais revêtue; tes déserts et tes solitudes, et toutes les terres qui sont maintenant désolées seront trop étroites pour le grand nombre de tes habitants, et les enfants qui te naîtront

dans les années de ta stérilité te diront : La place est trop
petite, écarte les frontières, et fais-nous place pour
habiter. Alors tu diras en toi-même : Qui est-ce qui m'a
donné cette abondance d'enfants, moi qui n'enfantais
plus, qui étais stérile, transportée et captive? et qui
est-ce qui me les a nourris, moi qui étais délaissée sans
secours? D'où sont donc venus tous ceux-ci? Et le Seigneur te dira : Voici, j'ai fait paraître ma puissance sur
les Gentils, et j'ai élevé mon étendard sur les peuples,
et ils t'apporteront des enfants dans leurs bras et
dans leurs seins; les rois et les reines seront tes nour-
riciers, ils t'adoreront le visage contre terre, et baise-
ront la poussière de tes pieds; et tu connaîtras que je
suis le Seigneur, et que ceux qui espèrent en moi ne
seront jamais confondus; car qui peut ôter la proie à
celui qui est fort et puissant? Mais encore même qu'on
la lui pût ôter, rien ne pourra empêcher que je ne sauve
tes enfants, et que je ne perde tes ennemis, et tout le
monde reconnaîtra que je suis le Seigneur ton sauveur
et le puissant rédempteur de Jacob.

[1] « Le Seigneur dit ces choses : Quel est ce libelle de
divorce par lequel j'ai répudié la synagogue? et pourquoi l'ai-je livrée entre les mains de vos ennemis?
n'est-ce pas pour ses impiétés et pour ses crimes que
je l'ai répudiée?

« Car je suis venu, et personne ne m'a reçu; j'ai appelé,
et personne n'a écouté. Est-ce que mon bras est accourci,
et que je n'ai pas la puissance de sauver?

« C'est pour cela que je ferai paraître les marques de
ma colère; je couvrirai les cieux de ténèbres et les cacherai sous des voiles.

« Le Seigneur m'a donné une langue bien instruite,
afin que je sache consoler par ma parole celui qui est

1. Ch. L.

dans la tristesse. Il m'a rendu attentif à ses discours, et je l'ai écouté comme un maître[1].

« Le Seigneur m'a révélé ses volontés et je n'y ai point été rebelle.

« J'ai livré mon corps aux coups et mes joues aux outrages ; j'ai abandonné mon visage aux ignominies et aux crachats ; mais le Seigneur m'a soutenu, et c'est pourquoi je n'ai point été confondu.

« Celui qui me justifie est avec moi : qui osera m'accuser ? qui se lèvera pour disputer contre moi et pour m'accuser de péché, Dieu étant lui-même mon protecteur ?

« Tous les hommes passeront et seront consommés par le temps ; que ceux qui craignent Dieu écoutent donc les paroles de son serviteur ; que celui qui languit dans les ténèbres mette sa confiance au Seigneur. Mais pour vous, vous ne faites qu'embraser la colère de Dieu sur vous, vous marchez sur les brasiers et entre les flammes que vous-mêmes avez allumées. C'est ma main qui a fait venir ces maux sur vous ; vous périrez dans les douleurs.

« Écoutez-moi, vous qui suivez la justice et qui cherchez le Seigneur. Regardez à la pierre d'où vous êtes taillés, et à la citerne d'où vous êtes tirés. Regardez à Abraham votre père, et à Sara qui vous a enfantés. Voyez qu'il était seul et sans enfants quand je l'ai appelé et que je lui ai donné une postérité si abondante ; voyez combien de bénédictions j'ai répandues sur Sion, et de combien de grâces et de consolations je l'ai comblée.

« Considérez toutes ces choses, mon peuple, et rendez-vous attentif à mes paroles, car une loi sortira de moi, et un jugement qui sera la lumière des Gentils. »

Amos, VIII : « Le prophète ayant fait un dénombrement

---

1. Correction à la marge : *discipline*. Le texte porte *quasi magistrum*. Mais on a dû craindre l'équivoque dans la traduction : *maître* se rapporterait au complément, et *disciple* au sujet.

2. Ch. LI.

des péchés d'Israël, dit que Dieu a juré d'en faire la vengeance.

« Dit ainsi : En ce jour-là, dit le Seigneur, je ferai cou-
cher le soleil à midi, et je couvrirai la terre de ténèbres
dans le jour de lumière, je changerai vos fêtes solennelles
en pleurs, et tous vos cantiques en plaintes.

« Vous serez tous dans la tristesse et dans les souffrances, et je mettrai cette nation en une désolation pareille à
celle de la mort d'un fils unique; et ces derniers temps
seront des temps d'amertume. Car voici, les jours viennent, dit le Seigneur, que j'enverrai sur cette terre la
famine, la faim, non pas la faim et la soif de pain et d'eau,
mais la faim et la soif d'ouïr les paroles de la part du Seigneur. Ils iront errants d'une mer jusqu'à l'autre, et se
porteront d'aquilon en orient; ils tourneront de toutes
parts en cherchant qui leur annonce la parole du Seigneur, et ils n'en trouveront point.

« Et leurs vierges et leurs jeunes hommes périront en
cette soif, eux qui ont suivi les idoles de Samarie, qui ont
juré par le Dieu adoré en Dan, et qui ont suivi le culte de
Bersabée; ils tomberont et ne se relèveront jamais de leur
chute. »

Amos, III, 2 : « De toutes les nations de la terre, je n'ai
reconnu que vous pour être mon peuple. »

Daniel, XII, 7, ayant décrit toute l'étendue du règne du
Messie, dit : « Toutes ces choses s'accompliront lorsque la
dispersion du peuple d'Israël sera accomplie. »

Aggée, II, 4 : « Vous qui, comparant cette seconde maison à la gloire de la première, la méprisez, prenez courage, dit le Seigneur, à vous Zorobabel, et à vous Jésus
grand prêtre, et à vous, tout le peuple de la terre, et ne
cessez point d'y travailler. Car je suis avec vous, dit le Seigneur des armées; la promesse subsiste, que j'ai faite
quand je vous ai retirés d'Ègypte; mon esprit est au milieu
de vous. Ne perdez point espérance, car le Seigneur des

armées dit ainsi : Encore un peu de temps, et j'ébranlerai
le ciel et la terre, et la mer et la terre ferme (façon de
parler pour marquer un changement grand et extraordinaire); et j'ébranlerai toutes les nations. Alors viendra
celui qui est désiré par tous les Gentils, et je remplirai
cette maison de gloire, dit le Seigneur.

« L'argent et l'or sont à moi, dit le Seigneur (c'est-
à-dire que ce n'est pas de cela que je veux être honoré;
comme il est dit ailleurs : Toutes les bêtes des champs
sont à moi : à quoi sert de me les offrir en sacrifice?); la
gloire de ce nouveau temple sera bien plus grande que la
gloire du premier, dit le Seigneur des armées; et j'établirai ma maison en ce lieu-ci, dit le Seigneur. »

« En Horeb, au jour que vous y étiez assemblés, et que
vous dites : Que le Seigneur ne parle plus lui-même à
nous, et que nous ne voyions plus ce feu, de peur que
nous ne mourrions. Et le Seigneur me dit : Leur prière est
juste; je leur susciterai un prophète tel que vous du milieu
de leurs frères, dans la bouche duquel je mettrai mes
paroles; et il leur dira toutes les choses que je lui aurai
ordonnées; et il arrivera que quiconque n'obéira point
aux paroles qu'il lui portera en mon nom, j'en ferai moi-
même le jugement. »

Genèse, XLIX « Vous, Juda, vous serez loué de vos frères, et vainqueur de vos ennemis; les enfants de votre père
vous adoreront. Juda, faon de lion, vous êtes monté à la
proie, ô mon fils! et vous êtes couché comme un lion, et
comme une lionnesse qui s'éveillera.

« Le sceptre ne sera point ôté de Juda, ni le législateur
d'entre ses pieds, jusqu'à ce que Silo vienne; et les nations s'assembleront à lui, pour lui obéir. »

**\*\*222]** 727

*Pendant la durée du Messie. — Ænigmatis.* Ézéch., XVII.
Son précurseur. Malachie, III.

Il naîtra enfant. Is., IX.

Il naîtra de la ville de Bethléem. Mich., V. Il paraîtra principalement en Jérusalem et naîtra de la famille de Juda et de David.

Il doit aveugler les sages et les savants, Is., VI, VIII, XXIX, etc., et annoncer l'Évangile aux pauvres, Is., XXIX, ouvrir les yeux des aveugles, et rendre la santé aux infirmes, et mener à la lumière ceux qui languissent dans les ténèbres. Is., LXI.

Il doit enseigner la voie parfaite, et être le précepteur des gentils. Is., LV, XLII, 1-7.

Les prophéties doivent être inintelligibles aux impies, Dan. XII; Osée, ult. 10, mais intelligibles à ceux qui sont bien instruits.

Les prophéties qui le représentent pauvre le représentent maître des nations. Is., LII, 14, etc.; LIII. Zach., IX, 9.

Les prophéties qui prédisent le temps ne le prédisent que maître des Gentils, et souffrant, et non dans les nuées, ni juge. Et celles qui le représentent ainsi, jugeant et glorieux, ne marquent point le temps.

Qu'il doit être la victime pour les péchés du monde. Is., XXXIX, LIII, etc.

Il doit être la pierre fondamentale et précieuse. Is., XXVIII, 16.

Il doit être la pierre d'achoppement et de scandale. Is., VIII. Jérusalem doit heurter contre cette pierre.

Les édifiants doivent réprouver cette pierre. *Ps.* CXVII, 22.

Dieu doit faire de cette pierre le chef du coin.

Et cette pierre doit croître en une immense montagne, et doit remplir toute la terre. Dan., II.

Qu'ainsi il doit être rejeté, méconnu, trahi, *Ps.* CVIII, 8, vendu, Zach., XI, 12; craché, souffleté, moqué, affligé en une infinité de manières, abreuvé de fiel, *Ps.* LXVIII, transpercé, Zach., xii, les pieds et les mains percés, tué, et ses habits jetés au sort.

Qu'il ressusciterait, *Ps.* xv, le troisième jour, Osée, vi, 3.

Qu'il monterait au ciel pour s'asseoir à la droite. *Ps.* cx.

Que les rois s'armeraient contre lui. *Ps.* ii.

Qu'étant à la droite du Père, il serait victorieux de ses ennemis.

Que les rois de la terre et tous les peuples l'adoreraient. s., lx.

Que les Juifs subsisteraient en nation. Jér.

Qu'ils seraient errants, sans rois, etc., Osée, iii, sans prophètes, Amos, attendant le salut et ne le trouvant point. Is.

Vocation des Gentils par Jésus-Christ. Is. lii, 15; lv, 5; lx, etc., *Ps.* lxxxi.

Os., i, 9 : « Vous ne serez plus mon peuple et je ne serai plus votre Dieu, après que vous serez multipliés de la dispersion. Les lieux où l'on n'appelle pas mon peuple, je l'appellerai mon peuple. »

*253]                        728

Il n'était point permis de sacrifier hors de Jérusalem, qui était le lieu que le Seigneur avait choisi; ni même de manger ailleurs les décimes. *Deut.,* xii, 5, etc. *Deut.,* xiv, 23, etc.; xv, 20; xvi, 2, 7, 11, 15.

Osée a prédit qu'ils seraient sans roi, sans prince, sans sacrifice et sans idole; ce qui est accompli aujourd'hui, ne pouvant faire sacrifice légitime hors de Jérusalem.

165]                        729

*Prédictions.* — Il est prédit qu'au temps du Messie, il viendrait établir une nouvelle alliance, qui ferait oublier

la sortie d'Égypte, Jérém., xxiii, 5; Is., xliii, 16; qui mettrait sa loi, non dans l'extérieur, mais dans les cœurs;
qu'il mettrait sa crainte, qui n'avait été qu'au dehors,
dans le milieu du cœur. Qui ne voit la loi chrétienne en
tout cela?

232]                              730

... Qu'alors l'idolâtrie serait renversée; que ce Messie
abattrait toutes les idoles, et ferait entrer les hommes
dans le culte du vrai Dieu.

Que les temples des idoles seraient abattus, et que
parmi toutes les nations et en tous les lieux du monde,
lui serait offerte une hostie pure, non pas des animaux.

Qu'il serait roi des Juifs et des Gentils. Et voilà ce roi
des juifs et des gentils, opprimé par les uns et les autres
qui conspirent à sa mort, dominateur des uns et des
autres, et détruisant et le culte de Moïse dans Jérusalem,
qui en était le centre, dont il fait sa première Église, et
le culte des idoles dans Rome, qui en était le centre, et
dont il fait sa principale Église.

4]                                731

*Prophéties.* — Que Jésus-Christ sera à la droite, pendant
que Dieu lui assujettira ses ennemis.

Donc il ne les assujettira pas lui-même.

221]                              732

— « ... Qu'alors on n'enseignera plus son prochain,
disant : Voici le Seigneur, *car Dieu se fera sentir à tous.* »
— *« Vos fils prophétiseront. »* — Je mettrai mon esprit et ma
crainte *en votre cœur.* »

Tout cela est la même chose. Prophétiser, c'est parler
de Dieu, non par preuves du dehors, mais par sentiment
intérieur *et immédiat.*

97]                          733

Qu'il enseignerait aux hommes la voie parfaite.

Et jamais il n'est venu, ni devant, ni après lui, aucun homme qui ait enseigné rien de divin approchant de cela.

398]                         734

... Que Jésus-Christ serait petit en son commencement, et croîtrait ensuite. La petite pierre de Daniel.

Si je n'avais ouï parler en aucune sorte de Messie, néanmoins après les prédictions si admirables de l'ordre du monde que je vois accomplies, je vois que cela est divin. Et si je savais que ces mêmes livres prédisent un Messie, je m'assurerais s'il serait venu; et voyant qu'ils mettent son temps avant la destruction du deuxième temple, je dirais qu'il serait venu.

*165]                        735

*Prophéties*. — Que les Juifs réprouveraient Jésus-Christ, et qu'ils seraient réprouvés de Dieu, par cette raison que la vigne élue ne donnerait que du verjus. Que le peuple choisi serait infidèle, ingrat et incrédule, *populum non credentem et contradicentem*. Que Dieu les frappera d'aveuglement, et qu'ils tâtonneraient en plein midi comme les aveugles, qu'un précurseur viendrait avant lui.

37]                          736

*Transfixerunt*, Zach. XII, 10.

Qu'il devait venir un libérateur qui écraserait la tête au démon, qui devait délivrer son peuple de ses péchés, *ex omnibus iniquitatibus*; qu'il devait y avoir un Nouveau Testament, qui serait éternel; qu'il devait y avoir une autre prêtrise selon l'ordre de Melchisédech; que celle-là serait éternelle; que le Christ devait être glorieux, puissant, fort, et néanmoins si misérable qu'il ne serait pas reconnu; qu'on ne le prendrait pas pour ce qu'il est; qu'on le rebuterait, qu'on le tuerait; que son peuple, qui l'aurait renié, ne serait plus son peuple; que les idolâtres le recevraient, et auraient recours à lui; qu'il quitterait Sion pour régner au centre de l'idolâtrie; que néanmoins les Juifs subsisteraient toujours; qu'il devait être de Juda, et quand il n'y aurait plus de roi.

# SECTION XII

## PREUVES DE JÉSUS-CHRIST

... De là je refuse toutes les autres religions. Par là je trouve réponse à toutes les objections. Il est juste qu'un Dieu si pur ne se découvre qu'à ceux dont le cœur est purifié. De là cette religion m'est aimable, et je la trouve déjà assez autorisée par une si divine morale; mais j'y trouve de plus

Je trouve d'effectif que, depuis que la mémoire des hommes dure, voici un peuple qui subsiste plus ancien que tout autre peuple; il est annoncé constamment aux hommes qu'ils sont dans une corruption universelle, mais qu'il viendra un Réparateur; un peuple entier le prédit avant sa venue, un peuple entier l'adore après sa venue; que ce n'est pas un homme qui le dit, mais une infinité d'hommes, et un peuple entier prophétisant et fait exprès durant quatre mille ans. Leurs livres dispersés durant 400 ans.

Plus je les examine, plus j'y trouve de vérités; et ce qui a précédé et ce qui a suivi; enfin eux sans idoles, ni rois, et cette synagogue qui l'a précédé, et ces misérables qui

le suivent, et qui, étant nos ennemis, sont d'admirables
témoins pour nous de la vérité de ces prophéties, où leur
misère et leur aveuglement même est prédit.

Je trouve cet enchaînement, cette religion, toute divine
dans son autorité, dans sa durée, dans sa perpétuité,
dans sa morale, dans sa conduite, dans sa doctrine, dans
ses effets; les ténèbres des Juifs effroyables et prédites :
*Eris palpans in meridie*[1]. *Dabitur liber scienti litteras, et dicet :*
« *Non possum legere*[2] » : le sceptre étant encore entre
les mains du premier usurpateur étranger, le bruit de la
venue de Jésus-Christ.

Ainsi je tends les bras à mon *Libérateur* qui, ayant été
prédit durant quatre mille ans, est venu souffrir et mourir pour moi sur la terre dans les temps et dans toutes les
circonstances qui ont été prédites; et, par sa grâce,
j'attends la mort en paix, dans l'espérance de lui être
éternellement uni; et je vis cependant avec joie, soit dans
les biens qu'il lui plaît de me donner, soit dans les maux
qu'il m'envoie pour mon bien, et qu'il m'a appris à
souffrir par son exemple.

*165]                          738

Les prophéties ayant donné diverses marques qui
devaient toutes arriver à l'avènement du Messie, il fallait
que toutes ces marques arrivassent en même temps.
Ainsi il fallait que la quatrième monarchie fût venue
lorsque les Septante semaines de Daniel seraient accomplies et que le sceptre fût alors ôté de Juda, et tout
cela est arrivé sans aucune difficulté; et qu'alors il arrivât

---

1. *Deut.*, XXVIII, 29. *Et palpes in meridie :* « Tu tâtonneras en plein
midi ».
2. *Isaïe*, XXIX, 11. *Quem (librum) cum dederint scienti litteras et
respondebit : Non possum :* « Un livre sera donné à quelqu'un qui sait
lire, et il dira : Je ne puis lire ».

le Messie, et Jésus-Christ est arrivé alors qui s'est dit le Messie, et tout cela est encore sans difficulté, et cela marque bien la vérité des prophéties.

*Copie* 254]                                    739

Les prophètes ont prédit, et n'ont pas été prédits. Les saints ensuite prédits, non prédisants. Jésus-Christ prédit et prédisant.

485]                                    740

Jésus-Christ, que les deux Testaments regardent, l'Ancien comme son attente, le Nouveau comme son modèle, tous deux comme leur centre.

51]                                    74

Les deux plus anciens livres du monde sont Moïse et Job, l'un juif, l'autre païen, qui tous deux regardent Jésus-Christ comme leur centre commun et leur objet : Moïse, en rapportant les promesses de Dieu à Abraham, Jacob, etc., et ses prophéties; et Job : *Quis mihi det ut,* etc. *Scio enim quod redemptor meus vivit,* etc[1].

*61]                                    742

L'Évangile ne parle de la virginité de la Vierge que jusques à la naissance de Jésus-Christ. Tout par rapport à Jésus-Christ.

61]                                    743

*Preuves de Jésus-Christ.*

1. *Job,* XIX, 23-25 : « Qui me donnera [de tracer dans un livre mes paroles?...] Je sais qu'il existe pour moi un Rédempteur, [et que je me relèverai de la terre au dernier jour] ».

Pourquoi le livre de Ruth conservé?
Pourquoi l'histoire de Thamar?

127]                    744

« Priez, de peur d'entrer en tentation. » Il est dangereux d'être tenté; et ceux qui le sont, c'est parce qu'ils ne prient pas.

*Et tu conversus confirma fratres tuos.* Mais auparavant, *conversus Jesus respexit Petrum.*

Saint Pierre demande permission de frapper Malchus et frappe devant que d'ouïr la réponse, et Jésus-Christ répond après.

Le mot de *Galilée,* que la foule des Juifs prononça comme par hasard, en accusant Jésus-Christ devant Pilate, donna sujet à Pilate d'envoyer Jésus-Christ à Hérode; en quoi fut accompli le mystère, qu'il devait être jugé par les Juifs et les Gentils. Le hasard, en apparence, fut la cause de l'accomplissement du mystère.

39]                    745

Ceux qui ont peine à croire en cherchent un sujet en ce que les Juifs ne croient pas. « Si cela était si clair, dit-on, pourquoi ne croiraient-ils pas? » Et voudraient quasi qu'ils crussent, afin de n'être pas arrêtés par l'exemple de leur refus. Mais c'est leur refus même qui est le fondement de notre créance. Nous y serions bien moins disposés, s'ils étaient des nôtres. Nous aurions alors un bien plus ample prétexte. Cela est admirable, d'avoir rendu les Juifs grands amateurs des choses prédites, et grands ennemis de l'accomplissement.

1. Jésus dit à Pierre : « T'étant tourné vers moi, raffermis tes frères (*Luc,* XXII, 32); mais auparavant il s'était tourné vers Pierre, et l'avait regardé (61). » C'est Jésus qui prend les devants.

39] 746

Les Juifs étaient accoutumés aux grands et éclatants miracles, et ainsi, ayant eu les grands coups de la mer Rouge et la terre de Canaan comme un abrégé des grandes choses de leur Messie ils en attendaient donc de plus éclatants, dont ceux de Moïse n'étaient que les échantillons.

*227] 747

Les Juifs charnels et les païens ont des misères, et les chrétiens aussi. Il n'y a point de Rédempteur pour les païens, car ils n'en espèrent pas seulement. Il n'y a point de rédempteur pour les Juifs, ils l'espèrent en vain. Il n'y a de Rédempteur que pour les Chrétiens. (Voyez perpétuité.)

249] 748

Au temps du Messie, le peuple se partage. Les spirituels ont embrassé le Messie; les grossiers sont demeurés pour lui servir de témoins.

487] 749

« Si cela est clairement prédit aux Juifs, comment ne l'ont-ils pas cru? ou comment n'ont-ils point été exterminés, de résister à une chose si claire? »

— Je réponds : premièrement, cela a été prédit, et qu'ils ne croiraient point une chose si claire, et qu'ils ne seraient point exterminés. Et rien n'est plus glorieux au Messie; car il ne suffisait pas qu'il y eût des prophéties; il fallait qu'elles fussent conservées sans soupçon. Or, etc.

11]                           750

Si les Juifs eussent été tous convertis par Jésus-Christ,
nous n'aurions plus que des témoins suspects. Et s'ils
avaient été exterminés, nous n'en aurions point du tout.

47]                           751

Que disent les prophètes de Jésus-Christ ? Qu'il sera
évidemment Dieu ? Non ; mais qu'il est un Dieu véritablement caché ; qu'il sera méconnu ; qu'on ne pensera point
que ce soit lui ; qu'il sera une pierre d'achoppement, à
laquelle plusieurs heurteront, etc. Qu'on ne nous reproche donc plus le manque de clarté, puisque nous en
faisons profession.

Mais, dit-on, il y a des obscurités. — Et sans cela, on
ne serait pas heurté à Jésus-Christ, et c'est un des
desseins formels des prophètes : *Excœca...*

51]                           752

Moïse d'abord enseigne la trinité, le péché originel,
le Messie.

David, grand témoin : roi, bon, pardonnant, belle âme,
bon esprit, puissant ; il prophétise, et son miracle arrive ;
cela est infini.

Il n'avait qu'à dire qu'il était le Messie, s'il eût eu de la
vanité : car les prophéties sont plus claires de lui que de
Jésus-Christ. Et saint Jean de même.

167]                          753

Hérode crut le Messie. Il avait ôté le sceptre de Juda,
mais il n'était pas de Juda. Cela fit une secte considérable[1].

---

1. *En marge* : Et Barcosba, et un autre reçu par les Juifs. Et le bruit
qui était partout en ce temps-là. Suétone. Tacite. Josèphe.

Malédiction des Juifs contre ceux qui comptent trois périodes des temps.

Comment fallait-il qu'il fût le Messie, puisque par lui le spectre devait être éternellement en Juda, et qu'à son arrivée le spectre devait être ôté de Juda.

Pour faire qu'en voyant ils ne voient point, et qu'en entendant ils n'entendent point, rien ne pouvait être mieux fait.

221]                          754

*Homo existens te Deum facit*[1].
*Scriptum est « Dii estis » et non potest solvi Scriptura*[2].
*« Hæc infirmitas non est ad vitam et est ad mortem*[3].
*« Lazarus dormit » et deinde dixit : Lazarus mortuus est*[4].

61]                           755

La discordance apparente des Évangiles.

*443]                         756

Que peut-on avoir, sinon de la vénération, d'un homme qui prédit clairement des choses qui arrivent, et qui déclare son dessein et d'aveugler et d'éclairer, et qui mêle des obscurités parmi des choses claires qui arrivent?

35]                           757

Le temps du premier avènement est prédit; le temps du

1. L'homme qui existe te fait Dieu.
2. Il a été écrit : « Vous êtes des dieux. » (*Psaumes* LXXX, 6), et l'Écriture ne peut être anéantie. (La fin de ces deux dernières citations n'est que dans la copie.)
3. Cette infirmité n'est pas pour la vie, elle est pour la mort.
4. « Lazare dort » et ensuite il dit : Lazare est mort. (*Joan*, XI, 11 et 14.)

second ne l'est point, parce que le premier devait être
caché; le second doit être éclatant et tellement manifeste
que ses ennemis mêmes le devaient reconnaître. Mais,
comme il ne devait venir qu'obscurément, et que pour
être connu de ceux qui sonderaient les Écritures...

17]　　　　　　　　　　　　758

Dieu, pour rendre le Messie connaissable aux bons et
méconnaissable aux méchants, l'a fait prédire en cette
sorte. Si la manière du Messie eût été prédite clairement,
il n'y eût point eu d'obscurité, même pour les méchants.
Si le temps eût été prédit obscurément, il y eût eu obscurité, même pour les bons; car la [bonté de leur cœur] ne
leur eût pas fait entendre que le *mem* fermé, par exemple,
signifie six cents ans. Mais le temps a été prédit clairement, et la manière en figures.

Par ce moyen, les méchants, prenant les biens promis
pour matériels, s'égarent malgré le temps prédit clairement, et les bons ne s'égarent pas. Car l'intelligence des
biens promis dépend du cœur, qui appelle « bien » ce
qu'il aime; mais l'intelligence du temps promis ne dépend point du cœur. Et ainsi la prédiction claire du
temps, et obscure des biens, ne déçoit que les seuls
méchants.

221]　　　　　　　　　　　759

Il faut que les Juifs ou les Chrétiens soient méchants.

75]　　　　　　　　　　　760

Les Juifs le refusent, mais non pas tous : les saints le
reçoivent, et non les charnels. Et tant s'en faut que cela
soit contre sa gloire, que c'est le dernier trait qui l'achève.
Comme la raison qu'ils en ont, et la seule qui se trouve

dans tous leurs écrits, dans le Talmud et dans les Rabbins, n'est que parce que Jésus-Christ n'a pas dompté les nations en main armée, *gladium tuum, potentissime*[1]. (N'ont-ils que cela à dire? Jésus-Christ a été tué, disent-ils; il a succombé; il n'a pas dompté les païens par sa force; il ne nous a pas donné leurs dépouilles; il ne donne point de richesses. N'ont-ils que cela à dire? C'est en cela qu'il m'est aimable. Je ne voudrais pas celui qu'ils se figurent) il est visible que ce n'est que le vice qui les a empêchés de le recevoir; et par ce refus, ils sont des témoins sans reproche, et, qui plus est, par là ils accomplissent les prophéties.

[Par le moyen de ce que ce peuple ne l'a pas reçu, est arrivée cette merveille que voici : les prophéties sont les seuls miracles subsistants qu'on peut faire, mais elles sont sujettes à être contredites.]


222]                        761

Les Juifs, en le tuant pour ne le point recevoir pour Messie, lui ont donné la dernière marque de Messie.

Et en continuant à le méconnaître, ils se sont rendus témoins irréprochables : et en le tuant, et continuant à le renier, ils ont accompli les prophéties (Is. LX. Ps. LXX.)


37]                         762

Que pouvaient faire les Juifs, ses ennemis? S'ils le reçoivent, ils le prouvent par leur réception, car les dépositaires de l'attente du Messie le recevaient; s'ils le renoncent, ils le prouvent par leur renonciation.

1. *Ps.* XLIV, 2.

61]                               763

Les Juifs, en éprouvant s'il était Dieu, ont montré qu'il
était homme.

61]                               764

L'Église a eu autant de peine à montrer que Jésus-
Christ était homme, contre ceux qui le niaient, qu'à montrer qu'il était Dieu ; et les apparences étaient aussi grandes.

49]                               765

*Source des contrariétés.* — Un Dieu humilié, et jusqu'à
la mort de la croix ; un Messie triomphant de la mort
par sa mort. Deux natures en Jésus-Christ, deux avènements, deux états de la nature de l'homme.

37]                               766

*Figures.* — Sauveur, père, sacrificateur, hostie, nourriture, roi, sage, législateur, affligé, pauvre, devant produire un peuple qu'il devait conduire et nourrir, et
introduire dans sa terre...
*Jésus-Christ. Offices.* — Il devait lui seul produire un
grand peuple, élu, saint et choisi ; le conduire, le nourrir, l'introduire dans le lieu de repos et de sainteté ; le
rendre saint à Dieu ; en faire le temple de Dieu, le réconcilier à Dieu, le sauver de la colère de Dieu, le délivrer
de la servitude du péché, qui règne visiblement dans
l'homme ; donner des lois à ce peuple, graver ces lois
dans leur cœur, s'offrir à Dieu pour eux, se sacrifier
pour eux, être une hostie sans tache, et lui-même sacrificateur : devant s'offrir lui-même, son corps et son sang,
et néanmoins offrir pain et vin à Dieu...
*Ingrediens mundum.*
« Pierre sur pierre. »

Ce qui a précédé et ce qui a suivi. Tous les juifs subsistants et vagabonds.

419]                    767

De tout ce qui est sur la terre, il ne prend part qu'aux déplaisirs, non aux plaisirs. Il aime ses proches, mais sa charité ne se renferme pas dans ces bornes, et se répand sur ses ennemis, et puis sur ceux de Dieu.

123]                    768

Jésus-Christ figuré par Joseph : bien-aimé de son père, envoyé du père pour voir ses frères, etc., innocent, est vendu par ses frères vingt deniers, et par là devenu leur seigneur, leur sauveur, et le sauveur des étrangers, et le sauveur du monde; ce qui n'eût point été sans le dessein de le perdre, la vente et la réprobation qu'ils en firent.

Dans la prison, Joseph innocent entre deux criminels; Jésus-Christ en la croix entre deux larrons. Il prédit le salut à l'un et la mort à l'autre, sur les mêmes apparences. Jésus-Christ sauve les élus et damne les réprouvés sur les mêmes crimes. Joseph ne fait que prédire; Jésus-Christ fait. Joseph demande à celui qui sera sauvé qu'il se souvienne de lui quand il sera venu en sa gloire; et celui que Jésus-Christ sauve lui demande qu'il se souvienne de lui, quand il sera en son royaume.

*Copie* 227]                    769

La conversion des païens n'était réservée qu'à la grâce du Messie. Les Juifs ont été si longtemps à les combattre sans succès : tout ce qu'en ont dit Salomon et les prophètes a été inutile. Les sages, comme Platon et Socrate, n'ont pu le persuader.

232]                          770

Après que bien des gens sont venus devant, il est venu
enfin Jésus-Christ dire : « Me voici, et voici le temps. Ce
que les prophètes ont dit devoir avenir dans la suite des
temps, je vous dis que mes apôtres le vont faire. Les Juifs
vont être rebutés, Jérusalem sera bientôt détruite; et les
païens vont entrer dans la connaissance de Dieu. Mes
apôtres le vont faire après que vous aurez tué l'héritier
de la vigne. »

Et puis les apôtres ont dit aux Juifs : « Vous allez être
maudits (*Celsus s'en moquait*) »; et aux païens : « Vous
allez entrer dans la connaissance de Dieu. » Et cela est
arrivé alors.


57]                          771

Jésus-Christ est venu aveugler ceux qui voyaient clair,
et donner la vue aux aveugles; guérir les malades, et
laisser mourir les sains; appeler à la pénitence et justifier
les pécheurs, et laisser les justes dans leurs péchés; remplir les indigents, et laisser les riches vides.


*59]                          772

*Sainteté*. — *Effundam spiritum meum*. Tous les peuples
étaient dans l'infidélité et dans la concupiscence, toute
la terre fut ardente de charité, les princes quittent leurs
grandeurs, les filles souffrent le martyre. D'où vient
cette force? C'est que le Messie est arrivé; voilà l'effet et
les marques de sa venue.


*Copie* 165]                          773

Ruine des Juifs et des païens par Jésus-Christ : *omnes
gentes venient et adorabunt eum. Parum est ut,* etc. *Postula*

*a me. Adorabunt eum omnes regis. Testes inqui. Dabit maxillam percutienti. Dederunt fel in escam.*

**227]** **774**

Jésus-Christ pour tous, Moïse pour un peuple.

Les Juifs bénis en Abraham : « Je bénirai ceux qui te béniront. » Mais : « toutes nations bénies en sa semence ». *Parum est ut,* etc.

*Lumen ad revelationem gentium*[1].

*Non fecit taliter omni nationi,* disait David en parlant de la loi. Mais, en parlant de Jésus-Christ, il faut dire : *Fecit taliter omni nationi*[2]. *Parum est ut,* etc., Isaïe[3]. Aussi c'est à Jésus-Christ d'être universel; l'Église même n'offre le sacrifice que pour les fidèles : Jésus-Christ a offert celui de la croix pour tous.

**123]** **775**

Il y a hérésie à expliquer toujours *omnes* de tous, et hérésie à ne le pas expliquer quelquefois de tous. *Bibite ex hoc omnes*[4] : les huguenots, hérétiques, en l'expliquant de tous. *In quo omnes peccaverunt*[5]; les huguenots, hérétiques, en exceptant les enfants des fidèles. Il faut donc suivre les Pères et la tradition pour savoir quand, puisqu'il y a hérésie à craindre de part et d'autre.

---

1. « Lumière pour éclairer les Gentils. » (Luc. II, 32.)
2. « Il n'a pas agi ainsi pour toute nation » (Ps. CXLVII, 20). « Il a agi ainsi pour toute nation ».
3. Isaïe, XLIX, 6. *Parum est ut sis mihi servus ad suscitandas tribus Jacob et fœces Israël convertendas. Ecce dedi te in lucem gentium, ut sis salus mea usque ad extremum terræ.* « C'est peu que tu me serves à relever les tribus de Jacob, et à purifier la fange d'Israël. Je l'établis pour être la lumière des nations, et le salut que j'envoie jusqu'au bout de la terre. »
4. Matth., XXVI, 27. « Buvez-en tous. »
5. Saint Paul, *Ad Rom.,* V, 12. « En qui tous ont péché. »

225]                                 776

« *Ne timeas pusillus grex*[1]. » *Timore et tremore*[2]. » —
*Quid ergo? Ne timeas,* [modo] *timeas :* Ne craignez point,
pourvu [*que*] vous craigniez; mais si vous ne craignez
pas, craignez.

*Qui me recipit, non me recipit, sed eum qui me misit*[3].
*Nemo scit, neque Filius*[4].
*Nubes lucida obumbravit*[5].

Saint Jean devait convertir les cœurs des pères aux enfants, et Jésus-Christ mettre la division. Sans contradiction.

225]                                 777

Les effets, *in communi* et *in particulari.* Les semi-pélagiens errent en disant de *in communi,* ce qui n'est vrai
que *in particulari*[6]; et les calvinistes, en disant *in particulari,* ce qui est vrai *in communi*[7] (ce me semble).

115]                                 778

*Omnis Judæa regio, et Jerosolomytæ universi, et baptizabantur*[8].
A cause de toutes les conditions d'hommes qui y venaient.
Des pierres *peuvent* être enfants d'Abraham.

1. Luc, XII, 32. « Ne craignez pas, chétif troupeau. »
2. « Avec crainte et tremblement. » (Cf. *Ephes.*, II, 12.)
3. Matth., IX, 48 : « Celui qui me reçoit, reçoit non moi, mais celui qui m'a envoyé ».
4. Matth., XI, 27. « Personne ne le sait, si ce n'est le Fils. »
5. Matth., XVII, 5. « Une nuée lumineuse les couvrit d'ombre. »
6. Relativement à la grâce qui n'est pas donnée en général, mais en
particulier.
7. Relativement au péché, comme il est dit dans le fragment 775,
qui a été commis par tous les hommes sans exception. — On voit
quel est le caractère du jansénisme : le péché est universel, la grâce
est particulière.
8. Marc, I, 5. « Tout le pays de la Judée et tous les habitants de
Jérusalem étaient baptisés. »

115]                      779

Si on se convertissait, Dieu guérirait et pardonnerait.
*Ne convertantur et sanem eos, et dimittantur eis peccata*[1].

\*115]                    780

Jésus-Christ n'a jamais condamné sans ouïr. A Judas :
*Amice, ad quid venisti*[2] ? A celui qui n'avait pas la robe
nuptiale, de même.

344]                      781

Les figures de la totalité de la rédemption, comme que
le soleil éclaire à tous, ne marquent qu'une totalité; mais
[*les figurantes*] des exclusions, comme des Juifs élus à
l'exclusion des gentils, marquent l'exclusion.

« Jésus-Christ rédempteur de tous. » — Oui, car il a
offert, comme un homme qui a racheté tous ceux qui
voudront venir à lui. Ceux qui mourront en chemin, c'est
leur malheur, mais quant à lui, il leur offrait rédemption.
— Cela est bon en cet exemple, où celui qui rachète et
celui qui empêche de mourir sont deux, mais non pas en
Jésus-Christ, qui fait l'un et l'autre. — Non, car Jésus-
Christ, en qualité de rédempteur, n'est pas peut-être
maître de tous; et ainsi, en tant qu'il est en lui, il est rédempteur de tous.

Quand on dit que Jésus-Christ n'est pas mort pour
tous, vous abusez d'un vice des hommes qui s'appliquent
incontinent cette exception, ce qui est favoriser le désespoir; au lieu de les en détourner pour favoriser l'espérance. Car on s'accoutume ainsi aux vertus intérieures
par ces habitudes extérieures.

1. Marc, IV, 12, cf. Isaïe, VI, 10 : « Pour qu'ils ne soient pas convertis, pour que je ne leur donne pas la guérison et la rémission des
péchés.
2. Matth., XXVI, 50. « Ami, pourquoi es-tu venu? »

19]                    782

La victoire sur la mort. Que sert à l'homme de
gagner tout le monde, s'il perd son âme? Qui veut garder son âme, la perdra.

« Je ne suis pas venu détruire la loi, mais l'accomplir. »

« Les agneaux n'ôtaient point les péchés du monde,
mais je suis l'agneau qui ôte les péchés.

« Moïse ne vous a point donné le pain du ciel. Moïse
ne vous a point tirés de captivité, et ne vous a pas rendus
véritablement libres. »

*Copie* 221]                    783

... Alors Jésus-Christ vient dire aux hommes qu'ils
n'ont point d'autres ennemis qu'eux-mêmes, que ce sont
leurs passions qui les séparent de Dieu, qu'il vient pour
les détruire, et pour leur donner sa grâce, afin de faire
d'eux tous une Église sainte, qu'il vient ramener dans
cette Église les païens et les Juifs, qu'il vient détruire
les idoles des uns et la superstition des autres. A cela
s'opposent tous les hommes, non seulement par l'opposition naturelle de la concupiscence; mais, par-dessus
tous, les rois de la terre s'unissent pour abolir cette
religion naissante comme cela avait été prédit (*Proph. :
Quare fremerunt gentes... reges terræ... adversus Christum*[1]).
Tout ce qu'il y a de grand sur la terre s'unit, les
savants, les sages, les rois. Les uns écrivent, les autres
condamnent, les autres tuent. Et nonobstant toutes ces
oppositions, ces gens simples et sans force résistent à
toutes ces puissances et se soumettent même ces rois, ces
savants, ces sages, et ôtent l'idolâtrie de toute la terre. Et
tout cela se fait par la force qui l'avait prédit.

1. Ps., II, 1, 2. « C'est pourquoi les nations frémirent... Les rois de
la terre... contre le Christ. »

115]                    784

Jésus-Christ n'a point voulu du témoignage des démons, ni de ceux qui n'avaient pas vocation; mais de Dieu et Jean-Baptiste.

89]                    785

Considérer Jésus-Christ en toutes les personnes et en nous-mêmes : Jésus-Christ comme père en son père, Jésus-Christ comme frère en ses frères, Jésus-Christ comme pauvre en les pauvres, Jésus-Christ comme riche en les riches, Jésus-Christ comme docteur et prêtre en les prêtres, Jésus-Christ comme souverain en les princes, etc. Car il est par sa gloire tout ce qu'il y a de grand, étant Dieu, et est par sa vie mortelle tout ce qu'il y a de chétif et d'abject. Pour cela il a pris cette malheureuse condition, pour pouvoir être en toutes les personnes, et modèle de toutes conditions.

55]                    786

Jésus-Christ dans une obscurité (selon ce que le monde appelle obscurité) telle que les historiens, n'écrivant que les importantes choses des États, l'ont à peine aperçu.

*253]                    787

*Sur ce que Josèphe, ni Tacite, et les autres historiens n'ont point parlé de Jésus-Christ.* — Tant s'en faut que cela fasse contre, qu'au contraire cela fait pour. Car il est certain que Jésus-Christ a été, et que sa religion a fait grand bruit, et que ces gens-là ne l'ignoraient pas, et qu'ainsi il est visible qu'ils ne l'ont celé qu'à dessein; ou bien qu'ils en ont parlé, et qu'on l'a supprimé ou changé.

439]                     788

« Je m'en suis réservé sept mille. » J'aime les adorateurs inconnus au monde, et aux prophètes mêmes.

45]                     789

Comme Jésus-Christ est demeuré inconnu parmi les
hommes, ainsi la vérité demeure parmi les opinions communes, sans différence à l'extérieur. Ainsi l'Eucharistie
parmi le pain commun.

97]                     790

Jésus-Christ n'a pas voulu être tué sans les formes de
la justice, car il est bien plus ignominieux de mourir par
justice que par une sédition injuste.

90]                     791

La fausse justice de Pilate ne sert qu'à faire souffrir
Jésus-Christ; car il le fait fouetter pour sa fausse justice,
et puis le tue. Il vaudrait mieux l'avoir tué d'abord.
Ainsi les faux justes : ils font de bonnes œuvres et de
méchantes pour plaire au monde et montrer qu'ils ne
sont pas tout à fait à Jésus-Christ, car ils en ont honte.
Et enfin, dans les grandes tentations et occasions, ils le
tuent.

277]                     792

Quel homme eut jamais plus d'éclat? Le peuple juif
tout entier le prédit avant sa venue. Le peuple gentil
l'adore après sa venue. Les deux peuples, gentil et juif,
le regardent comme leur centre.

Et cependant quel homme jouit jamais moins de cet
éclat? De trente-trois ans, il en vit trente sans paraître.

Dans trois ans, il passe pour un imposteur; les prêtres et les principaux le rejettent; ses amis et ses plus proches le méprisent. Enfin il meurt trahi par un des siens, renié par l'autre et abandonné par tous.

Quel part a-t-il donc à cet éclat? Jamais homme n'a eu tant d'éclat, jamais homme n'a eu plus d'ignominie. Tout cet éclat n'a servi qu'à nous, pour nous le rendre reconnaissable; et il n'en a rien eu pour lui.

53]                      793

La distance infinie des corps aux esprits figure la distance infiniment plus infinie des esprits à la charité car elle est surnaturelle.

Tout l'éclat des grandeurs n'a point de lustre pour les gens qui sont dans les recherches de l'esprit.

La grandeur des gens d'esprit est invisible aux rois, aux riches, aux capitaines, à tous ces grands de chair.

La grandeur de la sagesse, qui n'est nulle sinon de Dieu, est invisible aux charnels et aux gens d'esprit. Ce sont trois ordres différant de genre.

Les grands génies ont leur empire, leur éclat, leur grandeur, leur victoire, leur lustre et n'ont nul besoin de grandeurs charnelles, où elles n'ont pas de rapport. Ils sont vus non des yeux, mais des esprits, c'est assez.

Les saints ont leur empire, leur éclat, leur victoire, leur lustre, et n'ont nul besoin des grandeurs charnelles ou spirituelles, où elles n'ont nul rapport, car elles n'y ajoutent ni ôtent. Ils sont vus de Dieu et des anges, et non des corps ni des esprits curieux : Dieu leur suffit.

Archimède[1], sans éclat, serait en même vénération. Il

---

1. Archimède, né à Syracuse vers 287 av. J.-C., tué en 212 à la prise de sa patrie par les Romains, est le plus grand nom scientifique de l'antiquité. « Il nous apparaît, dit Paul Tannery, au point de vue théorique, comme le créateur de la statique et de l'hydrostatique;

n'a pas donné des batailles pour les yeux, mais il a fourni à tous les esprits ses inventions. Oh! qu'il a éclaté aux esprits!

Jésus-Christ, sans biens et sans aucune production au dehors de science, est dans son ordre de sainteté. Il n'a point donné d'invention, il n'a point régné; mais il a été humble, patient, saint, saint à Dieu, terrible aux démons, sans aucun péché. Oh! qu'il est venu en grande pompe et en une prodigieuse magnificence, aux yeux du cœur, qui voient la sagesse!

Il eût été inutile à Archimède de faire le prince dans ses livres de géométrie, quoiqu'il le fût[1].

Il eût été inutile à Notre Seigneur Jésus-Christ, pour éclater dans son règne de sainteté, de venir en roi; mais il y est bien venu avec l'éclat de son ordre!

Il est bien ridicule de se scandaliser de la bassesse de Jésus-Christ, comme si cette bassesse était du même ordre, duquel est la grandeur qu'il venait faire paraître. Qu'on considère cette grandeur-là dans sa vie, dans sa passion, dans son obscurité, dans sa mort, dans l'élection des siens, dans leur abandonnement, dans sa secrète

---

comme le seul ancien qui ait abordé les questions de quadrature et de cubature; comme le premier qui ait considéré les surfaces de révolution du second degré. Ses connaissances dans la théorie des nombres paraissent avoir été très étendues, mais elles restent un mystère pour nous. La découverte géométrique dont il fut le plus fier semble avoir été son théorème sur la sphère et le cylindre circonscrit, théorème dont la figure fut gravée sur son tombeau sans autre inscription. » — Pascal se souvenait-il, en écrivant ce nom, du temps où il passait pour « un autre Archimède »?

1. Voici à ce sujet les indications que nous devons à E. Havet : « Il était parent du roi Hiéron, dit Plutarque (*Marcellus*, 14). Mais cette parenté avec le roi ou plutôt le τύραννος d'une cité grecque, ne faisait pas ce que nous appelons *un prince*. Et Cicéron parle d'Archimède comme d'un homme obscur, qui n'était rien en dehors de sa géométrie : *humilem homunculum a pulvere et radio excitabo* (*Tuscul.*, V. 23). »

résurrection, et dans le reste, on la verra si grande, qu'on n'aura pas sujet de se scandaliser d'une bassesse qui n'y est pas.

Mais il y en a qui ne peuvent admirer que les grandeurs charnelles, comme s'il n'y en avait pas de spirituelles; et d'autres qui n'admirent que les spirituelles, comme s'il n'y en avait pas d'infiniment plus hautes dans la sagesse.

Tous les corps, le firmament, les étoiles, la terre et ses royaumes, ne valent pas le moindre des esprits; car il connaît tout cela, et soi; et les corps, rien.

Tous les corps ensemble, et tous les esprits ensemble, et toutes leurs productions, ne valent pas le moindre mouvement de charité. Cela est d'un ordre infiniment plus élevé.

De tous les corps ensemble, on ne saurait en faire réussir une petite pensée : cela est impossible, et d'un autre ordre. De tous les corps et esprits, on n'en saurait tirer un mouvement de vraie charité, cela est impossible, d'un autre ordre, surnaturel.

485]                    794

Pourquoi Jésus-Christ n'est-il pas venu d'une manière visible, au lieu de tirer sa preuve des prophéties précédentes? Pourquoi s'est-il fait prédire en figures?

27]                    795

Si Jésus-Christ n'était venu que pour sanctifier, toute l'Écriture et toutes choses y tendraient, et il serait bien aisé de convaincre les infidèles. Si Jésus-Christ n'était venu que pour aveugler, toute sa conduite serait confuse, et nous n'aurions aucun moyen de convaincre les infidèles. Mais comme il est venu *in sanctificationem et in scandalum,* comme dit Isaïe[1], nous ne pouvons convaincre les infidèles et ils ne peuvent nous convaincre; mais, par là même, nous les convainquons, puisque nous disons qu'il n'y a point de conviction dans toute sa conduite de part ni d'autre.

59]                    796

Jésus-Christ ne dit pas qu'il n'est pas de Nazareth, pour laisser les méchants dans l'aveuglement, ni qu'il n'est pas fils de Joseph.

59]                    797

*Preuves de Jésus-Christ.* — Jésus-Christ a dit les choses grandes si simplement qu'il semble qu'il ne les a pas pensées, et si nettement néanmoins qu'on voit bien ce qu'il en pensait. Cette clarté jointe à cette naïveté est admirable.

51]                    798

Le style de l'Évangile est admirable en tant de manières, et entre autres en ne mettant jamais aucune invective contre les bourreaux et ennemis de Jésus-Christ. Car il n'y en a aucune des historiens contre Judas, Pilate ni aucun des Juifs.

Si cette modestie[2] des historiens évangéliques avait été affectée, aussi bien que tant d'autres traits d'un si beau caractère, et qu'ils ne l'eussent affecté que pour le faire remarquer, s'ils n'avaient osé le remarquer eux-mêmes, ils n'auraient pas manqué de se procurer des amis, qui eussent fait ces remarques à leur avantage. Mais comme ils ont agi de la sorte sans affectation, et par un mouve-

---

1. Is., VIII, 14 : « En sanctification et en scandale. »
2. Dans le sens de modération.

ment tout désintéressé, ils ne l'ont fait remarquer par personne; et je crois que plusieurs de ces choses n'ont point été remarquées jusqu'ici, et c'est ce qui témoigne la froideur[1] avec laquelle la chose a été faite.

61]                                 799

Un artisan qui parle des richesses, un procureur qui parle de la guerre, de la royauté, etc.; mais le riche parle bien des richesses, le roi parle froidement d'un grand don qu'il vient de faire, et Dieu parle bien de Dieu.

49]                                 800

Qui a appris aux évangélistes les qualités d'une âme parfaitement héroïque, pour la peindre si parfaitement en Jésus-Christ? Pourquoi le font-ils faible dans son agonie? Ne savent-ils pas peindre une mort constante? Oui, car le même saint Luc peint celle de saint Étienne plus forte que celle de Jésus-Christ.

Ils le font donc capable de crainte, avant que la nécessité de mourir soit arrivée, et ensuite tout fort.

Mais quand ils le font si troublé, c'est quand il se trouble lui-même : et quand les hommes le troublent, il est tout fort.

55]                                 801

*Preuve de Jésus-Christ.* — L'hypothèse des apôtres fourbes est bien absurde. Qu'on la suive tout au long; qu'on s'imagine ces douze hommes assemblés après la mort de Jésus-Christ, faisant le complot de dire qu'il est ressuscité. Ils attaquent par là toutes les puissances. Le cœur des hommes est étrangement penchant à la légè-

---

1. Le fragment suivant explique le mot de *froideur*; il s'oppose à *affectation* et à intérêt, il signifie naturel et désintéressement.

reté, au changement, aux promesses, aux biens. Si peu
qu'un de ceux-là se fût démenti par tous ces attraits, et,
qui plus est, par les prisons, par les tortures et par la
mort, ils étaient perdu. Qu'on suive cela.

489]                    802

Les apôtres ont été trompés, ou trompeurs; l'un ou
l'autre est difficile, car il n'est pas possible de prendre un
homme pour être ressuscité...

Tandis que Jésus-Christ était avec eux, il les pouvait
soutenir; mais après cela, s'il ne leur est apparu, qui les
a fait agir?

# SECTION XIII

## LES MIRACLES

*Commencement.* — Les miracles discernent la doctrine, et la doctrine discerne les miracles.

Il y a de faux et de vrais. Il faut une marque pour les connaître; autrement ils seraient inutiles. Or, ils ne sont pas inutiles, et sont au contraire fondement. Or, il faut que la règle qu'il nous donne soit telle, qu'elle ne détruise la preuve que les vrais miracles donnent de la vérité, qui est la fin principale des miracles.

Moïse en a donné deux : que la prédiction n'arrive pas, *Deut.*, XVIII, et qu'ils ne mènent point à l'idolâtrie, *Deut.*, XIII; et Jésus-Christ une.

Si la doctrine règle les miracles, les miracles sont inutiles pour la doctrine.

Si les miracles règlent...

*Objection à la règle.* — Le discernement des temps. Autre règle durant Moïse, autre règle à présent.

*Miracle.* — C'est un effet qui excède la force naturelle

des moyens qu'on y emploie; et non-miracle est un effet qui n'excède pas la force naturelle des moyens qu'on y emploie. Ainsi ceux qui guérissent par l'invocation du diable ne font pas un miracle; car cela n'excède pas la force naturelle du diable. Mais[1]...

449]                           805

Les deux fondements, l'un intérieur, l'autre extérieur; la grâce, les miracles; tous deux surnaturels.

455]                           806

Les miracles et la vérité sont nécessaires, à cause qu'il faut convaincre l'homme entier, en corps et en âme.

449]                           807

Toujours ou les hommes ont parlé du vrai Dieu, ou le vrai Dieu a parlé aux hommes. .

459]                           808

Jésus-Christ a vérifié qu'il était le Messie, jamais en vérifiant sa doctrine sur l'Écriture et les prophéties, et toujours par ses miracles.

Il prouve qu'il remet les péchés par un miracle.

Ne vous réjouissez point de vos miracles, dit Jésus-Christ, mais de ce que vos noms sont écrits aux cieux.

S'ils ne croient point Moïse, ils ne croiront point un ressuscité.

Nicodème reconnaît, par ses miracles[2], que sa doctrine est de Dieu : *Scimus quia venisti a Deo, magister; nemo*

---

1. Ce fragment résume une des *questions sur les miracles,* posées par Pascal à M. de Barcos, abbé de Saint-Cyran (le neveu du premier abbé de Saint-Cyran).

2. *Ses,* par les miracles de Jésus-Christ.

*enim potest hæc signa facere quæ tu facis nisi Deus fuerit cum illo*[1]. Il ne juge pas des miracles par la doctrine, mais de la doctrine par les miracles.

Les Juifs avaient une doctrine de Dieu comme nous en avons une de Jésus-Christ, et confirmée par miracles; et défense de croire à tous faiseurs de miracles, et, de plus, ordre de recourir aux grands prêtres, et de s'en tenir à eux.

Et ainsi toutes les raisons que nous avons pour refuser de croire les faiseurs de miracles, ils les avaient à l'égard de leurs prophètes.

Et cependant ils étaient très coupables de refuser les prophètes, à cause de leurs miracles, et Jésus-Christ; et n'eussent pas été coupables s'ils n'eussent point vu les miracles : *Nisi fecissem..., peccatum non haberent*[2]. Donc toute la créance est sur les miracles.

La prophétie n'est point appelée miracle : comme, saint Jean parle du premier miracle en Cana, et puis de ce que Jésus-Christ dit à la Samaritaine qui découvre toute sa vie cachée, et puis guérit le fils d'un seigneur, et saint Jean appelle cela « le deuxième signe ».

*41]              809

Les combinaisons des miracles.

*Copie* 437]              810

Le second miracle peut supposer le premier; mais le premier ne peut supposer le second.

---

1: Jean III, 2. « Nous savons que tu es venu de Dieu, maître; car personne ne peut faire les miracles que tu fais, si Dieu n'est pas avec lui. »

2. Jean XV, 24 : « Si je n'avais fait en eux des œuvres que personne autre n'a faites ils n'auraient pas de péché. »

169]                          811

On n'aurait point péché en ne croyant pas Jésus-Christ, sans les miracles[1].

*270]                         812

Je ne serais pas chrétien sans les miracles, dit saint Augustin.

453]                          813

*Miracles.* — Que je hais ceux qui font les douteurs des miracles! Montaigne en parle comme il faut dans les deux endroits. On voit, en l'un, combien il est prudent, et néanmoins il croit, en l'autre, et se moque des incrédules.

. Quoi qu'il en soit, l'Église est sans preuve s'ils ont raison.

449]                          814

Montaigne contre les miracles.
Montaigne pour les miracles.

123]                          815

Il n'est pas possible de croire raisonnablement contre les miracles.

*47]                          816

Incrédules, les plus crédules. Ils croient les miracles de Vespasien, pour ne pas croire ceux de Moïse.

*443]                         817

TITRE : *D'où vient qu'on croit tant de menteurs qui disent qu'ils ont vu des miracles et qu'on ne croit aucun de ceux qui*

1. La copie ajoute *vide an mentiar* : « Vois si je mens. » Job, VI, 28.

*disent qu'ils ont des secrets pour rendre l'homme immortel ou pour rajeunir.* — Ayant considéré d'où vient qu'on ajoute tant de foi à tant d'imposteurs qui disent qu'ils ont des remèdes, jusques à mettre souvent sa vie entre leurs mains, il m'a paru que la véritable cause est qu'il y en a de vrais; car il ne serait pas possible qu'il y en eût tant de faux, et qu'on y donnât tant de créance, s'il n'y en avait de véritables. Si jamais il n'y eût eu remède à aucun mal, et que tous les maux eussent été incurables, il est impossible que les hommes se fussent imaginé qu'ils en pourraient donner; et encore plus que tant d'autres eussent donné créance à ceux qui se fussent vantés d'en avoir : de même que, si un homme se vantait d'empêcher de mourir, personne ne le croirait, parce qu'il n'y a aucun exemple de cela. Mais comme il y eut quantité de remèdes qui se sont trouvés véritables, par la connaissance même des plus grands hommes, la créance des hommes s'est pliée par là; et cela s'étant connu possible, on a conclu de là que cela était. Car le peuple raisonne ordinairement ainsi : « Une chose est possible, donc elle est »; parce que la chose ne pouvant être niée en général, puisqu'il y a des effets particuliers qui sont véritables, le peuple, qui ne peut pas discerner quels d'entre ces effets particuliers sont les véritables, les croit tous. De même, ce qui fait qu'on croit tant de faux effets de la lune, c'est qu'il y en a de vrais, comme le flux de la mer.

Il en est de même des prophéties, des miracles, des divinations par les songes, des sortilèges, etc. Car si de tout cela il n'y avait jamais eu rien de véritable, on n'en aurait jamais rien cru : et ainsi, au lieu de conclure qu'il n'y a point de vrais miracles parce qu'il y en a tant de faux, il faut dire au contraire qu'il y a certainement de vrais miracles, puisqu'il y en tant de faux, et qu'il n'y en a de faux que par cette raison qu'il y en a de vrais. Il faut raisonner de la même sorte pour la religion; car il

ne serait pas possible que les hommes se fussent imaginé
tant de fausses religions, s'il n'y en avait une véritable.
L'objection à cela, c'est que les sauvages ont une religion : mais on répond à cela que c'est qu'ils en ont ouï
parler, comme il paraît par le déluge, la circoncision, la
croix de saint André, etc.

\*193]                                 818

Ayant considéré d'où vient qu'il y a tant de faux miracles, de fausses révélations, sortilèges, etc., il m'a paru
que la véritable cause est qu'il [y] en a de vrais; car il ne
serait pas possible qu'il y eût tant de faux miracles s'il
n'y en avait de vrais, ni tant de fausses révélations s'il
n'y en avait de vraies, ni tant de fausses religions s'il n'y
en avait une véritable. Car s'il n'y avait jamais eu de tout
cela, il est comme impossible que les hommes se le
fussent imaginé, et encore plus impossible que tant
d'autres l'eussent cru. Mais comme il y a eu de très
grandes choses véritables, et qu'ainsi elles ont été crues
par de grands hommes, cette impression a été cause
que presque tout le monde s'est rendu capable de croire
aussi les fausses, et ainsi, au lieu de conclure qu'il n'y
a point de vrais miracles, puisqu'il y en a tant de faux,
il faut dire au contraire qu'il y a de vrais miracles, puisqu'il y en a tant de faux, et qu'il n'y en a de faux que
par cette raison qu'il y en a de vrais, et qu'il n'y a de
même de fausses religions que parce qu'il y en a une
vraie. — L'objection à cela : que les sauvages ont une
religion; mais c'est qu'ils ont ouï parler de la véritable,
comme il paraît par la croix de saint André, le déluge,
la circoncision, etc. Cela vient de ce que l'esprit
de l'homme, se trouvant plié de ce côté-là par la
vérité, devient susceptible par là de toutes les faussetés de
cette...

463] 819

Jérémie, xxiii, 32, les *miracles* des faux prophètes. En l'hébreu et Vatable, il y a les *légèretés*.

*Miracle* ne signifie pas toujours miracle. 1 *Rois*, 15, *miracle* signifie *crainte*, et est ainsi en l'hébreu. De même en Job manifestement, xxxiii, 7. Et encore Isaïe, xxi, 4 ; Jérémie, xliv, 12. *Portentum* signifie *simulacrum*, Jér., l, 38 ; et est ainsi en l'hébreu et en Vatable. *Is.*, viii, 18 : Jésus-Christ dit que lui et les siens seront en *miracles*.

453] 820

Si le diable favorisait la doctrine qui le détruit, il serait divisé, comme disait Jésus-Christ. Si Dieu favorisait la doctrine qui détruit l'Église, il serait divisé : *Omne regnum divisum*[1]. Car Jésus-Christ agissait contre le diable, et détruisait son empire sur les cœurs, dont l'exorcisme est la figuration, pour établir le royaume de Dieu. Et ainsi il ajoute : *In digito Dei... regnum Dei ad vos*[2].

465] 821

Il y a bien de la différence entre tenter et induire en erreur. Dieu tente, mais il n'induit pas en erreur. Tenter est procurer les occasions, qui n'imposant point de nécessité, si on n'aime pas Dieu, on fera une certaine chose. Induire en erreur est mettre l'homme dans la nécessité de conclure et suivre une fausseté.

*469] 822

Abraham, Gédéon : [*signes*] au-dessus de la révélation. Les juifs s'aveuglaient en jugeant des miracles par

1. Matth. xii, 25. Luc xi, 17 : « Tout royaume divisé. »
2. Luc, xi, 20 : « Si au nom de Dieu [je rejette les démons], le royaume de Dieu [habite en vous] (*in vos*). »

l'Écriture. Dieu n'a jamais laissé ses vrais adorateurs.

J'aime mieux suivre Jésus-Christ qu'aucun autre parce qu'il a le miracle, prophéties, doctrine, perpétuité, etc.

Donatistes : point de miracle, qui oblige à dire que c'est le diable.

Plus on particularise Dieu, Jésus-Christ, l'Église...

119]                              823

S'il n'y avait point de faux miracles, il y aurait certitude. S'il n'y avait point de règle pour les discerner, les miracles seraient inutiles, et il n'y aurait pas de raison de croire.

Or, il n'y a pas humainement de certitude humaine, mais raison.

453]                              824

Ou Dieu a confondu les faux miracles, ou il les a prédits; et, par l'un et par l'autre, il s'est élevé au-dessus de ce qui est surnaturel à notre égard, et nous y a élevés nous-mêmes.

*485]                             825

Les miracles ne servent pas à convertir, mais à condamner (Q. 113, A 10, *Ad* 2).

237]                              826

*Raisons pourquoi on ne croit point.*

Joh. xii, 37. *Cum autem tanta signa fecisset, non credebant in eum, ut sermo Isayæ impleretur. Excæcavit,* etc[1].

_____

1. « Après qu'il eut fait tous ces miracles, ils ne crurent pas en lui, afin que la parole d'Isaïe fût accomplie : (Dieu) a aveuglé, etc. »

*Hæc dixit Isaias, quando vidit gloriam ejus et locutus est de eo*[1].

« *Judæi signa petunt et Græcia sapientiam quærunt, nos autem Jesum crucifixum*[2] ». *Sed plenum signis, sed plenum sapientia; vos autem Christum non crucifixum et religionem sine miraculis et sine sapientia.*

Ce qui fait qu'on ne croit pas les vrais miracles, est le manque de charité. Joh. : *Sed vos non creditis, quia non estis ex ovibus*[3]. Ce qui fait croire les faux est le manque de charité. I Thess., II.

Fondement de la religion. C'est les miracles. Quoi donc? Dieu parle-t-il contre les miracles, contre les fondements de la foi qu'on a en lui?

S'il y a un Dieu, il fallait que la foi de Dieu fût sur la terre. Or les miracles de Jésus-Christ ne sont pas prédits par l'Antechrist, mais les miracles de l'Antechrist sont prédits par Jésus-Christ; et ainsi, si Jésus-Christ n'était pas le Messie, il aurait bien induit en erreur; mais l'Antechrist ne peut bien induire en erreur. Quand Jésus-Christ a prédit les miracles de l'Antechrist, a-t-il cru détruire la foi de ses propres miracles?

Moïse a prédit Jésus-Christ, et ordonné de le suivre; Jésus-Christ a prédit l'Antechrist, et défendu de le suivre.

Il était impossible qu'au temps de Moïse on réservât sa croyance à l'Antechrist, qui leur était inconnu; mais il est bien aisé, au temps de l'Antechrist, de croire en Jésus-Christ, déjà connu.

1. « En disant ces choses, Isaïe voyait sa gloire et parlait de lui » (Joh. XII, 41).

2. I *Cor.,* I, 22. « Les Juifs demandent des signes, et les Grecs recherchent la sagesse; nous, Jésus crucifié. » Mais (ajoute Pascal), plein de signes, mais plein de sagesse; vous (en s'adressant aux jésuites) « Ce que vous voulez, c'est un Christ non crucifié, une religion sans miracles et sans sagesse. »

3. x, 26 : « Mais vous ne croyez pas, parce que vous n'appartenez pas au troupeau. » La Vulgate porte *ex ovibus meis.*

Il n'y a nulle raison de croire en l'Antechrist, qui ne
soit à croire en Jésus-Christ; mais il y en a en Jésus-
Christ, qui ne sont pas en l'autre.

119]　　　　　　　　　　827

*Juges,* XIII, 23 : « Si le Seigneur nous eût voulu faire
mourir, il ne nous eût pas montré toutes ces choses. »
　Ezéchias. Sennachérib.
*Jérémie.* Hananias, faux prophète, meurt le septième
mois.
　II *Mach.,* III : Le temple prêt à piller secouru miraculeusement. — II *Mach.,* XV.
　III *Rois,* XVII : La veuve à Élie, qui avait ressuscité l'enfant : « Par là je connais que tes paroles sont vraies. »
　III *Rois,* XVIII : Élie avec les prophètes de Baal.
　Jamais en la contention du vrai Dieu, de la vérité de la
religion, il n'est arrivé de miracle du côté de l'erreur, et
non de la vérité.

455]　　　　　　　　　　828

*Contestation.* — Abel, Caïn; Moïse, magiciens; Élie,
faux prophètes; Jérémie, Hananias; Michée, faux prophètes; Jésus-Christ, Pharisiens; saint Paul. Barjésu;
Apôtres, exorcistes; les Chrétiens et les infidèles; les
catholiques, les hérétiques; Élie, Enoch; Antechrist.
　Toujours le vrai prévaut en miracles. Les deux croix.

125]　　　　　　　　　　829

Jésus-Christ dit que les Écritures témoignent de lui,
mais il ne montre pas en quoi.
　Même les prophéties ne pouvaient pas prouver Jésus-
Christ pendant sa vie; et ainsi, on n'eût pas été coupable
de ne pas croire en lui avant sa mort, si les miracles

n'eussent pas suffi sans la doctrine. Or, ceux qui ne croyaient pas en lui, encore vivant, étaient pécheurs, comme il le dit lui-même, et sans excuse. Donc il fallait qu'ils eussent une démonstration à laquelle ils résistassent. Or, ils n'avaient pas l'Écriture, mais seulement les miracles ; donc ils suffisent, quand la doctrine n'est pas contraire, et on doit y croire.

Jean, VII, 40. *Contestation entre les juifs, comme entre les chrétiens aujourd'hui.* Les uns croyaient en Jésus-Christ, les autres ne le croyaient pas, à cause des prophéties qui disaient qu'il devait naître de Bethléem. Ils devaient mieux prendre garde s'il n'en était pas. Car ses miracles étant convaincants, ils devaient bien s'assurer de ces prétendues contradictions de sa doctrine à l'Écriture ; et cette obscurité ne les excusait pas, mais les aveuglait. Ainsi ceux qui refusent de croire les miracles d'aujourd'hui, pour une prétendue contradiction chimérique, ne sont pas excusés.

Le peuple, qui croyait en lui sur ses miracles, les pharisiens leur disaient : « Ce peuple est maudit, qui ne sait pas la loi ; mais y a-t-il un prince ou un pharisien qui ait cru en lui ? car nous savons que nul prophète ne sort de Galilée », Nicodème répondit : « Notre loi juge-t-elle un homme devant que de l'avoir ouï[1] [et encore, un tel homme qui fait de tels miracles]. »

*Copie* 382] 830

Les prophéties étaient équivoques : elles ne le sont plus[2].

---

1. *Joan.,* VII, 47-50.
2. Depuis les miracles de Jésus-Christ.

439]                              831

Les cinq propositions étaient équivoques, elles ne le
sont plus[1].

449]                              832

Les miracles ne sont plus nécessaires, à cause qu'on en
a déjà. Mais qu'en on n'écoute plus la tradition, quand
on ne propose plus que le Pape, quand on l'a surpris, et
qu'ainsi ayant exclu la vraie source de la vérité, qui est la
tradition, et ayant prévenu le Pape, qui en est le dépositaire, la vérité n'a plus de liberté de paraître : alors les
hommes ne parlant plus de la vérité, la vérité doit parler
elle-même aux hommes. C'est ce qui arriva au temps
d'Arius. (Miracles sous Dioclétien et sous Arius.)

*441]                             833

*Miracle.* — Le peuple conclut cela de soi-même; mais
s'il vous en faut donner la raison...

Il est fâcheux d'être dans l'exception de la règle. Il
faut même être sévère, et contraire à l'exception. Mais
néanmoins, comme il est certain qu'il y a des exceptions
de la règle, il en faut juger sévèrement, mais justement.

449]                              834

Jeh., vi, 26 : *Non quia vidistis signa, sed quia saturati
estis*[2].

Ceux qui suivent Jésus-Christ à cause de ses miracles
honorent sa puissance dans tous les miracles qu'elle produit; mais ceux qui, en faisant profession de le suivre

---

1. Depuis le miracle de la Sainte-Épine.
2. « Non parce que vous avez vu des miracles, mais parce que vous
êtes rassasiés. »

pour ses miracles, ne le suivent en effet que parce qu'il les console et les rassasie des biens du monde, ils déshonorent ses miracles, quand ils sont contraires à leurs commodités.

Jeh. ix : *Non est hic homo a Deo, qui sabbatum non custodit. Alii : Quomodo potest homo peccator hæc signa facere*[1]*?*

Lequel est le plus clair?

Cette maison n'est pas de Dieu; car on n'y croit pas que les cinq propositions soient dans Jansénius. Les autres : Cette maison est de Dieu; car il y fait d'étranges miracles.

Lequel est le plus clair?

*Tu quid dicis? Dico quia propheta est. Nisi esset hic a Deo, non poterat facere quidquam*[2].

461]                    835

Dans le Vieux Testament, quand on vous détournera de Dieu. Dans le Nouveau, quand on vous détournera de Jésus-Christ. Voilà les occasions d'exclusion à la foi des miracles, marquées. Il ne faut pas y donner d'autres exclusions.

S'ensuit-il de là qu'ils auraient droit d'exclure tous les prophètes qui leur sont venus? Non. Ils eussent péché en n'excluant pas ceux qui niaient Dieu, et eussent péché d'exclure ceux qui ne niaient pas Dieu.

D'abord donc qu'on voit un miracle, il faut, ou se soumettre, ou avoir d'étranges marques du contraire. Il faut voir s'il nie un Dieu, ou Jésus-Christ, ou l'Église.

---

1. 16 : « Cet homme n'est pas de Dieu, qui n'observe point le sabbat. — D'autres : Comment ce pêcheur peut-il faire des miracles? »
2. *Saint Jean,* IX, 17, 33 : « Toi, que dis-tu? — Je dis qu'il est prophète. S'il n'était de Dieu, il ne pourrait rien faire. »

461]                        836

Il y a bien de la différence entre n'être pas pour Jésus-Christ et le dire, ou n'être pas pour Jésus-Christ, et feindre d'en être. Les uns peuvent faire des miracles, non les autres, car il est clair des uns qu'ils sont contre la vérité, non des autres; et ainsi les miracles sont plus clairs.

461]                        837

C'est une chose si visible, qu'il faut aimer un seul Dieu, qu'il ne faut pas de miracles pour le prouver.

193]                        838

Jésus-Christ a fait des miracles, et les apôtres ensuite, et les premiers saints, en grand nombre; parce que, les prophéties n'étant pas encore accomplies, et s'accomplissant par eux, rien ne témoignait que les miracles. Il était prédit que le Messie convertirait les nations. Comment cette prophétie se fût-elle accomplie, sans la conversion des nations? Et comment les nations se fussent-elles converties au Messie, ne voyant pas ce dernier effet des prophéties qui le prouvent? Avant donc qu'il ait été mort, ressuscité, et converti les nations, tout n'était pas accompli; et ainsi il a fallu des miracles pendant tout ce temps. Maintenant il n'en faut plus contre les Juifs, car les prophéties accomplies sont un miracle subsistant.

117]                        839

« Si vous ne croyez en moi, croyez au moins aux miracles. » Il les renvoie comme au plus fort.

Il avait été dit aux Juifs, aussi bien qu'aux Chrétiens, qu'ils ne crussent pas toujours les prophètes; mais néanmoins les pharisiens et les scribes font grand état de ses miracles, et essayent de montrer qu'ils sont faux, ou faits par le diable : étant nécessité[1] d'être convaincus, s'ils reconnaissent qu'ils sont de Dieu.

Nous ne sommes pas aujourd'hui dans la peine de faire ce discernement. Il est pourtant bien facile à faire : ceux qui ne nient ni Dieu, ni Jésus-Christ, ne font point de miracles qui ne soient sûrs. *Nemo facit virtutem in nomine meo, et cito possit de me male loqui*[2].

Mais nous n'avons point à faire ce discernement. Voici une relique sacrée. Voici une épine de la couronne du Sauveur du monde, en qui le prince de ce monde n'a point puissance, qui fait des miracles par la propre puissance de ce sang répandu pour nous. Voici que Dieu choisit lui-même cette maison pour y faire éclater sa puissance.

Ce ne sont point des hommes qui font ces miracles par une vertu inconnue et douteuse, qui nous oblige à un difficile discernement. C'est Dieu même; c'est l'instrument de la Passion de son Fils unique, qui, étant en plusieurs lieux, a choisi celui-ci, et fait venir de tous côtés les hommes pour y recevoir ces soulagements miraculeux dans leurs langueurs.

463]                         840

L'Église a trois sortes d'ennemis : les Juifs, qui n'ont jamais été de son corps; les hérétiques, qui s'en sont retirés; et les mauvais Chrétiens, qui la déchirent au dedans.

Ces trois sortes de différents adversaires la combattent

1. Sorte de participe absolu : parce qu'il y a nécessité qu'ils soient convaincus.
2. *Marc,* IX, 38. *Nemo est enim qui faciat.* « Personne ne pourrait faire miracle en mon nom, et mal parler de moi. »

d'ordinaire diversement. Mais ici ils la combattent d'une même sorte. Comme ils sont tous sans miracles, et que l'Église a toujours eu contre eux des miracles, ils ont tous eu le même intérêt à les éluder, et se sont tous servis de cette défaite : qu'il ne faut pas juger de la doctrine par les miracles, mais des miracles par la doctrine. Il y avait deux partis entre ceux qui écoutaient Jésus-Christ : les uns qui suivaient sa doctrine pour ses miracles; les autres qui disaient...[1] Il y avait deux partis au temps de Calvin... Il y a maintenant les Jésuites, etc.

463]                          841

Les miracles discernent aux choses douteuses : entre les peuples juif et païen, juif et chrétien; catholique, hérétique; calomniés, et calomniateurs; entre les deux croix.

Mais aux hérétiques, les miracles seraient inutiles; car l'Église, autorisée par les miracles qui ont préoccupé la créance, nous dit qu'ils n'ont pas la vraie foi. Il n'y a pas de doute qu'ils n'y sont pas, puisque les premiers miracles de l'Église excluent la foi des leurs. Il y a ainsi miracle contre miracle, et premiers et plus grands du côté de l'Église.

Ces filles[2], étonnées de ce qu'on dit, qu'elles sont dans la voie de perdition; que leurs confesseurs les mènent à Genève; qu'ils leur inspirent que Jésus-Christ n'est point en l'Eucharistie, ni en la droite du Père; elles savent que tout cela est faux, elles s'offrent donc à Dieu en cet état : *Vide si via iniquitatis in me est*[3]. Qu'arrive-t-il là-dessus? Ce lieu, qu'on dit être le temple du diable, Dieu en fait son temple. On dit qu'il faut en ôter les enfants :

1. *Il chasse les démons au nom de Belzébuth. (Math.*, XII, 24.)
2. Les religieuses de Port-Royal.
3. *Ps.*, CXXXVIII, 24. « Vois si la voie d'iniquité est en moi. »

Dieu les y guérit. On dit que c'est l'arsenal de l'enfer : Dieu en fait le sanctuaire de ses grâces. Enfin on les menace de toutes les fureurs et de toutes les vengeances du ciel; et Dieu les comble de ses faveurs. Il faudrait avoir perdu le sens pour en conclure qu'elles sont donc en la voie de perdition.

(On en a sans doute les mêmes marques que saint Athanase.)

469]                         · 842

« *Si tu es Christus, dic nobis*[1]. »

« *Opera quæ ego facio in nomine patris mei, hæc testimonium perhibent de me. Sed vos non creditis quia non estis ex ovibus meis. Oves mei vocem meam audiunt*[2]. »

Joh. VI, 30. « *Quod ergo tu facis signum ut videamus et credamus tibi?* » — *Non dicunt. Quam doctrinam prædicas*[3]*?*

« *Nemo potest facere signa quæ tu facis nisi Deus fuerit cum eo*[4]. »

II. Mach. XIV, 15. « *Deus qui signis evidentibus suam portionem protegit*[5] ».

« *Volumus signum videre de cælo, tentantes eum*[6]. » Luc. XI, 16.

« *Generatio prava signum quærit; et non dabitur*[7] ».

---

1. *Luc,* XXII, 66 : « Dis-nous si tu es le Christ. » Cf. *Joan.* X, 24-25.
2. « Les œuvres que je fais au nom de mon père portent témoignage de moi. » (*Joan.,* V, 36.) « Mais vous ne croyez pas parce que vous n'êtes pas de mes brebis. Mes brebis entendent ma voix. » (*Joan.,* X, 26-27.)
3. « Quel miracle fais-tu pour que nous le voyions et que nous croyions en toi? » — Ils ne disent pas : Quelle doctrine prêches-tu? (Commentaire de Pascal.)
4. « Nul ne peut faire les miracles que tu fais, si Dieu n'est avec lui. » (*Joan.,* III, 2.)
5. « Dieu qui protège la partie qui lui est réservée par des miracles évidents. »
6. « Nous voulons un signe du Ciel » (disaient-ils) « pour le tenter. »
7. « Cette génération mauvaise cherche un miracle, et il ne sera pas donné. » (*Matth.,* XII, 39.)

« *Et ingemiścens ait : Quid generatio ista signum quæ-rit*[1]? » (Marc. VIII, 12.) Elle demandait signe à mauvaise intention.

« *Et non poterat facere*[2]. » Et néanmoins il leur promet le signe de Jonas, de sa résurrection, le grand et l'in-comparable.

« *Nisi videritis signa, non creditis*[3]. » Il ne les blâme pas de ce qu'ils ne croient pas sans qu'il y ait de miracles; mais sans qu'ils en soient eux-mêmes les spectateurs.

— L'Antechrist *in signis mendacibus*[2], dit saint Paul. II. Thess. II.

« *Secundum operationem Satanæ; in seductione iis qui pereunt eo quod charitatem veritatis non receperunt ut salvi fierent, ideo mittet illis Deus optationes erroris ut credant mendacio*[5]. »

Comme au passage de Moïse : *tentat enim vos Deus, utrum diligatis eum*[6].

*Ecce prædixi vobis : vos ergo videte*[7].

471]                              843

Ce n'est point ici le pays de la vérité, elle erre inconnue parmi les hommes. Dieu l'a couverte d'un voile, qui la laisse méconnaître à ceux qui n'entendent pas sa voix. Le

1. « Et il dit en gémissant : Pourquoi cette génération demande-t-elle un miracle? »

2. « Et il ne pouvait en faire. » (*Marc*, VI, 3.)

3. « Si vous n'avez pas vu de miracles, vous ne croyez pas. » (*Joan.*, IV, 48.)

4. « En signes mensongers. »

5. « Selon l'opération de Satan, pour séduire ceux qui périssent parce qu'ils n'ont pas reçu pour leur salut l'amour de la charité, aussi Dieu leur enverra les tentations de l'erreur pour qu'ils croient aux mensonges. » (Saint Paul, II *Thess.*, II, 29.)

6. « Dieu vous tente, pour voir si vous l'aimez. » (*Deut.*, XIII, 3.)

7. « Voici ce que je vous ai prédit : Voyez donc vous-même. » (*Matth.*, XXIV, 25-26.)

lieu est ouvert au blasphème, et même sur des vérités au moins bien apparentes. Si l'on publie les vérités de l'Évangile, on en publie de contraires, et on obscurcit les questions en sorte que le peuple ne peut discerner. Et on demande : « Qu'avez-vous pour vous faire plutôt croire que les autres ? Quel signe faites-vous ? Vous n'avez que des paroles, et nous aussi. Si vous aviez des miracles, bien. » Cela est une vérité, que la doctrine doit être soutenue par les miracles, dont on abuse pour blasphémer la doctrine. Et si les miracles arrivent, on dit que les miracles ne suffisent pas sans la doctrine ; et c'est une autre vérité[1], pour blasphémer les miracles.

Jésus-Christ guérit l'aveugle-né, et fit quantité de miracles, au jour du sabbat... Par où il aveuglait les pharisiens, qui disaient qu'il fallait juger des miracles par la doctrine.

« Nous avons Moïse : mais celui-là, nous ne savons d'où il est. » C'est ce qui est admirable, que vous ne savez d'où il est ; et cependant il fait de tels miracles.

Jésus-Christ ne parlait ni contre Dieu, ni contre Moïse.

L'Antechrist et les faux prophètes, prédits par l'un et l'autre Testament, parleront ouvertement contre Dieu et contre Jésus-Christ. Qui n'est point contre, qui serait ennemi couvert, Dieu ne permettrait pas qu'il fît des miracles ouvertement.

Jamais en une dispute publique où les deux partis se disent à Dieu, à Jésus-Christ, à l'Église, les miracles ne sont du côté des faux chrétiens, et l'autre côté sans miracle.

« Il a le diable. » *Joh.,* x, 21. Et les autres disaient : « Le diable peut-il ouvrir les yeux des aveugles ? »

Les preuves que Jésus-Christ et les apôtres tirent de l'écriture ne sont pas démonstratives ; car ils disent seulement que Moïse a dit qu'un prophète viendrait, mais

1. Sous-entendu : *dont on abuse.*
2. *Joan,* IX, 14, 29 ; *Luc,* XIII, 24.

ils ne prouvent pas par là que ce soit celui-là, et c'était
toute la question. Ces passages ne servent donc qu'à
montrer qu'on n'est pas contraire à l'écriture, et qu'il n'y
paraît point de répugnance, mais non pas qu'il y ait
accord. Or, cela suffit, exclusion de répugnance, avec
miracles.

473] Il y a un devoir réciproque entre Dieu et les hommes. Il faut cependant venir. *Venite*. *Quod debui*[1]? « Accu-
sez-moi », dit Dieu dans Isaïe.

Dieu doit accomplir ses promesses, etc.

Les hommes doivent à Dieu de recevoir la religion
qu'il leur envoie. Dieu doit aux hommes de ne les
point induire en erreur. Or, ils seraient induits en
erreur, si les faiseurs [*de*] miracles annonçaient une doctrine qui ne parût pas visiblement fausse aux lumières du
sens commun, et si un plus grand faiseur de miracles
n'avait déjà averti de ne les pas croire.

Ainsi, s'il y avait division dans l'Église, et que les
Ariens, par exemple, qui se disaient fondés en l'Écriture
comme les Catholiques, eussent fait des miracles, et non
les Catholiques, on eût été induit en erreur.

Car, comme un homme qui nous annonce les secrets
de Dieu n'est pas digne d'être cru sur son autorité privée,
et que c'est pour cela que les impies en doutent, aussi un
homme qui, pour marque de la communication qu'il a
avec Dieu, ressuscite les morts, prédit l'avenir, transporte
les mers, guérit les malades, il n'y a point d'impie qui ne
s'y rende, et l'incrédulité de Pharao et des Pharisiens est
l'effet d'un endurcissement surnaturel.

Quand donc on voit les miracles et la doctrine non suspecte tout ensemble d'un côté, il n'y a pas de difficulté.
Mais quand on voit les miracles et [*la*] doctrine [*suspecte*]

---

1. *Quid est quod debui ultra facere vineæ, et non feci ei* « Qu'ai-je donc
dû faire à ma vigne, que je n'aie pas fait? » (*Isaïe*, V, 4.)

d'un même côté, alors il faut voir quel est le plus clair. Jésus-Christ était suspect.

Barjésu aveuglé. La force de Dieu surmonte celle de ses ennemis.

Les exorcistes juifs battus par les diables disant : « Je connais Jésus et Paul, mais vous, qui êtes-vous ? »

Les miracles sont pour la doctrine, et non pas la doctrine pour les miracles.

Si les miracles sont vrais, pourra-t-on persuader toute doctrine ? non, car cela n'arrivera pas. *Si angelus*[1]...

Règle : Il faut juger de la doctrine par les miracles, il faut juger des miracles par la doctrine. Tout cela est vrai, mais cela ne se contredit pas.

Car il faut distinguer les temps.

Que vous êtes aise de savoir les règles générales, pensant par là jeter le trouble, et rendre tout inutile ! On vous en empêchera, mon Père : la vérité est une et ferme.

Il est impossible, par le devoir de Dieu, qu'un homme cachant sa mauvaise doctrine, et n'en faisant apparaître qu'une bonne, et se disant conforme à Dieu et à l'Église, fasse des miracles pour couler insensiblement une doctrine fausse et subtile : cela ne se peut.

Et encore moins que Dieu, qui connaît les cœurs, fasse des miracles en faveur d'un tel.

447]                           844

Les trois marques de la religion : la perpétuité, la bonne vie, les miracles. Ils détruisent la perpétuité par la probabilité, la bonne vie, par leur morale ; les miracles, en détruisant ou leur vérité, ou leur conséquence.

Si on les croit, l'Église n'aura que faire de perpétuité, sainteté, ni miracles. Les hérétiques les nient, ou en nient

---

1. « Fût-ce un ange [qui vous prêchât un autre Évangile que le nôtre, qu'il soit anathème]. » (Saint Paul, *Galat.*, I, 8.)

la conséquence; eux de même. Mais il faudrait n'avoir point de sincérité pour les nier, ou encore perdre le sens pour en nier la conséquence.

Jamais on ne s'est fait martyriser pour les miracles qu'on dit avoir vus, car [*pour*] ceux que les Turcs croient par tradition, la folie des hommes va peut-être jusqu'au martyre, mais non pour ceux qu'on a vus.

453]　　　　　　845

Les hérétiques ont toujours combattu ces trois marques qu'ils n'ont point.

401]　　　　　　846

« *Première objection* : Ange du ciel. Il ne faut pas juger de la vérité par les miracles, mais des miracles par la vérité. Donc les miracles sont inutiles. »

Or ils servent, et il ne faut point être contre la vérité, d'où ce qu'a dit le P. Lingendes[1] que « Dieu ne permettra pas qu'un miracle puisse induire à erreur ».

Lorsqu'il y aura contestation dans la même Église, le miracle décidera.

*Deuxième objection* : « Mais l'Antechrist fera des signes. »

Les magiciens de Pharao n'induisaient point à erreur. Ainsi on ne pourra pas dire à Jésus-Christ sur l'Antechrist : « Vous m'avez induit à erreur ». Car l'Antechrist les fera contre Jésus-Christ et ainsi ils ne peuvent induire à erreur. Ou Dieu ne permettra point de faux miracles, ou il en procurera de plus grands.

[Depuis le commencement du monde Jésus-Christ subsiste : cela est plus fort que tous les miracles de l'Antechrist].

1. Claude de Lingendes, prédicateur jésuite qui eut, comme son cousin Jean de Lingendes, une grande réputation d'éloquence; il fut un des familiers du prince de Condé et mourut en 1660.

Si dans la même Église il arrivait miracle du côté des errants, on serait induit à erreur. Le schisme est visible, le miracle est visible. Mais le schisme est plus marque d'erreur que le miracle n'est marque de vérité : donc le miracle ne peut induire à erreur.

Mais hors le schisme, l'erreur n'est pas si visible que le miracle est visible, donc le miracle induirait à erreur.

*Ubi est Deus tuus*[1]? Les miracles le montrent, et sont un éclair.

Copie 403]                    847

Une des antiennes des vêpres de Noël :
*Exortum est in tenebris lumen rectis corde*[2].

Copie 226]                    848

Que si la miséricorde de Dieu est si grande qu'il nous instruit salutairement, même lorsqu'il se cache, quelle lumière n'en devons-nous pas attendre, lorsqu'il se découvre?

402]                          849

*Est et non est*[3] sera-t-il reçu dans la foi même, aussi bien que dans la morale? Et s'il est inséparable d'avec les autres...

Quand saint Xavier fait des miracles. — [Saint Hilaire. — Misérables qui nous obligez à parler des miracles.]

Juges injustes, ne faites pas des lois sur l'heure; jugez par celles qui sont établies, et par vous-mêmes : *Vae qui conditis leges iniquas*[4].

1. *Ps.*, XLI, 4 : « Où est ton Dieu? »
2. « Une lumière s'est élevée dans les ténèbres pour ceux qui ont le cœur pur. » *Ps*. CXI, 4.
3. « Le oui et le non. »
4. « Malheur à vous qui établissez les lois injustes. » (*Is.*, X, 1.)

Miracles continuels, faux.

Pour affaiblir vos adversaires, vous désarmez toute l'Église.

S'ils disent que notre salut dépend de Dieu ce sont des « hérétiques ». S'ils disent qu'ils sont soumis au pape, c'est une « hypocrisie ». S'ils sont prêts à souscrire toutes ses constitutions, cela ne suffit pas. S'ils disent qu'il ne faut pas tuer pour une pomme, « ils combattent la morale des catholiques ». S'il se fait des miracles parmi eux, ce n'est point une marque de sainteté, et c'est au contraire un soupçon d'hérésie.

La manière dont l'Église a subsisté est que la vérité a été sans contestation, ou si elle a été contestée, il y a eu le Pape, ou sinon, il y a eu l'Église.

447]                              850

Les cinq propositions condamnées, point de miracle, car la vérité n'était point attaquée. Mais la Sorbonne..., mais la bulle...

Il est impossible que ceux qui aiment Dieu de tout leur cœur méconnaissent l'Église, tant elle est évidente. — Il est impossible que ceux qui n'aiment pas Dieu soient convaincus de l'Église.

Les miracles ont une telle force qu'il a fallu que Dieu ait averti qu'on n'y pense point contre lui, tout clair qu'il soit qu'il y a un Dieu; sans quoi ils eussent été capables de troubler.

Et ainsi tant d'en faut que ces passages, *Deut.*, XIII[1], fassent contre l'autorité des miracles, que rien n'en marque davantage la force. Et de même pour l'Antechrist : « Jusqu'à séduire les élus, s'il était possible ».

---

1. Allusion à ce chapitre fameux où il est dit que de faux prophètes feront de vrais miracles.

L'histoire de l'aveugle-né.

Que dit saint Paul? dit-il le rapport des prophéties à toute heure? Non, mais son miracle. Que dit Jésus-Christ? dit-il le rapport des prophéties? Non : sa mort ne les avait pas accomplies; mais il dit : *si non fecissem*[1]. Croyez aux œuvres.

Deux fondements surnaturels de notre religion toute surnaturelle : l'un visible, l'autre invisible. Miracles avec la grâce, miracles sans la grâce.

La synagogue qui a été traitée avec amour comme figure de l'Église, et avec haine, parce qu'elle n'en était que la figure, a été relevée, étant prête à succomber quand elle était bien avec Dieu; et ainsi figure.

Les miracles prouvent le pouvoir que Dieu a sur les cœurs, par celui qu'il exerce sur les corps.

Jamais l'Église n'a approuvé un miracle parmi les hérétiques.

Les miracles, appui de religion : ils ont discerné les juifs, ils ont discerné les chrétiens, les saints, les innocents, les vrais croyants.

Un miracle parmi les schismatiques n'est pas tant à craindre; car le schisme, qui est plus visible que le miracle, marque visiblement leur erreur. Mais quand il n'y a point de schisme, et que l'erreur est en dispute, le miracle discerne.

« *Si non fecissem quæ alius non fecit*[2]. » Ces malheureux, qui nous ont obligé de parler des miracles.

Abraham, Gédéon : confirmer la foi par miracles.

Judith. Enfin Dieu parle dans les dernières oppressions. Si le refroidissement de la charité laisse l'Église presque

---

1. *Joan.*, XV, 24. « Si je n'avais fait [ce qu'un autre n'a pas fait]. »
2. Voir plus haut, deuxième paragraphe, note 1.

sans vrais adorateurs, les miracles en exciteront. Ce sont
les derniers efforts de la grâce.

S'il se faisait un miracle aux Jésuites!

Quand le miracle trompe l'attente de ceux en présence
desquels il arrive, et qu'il y a disproportion entre l'état de
leur foi et l'instrument du miracle, alors il doit les porter
à changer. Mais vous, autrement. Il y aurait autant de
raison à dire que si l'Eucharistie ressuscitait un mort, il
faudrait se rendre calviniste que demeurer catholique.
Mais quand il couronne l'attente, et que ceux qui ont
espéré que Dieu bénirait les remèdes se voient guéris
sans remèdes...

*Impies.* — Jamais signe n'est arrivé de la part du diable
sans un signe plus fort de la part de Dieu, au moins sans
qu'il eût été prédit que cela arriverait.


451]                          852


Injustes persécuteurs de ceux que Dieu protège visiblement : s'ils vous reprochent vos excès, « ils parlent
comme les hérétiques »; s'ils disent que la grâce de
Jésus-Christ nous discerne, « ils sont hérétiques »;
s'il se fait des miracles, « c'est la marque de leur
hérésie ».

Ezéchiel. — On dit : Voilà le peuple de Dieu qui parle
ainsi. — Ezéchias.

Il est dit : « Croyez à l'Église », mais il n'est pas dit :
« Croyez aux miracles », à cause que le dernier est naturel, et non pas le premier. L'un avait besoin de précepte, non pas l'autre.

La synagogue était la figure, et ainsi ne périssait point;
et n'était que la figure, et ainsi est périe. C'était une
figure qui contenait la vérité, et ainsi, elle a subsisté jusqu'à ce qu'elle n'a plus eu la vérité.

Mon révérend Père, tout cela se passait en figures. Les autres religions périssent; celle-là ne périt point.

Les miracles sont plus importants que vous ne pensez : ils ont servi à la fondation, et serviront à la continuation de l'Église, jusqu'à l'Antechrist, jusqu'à la fin.

Les deux Témoins.

En l'Ancien Testament et au Nouveau, les miracles sont faits par l'attachement des figures. Salut, ou chose inutile sinon pour montrer qu'il faut se soumettre aux créatures. Figure du sacrement.

110]                        853

[Il faut sobrement juger des ordonnances divines, mon Père.

Saint Paul en l'île de Malte.]

*Appendice au fragment* 853.

La dureté des Jésuites surpasse donc celle des Juifs, puisqu'ils ne refusaient de croire Jésus-Christ innocent que parce qu'ils doutaient si ses miracles étaient de Dieu. Au lieu que les jésuites ne pouvant douter que les miracles de Port-Royal ne soient de Dieu, ils ne laissent pas de douter encore de l'innocence de cette maison[1].

113]                        855

Je suppose qu'on croit les miracles. Vous corrompez

---

1. Texte apocryphe emprunté par Bossut à Colbert, évêque de Montpellier, qui avait publié, en 1727, en les *arrangeant* quelque peu, des pensées de Pascal sur les miracles.

la religion ou en faveur de vos amis, ou contre vos ennemis. Vous en disposez à votre gré.

93]                          856

*Sur le miracle*. — Comme Dieu n'a pas rendu de famille
plus heureuse, qu'il fasse aussi qu'il n'en trouve point
de plus reconnaissante.

# SECTION XIV

## FRAGMENTS POLÉMIQUES—APPENDICE

229] 857

*Clarté, obscurité*. — Il y aurait trop d'obscurité, si la vérité n'avait pas des marques visibles. C'en est une admirable d'être toujours dans une Église et assemblée [d'hommes] visible. Il y aurait trop de clarté s'il n'y avait qu'un sentiment dans cette Église; celui qui a toujours été est le vrai; car le vrai y a toujours été, et aucun faux n'y a toujours été.

*Copie* 403] 858

L'histoire de l'Église doit être proprement appelée l'histoire de la vérité.

*202] 859

Il y a plaisir d'être dans un vaisseau battu de l'orage, lorsqu'on est assuré qu'il ne périra point. Les persécutions qui travaillent l'Église sont de cette nature.

416]             860

Après tant de marques de piété, ils[1] ont encore la persécution, qui est la meilleure des marques de la piété.


461]                 861

Bel état de l'Église quand elle n'est plus soutenue que
de Dieu.


275]                 862

L'Église a toujours été combattue par des erreurs
contraires, mais peut-être jamais en même temps, comme
a présent. Et si elle en souffre plus, à cause de la mul-
tiplicité d'erreurs, elle en reçoit cet avantage qu'elles se
détruisent.

Elle se plaint des deux, mais bien plus des calvinistes,
à cause du schisme.

Il est certain que plusieurs des deux contraires sont
trompés, il faut les désabuser.

La foi embrasse plusieurs vérités qui semblent se
contredire. *Temps de rire, de pleurer,* etc. *Responde. Ne
respondeas,* etc.

La source en est l'union des deux natures en Jésus-
Christ; et aussi les deux mondes (La création d'un nouveau ciel et nouvelle terre; nouvelle vie, nouvelle mort;
toutes choses doublées, et les mêmes noms demeurant);
et enfin les deux hommes qui sont dans les justes (car ils
sont les deux mondes, et un membre et image de Jésus-
Christ. Et ainsi tous les noms leur conviennent, de justes,
pécheurs; mort, vivant; vivant, mort; élu, réprouvé, etc.).

Il y a donc un grand nombre de vérités, et de foi et de
morale, qui semblent répugnantes, et qui subsistent tou-

1. Les jansénistes.

tes dans un ordre admirable. La source de toutes les
hérésies est l'exclusion de quelques-unes de ces vérités;
et la source de toutes les objections que nous font les
hérétiques est l'ignorance de quelques-unes de nos vérités. Et d'ordinaire il arrive que, ne pouvant concevoir
le rapport de deux vérités opposées, et croyant que
l'aveu de l'une enferme l'exclusion de l'autre, ils s'attachent à l'une, ils excluent l'autre, et pensent que nous, au
contraire. Or l'exclusion est la cause de leur hérésie; et
l'ignorance que nous tenons l'autre, cause leurs objections.

1<sup>er</sup> exemple : Jésus-Christ est Dieu et homme. Les
ariens, ne pouvant allier ces choses qu'ils croient incompatibles, disent qu'il est homme : en cela ils sont catholiques. Mais ils nient qu'il soit Dieu : en cela ils sont
hérétiques. Ils prétendent que nous nions son humanité :
en cela ils sont ignorants.

2<sup>e</sup> exemple : sur le sujet du Saint Sacrement : Nous
croyons que la substance du pain étant changée, et trans-
substantiée en celle du corps de Notre-Seigneur, Jésus-
Christ y est présent réellement. Voilà une des vérités.
Une autre est que ce Sacrement est aussi une figure de la
croix et de la gloire, et une commémoration des deux.
Voilà la foi catholique, qui comprend ces deux vérités
qui semblent opposées.

L'hérésie d'aujourd'hui, ne concevant pas que ce
Sacrement contienne tout ensemble et la présence de
Jésus-Christ et sa figure, et qu'il soit sacrifice et commémoration de sacrifice, croit qu'on ne peut admettre l'une
de ces vérités sans exclure l'autre pour cette raison.

Ils s'attachent à ce point seul, que ce Sacrement est figuratif; et en cela ils ne sont pas hérétiques. Ils pensent que
nous excluons cette vérité; de là vient qu'ils nous font
tant d'objections sur les passages des Pères qui le disent.
Enfin ils nient la présence; et en cela ils sont hérétiques.

3<sup>e</sup> exemple : les indulgences.

C'est pourquoi le plus court moyen pour empêcher
les hérésies est d'instruire de toutes les vérités; et le plus
sûr moyen de les réfuter est de les déclarer toutes. Car
que diront les hérétiques?

Pour savoir si un sentiment est d'un Père[1]...

*Copie* 226]                    863

Tous errent d'autant plus dangereusement qu'ils suivent chacun une vérité, leur faute n'est pas de suivre
une fausseté, mais de ne pas suivre une autre vérité.

*201]                    864

La vérité est si obscurcie en ce temps, et le mensonge
si établi, qu'à moins que d'aimer la vérité, on ne saurait
la connaître.

225]                    865

S'il y a jamais un temps auquel on doive faire profession des deux contraires, c'est quand on reproche qu'on
en omet un. Donc les Jésuites et les Jansénistes ont tort
en les célant; mais les Jansénistes plus, car les Jésuites en
ont mieux fait profession des deux.

227]                    866

Deux sortes de gens égalent les choses, comme les fêtes
aux jours ouvriers, les chrétiens aux prêtres, tous les
péchés entre eux, etc. Et de là les uns concluent que ce
qui est donc mal aux prêtres l'est aussi aux chrétiens;
et les autres, que ce qui n'est pas mal aux chrétiens est
permis aux prêtres.

214]                    867

Si l'ancienne Église était dans l'erreur, l'Église est

1. *Prov.* XVIII.

tombée. Quand elle y serait aujourd'hui, ce n'est pas de même; car elle a toujours la maxime supérieure de la tradition, de la créance de l'ancienne Église; et ainsi cette soumission et cette conformité à l'ancienne Église prévaut et corrige tout. Mais l'ancienne Église ne supposait pas l'Église future et ne la regardait pas, comme nous supposons et regardons l'ancienne.

12]                          868

Ce qui nous gâte pour comparer ce qui s'est passé autrefois dans l'Église à ce qui s'y voit maintenant, est qu'ordinairement on regarde saint Athanase, sainte Thérèse, et les autres, comme couronnés de gloire et jugés avant nous comme des dieux. A présent que le temps a éclairci les choses, cela paraît ainsi. Mais au temps où on le persécutait, ce grand saint était un homme qui s'appelait Athanase; et sainte Thérèse, une folle. « Élie était un homme comme nous, et sujet aux mêmes passions que nous », dit saint [*Jacques*], pour désabuser les Chrétiens de cette fausse idée qui nous fait rejeter l'exemple des saints, comme disproportionné à notre état. « C'étaient des saints, disons-nous, ce n'est pas comme nous. » Que se passait-il donc alors? Saint Athanase était un homme appelé Athanase, accusé de plusieurs crimes, condamné en tel et tel concile, pour tel et tel crime; tous les évêques y consentent, et le pape enfin[1]. Que dit-on à ceux qui y résistent? Qu'ils troublent la paix, qu'ils font schisme, etc.

1. Allusion aux luttes que saint Athanase, patriarche d'Alexandrie soutient contre les Ariens; accusé de viol, de meurtre, de sacrilège, il fut condamné par les conciles de Tyr, d'Arles, de Milan, abandonné enfin par le pape Libère qui, après une longue résistance, ratifia sa condamnation. Il fut cependant définitivement vainqueur, Saint Athanase est ici mis pour Arnauld, comme sainte Thérèse, la réformatrice des Carmélites, est mise pour la mère Angélique.

Zèle, lumière. Quatre sortes de personnes : zèle sans science; science sans zèle; ni science ni zèle; et zèle et science. Les trois premiers le condamnent, et les derniers l'absolvent, et sont excommuniés de l'Église, et sauvent néanmoins l'Église.

109]                            869

Si saint Augustin venait aujourd'hui et qu'il fût aussi peu autorisé que ses défenseurs, il ne ferait rien. Dieu conduit bien son Église de l'avoir envoyé devant avec autorité.

*442]                            870

Dieu n'a pas voulu absoudre sans l'Église; comme elle a part à l'offense, il veut qu'elle ait part au pardon. Il l'associe à ce pouvoir comme les rois les parlements; mais si elle absout ou si elle lie sans Dieu, ce n'est plus l'Église : comme au parlement; car encore que le roi ait donné grâce à un homme, si faut-il qu'elle soit entérinée; mais si le parlement entérine sans le roi ou s'il refuse d'entériner sur l'ordre du roi, ce n'est plus le parlement du roi, mais un corps révolté.

251]                            871

*Église, pape. Unité, multitude.* — En considérant l'Église comme unité, le Pape, qui en est le chef, est comme tout. En la considérant comme multitude, le Pape n'en est qu'une partie. Les Pères l'ont considérée, tantôt en une manière, tantôt en l'autre. Et ainsi ont parlé diversement du pape. (Saint Cyprien : *Sacerdos Dei.*) Mais en établissant une de ces deux vérités, ils n'ont pas exclu l'autre. La multitude qui ne se réduit pas à l'unité est confusion; l'unité qui ne dépend pas de la multitude est tyrannie.

Il n'y a presque plus que la France où il soit permis de
dire que le Concile est au-dessus du Pape.

123]                    872

Le Pape est premier. Quel autre est connu de tous?
Quel autre est reconnu de tous, ayant pouvoir d'insinuer
dans tout le corps, par ce qu'il tient la maîtresse bran-
che, qui s'insinue partout? Qu'il était aisé de faire dégé-
nérer cela en tyrannie! C'est pourquoi Jésus-Christ leur
a posé ce précepte : *Vos autem non sic*.

427]                    873

Le Pape hait et craint les savants, qui ne lui sont pas
soumis par vœu.

123]                    874

Il ne faut pas juger de ce qu'est le Pape par quelques
paroles des Pères, comme disaient les Grecs dans un
concile, règles importantes, mais par les actions de
l'Église et des Pères, et par les canons.
  *Duo aut tres. In unum.* L'unité et la multitude : Erreur
à exclure l'une des deux, comme font les papistes qui
excluent la multitude, ou les huguenots qui excluent
l'unité.

453]                    875

Le Pape serait-il déshonoré, pour tenir de Dieu et de
la tradition ses lumières? et n'est-ce pas le déshonorer
de le séparer de cette sainte union?

437]                    876

Dieu ne fait point de miracles dans la conduite ordinaire de son Église. C'en serait un étrange, si l'infaillibi-

lité était dans un; mais d'être dans la multitude, cela
paraît si naturel, que la conduite de Dieu est cachée sous
la nature, comme en tous ses autres ouvrages.

429]                    877

Les rois disposent de leur empire; mais les Papes ne
peuvent disposer du leur.

159]                    878

*Summum jus, summa injuria*[1].

La pluralité est la meilleure voie, parce qu'elle est
visible, et qu'elle a la force pour se faire obéir; cependant c'est l'avis des moins habiles.

Si l'on avait pu, l'on aurait mis la force entre les
mains de la justice : mais, comme la force ne se laisse
pas manier comme on veut, parce que c'est une qualité
palpable, au lieu que la justice est une qualité spirituelle
dont on dispose comme on veut, on l'a mise entre les
mains de la force; et ainsi on appelle juste ce qu'il est
force d'observer.

De là vient le droit de l'épée, car l'épée donne un
véritable droit. Autrement on verrait la violence d'un
côté et la justice de l'autre. Fin de la douzième *Provinciale*. De là vient l'injustice de la Fronde, qui élève sa
prétendue justice contre la force. Il n'en est pas de même
dans l'Église, car il y a une justice véritable et nulle violence.

*73]                    879

*Injustice*. — La juridiction ne se donne pas pour [*le*]
juridiciant, mais pour le juridicié. Il est dangereux de le
dire au peuple : mais le peuple a trop de croyance en

---

1. « Le droit extrême est l'extrême injustice. »

vous; cela ne lui nuira pas, et peut vous servir. Il faut donc le publier. *Pasce oves meas,* non *tuas*[1]. Vous me devez pâture.

109]                    880

On aime la sûreté. On aime que le Pape soit infailli-ble en la foi, et que les docteurs graves le soient dans les mœurs, afin d'avoir son assurance.

453]                    881

L'Église enseigne et Dieu inspire, l'un et l'autre infail-liblement. L'opération de l'Église ne sert qu'à préparer à la grâce ou à la condamnation. Ce qu'elle fait suffit pour condamner, non pour inspirer.

85]                    882

Toutes les fois que les Jésuites surprendront le Pape, on rendra toute la chrétienté parjure.

Le Pape est très aisé à être surpris à cause de ses affaires et de la créance qu'il a aux Jésuites; et les Jésui-tes sont très capables de surprendre à cause de la calomnie.

449]                    883

Les malheureux, qui nous ont obligés de parler du fond de la religion.

449]                    884

Des pécheurs purifiés sans pénitence, des justes sancti-fiés sans charité, tous les chrétiens sans la grâce de

1. « Fais paître mes brebis (non les tiennes). »

Jésus-Christ, Dieu sans pouvoir sur la volonté des hommes, une prédestination sans mystère, une rédemption sans certitude !

249]                                   885

Est fait prêtre qui veut l'être, comme sous Jéroboam. C'est une chose horrible qu'on nous propose la discipline de l'Église d'aujourd'hui pour tellement bonne, qu'on fait un crime de la vouloir changer. Autrefois elle était bonne infailliblement, et on trouve qu'on a pu la changer sans péché ; et maintenant, telle qu'elle est, on ne la pourra souhaiter changée ! Il a bien été permis de changer la coutume de ne faire des prêtres qu'avec tant de circonspection, qu'il n'y en avait presque point qui en fussent dignes ; et il ne sera pas permis de se plaindre de la coutume qui en fait tant d'indignes !

127]                                   886

*Hérétiques.* — Ézéchiel. Tous les païens disaient du mal d'Israël, et le prophète aussi : et tant s'en faut que les Israélites eussent droit de lui dire : « Vous parlez comme les païens » qu'il fait sa plus grande force sur ce que les païens parlent comme lui.

447]                                   887

Les jansénistes ressemblent aux hérétiques par la réformation des mœurs ; mais vous leur ressemblez en mal.

397]                                   888

Vous ignorez les prophéties si vous ne savez que tout cela doit arriver : princes, prophètes, Pape et même les prêtres ; et néanmoins l'Église doit subsister. Par la grâce de Dieu nous n'en sommes pas là. Malheur à ces prêtres !

mais nous espérons que Dieu nous fera la miséricorde que nous n'en serons point.

Saint Pierre, chap. 2 : faux prophètes passés, images des futurs.

411]                                    889

... De sorte que s'il est vrai, d'une part, que quelques religieux relâchés et quelques casuistes corrompus, qui ne sont pas membres de la hiérarchie, ont trempé dans ces corruptions, il est constant, de l'autre, que les véritables pasteurs de l'Église, qui sont les véritables dépositaires de la parole divine, l'ont conservée immuablement contre les efforts de ceux qui ont entrepris de la ruiner.

Et ainsi les fidèles n'ont aucun prétexte de suivre ces relâchements, qui ne leur sont offerts que par les mains étrangères de ces casuistes, au lieu de la saine doctrine, qui leur est présentée par les mains paternelles de leurs propres pasteurs. Et les impies et les hérétiques n'ont aucun sujet de donner ces abus pour des marques du défaut de la providence de Dieu sur son Église, puisque, l'Église étant proprement dans le corps de la hiérarchie, tant s'en faut qu'on puisse conclure de l'état présent des choses que Dieu l'ait abandonnée à la corruption, qu'il n'a jamais mieux paru qu'aujourd'hui que Dieu la défend visiblement de la corruption.

Car, si quelques-uns de ces hommes qui, par une vocation extraordinaire, ont fait profession de sortir du monde et de prendre l'habit de religieux pour vivre dans un état plus parfait que le commun des chrétiens, sont tombés dans des égarements qui font horreur au commun des chrétiens et sont devenus entre nous ce que les faux prophètes étaient entre les Juifs, c'est un malheur particulier et personnel qu'il faut à la vérité déplorer, mais dont on ne peut rien conclure contre le soin que Dieu prend de son Église; puisque toutes ces choses sont si clairement prédites, et qu'il a été annoncé depuis si longtemps que ces tentations s'élèveraient de la part de ces sortes de personnes; et que quand on est bien instruit on voit plutôt en cela des marques de la conduite de Dieu que de son oubli à notre égard.

453]                       890

Tertullien : *nunquam Ecclesia reformabitur*[1].

2ᵉ *Man. Guerrier*]              891

Il faut faire connaître aux hérétiques qui se prévalent de la doctrine des Jésuites que [*ce n'est pas*] celle de l'Église; et que nos divisions ne nous séparent pas d'autel.

2ᵉ *Man. Guerrier*]              892

Si en différant nous condamnions, vous auriez raison. L'uniformité sans diversité inutile aux autres, la diversité sans uniformité ruineuse pour nous. — L'une nuisible au dehors, l'autre nuisible au dedans.

455]                       893

En montrant la vérité, on la fait croire; mais en montrant l'injustice des maîtres, on ne la corrige pas. On assure la conscience en montrant la fausseté; on n'assure pas la bourse en montrant l'injustice.

427]                       894

Ceux qui aiment l'Église se plaignent de voir corrompre les mœurs; mais au moins les lois subsistent.

1. « L'Église ne sera jamais réformée. »

Mais ceux-ci corrompent les lois : le modèle est gâté.

51]                    895

Jamais on ne fait le mal si pleinement et si gaiement que quand on le fait par conscience.

427]                    896

C'est en vain que l'Église a établi ces mots d'anathèmes, hérésies, etc. : on s'en sert contre elle.

97]                    897

Le serviteur ne sait que ce que le maître fait, car le maître lui dit seulement l'action et non la fin; et c'est pourquoi il s'y assujettit servilement et pèche souvent contre la fin. Mais Jésus-Christ nous a dit la fin. Et vous détruisez cette fin.

*442]                    898

Ils ne peuvent avoir la perpétuité, et ils cherchent l'universalité; et pour cela, ils font toute l'Église corrompue, afin qu'ils soient sains.

*Copie* 403]                    899

*Contre ceux qui abusent des passages de l'Écriture, et qui se prévalent de ce qu'ils en trouvent quelqu'un qui semble favoriser leur erreur*. — Le chapitre de Vêpres, le dimanche de la Passion, l'oraison pour le roi.

Explication de ces paroles : « Qui n'est pas pour moi est contre moi. » Et de ces autres : « Qui n'est point contre vous est pour vous. » Une personne qui dit : « Je ne suis ni pour ni contre »; on doit lui répondre...

**\*19]**                    **900**

Qui veut donner le sens de l'Écriture et ne le prend point de l'Écriture, est ennemi de l'Écriture. (Aug. *d. d. ch.*).

**206]**                    **901**

« *Humilibus dat gratiam*[1] »; *an ideo non dedit humilitatem?*

« *Sui eum non receperunt; quotquot autem non receperunt*[2] » *an non erant sui?*

**406]**                    **902**

« Il faut bien, dit le Feuillant, que cela ne soit pas si certain; car la contestation marque l'incertitude (saint Athanase, saint Chrysostome; la morale, les infidèles). »

Les Jésuites n'ont pas rendu la vérité incertaine, mais ils ont rendu leur impiété certaine.

La contradiction a toujours été laissée, pour aveugler les méchants; car tout ce qui choque la vérité ou la charité est mauvais : voilà le vrai principe.

**221]**                    **903**

Toutes les religions et les sectes du monde ont eu la raison naturelle pour guide[3]. Les seuls Chrétiens ont été

---

1. Jacob. *Ep.*, IV, 6. « Aux humbles il donne la grâce »; est-ce qu'il ne leur a pas donné l'humilité?

2. Joan., I, 11-12. « Les siens ne l'ont pas reçu; tous ceux qui ne l'ont pas reçu » n'étaient-ils pas les siens?

3. Une première rédaction que Pascal a ensuite barrée donnait en latin les passages de l'Écriture (*Jérém.*, VI, 16 et XVIII, 12) qui sont traduits dans le texte ci-contre : « *State super vias et interrogate de semitis antiquis, et ambulate in eis. Et dixerunt : Non ambulabimus, sed post cogitationem nostram ibimus*. Ils ont dit aux peuples : Venez à nous; nous suivrons les opinions des nouveaux auteurs. La raison sera notre guide; nous serons comme les autres peuples qui suivent chacun sa lumière naturelle. Les philosophes ont... »

astreints à prendre leurs règles hors d'eux-mêmes, et à s'informer de celles que Jésus-Christ a laissées aux anciens pour être retransmises aux fidèles. Cette contrainte lasse ces bons Pères. Ils veulent avoir, comme les autres peuples, la liberté de suivre leurs imaginations. C'est en vain que nous leur crions, comme les prophètes disaient autrefois aux Juifs : « Allez au milieu de l'Église; informez-vous des lois que les anciens lui ont laissées, et suivez ces sentiers. » Ils ont répondu comme les Juifs : « Nous n'y marcherons pas : mais nous suivrons les pensées de notre cœur; » et ils nous ont dit : « Nous serons comme les autres peuples. »

437]                              904

Ils font de l'exception la règle.

Les anciens ont donné l'absolution avant la pénitence? Faites-le en esprit d'exception. Mais, de l'exception, vous faites une règle sans exception, en sorte que vous ne voulez plus même que la règle soit en exception.

*93]                              905

*Sur les confessions et absolutions sans marques de regret.* — Dieu ne regarde que l'intérieur : l'Église ne juge que par l'extérieur. Dieu absout aussitôt qu'il voit la pénitence dans le cœur; l'Église, quand elle la voit dans les œuvres. Dieu fera une Église pure au dedans, qui confonde par sa sainteté intérieure et toute spirituelle l'impiété intérieure des sages superbes et des pharisiens : et l'Église sera une assemblée d'hommes, dont les mœurs extérieures soient si pures, qu'elles confondent les mœurs des païens. S'il y en a d'hypocrites, mais si bien déguisés qu'elle n'en reconnaisse pas le venin, elle les souffre; car, encore qu'ils ne soient pas reçus de Dieu, qu'ils ne peuvent tromper, ils le sont des hommes, qu'ils trompent. Et ainsi elle n'est pas déshonorée par leur conduite, qui paraît sainte. Mais vous voulez que l'Église ne juge, ni de l'intérieur, parce que cela n'appartient qu'à Dieu, ni de l'extérieur, parce que Dieu ne s'arrête qu'à l'intérieur; et ainsi, lui ôtant tout choix des hommes, vous retenez dans l'Église les plus débordés, et ceux qui la déshonorent si fort, que les synagogues des Juifs et [*les*] sectes des philosophes les auraient exilés comme indignes, et les auraient abhorrés comme impies.

*Copie* 376] 906

Les conditions les plus aisées à vivre selon le monde sont les plus difficiles à vivre selon Dieu; et au contraire, rien n'est si difficile selon le monde que la vie religieuse; rien n'est plus facile que de la passer selon Dieu. Rien n'est plus aisé que d'être dans une grande charge et dans de grands biens selon le monde; rien n'est plus difficile que d'y vivre selon Dieu, et sans y prendre de part et de goût.

*Copie* 352] 907

Les casuistes soumettent la décision à la raison corrompue et le choix des décisions à la volonté corrompue, afin que tout ce qu'il y a de corrompu dans la nature de l'homme ait part à sa conduite.

*Copie* 352] 908

Mais est-il *probable* que la *probabilité* assure?

Différence entre repos et sûreté de conscience. Rien ne donne l'assurance que la vérité; rien ne donne le repos que la recherche sincère de la vérité?

2e *Man. Guerrier*] 909

Toute la société entière de leurs casuistes ne peut assurer la conscience dans l'erreur, et c'est pourquoi il est important de choisir de bons guides.

Ainsi, ils seront doublement coupables : et pour avoir suivi des voies qu'ils ne devaient pas suivre, et pour avoir ouï des docteurs qu'ils ne devaient pas ouïr.

*440] 910

Peut-ce être autre que la complaisance du monde qui vous fasse trouver les choses probables? Nous ferez-vous accroire que ce soit là vérité, et que, si la mode du duel n'était point, vous trouveriez probable qu'on se peut battre, en regardant la chose en elle-même?

419] 911

Faut-il tuer pour empêcher qu'il n'y ait des méchants? c'est en faire deux au lieu d'un : *Vince in bono malum*. (St Aug.)

435] 912

*Universel*. — Morale et langage sont des sciences particulières, mais universelles.

423] 913

*Probabilité*. — Chacun peut mettre, nul ne peut ôter.

267] 914

Ils laissent agir la concupiscence et retiennent le scrupule, au lieu qu'il faudrait faire au contraire.

429] 915

*Montalte*. — Les opinions relâchées plaisent tant aux hommes, qu'il est étrange que les leurs déplaisent. C'est qu'ils ont excédé toute borne. Et, de plus, il y a bien des gens qui voient le vrai, et qui n'y peuvent atteindre. Mais il y en a peu qui ne sachent que la pureté de la religion est contraire à nos corruptions. Ridicule de dire qu'une récompense éternelle est offerte à des mœurs escobartines.

344] 916

*Probabilité*. — Ils ont quelques principes vrais; mais ils en abusent. Or, l'abus des vérités doit être autant puni que l'introduction du mensonge.

Comme s'il y avait deux enfers, l'un pour les péchés contre la charité, l'autre contre la justice!

435] 917

*Probabilité*. — L'ardeur des saints à chercher le vrai était inutile, si le probable est sûr. La peur des saints qui avaient toujours suivi le plus sûr (sainte Thérèse ayant toujours suivi son confesseur).

*Ed. Bossut, Suppl.* xi] 918

Ôtez la *probabilité,* on ne peut plus plaire au monde; mettez la *probabilité,* on ne peut plus lui déplaire.

*Seconde Copie* 468] 919

Ce sont les effets des péchés des peuples et des Jésuites : les grands ont souhaité d'être flattés; les Jésuites ont souhaité d'être aimés des grands. Ils ont tous été dignes

d'être abandonnés à l'esprit du mensonge, les uns pour
tromper, les autres pour être trompés. Ils ont été avares,
ambitieux, voluptueux : *Coacervabunt sibi magistros.*
Dignes disciples de tels maîtres, *digni sunt,* ils ont cherché
des flatteurs et en ont trouvé.

99]                          920

S'ils ne renoncent à la probabilité, leurs bonnes
maximes sont aussi peu saintes que les méchantes, car
elles sont fondées sur l'autorité humaine; et ainsi, si elles
sont plus justes, elles seront plus raisonnables, mais non
pas plus saintes. Elles tiennent de la tige sauvage sur
quoi elles sont entées.

Si ce que je dis ne sert à vous éclaircir, il servira au
peuple.

Si ceux-là[1] se taisent, les pierres parleront.

Le silence est la plus grande persécution : jamais les
saints ne se sont tus. Il est vrai qu'il faut vocation, mais
ce n'est pas des arrêts du Conseil[2] qu'il faut apprendre
si on est appelé, c'est de la nécessité de parler. Or, après
que Rome a parlé, et qu'on pense qu'il a condamné la
vérité[3], et qu'ils l'ont écrit; et que les livres qui ont dit
le contraire sont censurés, il faut crier d'autant plus
haut qu'on est censuré plus injustement, et qu'on veut
étouffer la parole plus violemment, jusqu'à ce qu'il
vienne un Pape qui écoute les deux parties, et qui consulte l'antiquité pour faire justice. Aussi les bons Papes
trouveront encore l'Église en clameurs.

1. *Ceux-là,* ce sont les écrivains de Port-Royal, dont Pascal blâme
plus loin la circonspection.
2. Arrêt du 25 juin 1657 supprimant la lettre de Pascal touchant
l'Inquisition.
3. Bulle d'Alexandre VII condamnant Jansénius (31 mars, 1657).

L'Inquisition et la Société, les deux fléaux de la vérité.

Que ne les accusez-vous d'Arianisme? Car ils ont dit que Jésus-Christ est Dieu : peut-être ils l'entendent, non par nature, mais comme il est dit, *Dii estis*[1].

100] Si mes lettres sont condamnées à Rome, ce que j'y condamne est condamné dans le ciel : *Ad tuum, Domine Jesu, tribunal appello*[2].

Vous-mêmes êtes corruptibles.

J'ai craint que je n'eusse mal écrit, me voyant condamné, mais l'exemple de tant de pieux écrits me fait croire au contraire. Il n'est plus permis de bien écrire, tant l'Inquisition est corrompue ou ignorante!

« Il est meilleur d'obéir à Dieu qu'aux hommes. »

Je ne crains rien, je n'espère rien. Les évêques ne sont pas ainsi. Le Port-Royal craint, et c'est une mauvaise politique de les séparer[3], car ils ne craindront plus et se feront plus craindre. Je ne crains pas même vos censures pareilles, si elles ne sont fondées sur celles de la tradition. Censurez-vous tout? Quoi! même mon respect? Non. Donc dites quoi, ou vous ne serez rien, si vous ne désignez le mal, et pourquoi il est mal. Et c'est ce qu'ils auront bien peine à faire.

*Probabilité*. — Ils ont plaisamment expliqué la sûreté, car après avoir établi que toutes leurs voies sont sûres, ils n'ont plus appelé sûr ce qui mène au ciel, sans danger de n'y pas arriver par là, mais ce qui y mène sans danger de sortir de cette voie.

---

1. *Ps.* LXXXI, 6, c'est-à-dire au sens où il est dit que les hommes sont des dieux. Avec de la mauvaise volonté, tout peut devenir hérétique, même cette proposition que Jésus est Dieu.

2. « A ton tribunal, Seigneur Jésus, j'en appelle. »

3. De disperser les solitaires, de fermer les écoles, comme on avait commencé à faire.

... Les saints subtilisent pour se trouver criminels, et accuser leurs meilleures actions. Et ceux-ci subtilisent pour excuser les plus méchantes.

Un bâtiment également beau par dehors, mais sur un mauvais fondement, les païens sages le bâtissaient; et le diable trompe les hommes par cette ressemblance apparente fondée sur le fondement le plus différent.

Jamais homme n'a eu si bonne cause que moi; et jamais d'autres n'ont donné si belle prise que vous...

Plus ils marquent de faiblesse en ma personne, plus ils autorisent ma cause.

Vous dites que je suis hérétique. Cela est-il permis? Et si vous ne craignez pas que les hommes ne rendent justice, ne craignez-vous point que Dieu me la rende?

Vous sentirez la force de la vérité et vous lui céderez...

Il y a quelque chose de surnaturel et un tel aveuglement. *Digna necessitas.*

*Mentiris impudentissime...*

*Doctrina sua noscitur vir...*

Fausse piété, double péché.

Je suis seul contre trente mille? Point. Gardez, vous la cour, vous l'imposture; moi la vérité : c'est toute ma force; si je la perds, je suis perdu. Je ne manquerai pas d'accusateurs et de punisseurs. Mais j'ai la vérité, et nous verrons qui l'emportera.

Je ne mérite pas de défendre la religion, mais vous ne méritez pas de défendre l'erreur. Et j'espère que Dieu par sa miséricorde, n'ayant pas égard au mal qui est en moi, et ayant égard au bien qui est en vous, nous fasse à tous la grâce que la vérité ne succombe jamais entre mes mains et que le mensonge ne...

435]                    922

*Probable*. — Qu'on voit si on recherche sincèrement
Dieu par la comparaison des choses qu'on affectionne :
il est *probable* que cette viande ne m'empoisonnera pas; il
est *probable* que je ne perdrai pas mon procès en ne solli-
citant pas...

435]                    923

Ce n'est pas l'absolution seule qui remet les péchés au
sacrement de Pénitence, mais la contrition, qui n'est
point véritable si elle ne recherche le sacrement.

**344]                    924

Gens sans parole, sans foi, sans honneur, sans vérité,
doubles de cœur, doubles de langue et semblables comme
il vous fut reproché autrefois à cet animal amphibie de la
fable, qui se tenait dans un état ambigu entre les pois-
sons et les oiseaux...

Il importe aux rois, aux princes, d'être en estime
de piété; et pour cela, il faut qu'ils se confessent à
vous.

## APPENDICE

*Manuscrit de l'abbé Périer,* 102 v°] 918.

Que serait-ce que les Jésuites sans la probabilité et
que la probabilité sans les Jésuites. *Otez la probabilité,
on ne peut plus plaire au monde; mettez la probabilité, on ne
peut plus lui déplaire.* Autrefois il était difficile d'éviter
les péchés et difficile de les expier; maintenant, il est

facile de les éviter, par mille tours et facile de les expier.

*Mss Périer,* 98 v°] 918 *bis.*

Ils disent que l'Église dit ce qu'elle ne dit pas, et qu'elle ne dit pas ce qu'elle dit.

*Mss Périer,* 103 r°] 918 *ter.*

Nous avons fait l'uniformité de la diversité car nous sommes tous uniformes en ce que nous sommes tous devenus uniformes.

# TABLE ANALYTIQUE
## DES PENSÉES

*(Le présent Index renvoie aux numéros des* Pensées*)*

ABAISSEMENT, non pas un abaissement qui nous rende incapables du bien 529.

ABÊTIR, cela vous fera croire et vous abêtira 233.

ABÎME, deux abîmes de l'infini et du néant 72.

ABRAHAM, ne prit rien pour lui 502; des pierres *peuvent* être enfants d'Abraham 778; Abraham, Gédéon 822.

ACTE, le dernier acte est sanglant 210.

ACTION, les belles actions cachées sont les plus estimables 159.

ADAM, nous ne concevons ni l'état glorieux d'Adam 560; Adam *forma futuri* 656.

ADMIRATION, gâte tout dès l'enfance 151.

ADORATEUR, J'aime les adorateurs inconnus au monde 788.

AGE, les six âges 655.

AGITATION, quand un soldat se plaint de la peine qu'il a 130.

AGRÉABLE, il faut de l'agréable et du réel. 25.

AIMER, il n'aime plus cette personne qu'il aimait il y a dix ans 123.

ALEXANDRE, l'exemple de la chasteté d'Alexandre 103.

AME, l'immortalité de l'âme est une chose qui nous importe si fort 194; il est indubitable que, que l'âme soit mortelle - ou immortelle, cela doit mettre une différence entière dans la morale 219; notre âme est jetée dans le corps 233.

AMI, je n'ai point d'amis à votre avantage 154; un vrai ami est une chose si avantageuse 155; ces gens manquent de cœur, on n'en ferait pas son ami 196.

AMOUR, qui voudra connaître à plein la vanité de l'homme n'a qu'à considérer les causes et les effets de l'amour 162; la cause et les effets de l'amour 163.

AMOUR-PROPRE, la nature de l'amour-propre 100; qui ne hait en soi son amour-propre [...] est bien aveuglé 492.

ANGE, il est ni ange ni bête, mais homme 140.

ANIMAL, si un animal faisait par esprit ce qu'il fait par instinct 342.

ANTITHÈSE, ceux qui font les antithèses en forçant les mots 27.

APOCALYPTIQUES, extravagances des Apocalyptiques 651.

APÔTRES, l'hypothèse des apôtres fourbes est bien absurde 801; les apôtres ont été trompés, ou trompeurs 802.

ARCÉSILAS, le pyrrhonien Arcésilas qui redevient dogmatique 375.

ARCHIMÈDE, sans éclat, serait en même vénération 793.

ARITHMÉTIQUE (machine), 340.

ATHANASE (saint), 868.

ATHÉE, plaindre les athées qui cherchent 190; les athées doivent dire des choses parfaitement claires 221; quelle raison ont-ils de dire qu'on ne peut ressusciter 222; objection des athées 228; tous leurs principes sont vrais, [...] des athées 394.

ATHÉISME, marque de force d'esprit 225.

AUGUSTIN (saint), a vu qu'on travaille pour l'incertain 234 ; a dit formellement que les forces seraient ôtées au juste 513 ; si saint Augustin venait aujourd'hui 869.

AUTEURS, certains auteurs parlant de leurs ouvrages disent 43.

AUTOMATE, nous sommes automate autant qu'esprit 252.

AUTORITÉ, tant s'en faut que d'avoir ouï dire une chose soit la règle de votre créance 260.

AVÈNEMENT, le temps du premier avènement est prédit 757.

AVEUGLE, histoire de l'aveugle-né 851.

AVEUGLEMENT, si c'est un aveuglement surnaturel de vivre sans chercher ce qu'on est 495 ; Dieu a fait servir l'aveuglement de ce peuple au bien des élus 577.

BABYLONE, les fleuves de Babylone coulent 459.

BEAUTÉ, beauté poétique 39.

BIEN, voulez-vous qu'on croie du bien de vous 44 ; recherche du souverain bien 73 ; il n'y a point de bien sans la connaissance de Dieu 194 bis ; il est bon d'être lassé et fatigué par l'inutile recherche du vrai bien 422 ; recherche du vrai bien 462 ; l'intelligence des mots de bien et de mal 500 ; changement de bien en mal 682.

BLAMER, premier degré : être blâmé en faisant mal 501.

BOITEUX, d'où vient qu'un boiteux ne nous irrite pas 80.

BRAVE, être brave n'est pas trop vain 316.

BROCATELLE, on ne veut pas que j'honore un homme vêtu de brocatelle 315.

CACHOT, un homme dans un cachot 200.

CANNIBALES, se rient d'un enfant roi 324.

CARTÉSIEN, nul ne se dit cartésien que ceux qui ne le sont pas 52.

CASUISTE, les casuistes soumettent la décision à la raison corrompue 907 ; toute la société entière de leurs casuistes 909.

CAUSE, toutes ces personnes ont vu les effets, mais ils n'ont pas vu les causes 234.

CÉRÉMONIES, tous ces sacrifices et cérémonies étaient donc figures ou sottises 680.

CERTAIN, s'il ne fallait rien faire que pour le certain 234.

CÉSAR, était trop vieil pour s'aller amuser à conquérir le monde 132.

CHANCELIER, le chancelier est grave et revêtu d'ornements 307.

CHARITÉ, rien n'est si semblable à la charité que la cupidité 663 ; la charité n'est pas un précepte figuratif 667 ; on ne s'éloigne qu'en s'éloignant de la charité 668 ; l'unique objet de l'Écriture est la charité 670.

CHARRON, les divisions de Charron 62.

CHAUD, quand on dit que le chaud n'est que le mouvement de quelques globules 368.

CHIEN, ce chien est à moi 295.

CHIFFRE, a double sens 677 ; le chiffre a deux sens 678 ; clé du chiffre 681 ; chiffre que saint Paul nous donne 683.

CHINE, histoire de la Chine 593 ; contre l'histoire de la Chine 594.

CHOSES, toutes choses étant causées et causantes 72 ; les choses ont diverses qualités 112 ; non seulement nous regardons les choses par d'autres côtés, mais avec d'autres yeux 124 ; les choses du monde les plus déraisonnables deviennent les plus raisonnables à cause du dérèglement des hommes 320 ; deux sortes de gens égalent les choses 866.

CHRÉTIEN, je vois la religion chrétienne fondée sur une religion précédente 619.

CHRÉTIENS, il y a peu de vrais Chrétiens, je dis même pour la foi 256 ; ceux que nous voyons Chrétiens 287 ; les vrais Chrétiens obéissent aux folies néanmoins 338 ; avec combien peu d'orgueil un Chrétien se croit-il uni à Dieu 538 ; l'espérance que les Chrétiens ont de posséder un bien infini 540 ; nul n'est heureux comme un vrai Chrétien 541 ; le Dieu des Chrétiens est un Dieu qui fait sentir à l'âme qu'il est son unique bien 544.

CHRISTIANISME, le christianisme est étrange 537.

CHRISTINE (la reine), allusion à son abdication 177.

CICÉRON, toutes les fausses beautés que nous blâmons en Cicéron ont des admirateurs 31.

CIEL, ne dites-vous pas que le ciel et les oiseaux prouvent Dieu 244.

CIRON, qu'un ciron lui offre dans la petitesse de son corps des parties incomparablement plus petites 72.

CLARTÉ, il y a assez de clarté pour éclairer les élus 578 ; clarté, obscurité 857.

CLÉOBULINE, on aime à voir l'erreur, la passion de Cléobuline 13.

CLÉOPATRE, le nez de Cléopâtre 162 ; la cause et les effets de l'amour 163.

CŒUR, que le cœur de l'homme est creux et plein d'ordures 143 ; le cœur a ses raisons que la raison ne connaît point 277 ; c'est le cœur qui sent Dieu, et non la raison 278 ; cœur, instinct, principes 281 ; nous connaissons la vérité par le cœur 282 ; le cœur sent qu'il y a trois dimensions dans l'espace 282 ; le cœur a son ordre 283.

COMBAT, rien ne nous plaît que le combat, mais non pas la victoire 135.

COMÉDIE, représentation si naturelle et si délicate des passions 11.

COMPARER, ne te compare point aux autres, mais à moi 555.

COMPLIMENTS, je me suis mal trouvé de ces compliments 57.

CONCUPISCENCE, la concupiscence et la force sont les sources de toutes nos actions 334 ; plaindre les malheureux n'est pas contre la concupiscence 452 ; on a fondé et tiré de la concupiscence des règles admirables de police 453 ; ils n'ont pas trouvé d'autre moyen de satisfaire la concupiscence sans faire tort aux autres 454 ; tout ce qui est au monde est concupiscence 458 ; concupiscence de la chair 460 ; les trois concupiscences ont fait trois sectes 461 ; la concupiscence nous est devenue naturelle 660 ; Dieu s'est servi de la concupiscence des Juifs 664 ; il y en a qui voient bien qu'il n'y a pas d'autre ennemi de l'homme que la concupiscence 692 ; ils laissent agir la concupiscence 914.

CONDITION, les trois conditions 194 ; toute condition et même les martyrs ont à craindre par l'Écriture 518 ; les conditions les plus aisées à vivre selon le monde sont les plus difficiles à vivre selon Dieu 906.

CONFESSION, une personne me disait un jour qu'il avait une grande joie et confiance en sortant de la confession 530 ; sur les confessions et absolutions sans marques de regret 905.

CONNAISSANCE, pourquoi ma connaissance est-elle bornée 208 ; qu'il y a loin de la connaissance de Dieu à l'aimer 280 ; sans ces divines connaissances qu'ont pu faire les hommes 435 ; la connaissance de Dieu sans celle de sa misère fait l'orgueil 527.

CONNAÎTRE, il faut se connaître soi-même 66 ; nous nous connaissons si peu que plusieurs pensent aller mourir quand ils se portent bien 175.

Conscience, jamais on ne fait le mal si pleinement et si gaiement que quand on le fait par conscience 895.

Consentement, c'est le consentement de vous à vous-même 260.

Consoler, peu de chose nous console parce que peu de chose nous afflige 136; consolez-vous, ce n'est pas de vous que vous devez l'attendre 517.

Conte, de deux personnes qui disent de sots contes 691.

Contestation, Abel, Caïn 828; marque l'incertitude 902.

Continu, l'éloquence continue ennuie 355.

Contradiction, mépris de notre être, mourir pour rien 157; contradiction est une mauvaise marque de vérité 384.

Contraire, s'il y a jamais un temps auquel on doive faire profession de deux contraires 865.

Contrariétés, l'homme est naturellement crédule, incrédule 125; après avoir montré la bassesse et la grandeur de l'homme 423; toutes ces contrariétés, qui semblaient le plus m'éloigner de la connaissance d'une religion 424; on ne peut faire une bonne physionomie qu'en accordant toutes nos contrariétés 684; le sceptre jusqu'au Messie 686; source des contrariétés 765.

Conversation, on se forme l'esprit et le sentiment par les conversations 6.

Conversion, la conversion véritable 470.

Copernic, je trouve bon qu'on n'approfondisse pas l'opinion de Copernic 218.

Corde, les cordes qui attachent le respect des uns envers les autres 304.

Corps, qu'y a-t-il de plus absurde que de dire que des corps inanimés ont des passions 75; la nourriture du corps est peu à peu 356; qu'on s'imagine un corps plein de membres pensants 473; si le pied avait toujours ignoré qu'il appartînt au corps 476; la distance infinie des corps aux esprits 793.

COURAGE, est-ce courage à un homme mourant 194.

COUTUME, la coutume est notre nature 89; une différente coutume nous donnera d'autres principes naturels 92; la coutume est une seconde nature 93; la coutume fait les maçons, soldats, couvreurs 97; la coutume fait nos preuves les plus fortes et les plus crues 252; la coutume de voir les rois accompagnés de gardes 308.

COUVREUR, hommes naturellement couvreurs et de toutes vacations, hormis en chambre 138.

CRAINTE, la bonne crainte vient de la foi 262.

CRÉATION, vous n'êtes pas dans l'état de votre création 430; la création et le déluge étant passés 621; la création du monde commençant à s'éloigner 622.

CROIRE, il y a trois moyens de croire 245; le croire est si important 260; nier, croire, et douter bien, sont à l'homme ce que le courir est au cheval 260; ne vous étonnez pas de voir des personnes simples croire sans raisonner 284; ceux qui croient sans avoir lu les Testaments 286; ce qui les fait croire, c'est la croix 588; raisons pourquoi on ne croit point 826.

CROMWELL, allait ravager toute la chrétienté 176.

CYRUS, prédiction de Cyrus 713.


DAMNÉS, ce sera une des confusions des damnés, de voir qu'ils seront condamnés par leur propre raison 563.

DANIEL, tous vos devins et vos sages ne peuvent vous découvrir le mystère que vous demandez 722; les septante semaines 723.

DANSE (la), il faut bien penser où l'on mettra ses pieds 139.

DAVID, serment que David aura toujours des successeurs 717; le règne éternel de la race de David 718.

DÉGOUT (le) 258.

DÉMONSTRATIONS, il se peut faire qu'il y ait de vraies démonstrations 387.

Déplaisir, de tout ce qui est sur la terre, il ne prend part qu'aux déplaisirs, non aux plaisirs 767.

Dérèglement, ceux qui sont dans le dérèglement 383.

Descartes, écrire contre ceux qui approfondissent trop les sciences 76; je ne puis pardonner à Descartes 77; Descartes inutile et incertain 78; il faut dire en gros 79.

Deviner, la part que je prends à votre déplaisir 56.

Dévotion, l'expérience nous fait voir une différence énorme entre la dévotion et la bonté 496.

Diable, si le diable favorisait la doctrine qui le détruit 820.

Dialogue, il faut, en tout dialogue et discours, qu'on puisse dire à ceux qui s'en offensent 188.

Dieu, lettre pour porter à rechercher Dieu 184; la conduite de Dieu 185; par ceux qui sont dans le déplaisir de se voir sans foi, on voit que Dieu ne les éclaire pas 202; croyez-vous qu'il soit impossible que Dieu soit infini, sans parties 231; on peut bien connaître qu'il y a un Dieu sans savoir ce qu'il est 233; s'il y a un Dieu, il est infiniment incompréhensible 233; j'admire avec quelle hardiesse ces personnes entreprennent de parler de Dieu 242; au lieu de vous plaindre de ce que Dieu s'est caché 288; Dieu incline le cœur de ceux qu'il aime 287 var.; Dieu a créé tout pour soi 314; voyons ce que fera la Sagesse de Dieu 430; Dieu doit régner sur tout 460; il faut n'aimer que Dieu 476; quand nous voulons penser à Dieu 478; s'il y a un Dieu, il ne faut aimer que lui 479; Dieu ayant fait le ciel et la terre 482; le royaume de Dieu est en nous 485; mais il est impossible que Dieu soit jamais la fin 488; il n'est pas vrai que tout découvre Dieu 557; s'il n'avait jamais rien paru de Dieu 559; on n'entend rien aux ouvrages de Dieu, si on ne prend pour principe 566; Dieu voulant aveugler et éclairer

576; Dieu et les apôtres 579; que Dieu s'est voulu cacher 585; Dieu voulant se former un peuple saint 644; Dieu voulant priver les siens des biens périssables 645; en Dieu la parole ne diffère pas de l'intention 654; quand la parole de Dieu, qui est véritable 687; si on se connaissait, Dieu guérirait et pardonnerait 779; Dieu parle bien de Dieu 799; c'est une chose si visible qu'il faut aimer un seul Dieu 837; Dieu n'a pas voulu absoudre sans l'Église 870.

DIFFÉRENCE, quelle différence entre un soldat et un chartreux 539.

DIFFÉRER, si en différant nous condamnions 892.

DIGNITÉ, toute la dignité de l'homme est en la pensée 365; la dignité de l'homme 486.

DISCIPLE, il y a bien de la différence entre les disciples et les vrais disciples 519.

DISCOURS, les discours d'humilité sont matière d'orgueil aux gens glorieux 377; mon Dieu! que de sots discours 390.

DIVERS, tout est un, tout est divers 116.

DIVERSITÉ, si ample 114.

DIVERTISSEMENT, tous les grands divertissements sont dangereux pour la vie chrétienne 11; quand je m'y suis mis quelquefois, à considérer les diverses agitations des hommes 139; la dignité royale n'est-elle pas assez grande d'elle-même 142; on charge les hommes, dès l'enfance, du soin de leur bonheur 143; ils ont pris le divertissement 167; si l'homme était heureux 170; la plus grande de nos misères 171.

DOCILITÉ, ce n'est pas une chose rare qu'il faille reprendre le monde de trop de docilité 254.

DOCTRINE, il n'y a point de doctrine plus propre à l'homme que celle-là 524.

DOGMATISME, nous avons une impuissance de prouver, invincible à tout le dogmatisme 395.

DOGMATISTE, je m'arrête à l'unique fort des dogmatistes 434.

DROIT, diverses sortes de sens droit 2.

DUCHÉ, comme les duchés et royautés et magistratures sont réelles et nécessaires 306.

DUPLICITÉ, cette duplicité de l'homme est si visible 417.

DURÉE, quand je considère la petite durée de ma vie 205.

EAU, il demeure au delà de l'eau 292.

ECCLÉSIASTE (l'), montre que l'homme sans Dieu est dans l'ignorance de tout 389.

ÉCLIPSE, ils disent que les éclipses présagent malheur 173.

ÉCOULEMENT, c'est une chose horrible de sentir s'écouler tout ce qu'on possède 212.

ÉCRITURE (l'), a pourvu de passages pour consoler toutes les conditions 532; visiblement l'Écriture pleine de choses non dictées du Saint-Esprit 568; aveuglement de l'Écriture 573; pour entendre l'Écriture il faut avoir un sens dans lequel tous les passages contraires s'accordent 684; contre ceux qui abusent des passages de l'Écriture 899; qui veut donner le sens de l'Écriture et ne le prend point de l'Écriture 900.

ÉGLISE, la Synagogue a précédé l'Église 699; l'Église a eu autant de peine à montrer que Jésus-Christ était homme 764; l'Église a trois sortes d'ennemis 840; l'histoire de l'Église doit être proprement appelée l'histoire de la vérité 858; bel état de l'Église quand elle n'est plus soutenue que de Dieu 861; l'Église a toujours été combattue par des erreurs contraires 862; si l'ancienne Église était dans l'erreur 867; ce qui nous gâte pour comparer ce qui s'est passé autrefois dans l'Église 868; en considérant l'Église comme unité, le Pape qui en est le chef, est comme tout 871; l'Église enseigne et Dieu inspire 881; ceux qui aiment l'Église se plaignent de voir corrompre les mœurs 894 ; c'est en vain que l'Église a établi ces mots d'anathèmes 896.

ÉGYPTIENS, la conversion des Égyptiens 725.

ÉLOQUENCE, la vraie éloquence se moque de l'éloquence 4 ; qui persuade par douceur, non par empire 15 ; l'éloquence est un art de dire les choses 15 ; l'éloquence est une peinture de la pensée 26.

ÉLUS, les élus ignoreront leurs vertus 515 ; tout tourne en bien pour les élus 575.

ENFANT, les enfants qui s'effrayent du visage qu'ils ont barbouillé 88.

ENNUI, l'ennui qu'on a de quitter des occupations où l'on s'est attaché 128 ; rien n'est si insupportable à l'homme 31.

ÉPAMINONDAS, avait l'extrême valeur et l'extrême bénignité 353.

ÉPICTÈTE, manière d'écrire d'Épictète 18 ; Épictète demande bien plus fortement 80 ; quand Épictète aurait vu parfaitement bien le chemin 466.

ERRER, tous errent d'autant plus dangereusement qu'ils suivent chacun une vérité 863.

ERREUR, deux erreurs : 1° prendre tout littéralement 648.

ESCLAVE, es-tu moins esclave pour être aimé et flatté de ton maître 209.

ESDRAS, sur Esdras 632 ; contre la fable d'Esdras 633 ; si la fable d'Esdras est croyable 634.

ESPAGNOL, quand il est question de condamner tant d'Espagnols à la mort 296.

ESPÉRANCE, ceux qui, dans de fâcheuses affaires, ont toujours bonne espérance 182.

ESPRIT, l'esprit de géométrie et l'esprit de finesse 1 ; à mesure qu'on a plus d'esprit, on trouve qu'il y a plus d'hommes originaux 7 ; l'esprit croit naturellement 81 ; ces grands efforts d'esprit où l'âme touche quelquefois 351; l'esprit de ce souverain juge du monde n'est pas si indépendant 366; l'extrême esprit est accusé de folie 378.

ÉTAT, les États périraient, si on ne faisait ployer souvent les lois à la nécessité 614.

ÉTERNITÉ, cependant cette éternité subsiste 195; rien ne me serait trop cher pour l'éternité 229.

ÉTERNUEMENT, absorbe toutes les fonctions de l'âme 160.

EUCHARISTIE, que je hais ces sottises, de ne pas croire l'Eucharistie 224.

ÉVANGILE, la discordance apparente des Évangiles 755; le style de l'Évangile est admirable en tant de manières 798.

ÉVANGÉLISTES, qui a appris aux évangélistes les qualités d'une âme parfaitement héroïque 800.

EXCEPTION, ils font de l'exception la règle 904.

EXCUSE, il n'y a rien de mauvais que leur excuse 58.

EXEMPLES, les exemples qu'on prend pour prouver d'autres choses 40.

EXTÉRIEUR, il faut que l'extérieur soit joint à l'intérieur 250; œuvres extérieures 499.

FAIBLESSE, la faiblesse de l'homme est la cause de tant de beautés qu'on établit 329; ce qui m'étonne le plus est de voir que tout le monde n'est pas étonné de sa faiblesse 374; toutes les occupations des hommes sont à avoir du bien 436.

FANTAISIE, ma fantaisie me fait haïr un croasseur 86; la fantaisie est semblable et contraire au sentiment 274.

FIÈVRE, la fièvre a ses frissons et ses ardeurs 354.

FIGURATIFS (les), parler contre les trop grands figuratifs 649; pour montrer que l'Ancien Testament n'est que figuratif 659; les termes d'épée 667.

FIGURE, la figure a subsisté jusqu'à la vérité 646; il y a des figures claires et démonstratives 650; figures particulières 652; les figures de l'Évangile pour l'état de l'âme 658; changer de figure, à cause de notre faiblesse 669; tout ce qui ne va point à la charité est figure 670; figure porte absence et présence 677; pour savoir si la loi et les sacrifices sont réalité ou figure 678; tous ces sacrifices et cérémonies étaient donc figures ou sottises 680; tout arrivait en figures 683.

Fin, chose déplorable de voir tous les hommes ne délibérer que des moyens, et point de la fin 98.

Finesse, l'esprit de finesse 1; la part du jugement 4.

Foi, je porte envie à ceux que je vois dans la foi vivre avec tant de négligence 229; la foi est différente de la preuve 248; la foi dit bien ce que les sens ne disent pas 265; la foi, Dieu sensible au cœur 278; la foi est un don de Dieu 279; que l'homme sans la foi ne peut connaître le vrai bien, ni la justice 425; toute la foi consiste en Jésus-Christ et en Adam 523; beau de voir par les yeux de la foi l'histoire d'Hérode, de César 700.

Fondements, il faut mettre au chapitre *des Fondements* ce qui est en celui *des Figuratifs* 570; les deux fondements, l'un intérieur, l'autre extérieur 805.

Force, c'est l'effet de la force, non de la coutume 302; la force est la reine du monde, et non pas l'opinion 303; quand la force attaque la grimace 310.

Fort, quand le fort armé possède son bien 300.

Fou, les hommes sont si nécessairement fous, que ce serait être fou par un autre tour de folie, de n'être pas fou 414.

Génie, l'inquiétude de son génie; trop de deux mots hardis 59.

Gens, n'avez-vous jamais vu des gens qui, pour se plaindre du peu d'état que vous faites d'eux 333; gens sans parole, sans foi, sans honneur 924.

Gentils, conversion des Gentils 713 ; vocation des Gentils 714.

Géométrie, esprit de géométrie 1 et 2 ; la part de l'esprit 4.

Gloire, la douceur de la gloire est si grande 159 ; les bêtes ne s'admirent point 401 ; la plus grande bassesse de l'homme est la recherche de la gloire 404 ; gloire exclue : par quelle loi 516.

Gournay (Mlle de), 63.

Grace, si on vous unit à Dieu, c'est par grâce 430 ; les mouvements de grâce 507 ; la grâce sera toujours dans le monde 521.

Grand, les grands et les petits ont mêmes accidents 180.

Grandeur, d'établissement 310 ; pensée fait la grandeur de l'homme 346 ; la grandeur de l'homme 397 ; grandeur de l'homme dans sa concupiscence même 402 ; la grandeur de l'homme 409 ; grandeur et misère 416 ; les grandeurs et les misères de l'homme 430 ; grandeur, misère, 443.

Hair, tous les hommes se haïssent naturellement 451.

Hasard, donne les pensées et hasard les ôte 370.

Herbe, il y a des herbes sur la terre 266.

Hérésie, il y a hérésie à expliquer toujours *omnes* de tous 775.

Hérétiques, les hérétiques, au commencement de l'Église, servent à prouver les canoniques 569 ; les hérétiques ont toujours combattu ces trois marques qu'ils n'ont point 845 ; Hérétiques — Ézéchiel 886 ; il faut faire connaître aux hérétiques qui se prévalent de la doctrine des Jésuites 891.

Héritier, c'est un héritier qui trouve les titres de sa maison 217.

HÉRODE, des innocents tués par Hérode 178 ; quand
   Auguste eut appris qu'entre les enfants qu'Hérode
   avait fait mourir était son fils 179.
HEUREUX, si notre condition était véritablement heureuse 165 ; nonobstant ces misères il veut être heureux
   169.
HOMÈRE, fait un roman 628.
HOMME, l'homme est plein de besoins 36 ; l'homme aime
   la malignité 41 ; misère de l'homme sans Dieu 60 ; que
   l'homme contemple donc la nature entière 72 ; qu'est-
   ce qu'un homme dans l'infini 72 ; l'homme n'est qu'un
   sujet plein d'erreur 83 ; l'homme n'est donc que déguisement, que mensonge et hypocrisie 100 ; je mets en
   fait que, si tous les hommes savaient ce qu'ils disent
   les uns des autres 101 ; on croit toucher des orgues
   ordinaires, en touchant l'homme 111 ; description de
   l'homme : dépendance, désir d'indépendance, besoin
   126 ; condition de l'homme : inconstance, ennui,
   inquiétude 127 ; ainsi l'homme est si malheureux 139 ;
   cet homme si affligé de la mort de sa femme 140 ; les
   hommes s'occupent à suivre une balle et un lièvre 141 ;
   l'homme est visiblement fait pour penser 146 ;
   l'homme est si dénaturé qu'il y a dans son cœur une
   semence de joie note 1 194 ; la sensibilité de l'homme
   aux petites choses 198 ; qu'on s'imagine un nombre
   d'hommes dans les chaînes 199 ; je puis bien concevoir un homme sans mains, pieds, tête 339 ; l'homme
   n'est qu'un roseau 347 ; la nature de l'homme n'est
   pas d'aller toujours 354 ; l'homme n'est ni ange ni
   bête 358 ; deux choses instruisent l'homme de toute
   sa nature : l'instinct et l'expérience 396 ; la nature de
   l'homme se considère en deux manières 415 ; il est
   dangereux de trop faire voir à l'homme combien il est
   égal aux bêtes 418 ; je blâme également, et ceux qui
   prennent parti de louer l'homme 421 ; l'homme ne

sait à quel rang se mettre 427 ; bassesse de l'homme 429 ; nul autre n'a connu que l'homme est la plus excellente créature 431 ; quelle chimère est-ce donc que l'homme 434 ; si l'homme n'est fait pour Dieu, pourquoi n'est-il heureux qu'en Dieu 438 ; l'homme n'agit point par la raison, qui fait son être 439 ; la vraie nature de l'homme 442 ; ce que les hommes, par leurs plus grandes lumières, avaient pu connaître 444 ; l'homme n'est pas digne de Dieu 510 ; si l'on veut dire que l'homme est trop peu pour mériter la communication avec Dieu 511 ; il n'y a que deux sortes d'hommes 534 ; l'homme est ainsi fait qu'à force de lui dire qu'il est un sot 536 ; quel homme eut jamais plus d'éclat 792 ; toujours les hommes ont parlé du vrai Dieu 807.

HONNÊTE HOMME, cette qualité universelle me plaît seule 35 ; il faut donc un honnête homme qui puisse s'accommoder à tous mes besoins généralement 36 ; on n'apprend pas aux hommes à être honnêtes 68.

HONNÊTETÉ, la règle est l'honnêteté 30 ; dans l'honnêteté on ne peut être aimable et heureux ensemble 542.

HÔTE, trois hôtes 177.

HUMANITÉ, c'est sortir de l'humanité que de sortir du milieu 378.

IDOLE, on se fait une idole de la vérité même 582.

IMAGINATION, c'est cette partie dominante dans l'homme 82 : l'imagination grossit les petits objets jusqu'à en remplir notre âme 84 ; néant que notre imagination grossit en montagne 85 ; notre imagination nous grossit si fort le temps présent 195 note 1 ; les hommes prennent souvent leur imagination pour leur cœur 275.

IMPIES, les impies qui font profession de suivre la raison, doivent être étrangement forts en raison 226.

IMPORTANT, rien n'est important que cela, et on ne néglige que cela 194 note 2, p. 96.

INCOMPRÉHENSIBLE, que Dieu soit, et incompréhensible qu'il ne soit pas 230.

INCONSTANCE, le sentiment de la fausseté des plaisirs présents et l'ignorance de la vanité des plaisirs absents causent l'inconstance 110 ; inconstance et bizarrerie 113.

INCRÉDULE, commencer par plaindre les incrédules 189.

INFINI, infinis, milieu 69 ; manque d'avoir contemplé ces infinis 721 ; deux infinis de science 72 ; le mouvement infini 72 ; le fini s'anéantit en présence de l'infini 233 ; nous connaissons qu'il y a un infini et ignorons sa nature 233.

INJUSTE, nous naissons injustes, car tout tend à soi 582.

INJUSTICE, que la présomption soit jointe à la misère c'est une extrême injustice 214 ; lettre de l'injustice 291.

INSENSIBLE, est-ce qu'ils sont si fermes qu'ils soient insensibles à tout ce qui les touche 194 note 3, p. 96.

INTÉRIEUR, Dieu ne regarde que l'intérieur 905.

INQUIÉTUDE, j'ai l'esprit plein d'inquiétude 57.


JAPHET, commence la généalogie 623.

JANSÉNISTES, les jansénistes ressemblent aux hérétiques par la réformation des mœurs 887.

JEAN (saint), devait convertir les cœurs des pères aux enfants 776.

JÉRÉMIE, miracles des faux prophètes 819.

JÉRUSALEM, il n'était point permis de sacrifier hors de Jérusalem 728.

JÉSUITES, la dureté des Jésuites 853 ; toutes les fois que les Jésuites surprendront le Pape, on rendra toute la chrétienté parjure 882.

JÉSUS-CHRIST, Jésus-Christ, saint Paul ont l'ordre de la charité 283 ; elle est toute le corps de Jésus-Christ, en

son patois 512; Jésus-Christ est un Dieu dont on
s'approche sans orgueil 528; Jésus-Christ n'a fait
autre chose qu'apprendre aux hommes qu'ils s'aimaient
eux-mêmes 545; sans Jésus-Christ, il faut que l'homme
soit dans le vice 546; non seulement nous ne connaissons Dieu que par Jésus-Christ 548; il est non seulement impossible, mais inutile de connaître Dieu sans
Jésus-Christ 549; sépulcre de Jésus-Christ 552; le mystère de Jésus 553; il me semble que Jésus-Christ ne
laisse toucher que ses plaies après sa résurrection 554;
la généalogie de Jésus-Christ dans l'Ancien Testament
578; Jésus-Christ est venu dans le temps prédit 670;
Jésus-Christ leur ouvrit l'esprit pour entendre les Écritures 679; Jésus-Christ était le Messie 720; que Jésus-
Christ sera à la droite 731; que Jésus-Christ serait
petit en son commencement 734; que les Juifs réprouveraient Jésus-Christ 735; Jésus-Christ prédit et prédisant 739; Jésus-Christ, que les deux Testaments
regardent 740; tout par rapport à Jésus-Christ 742;
que disent les prophéties de Jésus-Christ 751; Jésus-
Christ. Offices. — Il devait lui seul produire un grand
peuple 766; Jésus-Christ figuré par Joseph 768; après
que bien des gens sont venus devant, il est venu enfin
Jésus-Christ 770; Jésus-Christ est venu aveugler ceux
qui voyaient clair 771; ruine des Juifs et des Païens
par Jésus-Christ 773; Jésus-Christ pour tous, Moïse
pour un peuple 774; Jésus-Christ n'a jamais condamné
sans ouïr 780; Jésus-Christ rédempteur de tous 781;
alors Jésus-Christ vient dire aux hommes qu'ils n'ont
d'autres ennemis qu'eux-mêmes 783; Jésus-Christ n'a
point voulu du témoignage des démons 784; considérer
Jésus-Christ en toutes les personnes 785; Jésus-Christ
pour pouvoir être [...] modèle de toutes conditions
785; Jésus-Christ dans une obscurité telle 786; sur ce
que Josèphe ni Tacite, et les autres historiens n'ont

point parlé de Jésus-Christ 787; comme Jésus-Christ est demeuré inconnu parmi les hommes 789; Jésus-Christ n'a pas voulu être tué sans les formes de la justice 790; Jésus-Christ, sans biens [...] est dans son ordre de sainteté 793; pourquoi Jésus-Christ n'est-il pas venu d'une manière visible 794; si Jésus-Christ n'était venu que pour sanctifier 795; Jésus-Christ ne dit pas qu'il n'est pas de Nazareth 796; Jésus-Christ a dit les choses grandes si simplement 797; Jésus-Christ a vérifié qu'il était le Messie 808; j'aime mieux suivre Jésus-Christ qu'aucun autre parce qu'il a le miracle 822; Jésus-Christ dit que les Écritures témoignent de lui 829; il y a bien de la différence entre n'être pas pour Jésus-Christ 836; Jésus-Christ guérit l'aveugle-né 843; Jésus-Christ nous a dit la fin 897.

JOSEPH, croise ses bras et préfère se taire 623; si intérieur dans une loi tout extérieur 698.

JOSÈPHE, cache la honte de sa nation 629.

JOUR, si on doit donner huit jours de la vie 204.

JUGER, ceux qui jugent par règle sont comme ceux qui ont une montre 5; je ne saurais juger d'une même chose exactement de même 114; il faut sobrement juger des ordonnances divines 853.

JUGEMENT, celui à qui appartient le sentiment 4; beauté d'omission, de jugement 30; qu'il est difficile de proposer une chose au jugement d'un autre 105; quel dérèglement de jugement 456.

JUIF, la religion juive doit être regardée différemment dans la tradition des Livres Saints et dans la tradition du peuple 601; la religion juive est toute divine, dans son autorité 602 *(appendice)*; avantages du peuple juif 620; c'est une chose étonnante [...] de voir ce peuple juif subsister depuis tant d'années 640; les peuples juif et égyptien visiblement prédits par ces deux particuliers 657.

JUIFS, qui jugera de la religion des Juifs par les grossiers la connaîtra mal 607; les Juifs charnels tiennent le milieu entre les Chrétiens et les païens 608; pour montrer que les vrais Juifs et les vrais Chrétiens n'ont qu'une même religion 610; antiquité des Juifs 628; la sincérité des Juifs 630, 631; captifs sans aucun espoir 638; les Juifs charnels n'entendaient ni la grandeur ni l'abaissement du Messie 662; étaient très conformes aux Chrétiens, et très contraires 663; les Juifs avaient vieilli dans ces pensées terrestres 670; les Juifs ont été esclaves du péché 671; la religion des Juifs a été formée sur la ressemblance de la vérité du Messie 673; le voile qui est sur ces livres pour les Juifs y est aussi pour les mauvais Chrétiens 676; captivité des Juifs sans retour 713; réprobation des Juifs 713; Juifs témoins de Dieu 714; ceux qui ont peine à croire, en cherchant un sujet en ce que les Juifs ne croient pas 745; les Juifs étaient accoutumés aux grands et éclatants miracles 746; les Juifs charnels et les Païens ont des misères 747; si cela est clairement prédit aux Juifs 749; si les Juifs eussent été tous convertis par Jésus-Christ 750; il faut que les Juifs ou les Chrétiens soient méchants 759; les Juifs le refusent, mais non pas tous 760; les Juifs, en le tuant pour ne le point recevoir pour Messie 761; que pouvaient faire les Juifs, ses ennemis 762; les Juifs, en éprouvant s'il était Dieu ont montré qu'il était homme 763.

JURIDICIÉ, JURIDICTION, la juridiction ne se donne pas pour le juridiciant, mais pour le juridicié 879.

JUSTE, le juste agit par foi dans les moindres choses 504.

JUSTESSE, l'esprit de justesse 2.

JUSTICE, la justice et la vérité sont deux pointes si subtiles 82; il faut que la justice de Dieu soit énorme comme sa miséricorde 233; faim de la justice : béatitude huitième 264; sera-ce sur la justice? Il l'ignore 294; plaisante justice qu'une rivière borne 294; si

nous en avions, nous ne prendrions pas pour règle de
justice de suivre les mœurs de son pays 297; justice,
force 298; la justice est ce qui est établi 312; j'ai passé
longtemps de ma vie en croyant qu'il y avait une justice 375.

Lâche, rien n'est si lâche que de faire le brave contre
  Dieu 194.
Langage, il ne faut point détourner l'esprit ailleurs 24.
Langues, les langues sont des chiffres, 45.
Laquais, il a quatre laquais 318.
Le Maistre (Antoine), 53 note 1.
Libérateur, qu'il devait venir un libérateur 736; ainsi
  je tends les bras à mon libérateur 737.
Loi, les seules règles universelles sont les lois du pays
  299; il y a des gens dans le monde qui, ayant renoncé
  à toutes les lois de Dieu et de la nature 393; deux lois
  suffisent pour régler toute la République chrétienne
  484; la loi n'a pas détruit la nature 520; la loi obligeait à ce qu'elle ne donnait pas 522; que la loi était
  figurative 647.
Lunette, combien les lunettes nous ont-elles découvert
  d'astres 266.
Luxuriant, éteindre le flambeau de la sédition, trop
  luxuriant 59.

Machine, le discours de la machine 246; à cela lui
  répondre : La machine 247; lettre qui marque l'utilité
  des preuves par la machine 248; la machine d'arithmétique fait des effets qui approchent plus de la pensée que tout ce que font les animaux 340.
Magistrat, nos magistrats ont bien connu ce mystère 82.
Mahomet, sans autorité 595; qui rend témoignage de
  Mahomet? Lui-même 596; contre Mahomet 597; ce
  n'est pas par ce qu'il y a d'obscur dans Mahomet

598; différence entre Jésus-Christ et Mahomet 599; tout homme peut faire ce qu'a fait Mahomet 600; la religion mahométane a pour fondement l'Alcoran et Mahomet 601.

MAÎTRE, celui qui sait la volonté de son maître 531.

MAL, le mal est aisé 408.

MALADE, quand on se porte bien on admire comment on pourrait faire si on était malade 109.

MALADIE, nous avons un autre principe d'erreur, les maladies 82.

MALHEUREUX, nous sommes si malheureux 181; les malheureux, qui m'ont obligé de parler du fond de la religion 883.

MALIGNITÉ, quand la malignité a la raison de son côté 407.

MALINGRES, les malingres sont gens qui connaissent la vérité 583.

MARTIAL, Épigrammes de Martial 41.

MATHÉMATIQUE (la), garde l'ordre 61.

MÉCHANT, faut-il tuer pour empêcher qu'il n'y ait des méchants 911.

MEM, fermé d'Isaïe 687; je ne dis pas que le *mem* est mystérieux 688.

MEMBRES, commencer par là 474; pour faire que les membres soient heureux 480; être membre, est n'avoir de vie 483.

MÉMOIRE, la mémoire est nécessaire pour toutes les opérations de la raison 369.

MENTIR, il y a des gens qui mentent, simplement pour mentir 108.

MÉRITE, les hommes, n'ayant pas accoutumé de former le mérite 490.

MESSIE, il fallait que, pour donner foi au Messie, il y eût eu des prophéties précédentes 571; le Messie, selon les Juifs charnels, doit être un grand prince temporel 607; le Messie a toujours été cru 616; depuis le com-

mencement du monde, l'attente ou l'adoration du
Messie subsiste sans interruption 617; quand David
prédit que le Messie délivrera son peuple de ses ennemis 692; pendant la durée du Messie 727; il est prédit
qu'au temps du Messie 729; que ce Messie abattrait
toutes les idoles 730; au temps du Messie, le peuple
se partage 748; Hérode crut le Messie 753; Dieu pour
rendre le Messie connaissable aux bons 758; la conversion des Païens n'était réservée qu'à la grâce du Messie
769; c'est que le Messie est arrivé 772.

MEXICO, les historiens de Mexico 594.

MIEN, tien 295.

MIRACLE, n'est-ce pas assez qu'il se fasse des miracles en
un lieu 194; un miracle, dit-on, affermirait ma créance
263; si j'avais vu un miracle, disent-ils, je me conver-
tirais 470; les miracles discernent la doctrine 803; c'est
un effet qui excède la force naturelle des moyens
qu'on y emploie 804; les miracles et la vérité sont
nécessaires 806; les combinaisons des miracles 809;
le second miracle peut supposer le premier 810; on
n'aurait point péché en ne croyant pas Jésus-Christ,
sans les miracles 811; je ne serais pas chrétien sans
les miracles 812; que je hais ceux qui font les douteurs des miracles 813. Montaigne contre les miracles
814; il n'est pas possible de croire raisonnablement
contre les miracles 815; d'où vient qu'on croit tant
de menteurs qui disent qu'ils ont vu des miracles 817;
ayant considéré d'où vient qu'il y a tant de faux
miracles 818; s'il n'y avait point de faux miracles, il
y aurait certitude 823; ou Dieu a confondu les faux
miracles 824; les miracles ne servent pas à convertir,
mais à condamner 825; fondement de la religion.
C'est les miracles 826; jamais il n'est arrivé de miracle
du côté de l'erreur 827; les miracles ne sont plus
nécessaires 832; ceux qui suivent Jésus-Christ à cause

de ses miracles 834; Jésus-Christ a fait des miracles 838; si vous ne croyez en moi, croyez au moins aux miracles 839; les miracles discernent aux choses douteuses 841; les miracles sont pour la doctrine 843; il ne faut pas juger de la vérité par les miracles 846. Est et non est sera-t-il reçu dans la foi même, aussi bien que les miracles 849; les miracles ont une telle force 850; il n'est pas dit : Croyez aux miracles 852; les miracles sont plus importants que vous ne pensez 852; je suppose qu'on croit les miracles 855; sur le miracle. — Comme Dieu n'a pas rendu de famille plus heureuse 856; Dieu ne fait point de miracles dans la conduite ordinaire de son Église 876.

MISÉRABLE, on n'est pas misérable sans sentiment 399.

MISÈRE, la seule chose qui nous console de nos misères 171; toutes ces misères-là mêmes prouvent sa grandeur 398; malgré la vue de toutes nos misères, nous avons un instinct qui nous élève 411; la misère persuade le désespoir 526; en voyant l'aveuglement et la misère de l'homme 693.

MISÉRICORDE, contre ceux qui sur la confiance de la miséricorde de Dieu demeurent dans la nonchalance 497; que si la miséricorde de Dieu est si grande qu'il nous instruit salutairement 848.

MITON, reprocher à Miton de ne pas se remuer 192. Miton voit bien que la nature est corrompue 448; vous, Miton, le couvrez (le moi) 455.

MODE, comme la mode fait l'agrément, aussi fait-elle la justice 309.

MODÈLE, il y a un certain modèle d'agrément et de beauté 32.

MOI (le), est haïssable 455; je sens que je puis n'avoir point été 469.

MOÏSE, pourquoi Moïse va-t-il faire la vie des hommes si longue 624; promet que Dieu circoncira leur cœur

690; un mot de David, ou de Moïse 690; les deux plus
anciens livres du monde sont Moïse et Job 74; Moïse
d'abord enseigne la trinité 752; Moïse ne vous a point
donné le pain du ciel 782.

MONDE, à quoi pense le monde 146; le monde ordinaire
a le pouvoir de ne pas songer à ce qu'il ne veut pas
songer 259; sur quoi la fondera-t-il, l'économie du
monde 294; le monde juge bien des choses 327; il
est donc vrai de dire que tout le monde est dans l'illusion 335; toutes les bonnes maximes sont dans le
monde 380; le monde subsiste pour exercer miséricorde et jugement 584; peut-ce être autre que la complaisance du monde 910.

MONTAIGNE, la manière d'écrire de Montaigne 18; la
confusion de Montaigne 62; les défauts de Montaigne
sont grands 63; ce n'est pas dans Montaigne, mais
dans moi, que je trouve tout ce que j'y vois 64; ce que
Montaigne a de bon ne peut être acquis que difficilement 65; fausseté de leur dilemme dans Montaigne
220; a vu qu'on s'offense d'un esprit boiteux 234;
Montaigne a tort 325; Montaigne contre les miracles
814.

MOQUER, et celui-là se moquera de l'autre 191.

MORALE, la vraie morale se moque de la morale 4;
morale et langage sont des sciences particulières 912.

MORT, la mort est plus aisée à supporter sans y penser
166; les hommes n'ayant pu guérir la mort 168;
craindre la mort hors du péril 215; mort soudaine
seule à craindre 216; les exemples des morts généreuses des Lacédémoniens et autres ne nous touchent
guère 481.

MORTEL, tout nous peut être mortel 505.

MOTS, les mêmes mots forment d'autres pensées par leur
différente disposition 22; les mots diversement rangés
font un divers sens 23; diseur de bons mots, mauvais

caractère 46; qûand dans un discours se trouvent des mots répétés 48.

MOUCHE, la puissance des mouches 367.

NABUCHODONOSOR, quand Nabuchodonosor emmena le peuple 639.

NATURE, a mis toutes ses vérités chacune en soi-même 21; peut parler de tout et même de théologie 29; masquer la nature et la déguiser 49; que la nature est corrompue 60; nous a si bien mis au milieu 70; j'ai grand peur que cette nature ne soit elle-même qu'une première coutume 93; la nature de l'homme est tout nature 94; la nature nous rendant toujours malheureux en tous états 109; la nature s'imite 119; nature diversifie et imite 120; la nature recommence toujours les mêmes choses 121; notre nature est dans le mouvement 129; jamais auteur canonique ne s'est servi de la nature pour prouver Dieu 243; la nature agit par progrès 355; la vraie nature étant perdue 426; si c'est une marque de faiblesse de prouver Dieu par la nature 428; nature corrompue 439; le moindre mouvement importe à toute la nature 505; la nature a des perfections pour montrer qu'elle est l'image de Dieu 580; la nature est une image de la grâce 675.

NATUREL, quand un discours naturel peint une passion 14; quand on voit le style naturel 29; quand nous voyons un effet arriver toujours de même, nous en concluons une nécessité 91; qu'est-ce que nos principes naturels, sinon nos principes accoutumés 92; les pères craignent que l'amour naturel des enfants ne s'efface 93.

NOBLESSE, que la noblesse est un grand avantage 322.

NOUVEAUTÉ, les charmes de la nouveauté pour nous abuser 82.

OBJECTION, toutes les objections des uns et des autres ne vont que contre eux-mêmes 201.

OBLIGATION, on a bien de l'obligation à ceux qui avertissent des défauts 535.

OBSCURITÉ, je ne vois partout qu'obscurité 229; que conclurons-nous de toutes nos obscurités 558; reconnaissez donc la vérité de la religion dans l'obscurité même de la religion 565; s'il n'y avait point d'obscurité, l'homme ne sentirait point sa corruption 586.

OPINION, l'empire fondé sur l'opinion et l'imagination règne quelque temps 311.

ORDRE, pourquoi prendrai-je plutôt à diviser ma morale en quatre qu'en six 20; j'aurais bien pris ce discours d'ordre 61; les hommes ont mépris pour la religion 187; ordre par dialogues 227; j'aurais bien plus de peur de me tromper 241; après la lettre « qu'on doit chercher Dieu » 246; une lettre d'exhortation à un ami 247; après la corruption 449; il y a trois ordres de choses 460.

OREILLE, on ne consulte que l'oreille parce qu'on manque de cœur 30.

ORGUEIL, nous tient d'une possession si naturelle 153; orgueil contrepesant toutes les misères 405; l'orgueil contrepèse et emporte toutes les misères 406.

OUVRAGE, la dernière chose qu'on trouve en faisant un ouvrage 19.

PAÏEN, la religion païenne est sans fondement 601.

PAPE, le pape est premier 872; le Pape hait et craint les savants 873; il ne faut pas juger de ce qu'est le Pape par quelques paroles des Pères 874; le Pape serait-il déshonoré, pour tenir de Dieu et de la tradition, ses lumières 875; les Papes ne peuvent disposer de leur empire 877; le Pape est très aisé à être surpris 882.

PARIER, il faut parier 233.

PARLER, il y en a qui parlent bien et qui n'écrivent pas bien 47; façon de parler 54.

PARTI, on doit travailler pour l'incertain, par la règle des partis 234; par les partis, vous devez vous mettre en peine de rechercher la vérité 236; il faut vivre autrement dans le monde selon ces diverses suppositions 237; dix ans, c'est le parti 238.

PASSION, quand notre passion nous porte à faire quelque chose 104; en sachant la passion dominante de chacun, on est sûr de lui plaire 106; afin que la passion ne nuise point 203.

PATRIARCHES, la longueur de la vie des patriarches 626.

PAUL (saint), comminutum cor 533; saint Paul dit que les Juifs ont peint les choses célestes 674; saint Paul en l'île de Malte 853.

PAUVRETÉ, j'aime la pauvreté parce qu'Il l'a aimée 550.

PÉCHÉ, le péché originel est folie devant les hommes 445; tradition ample du péché originel selon les Juifs 446; dira-t-on que les hommes aient connu le péché originel 447; que Dieu ne nous impute pas nos péchés 506; ce sont les effets des péchés des peuples et des jésuites 919.

PEINTURE, quelle vanité que la peinture 134.

PÉLAGIENS, les semi-pélagiens errent en disant de in communi, ce qui n'est vrai que in particulari 777.

PÉNITENCE, la pénitence a été déclarée manifestement aux Juifs 661; des pécheurs purifiés sans pénitence 884; ce n'est pas l'absolution seule qui remet les péchés au sacrement de Pénitence 923.

PENSÉE, comme si les mêmes pensées ne formaient pas un autre corps de discours 22; une seule pensée nous occupe 145; il faut avoir une pensée de derrière 336; pensée échappée 370; en écrivant ma pensée, elle m'échappe quelquefois 372; j'écrirai ici mes pensées sans ordre 373.

PERPÉTUITÉ, cette religion, qui consiste à croire que l'homme est déchu d'un état de gloire 613; ils ne peuvent avoir la perpétuité 898.

PERROQUET, le bec du perroquet qu'il essuie, quoiqu'il soit net 343.

PERSÉCUTEUR, injustes persécuteurs de ceux que Dieu protège visiblement 852.

PERSÉE, on trouvait Persée si malheureux de n'être plus roi 409; Persée, roi de Macédoine 410.

PERSONNE, il n'y a que trois sortes de personnes 257; deux sortes de personnes connaissent 288.

PERSUADER, on se persuade mieux par les raisons qu'on a soi-même trouvées 10; il y a deux manières de persuader les vérités de notre religion 561.

PETIT, quand j'étais petit, je serrais mon livre 371.

PEUPLE, opinions du peuple saines 313, 316; le peuple a les opinions très saines 324; il est dangereux de dire au peuple que les lois ne sont pas justes 326; le peuple est vain 328; le peuple honore les personnes de grande naissance 337; le peuple conclut cela de soi-même 833.

PHARISIEN, publicain 499.

PHILOSOPHE, presque tous les philosophes confondent les idées des choses 72; le plus grand philosophe du monde sur une planche plus large qu'il ne faut 82; le faire chercher chez les philosophes 184; fausseté des philosophes qui ne discutaient pas l'immortalité de l'âme 220; les philosophes qui ont dompté leurs passions 349; contre les philosophes qui ont Dieu sans Jésus-Christ 463; nous sommes pleins de choses qui nous jettent au dehors 464; les philosophes ont consacré les vices, en les mettant en Dieu même 503; la belle chose de crier à un homme qui ne se connaît pas 509; les philosophes ne prescrivaient point des sentiments proportionnés aux deux états 525; pendant que tous les philosophes se séparent en différentes sectes 618.

PHILOSOPHIE, nous n'estimons pas que toute la philosophie vaille une heure de peine 79.

PIERRE (saint), quand saint Pierre et les apôtres délibèrent d'abolir la circoncision 672; saint Pierre demande la permission de frapper Malchus 744.

PIÉTÉ, la piété est différente de la superstition 255; il est vrai qu'il y a de la peine en entrant dans la piété 498; après tant de marques de piété, ils ont encore la persécution 860.

PILATE, la fausse justice de Pilate ne sert qu'à faire souffrir Jésus-Christ 791.

PLAISIRS, j'aurais bientôt quitté les plaisirs si j'avais la foi 240.

PLATON, Platon, pour disposer au christianisme 219; on ne s'imagine Platon et Aristote qu'avec de grandes robes de pédants 331.

PLURALITÉ, pourquoi suit-on la pluralité 301; la pluralité est la meilleure voie 878.

POÈTES, si la foudre tombait sur les lieux bas les poètes manqueraient de preuves 39.

PORT-ROYAL, les enfants de Port-Royal tombent dans la nonchalance 151; le Port-Royal craint 920.

PRÉCIPICE, nous courons sans souci dans le précipice 183.

PRÉDICTION, et ce qui couronne tout cela est la prédiction 694; quand un seul homme aurait fait un livre des prédictions de Jésus-Christ 710; prédictions des choses particulières 711; prédiction de Cyrus 655; qu'en la quatrième monarchie 724.

PRÉDIRE, il faut être hardi pour prédire une même chose en tant de manières 709; que peut-on avoir, sinon de la vénération, d'un homme qui prédit clairement des choses qui arrivent 756.

PRÉFACE, de la première partie 62; de la seconde partie 242.

PRÉSENT, nous ne nous tenons jamais au temps présent 172.

PRÉSOMPTUEUX, nous sommes si présomptueux que nous voudrions être connus de toute la terre 148.

PRESSE, ils se cachent dans la presse 260.

PRÊTRE, est fait prêtre qui veut l'être 885.

PREUVES, de la religion 290; les preuves de Dieu métaphysiques 543.

PRÉVENTION, la prévention induisant en erreur 98.

PRIÈRE, pourquoi Dieu a établi la prière 513; preuves de la prière 514.

PRINCE, à un roi plaît 42; un prince sera la fable de toute l'Europe 100.

PRINCIPE, s'il y a un seul principe de tout, une seule fin de tout 489.

PROBABILITÉ, mais est-il probable que la probabilité assure 908; chacun peut mettre, nul ne peut ôter 913; ils ont quelques principes vrais, mais ils en abusent 916; ôtez la probabilité, on ne peut plus plaire au monde 918; s'ils ne renoncent à la probabilité 920.

PROBABLE, l'ardeur des saints à chercher le vrai était inutile, si le probable est sûr 917; qu'on voit si on recherche sincèrement Dieu 922.

PROGRÈS, tout ce qui se perfectionne par progrès périt aussi par progrès 88.

PROPHÈTES, les prophètes prophétisaient par figures de ceinture 653; tandis que les prophètes ont été pour maintenir la loi 703; les prophètes ont prédit que le sceptre ne sortirait point de Juda 719.

PROPHÉTIES, les prophéties, les miracles mêmes et les preuves de notre religion 564; les prophéties citées dans l'Évangile 568; le sceptre ne fut point interrompu par la captivité de Babylonne 637; mais je vois la chrétienne où se trouve des prophéties 693; le grand Pan est mort 695; on n'entend les prophéties que quand on voit les choses arrivées 698 ; prophéties avec l'accomplissement 705 ; la plus grande des preuves de Jésus-Christ sont les prophéties 706 ; mais ce n'était pas assez que les prophéties fussent 707 ; le temps prédit par l'état du peuple juif 708 ; les prophéties mêlées des choses particulières 712 ; preuves de divinité 713 ; en Égypte 726 ; les prophéties ayant donné diverses marques 738 ; les prophéties étaient équivoques 830 ; vous ignorez les prophéties si vous ne savez que tout cela doit arriver 888.

PROPHÉTISER, c'est parler de Dieu par sentiment intérieur et immédiat 732.

PROPOSITION, les cinq propositions étaient équivoques 831 ; les cinq propositions condamnées 850.

PROPRE, la volonté propre 472.

PROVINCIAL, je gagerais que c'est l'imprimeur qui l'a mis au titre des Lettres au Provincial 52.

PSAUMES, les psaumes chantés par toute la terre 596.

PURGATOIRE, la peine du purgatoire la plus grande est l'incertitude du jugement 518.

PYRRHONIEN, pour opiniâtre 51 ; tous leurs principes sont vrais, des pyrrhoniens 394 ; les principales forces des pyrrhoniens 434.

PYRRHONISME, le pyrrhonisme est le vrai 432 ; rien ne fortifie plus le pyrrhonisme que ce qu'il y en a qui ne sont point pyrrhoniens 374 ; chaque chose est ici vraie en partie 385 ; il n'est pas certain que tout soit incertain, à la gloire du pyrrhonisme 387 ; pyrrhonisme est le remède à ce mal 390 ; contre le pyrrhonisme 392 ; nous avons une idée de la vérité, invincible à tout le pyrrhonisme 395.

PYRRHUS, le conseil qu'on donnait à Pyrrhus 139.


RABBINISME, chronologie du rabbinisme 635.

RAISON, peut-être que ce sujet passe la raison 73 ; la

raison a beau crier, elle ne peut mettre le prix aux choses 82; la raison rend les sentiments naturels 95; les impies qui font profession de suivre la raison doivent être étrangement forts en raison 226; la raison agit avec lenteur 252; deux excès : exclure la raison, n'admettre que la raison 253; la dernière démarche de la raison 267; soumission et usage de la raison 269; la raison ne se soumettrait jamais 270; il n'y a rien de si conforme à la raison que ce désaveu de la raison 272; si on soumet tout à la raison 273; la raison est ployable à tous sens 274; instinct et raison, marques de deux natures 344; la raison nous commande bien plus impérieusement qu'un maître 345; guerre intestine de l'homme entre la raison et les passions 412; guerre intérieure de la raison contre les passions 413; la corruption de la raison paraît par tant de différentes et extravagantes mœurs 440.

RAISONS, lorsqu'on est accoutumé à se servir de mauvaises raisons 96; les raisons qui, étant vues de loin, paraissent borner notre vue 263; raison des effets 315, 329, 334, 335, 336, 467; les raisons des effets marquent la grandeur de l'homme 403; les deux raisons contraires 567.

RÉDEMPTION, les figures de la totalité 781.

RELÂCHÉ, s'il est vrai que quelques religieux relâchés 889; les opinions relâchées plaisent tant aux hommes 915.

RELIGION, il faut commencer par montrer que la religion n'est point contraire à la raison 187; qu'ils apprennent au moins quelle est la religion qu'ils combattent 194; mais ceux-là mêmes qui semblent les plus opposés à la gloire de la religion 194; il faut bien être dans la religion qu'ils méprisent 194; avant que d'entrer dans les preuves de la religion chrétienne 195; les autres religions, comme les païennes, sont plus populaires 251; la religion est proportionnée à toutes sortes d'esprits 285; la religion chrétienne, par son établissement 289; grands mots : la religion 391; il faut, pour faire qu'une religion soit vraie 433; aussitôt que la religion chrétienne découvre ce principe, que la nature des hommes est corrompue 441; nulle autre religion n'a proposé de se haïr 468; toute religion est fausse, qui, dans sa foi, n'adore pas un Dieu comme principe de toutes choses 487; la vraie religion doit avoir pour marque d'obliger à aimer son Dieu 491; la vraie religion enseigne nos devoirs, nos impuissances 493; il faudrait que la vraie religion enseignât la grandeur, la misère 494; il n'y a que la religion chrétienne qui rende l'homme aimable et heureux tout ensemble 542; la religion chrétienne consiste en deux points 556; la religion est une chose si grande 574; cette religion si grande en miracles 587; notre religion est sage et folle 588; sur ce que la religion chrétienne n'est pas unique 589; pour les religions, il faut être sincère 590; fausseté des autres religions 592; la seule religion contre la nature 605; nulle religion que la nôtre n'a enseigné que l'homme naît en péché 606; il faut avouer que la religion chrétienne a quelque chose d'étonnant 615; de là je refuse toutes les autres religions 737; les trois marques de la religion 844; toutes les religions et les sectes du monde ont eu la raison naturelle pour guide 903.

REMUER, quand tout se remue également, rien ne se remue en apparence 382.

RENVERSEMENT, continuel du pour au contre 328.

REPOSER, je ne souffrirai point qu'il se repose en lui 419.

REPRENDRE, quand on veut reprendre avec utilité 9.

RÉPUBLIQUE, la république chrétienne, et même judaïque, n'a eu que Dieu pour maître 611.

RESPECT, le respect est : Incommodez-vous 317.

RESPECTÉ, les enfants étonnés voient leurs camarades respectés 321.

RÉSURRECTION, qu'ont-ils à dire contre la résurrection 223.

RÊVER, si nous rêvions toutes les nuits la même chose 386.

RICHESSE, un artisan qui parle des richesses 799.

RIVIÈRES, les rivières sont des chemins qui marchent 17.

ROANNEZ (duc de), M. de Roannez disait 276.

ROI, le roi est environné de gens qui ne pensent qu'à divertir le roi 139; un roi sans divertissement est un homme plein de misères 142; roi et tyran 310; la puissance des rois est fondée sur la raison et sur la folie du peuple 330; nous n'avons point de roi que César 721.

ROME, si mes lettres sont condamnées à Rome 920.

ROSEAU, pensant 348.

ROUGE (la mer), image de la Rédemption 643.

ROYAUME, combien de royaumes nous ignorent 207.

RUTH, pourquoi le livre de Ruth conservé 743.


SAGESSE, la Sagesse nous envoie à l'enfance 271.

SAINT, pour faire d'un homme un saint 508; les saints subtilisent pour se trouver criminels 921.

SALOMON, et Job ont le mieux connu la misère de l'homme 174.

SALOMON (de Tultie), la manière d'écrire de Salomon de Tultie 18.

SALUT, ceux qui espèrent leur salut sont heureux en cela 239.

SCARAMOUCHE, qui ne pense qu'à une chose 12.

SCIENCE, vanité des sciences 67; une lettre de la folie de la science humaine 74; j'avais passé longtemps dans l'étude des sciences abstraites 144; la seule science contre le sens commun et la nature des hommes 604.

Secte, cette secte se fortifie par ses ennemis plus que par ses amis 376.

Sem, qui a vu Lamech 625.

Sens, les appréhensions des sens sont toujours vraies 9; nos sens n'aperçoivent rien d'extrême 72; qui a donc trompé, les sens ou l'instruction 82; les sens abusent la raison par de fausses apparences 83.

Sens, les sens diversement rangés font différents effets 23; un même sens change selon les paroles qui l'expriment 50; le bon sens 388.

Sentiment, sentiment et raisonnement 3; comme on se gâte l'esprit on se gâte aussi le sentiment 6; la mémoire, la joie sont des sentiments 95; tout notre raisonnement se réduit à céder au sentiment 274.

Sermon, beaucoup de personnes entendent le sermon de la même manière qu'elles entendent vêpres 8.

Serviteur, le serviteur ne sait ce que le maître fait 897.

Si, ne marque pas l'indifférence 636.

Silence, le silence éternel de ces espaces infinis m'effraie 206; le silence est la plus grande persécution 920.

Société, nous sommes plaisants de nous reposer dans la société de nos semblables 211.

Société, l'Inquisition et la Société, les deux fléaux de la vérité 920.

Sorte, deux sortes d'hommes en chaque religion 609.

Soumission, il faut savoir douter où il faut 268.

Sphère, c'est une sphère dont le centre est partout et la circonférence nulle part 72.

Stoïques, ils concluent qu'on peut toujours ce qu'on peut quelquefois 350; ce que les stoïques proposent est si difficile et si vain 360; tous leurs principes sont vrais, des stoïques 394; les stoïques disent : Rentrez au dedans de vous-mêmes 465.

Suède, qui aurait eu l'amitié de la reine de Suède 177. Voir Christine.

Suisses (les), s'offensent d'être gentilshommes 305.

Sujet, le beau sujet de se réjouir 194.

Superbe, si l'on ne se connaît plein de superbe 450; abaisser la superbe 581.

Superstitieux, c'est être superstitieux, de mettre ses espérances dans les formalités 249.

Superstition, vice naturel comme l'incrédulité 254; superstition et concupiscence 262.

Sûreté, on aime la sûreté 880.

Symétrie, en ce qu'on voit d'une vue 28.

Synagogue, la synagogue ne périssait point 646; la synagogue n'était que la figure 852.

Système, je ne prends point cela par système 194.

Talent, principal qui règle tous les autres 118.

Talon, bien tourné 116; de soulier 117.

Témoin, c'est visiblement un peuple fait exprès pour servir de témoin au Messie 641.

Temple, réprobation du Temple 713.

Temps, le temps et mon humeur ont peu de liaison 107; le temps guérit les douleurs et les querelles 122.

Tenter, il est dangereux d'être tenté 744; il y a bien de la différence entre tenter et induire en erreur 821.

Terre, il n'y a rien sur la terre qui ne montre, ou la misère de l'homme, ou la miséricorde de Dieu 562.

Testament, preuve des deux Testaments à la fois 642; Ancien Testament contenait les figures de la joie future 666; et cependant ce Testament, fait pour aveugler les uns 675; dans le Vieux Testament, quand on vous détournera de Dieu 835.

Thamar, pourquoi l'histoire de Thamar 743.

Thomas (saint), n'a pas gardé l'ordre 61; explique le lieu de saint Jacques sur la préférence des riches 338.

THÉOLOGIE, la théologie est une science 115.

THÉRÈSE (sainte), la grandeur de sainte Thérèse 499, 868; sainte Thérèse ayant toujours suivi son confesseur 917.

TOUT, chacun est un tout à soi-même 457.

TROMPEUR, il faut commencer par là le chapitre des puissances trompeuses 83.

TROP, quand on lit trop vite ou trop doucement 69; trop et trop peu de vin 71; trop de bruit nous assourdit 72; il n'est pas bon d'être trop libre 379; si on est trop jeune on ne juge pas bien 381.

TUER, pourquoi me tuez-vous 291.

TURCS, choses très opposées unies dans la personne du Grand Seigneur des Turcs 113.

TYRANNIE, la tyrannie consiste au désir de domination 332.

UNIVERS, en regardant tout l'univers muet 693.

UNIVERSEL, les gens universels ne veulent point d'enseigne 34; puisqu'on ne peut être universel 37.

VAISSEAU, il y a plaisir d'être dans un vaisseau battu de l'orage 859.

VANITÉ, est si ancré dans le cœur de l'homme 150; curiosité n'est que vanité 152; qu'une chose aussi visible qu'est la vanité du monde 161; qui ne voit pas la vanité du monde est bien vain lui-même, 164.

VANTER, s'il se vante, je l'abaisse 420.

VÉRITÉ, rien ne montre à l'homme la vérité 83; différents degrés dans l'aversion pour la vérité 100; ceux qui n'aiment pas la vérité prennent le prétexte de la contestation 261; vérité au deçà des Pyrénées, erreur au delà 294; nous souhaitons la vérité 437; si la loi et les sacrifices sont la vérité 685; ce n'est point ici le pays de la vérité 843; la vérité est si obscurcie en ce temps 864; en montrant la vérité on la fait croire 893.

VERSER, carrossé versé ou renversé 53; répandre ou verser 53.

VERTU, vertu apéritive d'une clé, attractive d'un croc 55; ce que peut la vertu d'un homme ne se doit pas mesurer par ses efforts 352; je n'admire point l'excès d'une vertu 353; quand on veut poursuivre les vertus jusqu'aux extrêmes de part et d'autre 357; nous ne nous soutenons pas dans la vertu 359; la vraie et unique vertu est donc de se haïr 485.

VESPASIEN, incrédules. Ils croient les miracles de Vespasien 816.

VICE, il y a des vices qui ne tiennent à nous que par d'autres 102.

VIE, la vie humaine n'est qu'une illusion perpétuelle 100; nous ne nous contentons pas de la vie que nous avons en nous et en notre propre être 147; toute opinion peut-être préférable à la vie 156; entre nous et l'enfer ou le ciel il n'y a que la vie 213; quelle vie heureuse dont on se délivre comme de la peste 361.

VILLE, les villes par où on passe, on ne se soucie pas d'y être estimé 149.

VISAGE, deux visages semblables, dont aucun ne fait rire en particulier, font rire ensemble par leur ressemblance 133.

VIVRE, nous ne vivons jamais, mais nous espérons de vivre 172.

VOIE, qu'il enseignerait aux hommes la voie parfaite 733.

VOLONTÉ, aime naturellement 81; la volonté est un des principaux organes de la créance 99; la volonté propre ne se satisfera jamais 472; si les pieds et les mains avaient une volonté particulière 475; la volonté est donc dépravée 477; Dieu veut plus disposer la volonté que l'esprit 581.

ZÈLE, non par un zèle de dévotion et de détachement 195; le zèle des Juifs pour leur loi et leur temple 70; zèle du peuple juif pour sa loi 702; le diable a troublé le zèle des Juifs 704; zèle, lumière 868.

# CHRONOLOGIE

1623 — *16 juin*. Naissance, à Clermont-Ferrand, de
Blaise Pascal. Son père, « noble homme » Étienne
Pascal, esprit cultivé et curieux de sciences, était
« Conseiller Élu pour le Roi en l'Élection de Bas-
Auvergne »; il avait épousé en 1616 « noble damoiselle » Antoinette Begon, fille d'un ancien
échevin de Clermont. Blaise était leur troisième
enfant. Antoinette (née en décembre 1617) mourut
aussitôt. Gilberte naquit en janvier 1620. Jacqueline en octobre 1625.

1624 — « Maladie de langueur » de Blaise.

1626 — Mort d'Antoinette Pascal, mère de Blaise.

1631 — Étienne Pascal s'établit à Paris, près du cloître
Saint-Merry. Les enfants sont confiés aux soins
d'une gouvernante, Louise Deffaut, mais c'est
Étienne Pascal lui-même qui assure l'éducation
intellectuelle de ses enfants. Il fréquente l' « Académie » du père Mersenne qui regroupait un
certain nombre de savants : Desargues, Fermat,
Roberval.

Après la « redécouverte » à onze ans des 32 premières propositions d'Euclide, Blaise Pascal est admis
aux entretiens du P. Mersenne.

1634 — Étienne Pascal vend sa charge de président à la
cour des aides de Clermont.

1638 — Ayant protesté contre une mesure fiscale, Étienne

Pascal doit se retirer en Auvergne quelque temps pour éviter d'être incarcéré à la Bastille.

1639 — A la suite d'une représentation théâtrale donnée devant la Cour, Jacqueline obtient de Richelieu la grâce de son père qui est nommé à Rouen commissaire député par Sa Majesté pour l'impôt et la levée des tailles.

1639 — Blaise Pascal fait imprimer son premier ouvrage : *Essai sur les coniques.*

1641 — Mariage de Gilberte Pascal avec son cousin Florent Périer.

1642 — Blaise Pascal travaille à la construction d'une « machine arthmétique », dans le but de rendre plus aisés les calculs d'impôts de son père.

1645 — Présentation au chancelier Seguier de la « nouvelle machine » dont le modèle définitif ne sera achevé qu'en 1652.

1646 — *Janvier.* Étienne Pascal, immobilisé quelques mois à la suite d'un accident, est soigné par deux gentilshommes récemment convertis au jansénisme. Blaise Pascal découvre les œuvres de Jansénius, d'Arnauld et de Saint-Cyran.

*Novembre.* Pascal, son père et l'un de ses amis, réalisent à Rouen l'expérience de Torricelli sur le vide.

1647 — Pascal dénonce à l'archevêque de Rouen, Camus, les propositions émises par un ancien capucin de tendance rationaliste, Jacques Forton dit frère Saint-Ange, qui prétendait confondre la foi catholique avec les démonstrations de la science. Pascal finit par obtenir une rétraction écrite du frère Saint-Ange. Mais cette démarche n'a pas le caractère de délation qu'on a parfois voulu lui donner.

1647 — Pascal, malade, s'est fixé à Paris. Par deux fois il rencontre Descartes sans trouver de terrains d'entente avec lui. Il poursuit ses expériences scientifi-

ques. Dans son *Traité du vide,* il distingue les
« sciences d'autorité » comme la théologie, dont les
principes sont tirés des livres saints et les « sciences
de raisonnement », fondées sur l'expérience et la raison. Il récuse dans ce domaine l'autorité des anciens
et de l'Église, et défend tout à la fois la suprématie
de la méthode expérimentale et la liberté du savant.

1648 — *Mars.* Pascal achève la rédaction en latin de son
essai sur la *Génération des coniques,* aujourd'hui perdu.

1648 — *Août-septembre.* Premiers troubles de la Fronde.
Pascal les désapprouvera constamment.
*Septembre.* Pascal publie le *Récit de la grande expérience de l'équilibre des liqueurs* où il affirme en particulier que « la nature n'a aucune horreur du vide ».

1649 — Étienne Pascal et ses enfants se retirent à Clermont pendant les troubles de la Fronde. Blaise travaille à la réalisation de sa « machine arithmétique ».

1650 — *Novembre.* Retour à Paris, rue de Touraine,
dans le Marais.

1651 — *Juillet-août.* Dans une « lettre à M. Ribeyre, président de la Cour des Aides de Clermont-Ferrand »
Pascal défend l'originalité de ses travaux sur le vide.
*24 septembre.* Mort d'Étienne Pascal.

1652 — *4 janvier.* Jacqueline Pascal entre comme novice
au couvent de Port-Royal à Paris. Malgré l'opposition de son frère, elle prend l'habit le 26 mai 1652.

1652-1654 — « Période mondaine » de Pascal essentiellement marquée par une intense activité scientifique
*(Traité de l'équilibre des liqueurs* en 1653, *Traité du
triangle arithmétique, Traité de la pesanteur, Adresse à
l'Académie parisienne de mathématique)* sur la « géométrie du hasard ». Durant l'année 1653, Pascal se lie
avec le duc de Roannez qui l' « l'emmène avec lui
dans son gouvernement de Poitou ». Il fréquente le
chevalier de Méré et Damien Mitton dont il sera dans

les *Pensées,* le libertin qu'il souhaiterait convertir. Sous l'influence de ses nouveaux amis il relit vers cette époque les *Essais* de Montaigne et les *Traités* de Charron.

1654 — Insatisfait du « monde », Pascal se rapproche de sa sœur religieuse. Il lui confie son angoisse. Pour mieux rompre avec ses relations mondaines, il abandonne son ancien quartier et vient s'installer faubourg Saint-Michel.

Vers cette époque se situerait l'accident de voiture du pont de Neuilly au cours duquel Pascal aurait échappé de justesse à la mort.

L'authenticité de cet événement est contestée.

*23 novembre.* Au terme de cette crise mystique et pour conserver le souvenir de sa conversion, Pascal écrit le fameux *Mémorial* (retrouvé après sa mort cousu dans son habit).

1655 — Première retraite de Pascal à Port-Royal-des-Champs. Entretien avec Le Maistre de Saci sur Épictète et sur Montaigne.

1656 — Condamnation d'Arnauld par la faculté de théologie de Paris. Pascal entreprend la rédaction des *Provinciales.*

*24 mars.* La nièce de Pascal, Marguerite Périer, est guérie miraculeusement d'une fistule lacrymale après l'attouchement d'un reliquaire (miracle de la Sainte-Épine). Pascal en est vivement impressionné.

*Août-septembre.* Lettres de direction spirituelle à Charlotte de Roannez.

1657 — *6 septembre.* Mise à l'index des *Provinciales.*

Pascal prépare l'*Apologie de la religion chrétienne* tout en se consacrant très activement à ses travaux scientifiques.

1658 — A l'instigation du duc de Roannez, il lance un défi

aux mathématiciens d'Europe sur le problème de la « roulette » *(Lettre circulaire relative à la cydoïde)*. Aucun savant n'ayant trouvé la solution complète du problème, il la rend publique le 10 décembre dans une *Lettre à M. de Carcavy* dont Leibniz s'inspirera lorsqu'il inventera le calcul infinitésimal.

Selon M. Lafuma *L'Art de persuader* et *L'Esprit géométrique* auraient été rédigés vers cette époque.

*Octobre-novembre.* Conférence de Pascal à Port-Royal sur le plan de l'Apologie.

1659-1660 — Aggravation sensible de sa maladie. Il interrompt semble-t-il, tout travail suivi. Séjour en Auvergne chez sa sœur Gilberte Périer.

Il écrit, sans doute durant cette période, la *Prière pour le bon usage des maladies* et le *Discours sur la condition des grands.*

1661 — *13 avril.* Louis XIV ordonne l'expulsion des pensionnaires et des novices de Port-Royal.

*4 octobre.* Mort de Jacqueline Pascal fortement ébranlée par la condamnation de Port-Royal.

*31 octobre.* Partisan d'une attitude intransigeante, Pascal se sépare d'Arnauld et de Nicole, disposés à signer le *Mandement* qui « portait condamnation des cinq propositions de Jansénius ». Il abandonne la lutte contre les jésuites et la Sorbonne.

1662 — *Janvier.* Pascal se consacre avec succès à la création d'une entreprise de transports en commun, les « Carosses à cinq sols » précurseurs des autobus parisiens.

*Juin.* Gravement atteint par la maladie, Pascal se fait transporter chez sa sœur Gilberte Périer. Il rédige son testament et reçoit les derniers sacrements.

*19 août.* Mort de Pascal, à une heure du matin.

1670 — Première édition des *Pensées.*

1709 — Destruction totale de Port-Royal.

# TABLE

*Préface* . . . . . . . , . . . . . . . . . . . . . . . . . . . VII
*Introduction* . . . . . . . . . . . . . . . . . . . . . XIX
*Aperçu bibliographique* . . . . . . . . . . . . . . . . XXV
*Avertissement* . . . . . . . . . . . . . . . . . . . . . XXIX

## PENSÉES

Section I. — Pensées sur l'esprit et sur le style.    1
Section II. — Misère de l'homme sans Dieu .    21
Section III. — De la nécessité du pari . . . . .    88
Section IV. — Des moyens de croire . . . . . . . . 121
Section V. — La justice et la raison des effets. 141
Section VI. — Les philosophes . . . . . . . . . . 160
Section VII. — La morale et la doctrine . . . . 186

Le Mémorial . . . . . . . . . . . . . . . . . . . . . 249

Section VIII. — Les fondements de la religion
                 chrétienne . . . . . . . . . . . 252
Section IX. — La perpétuité . . . . . . . . . . 270
Section X. — Les figuratifs . . . . . . . . . . 298
Section XI. — Les prophéties . . . . . . . . . . 323

Section XII. — Preuves de Jésus-Christ . . . . . 357
Section XIII. — Les miracles . . . . . . . . . . . 381
Section XIV. — Fragments polémiques
— Appendice . . . . . . . . . . . . 409


*Table analytique des « Pensées »* . . . . . . . . . . . . 433
*Chronologie* . . . . . . . . . . . . . . . . . . . . . . . . 474

**IMPRIMÉ EN FRANCE PAR BRODARD ET TAUPIN**
58, rue Jean Bleuzen - Vanves - Usine de La Flèche.
LIBRAIRIE GÉNÉRALE FRANÇAISE - 14, rue de l'Ancienne-Comédie - Paris.
ISBN : 2 - 253 - 00430 - 8

4185